HISTOIRE

DU

PROTESTANTISME

ET DE

LA LIGUE EN BOURGOGNE

Couvertures supérieure et inférieure
manquantes

HISTOIRE
DU
PROTESTANTISME
ET DE
LA LIGUE EN BOURGOGNE

Par P. M. BAUDOUIN

TOME I.

AUXERRE
IMPRIMERIE VOSGIEN, RUE DE PARIS, 127

1881

AVANT-PROPOS

Les agitations et les grands drames du XVIe siècle ont eu partout de nombreux historiens. Les uns ne considérant que les grandes lignes, ont négligé des détails qui auraient, selon eux, encombré le récit. D'autres, plus modestes, ont esquissé la chronique de leur localité, se bornant à relater les évènements dont elle fut le théâtre et les rattachant à peine à des données générales qui les auraient reliés entre eux. Cette double manière d'envisager l'histoire donne également une idée fausse de l'esprit du siècle, et il s'en est suivi des jugements erronés sur ce que l'on est convenu d'appeler les Guerres de Religion.

J'ai cherché à éviter ce double écueil. Pour cela, j'essaie d'exposer dans mon INTRODUCTION le mouvement de la Réforme dans les différents États de l'Europe. Puis dans le corps de l'ouvrage, je m'attache à ce qui concerne exclusivement la Bourgogne, en groupant ensemble les faits isolés des localités si diverses de cette province.

Je n'entreprends ni critique, ni polémique; les faits parleront d'eux-mêmes ; ils suffiront, j'espère, à faire saisir la direction et la tendance véritable de l'immense mouvement révolutionnaire du XVIe siècle. Pour les exposer, je ne me suis pas borné à compulser les histoires et les chroniques particulières des villes et des bailliages de la province de Bourgogne: j'ai voulu étudier, dans les débats parlementaires et dans les délibérations des municipalités, l'esprit des populations, et prendre sur le fait la manière d'agir des divers partis.

Le portefeuille sous le bras, je me suis donc mis à parcourir la plupart des villes de la province, allant remuer la poussière de leurs archives et y chercher, ici une manifestation populaire, là les marches des armées amies ou ennemies, partout enfin des faits jusqu'alors restés dans l'ombre et qui, révélés, sont destinés ce me semble, à projeter une vive lumière sur le grand mouvement de la RÉFORME.

Je ne veux, je le répète, ouvrir aucune discussion, le lecteur jugera d'après les documents que je vais mettre sous ses yeux. Ma devise sera celle de M. de Barante, tirée de Quintilien : Historia scribitur ad narrandum, non ad probandum.

Les sources où j'ai puisé sont soigneusement indiquées dans le cours de l'ouvrage ; mais je dois ici un public témoignage de reconnaissance aux savants qui ont bien voulu m'aider dans mes recherches, ou me guider par leurs conseils.

Mes premières notes sont anciennes déjà : je les dois à l'obligeance de M. Rossignol, ancien archiviste de la Côte-d'Or, qui m'avait ouvert avec la plus grande cordialité les portes du dépôt confié à ses soins.

Pour le département de l'Yonne, le dévouement de M. Max. Quantin envers les hommes d'étude, est, on peut dire, proverbial, et je suis heureux d'être du nombre de ceux qu'il honore de son affection.

M. Michon, archiviste du département de Saône-et-Loire et de la ville de Mâcon, et M. G. Millot, bibliothécaire et archiviste de Châlon-sur-Saône, ont mis avec un égal empressement à ma disposition, les documents qui devaient m'intéresser.

Je dois en dire autant de M. Louis de Gouvenain, archiviste-paléographe à Dijon, et de M. l'abbé Doret, curé de Curgy (Saône-et-Loire).

Dans les villes où, à défaut d'archiviste, le secrétaire de la mairie en remplit les fonctions, les cartons d'archives m'ont été ouverts avec la plus grande complaisance.

Enfin les conseils de M. l'abbé Michel Gally, chanoine titulaire de la cathédrale de Sens, et ancien président de la Société d'études d'Avallon, m'ont été du plus précieux secours.

Je prie chacun de ces messieurs et toutes les personnes qui m'ont honoré de leurs encouragements d'agréer ici l'expression de ma profonde gratitude.

Avallon, août 1881.

INTRODUCTION

Le seizième siècle, presque dès ses premières années, vit se propager ces funestes doctrines qui ont été la source des discordes civiles de cette époque et qui sont encore le principe des révolutions modernes. Des sectaires impies prêchaient la révolte dans l'Église et attaquaient l'autorité dans ses premiers fondements en cherchant à ébranler le trône de Saint Pierre et à ravir le sceptre de la main de ses successeurs, pour le briser et en disperser les débris aux révoltés. A ces tentatives ne devaient pas se borner leurs efforts; la conséquence de leurs maximes les porta bientôt à s'en prendre aux institutions sociales et à tourner leurs armes contre tous les pouvoirs établis.

Leurs manœuvres valurent à la France un demi-siècle de désordres sanglants et de nombreuses années de délire.

J'entreprends de raconter, sur des documents puisés dans des archives publiques ou particulières de la province et pour la plupart inédits, ce qui se passa en Bourgogne pendant ces temps néfastes.

Toute circonscrite qu'elle soit dans les limites d'une simple province, cette histoire se rattache trop étroitement à celle de la France entière, de toute la chrétienté même, pour que celui qui veut l'écrire puisse négliger de rappeler sommairement l'origine et les développements de cette immense révolution qui bouleversa le monde occidental et dont, après trois siècles écoulés, il ressent encore les tressaillements convulsifs.

Afin d'apprécier sainement les hommes de la Réforme, leurs actes et les systèmes si variés qui leur ont survécu, remontons un peu dans l'histoire. Et d'abord, consacrons quelques lignes à résumer succinctement la décadence de l'esprit chrétien depuis le xiii° siècle jusqu'au xvi°; viendront ensuite des aperçus sur l'histoire religieuse de la première moitié du xvi° siècle en Allemagne, en Suisse, en Angleterre et dans les pays qui ont résisté avec bonheur aux innovations des hérétiques.

I

Décadence de l'esprit religieux

A l'époque où commence cette histoire, on était loin déjà du siècle de saint Louis; de ce siècle d'unité catholique où les rivalités nationales et les ambitions personnelles qui, dans tous les temps, ont agité les peuples et les rois, se soumettaient à l'arbitrage des Souverains-Pontifes. Les rébellions sanguinaires et impies de Frédéric II, empereur d'Allemagne et roi de Sicile, qui avait lancé dans l'Italie et dans les États de l'Église ses hordes de Sarrasins, n'avaient abouti qu'à faire successivement sortir de Rome les papes Grégoire IX et Innocent IV : le principe de l'autorité pontificale n'en était pas moins universellement reconnu et respecté, comme émanant de Dieu même.

Avant la fin du XIII° siècle, c'est un roi de France qui, à son tour, se montre hostile au pouvoir temporel des Pontifes romains. Philippe-le-Bel, reprenant le système d'oppression de l'empereur d'Allemagne, porte à ce pouvoir une atteinte funeste.

Sans parler de ses violences sacriléges contre Boniface VIII, c'est lui qui, par un artificieux manége, contraignit le Saint-Siége à se transférer à Avignon.

Quoique cette ville n'appartint pas alors à la France, par sa situation entre le Languedoc, le Dauphiné et la Provence, on pouvait la considérer comme une ville française, et les autres États catholiques de l'Europe pouvaient douter de l'impartialité des Papes qui l'habitaient. Les rois de France n'avaient-ils pas, en effet, toute facilité pour obtenir des concessions uniquement à leur avantage, au détriment des autres pays catholiques ?

Pendant les soixante-dix années que dura cette émigration, on ne fit élection que de papes français ; le Sacré-Collége fut en majorité composé de prélats également français ; néanmoins la liberté spirituelle de l'Église fut sauve. Ce n'est guère qu'au retour des Papes dans la Ville-Éternelle que l'on ressentit les tristes conséquences de la translation du Saint-Siége à Avignon.

Alors commença le grand schisme d'Occident qui

donna le scandaleux spectacle d'antipapes opposés aux Papes légitimes et de Conciles se proclamant supérieurs aux Papes ; les anathématisant, les déposant, déclarant les fidèles relevés de toute obéissance envers eux.

Toutes ces choses ne firent naturellement qu'augmenter le désordre qui cessa un instant, reprit le dessus un peu plus tard avec l'appui du roi de France Louis XII, et disparut enfin sous le pontificat de Jules II (1512).

« On put respirer après l'orage, » pour nous servir des expressions poétiques d'un éminent écrivain, « mais les dévastations restaient profondément tracées sur toute la terre catholique ; et qui pourra dire tout ce qui s'était brisé dans la tempête ? » (1) L'autorité du chef de l'Église, du père commun des fidèles, était toujours la même, mais de nombreux fils rebelles n'écoutaient plus sa voix. Le schisme avait eu pour effet de développer et d'exalter l'esprit d'indépendance inhérent à la nature humaine, et aussi de multiplier, à la faveur de l'anarchie régnante, les désordres qui s'étaient glissés dans la discipline et dans les mœurs du clergé. La réformation de ces abus fut dès lors l'objet de la préocupation des Papes et des Conciles.

Sous le pontificat d'Eugène IV (1431—1437), le cardinal Julien, dit Bossuet au premier livre de ses *Variations*, représente déjà au Souverain-Pontife les désordres du clergé, principalement de celui d'Allemagne. Il prédit une immense « désolation dans l'ordre sacré, » si l'on ne se hâte de la préve-

---

(1) H. de Riancey. — *Histoire du Monde.*

nir par la réformation des mœurs. « On rejettera, » continue le grand cardinal, « la faute de tous ces « désordres sur la cour de Rome, qu'on regardera « comme la cause de tous les maux, » parce qu'elle aura négligé d'y apporter le remède nécessaire. La même nécessité est exposée tout particulièrement au Concile œcuménique de Latran, cinq ans avant les prédications de Luther dont nous parlerons plus loin.

Ce Concile s'ouvrit le 3 mars 1512. Le général des Augustins y prononça le discours d'ouverture et s'exprima ainsi sur les maux de l'Église :

« ..... Peut-on voir aujourd'hui sans gémir et sans
« verser des larmes de sang les désordres conti-
« nuels et la corruption de ce siècle pervers, le
« déréglement monstrueux qui règne dans les
« mœurs, l'ignorance, l'ambition, le libertinage,
« l'impiété triompher dans le saint lieu d'où les
« vices devraient être éternellement bannis ?.....
« Contre ces maux, toute la république chrétienne
« a recours à vous ; elle implore votre protection,
« car il n'y a qu'un Concile qui puisse remédier au
« déluge de misères qui l'inonde et la désole. » (1)

Il y a loin de la réforme demandée par le Concile à celle que prêchèrent les novateurs ; son but était de redresser les mœurs et les abus introduits par le temps dans l'administration de l'Église, tandis que ceux-ci s'en prenaient aux dogmes et à la foi, quoique ces dogmes fussent transmis sans altération à travers les siècles.

Déjà l'anarchie qui régnait dans le monde catho-

(1) L'abbé Fleury.

lique avait donné libre carrière à ces hommes que l'orgueil ou les cris d'une conscience troublée poussent trop souvent à s'affranchir des censures de l'Église en niant les droits divins de celle-ci, et en s'instituant ses réformateurs.

L'Angleterre avait été la première à en fournir l'exemple. Jean Wiclef, né en 1324, au village de Wickleff, dans le comté d'York, avait été élu, vers 1365, principal du collége de Cantorbéry, à Oxford. S'étant élevé contre les droits de la Tiare, il ne tarda pas à être révoqué par l'archevêque de Cantorbéry, qui saisit même les revenus de sa charge. Wiclef en appela au Saint Siége ; mais le Pape confirma sa révocation et la nomination de son successeur.

Enflammé de colère et de vengeance, Wiclef attaqua l'autorité pontificale au spirituel et au temporel, traitant le Pape d'Antéchrist : et, s'en prenant à Dieu, à l'Église et à ses dogmes, il s'égara jusqu'à d'horribles blasphèmes, aboutissant à cette déduction que *Dieu est par nécessité obligé d'obéir au Diable* (1), nia la transsubstantiation, la nécessité de la confession pour qui a la contrition, et enfin posa les bases des nouvelles maximes que Jean Huss, Luther et Calvin professèrent après lui. Ses enseignements attaquaient à la fois la religion, la morale et la société. Son système politique était une sorte de communisme. Cent mille pauvres à son appel s'étaient soulevés contre les riches et avaient partout répandu la terreur. Il fut condamné dans un concile de Londres, que le Pape Urbain VI approuva, forcé de quitter son professorat et enfin

---

(1) Bossuet. — *Histoires des Variations.*

se retira à Luttervorth, où il mourut d'apoplexie, en 1384.

Protégé par le duc de Lancastre, dont il avait su conquérir l'amitié, par l'Université d'Oxford qu'il avait soutenue contre les moines, par le Roi Edouard III, lui même, dont il avait défendu les prétentions contre le Pape, Wiclef avait vu ses disciples se multiplier d'une manière prodigieuse en Angleterre ; et l'un deux, un gentilhomme de Bohême, sorti de l'Université d'Oxford, ayant emporté les livres du professeur dans son pays, y fit naître une secte que l'on appela, du nom de son propagateur Huss, la secte des hussites.

Jean Huss était un prêtre indigne. A peine ordonné, il embrassa les doctrines de Wiclef et se mit à les professer en Bohême, en 1407. Il fut bientôt excommunié par le Pape Alexandre V, ce qui redoubla son ardeur impie. L'un de ses disciples, Jérôme de Prague, orateur, dit-on, d'un talent remarquable, qui avait pris ses grades de bachelier et de maître en théologie dans les Universités de Paris, d'Heidelberg, de Cologne et d'Oxford, vint lui offrir le concours de sa parole. L'un et l'autre furent appelés au concile de Constance, pour rendre compte de leurs actes. Ils y soutinrent leurs erreurs avec une opiniâtreté que ne purent vaincre ni les exhortations, ni même les prières des Pères du Concile. Convaincus de prédications hérétiques, et d'excitation au mépris de l'Église et de ses dogmes, ils furent livrés comme tels au juges séculiers et la peine du feu fut prononcée contre eux.

Leur supplice fut le signal d'une guerre civile,

qui désola pendant de longues années la Bohême, la Moravie et une partie de la Pologne.

Un général d'armée aussi entreprenant que féroce et cruel, Jean Trocznou, dit Ziska, ainsi nommé parce qu'il était borgne, se mit à la tête des Bohémiens révoltés. Il se forma une armée de quarante mille hommes, avec laquelle il s'empara de Prague, dont il massacra le Sénat et, dans plusieurs rencontres, défit les troupes impériales de Sigismond. Il parcourut en audacieux insurgé les provinces orientales de l'Allemagne, incendiant et ravageant, sur son passage, églises, couvents, monastères, châteaux, villages et villes même. La religion servait de prétexte à cette guerre impie qui n'avait d'autre but que de satisfaire des ambitions personnelles. Vainqueur de Sigismond, Ziska allait être proclamé vice-roi de Bohême, lorsqu'il fut emporté par la peste, en 1424.

Cette mort n'arrêta pas les hussites, et, bien que divisés en plusieurs factions de dénominations diverses, ils continuèrent pendant de longues années encore à dévaster l'Allemagne. Le roi de Bohême, Georges Podiebrad, fut l'un de leurs derniers protecteurs. Ce roi fut déposé et excommunié le jour de Noël 1466, par le pape Paul II. La noblesse de Bohême élut pour son successeur Wladislas, fils d'un roi de Pologne. La voix solennelle des Souverains-Pontifes n'était pas encore entièrement étouffée.

Voici le tableau qu'Ænéas Silvius, alors légat du Saint-Siége à Prague, et qui devint plus tard le Pape Pie II, nous a laissé de ces novateurs :

« Ce fut un spectacle curieux et bien nouveau

« pour nous, de voir ce peuple mal vêtu, misérable,
« se donner mutuellement le nom de frères, croyant
« rappeler par cette sordide communauté les mœurs
« de la primitive Église. Ils prétendent que la
« société doit fournir aux besoins de chacun de ses
« membres ; que les royautés et les supériorités,
« de quelque genre qu'elles puissent être, sont des
« abus, puisqu'un roi, à leurs yeux, n'est qu'un
« membre inutile destiné à profiter seul du travail
« de tous les frères. » (1)

Tels étaient les sentiments, sinon de la généralité, au moins de la partie turbulente des peuples dans laquelle se recrutèrent les prétendus réformateurs. Que l'on y joigne l'esprit de controverse religieuse qui est l'un des caractères de l'époque, on aura l'explication de l'ardeur avec laquelle des populations entières allaient entendre et applaudir des dogmatiseurs plus hypocrites que convaincus, qui s'étaient arrogé d'eux-mêmes la mission d'expliquer à leur façon les saintes Écritures. On vit accourir au pied de leurs chaires, dit Audin, « des moines
« apostats qui avaient jeté le capuchon pour obéir
« à de grossiers instincts, des religieuses échap-
« pées du couvent qui attendaient l'époux qu'on
« leur avait promis, des électeurs qui sortaient de
« l'abbaye où ils avaient bu à grandes rasades le
« vin des presbytères catholiques, des chevaliers
« qui chassaient aux moines sur les grands che-
« mins, des docteurs en travail d'une nouvelle
« Jérusalem, des jurisconsultes qui voulaient ré-
« édifier la parole écrite, des juifs qui attendaient

---

(1) Æneas Silvius, dans l'abbé Darras.

« un Messie, des écoliers qui avaient brûlé en
« place publique Aristote et les décrétales, des
« paysans à qui pesait le joug de leurs seigneurs,
« de pauvres âmes à la recherche de la vérité. » (1).

II

Commencement de la Réforme en Allemagne

Imbu de l'esprit envieux et haineux de ce temps, Luther se donna la triste mission de l'exalter et de le faire croitre encore jusqu'à l'accomplissement des prédictions menaçantes du cardinal Julien.

Luther était né d'une honnête famille de paysans saxons, le 10 novembre 1483 ou 1484. Il fut baptisé le lendemain et nommé Martin, du nom du saint dont on célèbre ce jour-là la fête. Le nom de son père était Hans Luder, que Martin changea dans la suite en celui de Luther, parce que, dit Erasme, Luder, en saxon, signifie mauvais garnement. Peu après la naissance de Martin, Hans Luder abandonna la charrue pour aller dans la petite ville de Mansfeld, prendre le marteau de mineur. Là, aidé de sa vertueuse femme et quelquefois du prieur ou du maître d'école de Mansfeld, il s'appliqua à élever chrétiennement sa nombreuse famille. Les progrès du jeune Martin furent rapides : à l'âge de quatorze ans, ses goûts le firent quitter le toit paternel pour aller à Magdebourg, puis à Eisenach,

---

(1) Audin. — *Histoire de Calvin*, t. II, p. 481.

commencer des études dont la charité publique faisait les frais. En 1501, l'aisance étant entrée dans la famille, son père, dit-il, « lui permit de fréquenter l'Université d'Erfurth où il put achever ses études scolastiques. » Quatre ans plus tard, il avait pris ses grades en philosophie et promettait déjà un brillant avenir : mais il arriva qu'un de ses amis étant tombé à ses côtés frappé par la foudre, il en fut tellement terrifié qu'il ferma soudainement ses livres, renvoya à l'Université ses habits et ses insignes de maître-ès-arts et, croyant entendre la voix de cet ami lui crier de faire pénitence, il alla s'enfermer dans un couvent d'Augustins où on voulut bien le recevoir. En vain son père, ses amis, ses professeurs cherchèrent-ils à l'en arracher.

Les terreurs dont son imagination troublée était remplie le faisaient se regarder comme un grand pécheur, et, moins peut-être par amour de Dieu que par crainte de ses jugements, pour détourner la colère divine, il se livrait aux plus rudes mortifications. Par ses jeûnes, ses veilles, ses prières incessantes, il fit l'édification des religieux au milieu desquels il vivait, passant des heures entières, comme en extase, la face contre terre aux pieds des autels.

En 1507, il prononça ses vœux, et la même année fut ordonné prêtre, après avoir obtenu de son vieux père un consentement que celui-ci ne donna qu'en soupirant. « Fasse le ciel, » dit le pauvre vieillard, « que ceci ne soit pas un leurre du démon. »

Sa piété s'accrut encore dans les devoirs de son nouvel état : on le voyait prier des heures entières, les yeux humides de larmes et fixés sur le Tabernacle. Cet excès de dévotion et les macérations auxquelles il soumettait son corps le firent tomber dans une sorte de marasme qui inspira des craintes pour ses jours. Un savant le représente usé, flétri et tellement amaigri, qu'on eût pu compter ses côtes.

Comment d'une sainte perfection vers laquelle il semblait aspirer continuellement, le moine Martin tomba-t-il à l'apostasie, au schisme, à l'hérésie, à la révolte contre l'Église ? Cette chute fut progressive.

Dès son noviciat, ses supérieurs avaient été frappés d'une tendance dominante à l'orgueil dans le jeune Martin. Ils essayèrent de la dompter par des travaux humiliants comme de balayer le dortoir et d'aller, un sac sur le dos, mendier publiquement. Martin eut un moment de révolte et appela de cette mesure disciplinaire à l'Université de Wittemberg qui fit cesser l'épreuve.

Ces sentiments, si contraires à l'humilité d'un bon religieux, s'accrurent encore lorsqu'il reçut, à quelques mois de distance, et après son retour d'un voyage à Rome, où il avait été envoyé pour affaires de la communauté, les titres de professeur à l'Université de Wittemberg, de prédicateur de la ville et enfin d'inspecteur des couvents de son ordre. Ses sermons, disent les théologiens, laissent percer dès lors des germes d'indépendance contre l'autorité et de doctrines douteuses contre les œuvres de foi ; et un religieux qui venait de l'entendre put s'écrier un jour : « Ce Père donnera « de la tablature aux docteurs et soulèvera de grandes tempêtes. » Paroles prophétiques, qui ne devaient pas tarder à se réaliser !

Le Pape Léon X, qui s'était engagé à contribuer aux frais d'une expédition contre les mahométans et avait entrepris l'achèvement de la basilique de Saint-Pierre, commencée par Jules II, eut recours, pour ces grandes œuvres, aux aumônes des fidèles. Il leur ouvrait, en récompense, « le trésor des indulgences. » Le droit de les publier et de les distribuer fut déféré, pour l'Allemagne, à l'archevêque de Mayence et celui-ci choisit le dominicain Tetzel, pour prédicateur. Jean Staupitz, supérieur des Augustins, jaloux de cette préférence, chargea Luther de combattre les quêteurs. Luther ne s'en tint pas à l'attaque du fait de la distribution, abusif ou non, qu'il appelait un scandaleux trafic ; il s'en prit au dogme même de l'indulgence. « Que les « âmes, dit-il, soient délivrées du purgatoire par la « vertu de l'indulgence, c'est ce que je nie. » Et là-dessus il développe tout ce qui fait la base de son système de justification par la foi sans les œuvres. « Il ne s'agissait encore que d'indulgences, « sujet en apparence léger, » dit un auteur avallonnais (1), « mais tous les points de religion se « tiennent et sont enchaînés ensemble : en sorte « que Luther, après avoir nié les indulgences, dut, « pour parler conséquemment, nier ensuite et « l'autorité du Pape, et la vérité du purgatoire, et « l'efficacité des Sacrements, et la nécessité des « œuvres satisfactoires. »

---

(1) *Histoire des Indulgences*. 1701, sans nom d'auteur : attribuée au chanoine Forestier.

Tels sont, en effet, les degrés que suit Luther jusqu'à l'abîme. Comme Satan, c'est l'orgueil qui l'entraîne à les descendre, sans lui permettre jamais d'en remonter un seul. De droite et de gauche, il attire à lui la plupart des princes d'Allemagne, jaloux des possessions et des droits du clergé, en flattant leur ambition et leur avarice; les peuples, en exaltant leur esprit d'indépendance et leur convoitise contre les riches et contre les seigneurs; il ouvre à la luxure des voies libres que suivront des moines et des prêtres indignes dont il fera ses sectateurs.

On ose à peine parler de l'ignoble et scandaleux sermon sur le mariage qu'il prononça en 1522, dans la grande église de Wittemberg, pour faire appel aux passions brutales des uns et des autres, et par lequel il fait une nécessité de l'adultère ; on peut en lire des extraits fort adoucis dans l'histoire des variations de Bossuet et dans celle de Luther, par Audin. Le cynisme des termes et de la proposition elle-même m'interdit de les reproduire, si ce n'est cependant en ce qui touche les vœux de continence dont il s'efforce de dégager les prêtres et les religieux des deux sexes. « Satan, dit-il, qui se fait
« dans l'homme plus sage que Dieu, trouve des
« personnes qui, à ses instigations, renoncent à
« créer et à multiplier ; qui s'emprisonnent dans
« des toiles d'araignée, c'est-à-dire des vœux et des
« traditions humaines, qui s'enferrent dans des
« chaînes pour forcer la nature, l'empêcher de
« porter semence et de multiplier, au mépris de la
« parole de Dieu : comme s'il dépendait de nous de
« conserver la virginité, ainsi qu'un vêtement ou

« un soulier. S'il ne fallait que des liens de fer ou
« de diamant pour faire rebrousser la parole de
« Dieu, j'aurais l'espoir de me munir de si bonnes
« armures, que je changerais la femme en homme
« et l'homme en pierre et en bois. » (1).

Si ces paroles eurent pour effet de faire ouvrir les portes de plus d'un couvent, comme se le proposait Luther, elles provoquèrent aussi le dégoût chez quelques hommes égarés et les firent rentrer dans la voie qu'ils avaient quittée. Staupitz qui, de supérieur de Luther, s'était en quelque sorte fait son disciple, fut de ce nombre. Il fit réparation à l'Église, retourna dans son couvent et devint plus tard abbé de Sainte-Brigitte, à Salzbourg.

Quelque temps après, joignant l'exemple à la parole, Luther, qui jusqu'alors avait été retenu par la crainte d'encourir la disgrâce du duc de Saxe, son protecteur, et de provoquer les railleries d'Erasme, se maria, le 14 juin 1525, à Catherine Bora, nonne enlevée de son couvent par un jeune sénateur de Torgau. Érasme, informé de ce mariage, écrivit à ses amis d'Italie : « Luther vient de se
« marier avec une fille de vingt-six ans, jolie et
« bien faite, mais qui depuis quelque temps a
« cessé d'être vestale. Les noces ont été célé-
« brées sous d'heureux auspices ; car peu de jours
« après les chants d'hyménée, la jeune fille est
« accouchée. » (2)

Déjà en révolte ouverte contre l'Église, Luther avait brûlé, aux applaudissements du duc de Saxe

---

(1) Audin. — *Histoire de Luther*, t. II, p. 22.

(2) Audin. — *Histoire de Luther*, t. II, p. 261.

et du landgrave de Hesse, la bulle d'excommunication que le Pape Léon X, après avoir usé de tous les moyens de douceur et de conciliation, s'était vu contraint de fulminer contre lui et contre ses adhérents ; et il s'était écrié du haut de la chaire : « J'ai fait brûler l'œuvre satanique du « Pape. Il vaudrait mieux que ce fût le Pape lui- « même, je veux dire le Siége pontifical... Tant que « j'aurai un soufle de vie dans la poitrine, je « crierai abomination sur Babylone ! »

Ses supérieurs effrayés de son exaltation, avaient essayé de l'apaiser et obtenu une promesse de rétractation et de soumission au Pape. Il les avait à peine quittés, que faisant preuve d'une rare duplicité, il écrivait à son ami Spalatin : « Je me « donnerai bien garde, dans ma lettre au Pape, de « traiter trop rudement le Siége pontifical ; mais « cependant je l'aspergerai de son sel. »

A l'anathème porté contre lui par l'Église, vinrent se joindre les condamnations unanimes des Universités auxquelles il avait fait appel ; et cependant, il n'en persista pas moins à présenter comme règles de foi, ses interprétations personnelles des livres sacrés.

Naturellement, la théorie du libre examen avait fait surgir une foule de docteurs improvisés qui avaient chacun sa doctrine. Luther, piqué du mépris que l'on faisait déjà de l'autorité spirituelle qu'il s'était arrogée, autant que de la rivalité des nouveaux sectateurs, leur reprocha d'agir sans mission, comme s'ils n'avaient pas le même argument à lui opposer : et la scission persistant à progresser, il s'emporta jusqu'à dire : « Au reste, si vous

« continuez à faire les choses par ces communes
« délibérations, *je me dédirai sans hésiter de tout*
« *ce que j'ai écrit ou enseigné : J'en ferai ma*
« *rétractation,* et je vous laisserai-là. Tenez-le-
« vous pour dit une bonne fois ; et après tout, quel
« mal vous fera la messe papale ? » (1) Telle était
la fermeté des croyances de cet homme qui se disait
appelé de Dieu pour réformer l'Église !

Mélanchthon, est l'un de ceux qui lui restèrent fidèles. Né le 16 février 1497, à Bretten, dans le bas Palatinat, d'un serrurier catholique et plein de foi, nommé Schwartzerde (2), il n'avait pas encore 22 ans, lorsqu'il fut appelé par l'Électeur Frédéric de Saxe, à professer le grec dans l'Université de Wittemberg.

Le discours qu'il prononça, peu après son arrivée, vers la fin d'août 1518, lui fit dès lors une réputation de lettré. Luther y entrevit des sentiments propres à favoriser ses projets de réforme, et offrit aussitôt son amitié au jeune professeur qui se laissa séduire et subjuguer pour la vie par le moine saxon.

Lui non plus n'eut pas des convictions religieuses tellement arrêtées, qu'à une épreuve suprême il ne les démentit pas. En 1529, il accompagnait l'Électeur de Saxe à la diète de Spire. Il profita du voyage pour aller au-delà du Rhin, voir à Bretten sa mère malade et mourante. Celle-ci, tourmentée d'incertitude et de remords pour l'apostasie que son fils lui avait fait commettre, l'adjura, les mains

(1) Bossuet. — *Histoire des Variations.*
(2) Le nom de Mélanchthon est la traduction grecque de fils de Schwartzerde que lui donna Reuchlin.

jointes et « au nom du Dieu vivant » qui devait les juger l'un et l'autre, de la rassurer et de lui dire si elle pouvait mourir tranquille dans sa nouvelle religion. « Ma mère, » lui répondit Mélanchthon, avec émotion, « la nouvelle doctrine est la plus « commode, l'autre est la plus sûre : retournez à la « foi de nos pères. » (1)

D'un caractère conciliant et modéré, il contint souvent Luther dans ses emportements; mais on ne lui reproche pas moins d'avoir conseillé le supplice des trois anabaptistes : Henri Krant, Just Muller, J. Peisker; et d'avoir écrit à Calvin pour le féliciter du supplice de Servet. (2)

André Bodenstein, plus connu sous le nom de Carlstad, Carlostad ou Carlostadt, qu'il avait pris de sa ville natale dans l'ancienne Franconie, était dans les ordres, professeur de théologie et doyen de la faculté de Wittemberg, lorsque Luther y entra comme professeur de philosophie. C'est de lui que celui-ci avait reçu le bonnet de docteur. Enthousiasmé de Luther et ébloui par son éloquence véhémente, il devint son disciple : mais bientôt jaloux des succès du maître et de sa popularité, il voulut comme lui faire secte, et ne tarda pas à le combattre.

Carlostad avait compté sans l'intolérance orgueilleuse du moine apostat. Celui-ci le fit chasser de Wittemberg, pour avoir « méprisé son autorité et « voulu s'ériger en docteur. » (3). Réfugié à Orle-

(1) Audin. — *Histoire de Luther*, t. II, p. 448.
(2) Audin. — *Histoire de Calvin*.
(3) Lettre de Luther, dans Bossuet.

monde, dans la Thuringe, puis à Strasbourg et enfin à Bâle, il y prêcha successivement les doctrines anabaptistes et sacramentaires. En Suisse même, Luther ne cessa de le poursuivre. « Le « venin de Carlostad, » écrivait-il en 1524, « s'est « déjà répandu fort loin : à Zurich, Zwingle, Léon « de Juda et plusieurs autres sont de son senti- « ment. » (1). Ce fut, dit Bossuet, le premier prêtre de quelque réputation qui se maria. Il mourut à Bâle, la veille de Noël, 1541.

Jean Hausschein, qui avait aussi changé son nom et pris celui d'Œcolampade, était également dans les ordres. Il fut fait prêtre en 1522 et apostasia peu de temps après pour se marier. Il embrassa d'abord le parti de Luther, mais l'abandonna ensuite pour suivre celui de Carlostad et de Zwingle.

La discorde, la division, la défection sont déjà partout dans les rangs des luthériens, dont les doctrines comptent à peine cinq ou six ans d'existence. Après Carlostad et Œcolampade, dans la Franconie et la Suisse, et une foule d'autres plus ou moins obscurs, ce sont Munzer et Storck qui, dans la Souabe et la Thuringe, prêchent un second baptême combattu par cet autre sectaire, Cellarius. Jean Bockelson, (2) surnommé Jean de Leyde, du nom de sa patrie, embrasse leur doctrine, soulève la ville de Munster, s'y proclame roi et y établit en dogme la polygamie ; mais il en est chassé en 1535,

(1) Ruchat, t. I, 349.
(2) L'abbé Fleury, le désigne sous le nom de Jean Becold. Florimont de Rœmond écrit Berold.

et condamné au dernier supplice. Jean Mathieu l'avait précédé dans les troubles de la Westphalie et de Munster en particulier. Il fut tué à la première attaque dirigée contre lui pour la reprise de la ville.

A l'exemple de Jean de Leyde, David Georges, proclame en Hollande la communauté des femmes. Nous n'entrerons pas dans le détail de leurs orgies et des révoltes aussi hideuses qu'insensées qui ensanglantèrent pendant plusieurs années la Hollande, les Pays-Bas et la Westphalie. Ces désordres étaient la conséquence logique des doctrines luthériennes. Les arguments fallacieux de Luther contre la suprématie pontificale s'étaient tournés contre lui ; et lorsque les Munzer, les Carlostad, les Bucer, les Bockelson et tous les soi-disant prophètes lui demandèrent ses titres et ses droits à faire prévaloir sur les leurs ses interprétations personnelles des saintes Écritures, ils ne faisaient que suivre ses préceptes. Luther avait donné l'exemple de l'insurrection en faisant appel aux convoitises, à l'orgueil, à la concupiscence des peuples pour attaquer de front toutes les institutions sociales par la parole et par les armes même. N'avait-il pas dit et écrit déjà : « Voici que Dieu livre les princes catho-
« liques à leur sens réprouvé ; il veut en finir avec
« eux et avec tous les princes de l'Église : leur
« règne est clos ; ils s'en vont descendre dans la
« tombe couverts de la haine du genre humain,
« princes, évêques, prêtres, moines, polissons sur
« polissons... Princes, la main de Dieu est suspen-
« due sur vos têtes ; la contemption se répandra

« sur vous, vous mourrez, votre puissance fût-elle
« au-dessus de celle du Turc lui-même. Déjà
« votre récompense est arrivée ; on vous tient pour
« polissons et bélitres : on vous juge d'après le
« rôle que vous jouez, le peuple vous connaît ; et
« ce châtiment terrible, que Dieu appelle le mépris,
« vous presse de tous côtés ; vous ne pourrez pas
« le détourner. Le peuple lassé ne peut plus sup-
« porter votre tyrannie et votre iniquité. Dieu ne
« le veut pas. Le monde n'est plus le monde d'au-
« trefois, où vous chassiez aux hommes, ainsi
« qu'aux bêtes fauves. » (1).

Dès lors, répondant à son appel, une partie des peuples de l'Allemagne lèvent l'étendard de la révolte : des couvents sont pillés, des châteaux brûlés, et Luther s'écrie, pour en faire porter la peine aux princes : « A vous la responsabilité de
« ces tumultes et séditions, princes et seigneurs, à
« vous surtout, évêques aveugles, prêtres insensés
« et moines... Comment gouvernez-vous ? Vous ne
« savez que pressurer, déchirer et dépouiller, pour
« soutenir votre pompe et votre pétulance. Le
« peuple et le pauvre sont saoûls de vous.

« Le glaive est levé sur vos têtes, et vous croyez
« être si fortement assis sur votre siége que vous
« ne puissiez être renversés. » (2).

A l'exemple de Luther, l'anabaptiste Pfeifer, moine apostat comme son maître, se présente en inspiré et jette à son tour à la foule cette provocation. « J'ai vu, dans mon sommeil, un nombre

---

(1) Audin. — *Histoire de Luther*, t. II, p. 91-92.
(2) Audin. — *Histoire de Luther*, t. II, p. 157.

« prodigieux de rats qui allaient se jeter sur une
« grange pour en dévorer les grains ! Princes, vous
« êtes ces rats qui nous pillez ; magistrats, vous
« êtes ces rats qui nous opprimez; nobles, vous êtes
« ces rats qui nous dévorez. Mais je me suis
« élancé sur ces bestioles, j'en ai fait un grand
« carnage. Aux armes donc ! hors de vos champs !
« Israël, à vos tentes ! Voici le jour du combat ;
« tombent nos tyrans et leurs châteaux ! Un riche
« butin nous attend, que nous apporterons aux
« pieds du prophète qui le partagera entre nous.» (1)
C'est la même violence dans la bouche de Munzer.
« Nous sommes tous enfants d'Adam ; notre père
« commun, c'est Dieu. Et voyez ce qu'ont fait les
« grands ! Ils ont refait, les maudits, l'œuvre de
« Dieu, et créé des titres, des priviléges, des dis-
« tinctions. A eux le pain blanc, à nous les rudes
« travaux ; à eux les beaux vêtements, à nous les
« guenilles. La terre n'est-elle pas notre bien, à
« tous, notre héritage commun ? et on nous les
« ravit ! » (2).

A ces provocations qui retentissent dans la Franconie, le Tyrol, le Palatinat, l'Alsace, la Lorraine, plus de trente mille payans se soulèvent : leurs bandes sont grossies d'une foule d'aventuriers couverts de crimes qui cherchent l'impunité dans les troubles. Conduits par Munzer et par Carlostad, ils vont, le glaive d'une main, la torche de l'autre, d'églises en églises, de châteaux en châteaux, ne laissant derrière eux que des monceaux de cendres et des mares de sang.

(1) Audin. — *Mémoires de Luther*, t. II, p. 159.
(2) Audin. — *Histoire de Luther*, t. I, p. 476.

Tant que les réformateurs ne s'étaient attaqués qu'à l'Église, les princes d'Allemagne, pour la plupart, avait applaudi ou laissé faire, pensant bénéficier des dépouilles du clergé chassé des couvents et des presbytères ; seul, le duc Georges de Saxe, avait protesté. Mais lorsqu'il virent le flot révolutionnaire monter et les menacer eux-mêmes, ils firent inviter Luther à apaiser ces foules qu'il avait égarées. Alors le paysan saxon, devenu le moine apostat, l'insulteur grossier des têtes couronnées, qui n'avait plus besoin des bras du peuple pour satisfaire ses haines et son ambition, brise l'instrument qui a fait sa fortune, dans la crainte de le voir se tourner contre lui. Ses anciens disciples d'ailleurs, Carlostad et Munzer, sont maintenant ses ennemis personnels. Courtisan sans vergogne, il s'écrie : Allons, mes princes, aux armes ! frappez,
« aux armes, percez ! Les temps sont venus, temps
« merveilleux, où, avec du sang, un prince peut
« gagner plus facilement le ciel que nous avec des
« prières. Frappez, percez, tuez en face ou par
« derrière, car il n'est rien de plus diabolique
« qu'un séditieux : c'est un chien enragé qui vous
« mord, si vous ne l'abattez. » (1).

Paroles au moins inutiles, car déjà la noblesse était à cheval et écrasait les bandes de Munzer.

Dès la diète de Nuremberg (1524), où les luthériens se trouvèrent en majorité, le duc Wilhem, le duc Louis de Bavière et l'archiduc Ferdinand d'Autriche, réunis à Ratisbonne, avaient contracté une alliance pour la défense de la foi menacée ; le

---

(1) Audin. — *Histoire de Luther*, t. II, p. 166.

6 juillet 1524, les archevêques et les évêques de Salzbourg, de Trente, de Bamberg, de Spire, de Strasbourg, de Constance, de Bâle, de Freisingen, de Passau, étaient venus se joindre à eux et offrir leur concours. Sans qu'ils fussent, tant s'en faut, compris dans cette alliance, le landgrave Philippe de Hesse, Henri, duc de Brunswick et Georges, duc de Saxe, sentirent la nécessité de sévir contre les révoltés. Avec des forces considérables, ils vinrent fondre sur eux à Mulhausen, (15 mai 1525), et en firent un affreux carnage.

Munzer, couvert de sang et la poitrine brisée, s'était réfugié à Franckhausen. Découvert par des soldats, il fut pris, jeté en prison et condamné à avoir la tête tranchée. En face de la mort et de l'éternité, il réfléchit, fit appeler un prêtre, abjura ses erreurs, déclara vouloir mourir en fils soumis et repentant de l'Église dont il avait si vivement combattu les doctrines, et fut admis à recevoir la communion. Sur l'échafaud, il exhorta les princes et le peuple à rentrer au sein de l'Église catholique, récita les prières des agonisants ; puis sa tête roula sous la hache du bourreau. (1).

La révolte des paysans vaincue, les complices de Munzer se réfugièrent en Moravie et en Suisse, où ils fondèrent la secte des sacramentaires. D'autres avaient tenté de s'emparer de Vesoul, dans la Franche-Comté ; mais les habitants, avertis par des

---

(1) Voir Audin. — *Histoire de Luther*, l'abbé Darras, *Histoire abrégée de l'Église*, l'abbé Fleury, de Riancey, *Histoire du Monde*.

lettres de Marguerite de Parme, datées du 10 mai 1525, échappèrent à ce danger. (1)

Les évènements d'Allemagne avaient eu leur retentissement en France. Pendant que les princes Allemands se liguaient à Ratisbonne, le parlement de Paris, (mars 1524), rafraichissait d'anciennes ordonnances pour le procès de « ceux qui se « trouvaient entachés de la doctrine luthérienne et « autres hérésies. » (2) L'année suivante, durant la captivité de François Ier, il rendit un arrêt de mort contre deux hérétiques qui furent brûlés, l'un en place de Grève, l'autre sur le parvis Notre-Dame.

On a parlé et l'on parle encore d'intolérance devant de tels exemples : et cependant, pour préserver les peuples de ces fausses maximes, source de tant de désordres et de calamités, les princes et les magistrats n'ont-ils pas le devoir, lorsque la voix de la persuasion n'est pas écoutée, de réduire par la force les propagateurs de ces erreurs pernicieuses? Les protestants eux-mêmes, observe Bossuet, reconnaissent « le droit qu'ont les princes chrétiens de se servir de la puissance du glaive, contre leurs sujets ennemis de l'Église et de la saine doctrine. » Mélanchthon, Bucer, Théodore de Bèze, n'ont-ils pas proclamé ce droit; Luther et Calvin n'en ontils pas usé et abusé?

La Prusse, entrainée par l'apostasie d'Albert de Brandebourg, grand-maitre de l'Ordre teutonique,

(1) Dom Grappin. *Mémoires historiques.*
(2) Dès 1519, la faculté théologique de Paris avait condamné les erreurs de Luther et de ses disciples.

et à son exemple, la Courlande et la Livonie embrassèrent aussi la Réforme.

Franchissant la Baltique, l'hérésie alla encore s'offrir aux Scandinaves dans leurs montagnes de neige. Le luthéranisme avait pénétré dans la Suède, dès le court règne de Christian II, roi de Danemarck. Christian s'était emparé de cet état par les armes et s'était fait couronner à Stockolm au mois de novembre 1520; mais il fut chassé en 1523, pour ses cruautés inouïes qui le firent surnommer le *Néron du Nord*. Son vainqueur, Gustave Wasa, acheva son œuvre par la faveur qu'il accorda aux idées nouvelles. Au commencement de l'année 1529, il convoqua à Orebo, dans la Néricie, une Assemblée générale qui établit définitivement le luthéranisme pour religion d'Etat. Ce changement ne se fit pas sans troubles. La Gothie se souleva pour le maintien de la religion catholique, et ne put être soumise que par la force des armes.

En Danemarck, dès 1527, les Etats d'Odensée, décrétèrent également l'établissement des dogmes de Luther et condamnèrent le célibat des ordres religieux. Enfin, les Danois imposèrent leur religion nouvelle aux Islandais.

III

La Réforme en Suisse

En Suisse, la Réforme était plus favorablement accueillie par une partie notable de la population, quoiqu'elle n'eût plus, comme en Allemagne, le puissant patronage de la noblesse. Si la réforme en Allemagne était une œuvre aristocratique, elle était toute démocratique en Suisse. Ici, ce sont des magistrats élus du suffrage universel qui demandent à une religion nouvelle de les affranchir non seulement des devoirs religieux si pesants pour les consciences chargées, mais encore de certains droits féodaux envers leurs barons et leurs évêques. Ils s'en prirent particulièrement aux terres de ces derniers et firent, dit le protestant Ruchat, « des « règlements pour les biens qui avaient été donnés « à l'Eglise *pour des usages superstitieux*, et pour « la restitution de ces biens aux familles qui les « avaient légués, jusqu'à la quatrième géné- « ration. » (1).

Des treize cantons dont se composait alors la Confédération helvétique, sans y comprendre les pays alliés ou sujets, six abjurèrent le catholicisme. Devra-t-on s'en étonner, sachant que dans certains d'entre eux (Appenzell, Glaris, Zug, Uri, Underwald), les jeunes gens de seize et même de quatorze ans avaient droit de suffrage aux assemblées où se traitait la réformation de la religion et de la société?

Ulrich Zwingle, nommé curé de Glaris à l'âge de vingt-deux ans, et qui apostasia quelques années plus tard pour se marier, jeta, dès l'année 1516, les premières semences de l'hérésie dans sa paroisse et le pays environnant. Ces semences germèrent

(1) Ruchat, *Histoire de la réformation de la Suisse*, t. I, p. 193 et t. IV. p. 104.

lentement et mirent dix ou douze années à se développer. En 1528, au commencement du carême, des statues et des tableaux religieux furent jetés au feu dans plusieurs bourgs du canton. C'était le prélude des drames impies dont la Suisse allait être le théâtre.

L'agitation fut grande entre les catholiques défendant leur foi, et les réformés cherchant à imposer leurs doctrines par le désordre et la force. On en vint aux mains et il y eut effusion de sang de part et d'autre dans plusieurs villes et villages. (1).

Après dix années de ministère, chassé de Glaris, selon Hartmann et Hunger que Ruchat traite d'imposteurs, Zwingle passa à Einsiedlen, gros bourg du canton de Schwitz. Là, se trouvait une abbaye de bénédictins visitée par de nombreux pèlerins qui venaient y prier aux pieds d'une image miraculeuse de la Sainte-Vierge. Zwingle espérait recruter parmi ceux-ci un certain nombre de prosélytes. Mais ce fut en vain qu'il y prêcha contre les pèlerinages, les indulgences, les images, le purgatoire; le canton de Schwitz resta catholique.

De guerre lasse, il transporta sa chaire à Zurich et à Berne, où il entraina le Sénat de ces deux cantons à interdire tout exercice de la religion catholique, à ouvrir les portes des couvents, à condamner le célibat des prêtres et des religieux.

Sa doctrine différait de celle de Luther en ce qu'elle niait la présence réelle et l'efficacité de la

---

(1) Voir Ruchat, t. I, p. 7 et 323 ; t. II, p. 253-256 ; t. III, p. 66; t. IV, p. 177-179.

plupart des sacrements admis par le moine saxon, et n'était pas encore celle de Calvin que nous verrons plus tard professer la prédestination absolue et nier le libre arbitre.

Les deux sectaires se lançaient l'un à l'autre l'anathème. Luther avait banni Carlostad, son ancien professeur et ami, devenu l'allié de Zwingle, moins, selon Mélanchthon, « par zèle pour la vérité que par haine de son ancien disciple. » Carlostad était venu mourir de faim à Bâle, après avoir été successivement catholique, luthérien, anabaptiste, sacramentaire. Zwingle, au colloque de Marbourg (27 septembre 1528), avait traité Luther de misérable, parce que celui-ci avait refusé de s'allier avec lui.

Si l'esprit d'intolérance et de haine divisait de la sorte les apôtres de la Réforme, que ne dut-il pas être et que ne fut-il pas à l'égard des catholiques ?

Les magistrats de Zurich, après avoir, par un édit du mois d'avril 1525, aboli la messe dans la ville et dans le canton, avaient été jusqu'à refuser aux catholiques d'avoir une église à eux : ceux de Bâle firent défense aux citoyens d'aller dans un autre canton remplir leurs devoirs religieux (1). Un édit de Berne (31 juillet 1531), tout en visant particulièrement les anabaptistes, imposait à tous les citoyens, sous peine de bannissement et même de noyade, d'assister aux offices des réformés. (2)

Ces vexations et ces oppressions tyranniques provoquaient à des représailles ; et tous ces blas-

(1) Ruchat, t. IV, 160-164.
(2) id. t. III, p. 281.

phèmes de prêtres renégats, de réformateurs sans mission, ces tabernacles profanés, ces croix et ces autels renversés, toutes ces ruines enfin d'objets religieux brisés, lacérés, incendiés, demandaient une juste réparation. Les cantons catholiques devaient l'exiger. Une interdiction de commerce avec les habitants de ces cantons, résolue par les réformés dans une diète tenue à Zurich en 1531, fut le signal de la guerre. Elle fut fatale à ces derniers. Zwingle y perdit la vie dans la journée de Cappel ; et elle se termina par un traité déploré par le protestant Ruchat, sur ce ton larmoyant : « Il est « fâcheux, dit-il, pour les réformés qu'il leur ait « fallu un traité de paix, extorqué par la force, pour « leur apprendre les règles de la tolérance chré-« tienne envers les erreurs, et la patience envers « les errans. » (1)

Les catholiques célébrèrent leur victoire par un pélerinage à Einsiedlen, où ils se rendirent à jeun pour rendre grâce à la Sainte Vierge de l'issue de leur entreprise. (2)

Au Sud-Ouest, le pays de Vaud, qui appartenait alors au duc de Savoie, était vivement agité par les prédications de Farel.

Guillaume Farel était fils d'un notaire de Gap, appelé Fareau. D'un caractère irascible et violent, il souleva souvent contre lui l'indignation de ses auditeurs, et fut forcé plus d'une fois de prendre la fuite pour éviter leurs mauvais traitements. Œcolampade chercha en vain à le contenir et à le

---

(1) Ruchat, t. III, pr. 345.
(2) Id. t. III, p. 482.

modérer ; et Erasme, qu'il était allé voir à Bâle pour discuter avec lui, écrivit à son sujet: « Je « n'ai jamais vu homme plus menteur, plus violent, « plus séditieux. » Son histoire pourrait fournir un chapitre à celle de la Suisse-Romande (1) : contentons-nous de le suivre seulement dans quelques-unes des localités qu'il parcourut pour y répandre sa doctrine.

Farel avait fait ses études à Paris et fut quelque temps régent au Collége du Cardinal Lemoine. Les maximes qu'il commençait à enseigner le firent distinguer par l'évêque de Meaux, Briçonnet, qui, partageant un peu ses idées, l'appela auprès de lui pour prêcher dans sa cathédrale. Mais bientôt, des poursuites commencées par le Parlement de Paris, obligèrent Briçonnet à se rétracter et Farel à s'expatrier. Il se retira d'abord dans sa province où il fit quelques prosélytes, puis se mit à parcourir en missionnaire plusieurs villes de l'Allemagne et de la Suisse. En 1523, on le trouve à Strasbourg, en commerce d'amitié avec Bucer et Capiton, à Wittemberg, en conférence avec Luther ; et peu après il se fait chasser de Bâle par les catholiques, malgré la protection des magistrats de cette ville. (2).

L'appui du Sénat de Berne ne le mit pas à l'abri des insultes et des actes de violence que lui prodiguèrent les peuples d'Olon, où il fut battu par les femmes (3), de Neuchâtel, d'Aigle, de Morat, de

(1) Partie occidentale de la Suisse, ainsi désignée à cause du « patois welche ou romand » que l'on y parle, (Malte-Brun).
(2) Ruchat, t. I, p. 237.
(3) Ruchat, t. II, p. 222-228.

Lausanne, de Vallangin. Il vit souvent se tourner contre lui les colères qu'il s'efforçait d'exciter contre Rome et contre les catholiques.

A Vallangin, il entra un jour dans une église pendant que l'on y célébrait la messe, et monta en chaire avec l'intention de troubler et de faire cesser l'office : c'était au moment solennel où le prêtre présente le corps de Notre-Seigneur à l'adoration des fidèles prosternés. Un de ses disciples, son compatriote, court en furieux à l'autel, se jette tout-à-coup sur l'officiant et lui arrache la sainte hostie en proférant d'horribles blasphèmes. Les assistants révoltés veulent se saisir, les uns de l'audacieux sacrilége, les autres du prédicant : le tocsin sonne à toutes les cloches, le tumulte est à son comble. Farel se sauve ; mais il est pris « dans un chemin étroit près du château ». Assailli de coups de pierres et de bâtons, il est conduit tout meurtri dans un cachot de la ville. Sa détention ne fut pas de longue durée. Les autorités de Neuchâtel, servilement soumises à celles de Berne, le firent élargir et le recueillirent dans leur cité qui ne tarda pas à être menacée de semblables malheurs (1). L'église collégiale, entre autres, y fut souillée par de nombreuses profanations, et les plaintes des catholiques n'obtinrent d'autre résultat que de faire intervenir, mais comme toujours en faveur des protestants, le Sénat de Berne. Le 4 novembre 1530, trois délégués de Berne convoquèrent une assemblée générale de la bourgeoisie de Neuchâtel qui proclama, sous leur pression, à

---

(1) Ruchat, t. III, p. 179-180.

une majorité de « 18 ou 19 voix », que « la messe ne serait plus célébrée dans la ville ». Déjà, douze jours auparavant, les hérétiques avaient gravé cette inscription qui existait encore dans l'église au commencement du siècle dernier, époque à laquelle Ruchat faisait imprimer son *Histoire de la réformation de la Suisse* : LE 23 OCTOBRE 1530, FUT ÔTÉE ET ABOLIE L'IDOLATRIE DE CÉANS, PAR LES BOURGEOIS.

Après le départ des députés, le gouverneur protesta et en appela à un scrutin plus libre ; mais les Bernois s'y opposèrent et écrivirent au conseil de Neuchâtel de « réprimer les bourgeois catholiques », qui tenteraient de faire revenir le pays sur le vote du 4 novembre.

Ces ordres tyranniques mettaient le comble à l'exaspération du peuple, et, selon Ruchat, un complot d'extermination des hérétiques, dont l'exécution était projetée pour le jour de Noël, allait ensanglanter la ville, sans les mesures sévères qui furent prises par les Bernois et le firent avorter. (1)

Granson, Avenches, Payerne, Orbe eurent aussi leur temps d'épreuves, que ne put adoucir la catholique Fribourg, dominée qu'elle était elle-même par l'hérétique Berne, ennemie tellement acharnée du catholicisme qu'elle eût voulu partout l'anéantir.

Le traité de paix de 1529, qui liait déjà ces deux villes, venait d'être rafraichi pour les localités communes entre elles ; mais dans des termes qui leur donnaient des droits bien inégaux. Tout en proclamant d'abord la liberté religieuse de chacun, il y était stipulé qu'en cas d'appel au suffrage

---

(1) Ruchat, *loco citato*.

universel, là où la majorité se prononcerait pour la réforme, tout exercice du culte catholique serait interdit, les biens des églises, les vases sacrés, « comme calices, ciboires, aubes, etc., » seraient vendus et le produit de la vente partagé entre les deux villes ; là, au contraire, où le peuple se prononcerait pour le maintien de l'ancienne religion, les protestants n'en resteraient pas moins libres d'y prêcher publiquement et d'y officier à leur manière. (1) Les Bernois en usèrent largement.

Le dimanche des Rameaux 1531, « les ambas-
« sadeurs de Berne et de Fribourg arrivèrent à Orbe,
« amenant avec eux un prédicant nommé Guillaume
« Pharel (Farel) «..... lequel, après que vespres
« furent dittes, avec audace présomptueuse, sans
« demander congé à personne, s'en alla mettre en
« chaire à l'Église pour prescher ; et lors chascun
« lo suivit, hommes et femmes et enfans qui tous
« et un chascun crioyent et siffloyent pour le
« destorber avec toute exclamation, l'appelant
« chien, mastin, hérétique, diable et autres injures,
« en sorte que l'on n'eust pas ouy Dieu tonner. » (2)

Le lendemain et les jours suivants, les mêmes scènes se renouvelèrent sur la place publique. Le Sénat de Berne adressa alors aux administrateurs d'Orbe un « mandement » portant sommation de donner « audience, puissance et faveur » à Farel. Le peuple, à la lecture de cet ordre et sans attendre la réponse des magistrats, se mit à crier : « Qu'il

---

(1) Mémoires de Pierrefleur, p. 5, Ruchat. t. III, p. 20.
(2) Pierrefleur, p. 21.

« s'en allast, que l'on n'avoit cure de luy ni de sa
« prédication. »

La résistance du peuple enflamma la colère du grand conseil de Berne. Celui-ci condamna la ville d'Orbe à une amende de « deux cents escuz au » soleil, » et dénonça que sa volonté « estoit que « tout chef d'ostel, hommes, femmes dussent aller « au sermon » de Farel, dont « le plus n'estoit « sinon de appeler aux prestres et à toutes gens « d'église, disant : ces brigands, ces larrons, ces « meurtriers. » (1). Les mêmes sommations faites aux religieuses de Sainte-Claire, forcèrent bientôt ces saintes femmes de s'expatrier et d'abandonner leur couvent à une garnison de luthériens. (2)

Cependant le peuple avait pris spontanément les armes, montant la !garde à la porte des églises, escortant les processions et les convois d'enterrement, défendant les prêtres et les religieuses menacés.

Pour en terminer, le conseil d'Orbe convoqua une assemblée générale des habitants pour leur faire dire « si tous estoyent tousjours persistans en « ce bon vouloir, vivre et mourir en la saincte foy, « comme avoient fait leurs anciens pères, et avoir « la messe... Chacun leva le doigt en signe de ser- « ment, disant que tous vouloyent vivre et mourir « comme leurs anciens pères et suyvre leurs mœurs « et gestes... et que, si la bourse de la ville ne « pouvoit satisfaire (aux besoins du culte), que l'on « dusse emprunter, se soubmettoit ledit peuple à

---

(1) Pierrefleur, p. 33-36.
(2) id. p. 63-65.

« toutes tailles et gistes plustost que de perdre le
« sainct service. » (1) Il en était de même à Granson, à Payerne et dans tout le canton de Fribourg.

De la part de la masse du peuple, l'opposition à l'introduction de la réforme était, on le voit, ferme, formelle, manifeste : malheureusement, cela n'empêcha pas que l'audace croissante des novateurs, la pression constante des Bernois ne finissent par l'emporter dans une grande partie du pays. Il fut fait des ordonnances qui fixaient dans les églises catholiques d'Orbe et de Granson, entre autres, les heures des sermons et des cérémonies des protestants.

Les autels furent presque partout renversés, les croix des carrefours et des cimetières brisées : il n'était épargné que celles où l'on voyait « *un diable peinté.* » (2)

Singulier et remarquable respect des protestants pour le patron des révoltés !

Arriva le temps où Genève entra en discussion avec le duc de Savoie. Les Bernois vendirent leur concours à la cité et profitèrent de cette alliance, ainsi que des discordes civiles dont elle était agitée, pour y envoyer Farel et Antoine Saulnier, son

---

(1) Pierrefleur, p. 53-54.

(2) id p. 42. — Ces croix n'étaient pas très rares autrefois ; dans son *Dictionnaire d'architecture*, M. Viollet Leduc donne la description d'une croix de bronze que l'on voyait encore à Troyes sur la fin du dernier siècle. Cette croix était décorée, dit-il, de nombreuses figurines parmi lesquelles on distinguait Satan et Simon le magicien que les Troyens appelaient Simon Magut.

compatriote. Quelques personnes, « de vie dissolue, » avoue Ruchat, leur firent bon accueil ; mais le conseil, tout en évitant de froisser ses nouveaux alliés, s'opposa à leurs prédications et les somma de sortir de la ville. Ils furent forcés de s'enfuir, poursuivis par le peuple qui ne voulait rien moins que les jeter dans le Rhône. (1).

Farel eut recours alors à un stratagème qu'il avait déjà employé à Aigle. Jetant les yeux sur un autre de ses compatriotes, Froment, dont le nom n'avait point encore fait de bruit dans le monde et qui pouvait être reçu sans défiance, il le fit se présenter à Genève comme médecin et maître d'école. Celui-ci réussit peu à peu à former un noyau de réformés qui, dès l'année suivante, était devenu assez fort pour donner de sérieuses inquiétudes. Les catholiques se liguèrent et sept cents d'entre eux complotèrent l'extermination des hérétiques. De part et d'autre on prit les armes ; mais après quelques jours d'émotion, ce soulèvement s'apaisa sans conflit, par l'entremise de négociants Hambourgeois, alors à Genève pour leurs affaires (30 mars 1533).

Fribourg, engagée comme Berne dans l'alliance avec les Génevois, menaçait de se retirer, si ceux-ci ne mettaient fin aux progrès de l'hérésie. Le duc de Savoie, qui, de son côté, protégeait les catholiques de tout son pouvoir, avait bien obtenu des treize cantons réunis à Thonon, le 26 novembre 1534, de faire interdire Genève aux protestants ; (2)

(1) Ruchat, t. IV, p. 301-307. — Audin, *Histoire de Calvin*, t. I, p. 201.
(2) Pierrefleur, p. 107.

mais son crédit était en baisse, et les complications politiques aidant, l'hérésie parvint à s'en faire ouvrir les portes. Farel, Froment et un jeune homme d'Orbe, nommé Viret, gagné aux idées nouvelles, y vinrent prêcher dans les tavernes, les églises leur étant fermées. Il y eut encore quelques tumultes sanglants, à la suite desquels les protestants obtinrent un temple pour les conférences de leurs prédicants, et la messe fut abolie. La voie était ouverte à Calvin.

Jean Calvin est né à Noyon, dans la Picardie, le 10 juillet 1509, d'un procureur fiscal nommé Claude Cauvin et de Jeanne Le Franc. Destiné par ses parents à l'état ecclésiastique, un sien protecteur lui acheta, en 1521, la prébende de Notre-Dame de Gésine. En 1527, il fut pourvu de la cure de Martéville qu'il échangea plus tard contre celle de Pont-l'Évêque; cependant, il ne s'engagea pas dans les ordres au-delà de la tonsure. Après sa première éducation faite avec les fils de la famille de Mommor, il alla étudier à Paris, à Orléans, et à Bourges où il se lia avec Melchior Wolmar et Théodore de Bèze. Devenu homme, ce n'était qu'un cœur sec, orgueilleux, hargneux, vindicatif et cruel. Audin, dans son histoire, rapporte les sentiments qu'avaient de lui ses contemporains : « Mélanchthon lui reproche une morosité que rien ne peut fléchir ; Bucer, une maladie de médisance passée dans le sang, comme la rage dans le chien ; Papire Masson, un insatiable appétit d'orgueil et de sang sous un masque de modestie et de duplicité ; Baudouin, une suffisance intolérable dont tout le monde se plaint.» (1) Ses doctrines ne sont pas moins haïssables que son caractère ; elles sont la négation du dogme eucharistique et de la hiérarchie sacerdotale ; elles proclament une prédestination absolue jusqu'à cet horrible blasphème renouvelé de nos jours par Proudhon : « Dieu, dit Calvin dans son institution chrétienne, en tirant ses créatures du néant, a une double volonté, sauver les uns et damner les autres ; c'est donc lui qui nous stimule au péché, qui le veut, qui le prescrit. Quand il dirige sa voix sur les pécheurs, c'est pour qu'ils deviennent plus sourds ; il allume la lumière, mais pour qu'ils soient plus aveugles ; il déploie sa doctrine, pour qu'ils soient plus rebelles ; il offre le remède pour qu'ils ne soient pas guéris... Si Absalon souille la couche paternelle, c'est l'œuvre de Dieu. » (2).

En 1532, Calvin avait quitté l'Université de Bourges, était revenu à Paris et commençait à y dogmatiser secrètement devant une jeunesse avide de maximes faciles, qui venait l'entendre de nuit dans les caves ou dans l'arrière-boutique d'un marchand luthérien. Cependant la police veillait. Un novateur, Nicolas Cop, recteur de l'Université, ayant prononcé, le jour de la Toussaint, un discours préparé par Calvin, le Parlement commença des poursuites qui obligèrent Cop et Calvin de se sauver. Cop s'enfuit à Bâle, sa patrie ; Calvin alla se réfugier dans la Saintonge auprès de Du Tillet, frère de l'évêque de Meaux et du greffier en chef du Parlement de Paris. Là, il composa de « cour-

(1) Audin. — *Histoire de Calvin*, t. II, p. 382-383.
(2) H. de Riancey. — *Histoire du monde*, t. X, p. 162.

tes instructions en forme d'homélies pour les donner à lire à quelques curés, au milieu de leurs offices. » (1) Il se rendit ensuite à Nérac, auprès de la reine de Navarre, vers laquelle Jacques Lefèvre d'Estables, fugitif comme lui, avait déjà trouvé refuge. Réconcilié par Marguerite avec la Cour de France et avec l'Université, il reparut quelques instants à Paris, puis passa à Bâle où il fit imprimer son *Institutio christiana* qu'il eut l'audace de dédier à François Ier, alla à Ferrare fortifier la duchesse dans ses sentiments pour la *réforme* et enfin entra une dernière fois en France, afin d'y vendre ses bénéfices et d'y régler ses affaires. Il avait, dit-on, l'intention de se fixer à Bâle ou à Strasbourg ; mais en passant par Genève, il fut retenu par Farel et Viret. C'était au mois d'août 1536. (2).

La guerre avait été malheureuse pour le duc de Savoie. Les Bernois s'étaient rendus maîtres de tout le pays de Vaud : ils faisaient outrager les prêtres, pillaient les églises d'Yverdun, de Lucens, de Lutry, de Villette, de Saint-Saphorin et de tout le bailliage de Lausanne qui luttait en désespéré pour le respect de sa foi. (3) Ils avaient convoqué à Lausanne une assemblée générale de « tous prestres, « moines, chastelains, officiers, gouverneurs des « villes et villages » du pays conquis, pour y disputer de matières religieuses ; et ils en obtinrent la conclusion que tous ceux « qui ne voudroient tenir « et vivre en ladite réformation, devoient laisser et

(1) Th. de Bèze, Ruchat, t. V, p. 616. — Audin. — *Histoire de Calvin*, I, p. 67.
(2) Ruchat, t. V, p. 621.
(3) Ruchat, t. VI, p. 333-334.

« abandonner le pays » dans le délai de trois semaines (1). A Yverdun, ils avaient rendu une ordonnance interdisant « à tous leurs subjects d'aller à la « messe, de se confesser, de faire cérémonies ecclé-« siastiques ou s'y trouver », sous peine de dix florins d'amende pour les hommes et de cinq pour les femmes (2).

A Genève, les réglements portèrent sur l'exercice du nouveau culte et la réforme des mœurs. « On dé-« fendit les jeux de hasard, les juroments et blas-« phèmes, les danses, les chansons lascives, les far-« ces et les mascarades. On ordonna à tous les par-« ticuliers de fréquenter les sermons et autres « exercices de piété, et de se retirer le soir dans « leurs logis à neuf heures, » le tout « sous de « grosses peines. » Enfin, on exigea de la bourgeoisie de s'engager « par serment à rejeter la doctrine de l'Église romaine, la messe et tout ce qui en dépend » (3).

Calvin ne s'était pas fait prier pour rester à Genève: on lui donnait, avec de beaux appointements, le double titre de prédicateur et de lecteur en théologie. Admis par le Conseil, il appesantit encore, autant qu'il lui fut possible, le joug de fer que, tremblants, subissaient les Génevois. Il établit une inquisition à laquelle est loin d'être comparable l'inquisition espagnole et qui faisait de chaque citoyen un espion obligé, sous les peines les plus sévères, de dénoncer pères, frères ou amis ne partageant pas les sentiments des réformateurs. Pour

(1) Mém. de Pierrefleur, p. 166.
(2) Mém. de Pierrefleur, p. 160.
(3) Ruchat, t. V, p. 588.

les raisons les plus futiles, il faisait condamner à des peines infamantes quiconque semblait faire mépris de ses ordonnances tyranniques : et le Sénat obéissait ! Un jour, c'est une jeune « épouse sortie le dimanche avec les cheveux plus abattus qu'il ne se doit faire..; on la fait mettre en prison avec les dames qui l'ont menée et celle qui l'a coiffée. » Une autre fois, c'est un jeune homme que l'on attache au pilori, parce qu'on l'a trouvé nanti d'un jeu de cartes (1). Porter « des souliers à la mode de Berne, » était encore un délit punissable de prison.

Ces actes de la plus hideuse intolérance et bien d'autres semblables épuisèrent la patience du peuple jusque-là courbé par la crainte sous le poids d'une pareille oppression : il secoua sa torpeur et puisa de nouvelles forces dans son désespoir même, pour mettre fin à la tyrannie protestante. Le jour de Pâques 1538 (2), vers le temps où l'assemblée de Lausanne venait de décréter l'abolition de toutes les fêtes, ne conservant que le dimanche, les ministres trouvèrent le peuple ameuté sur la place publique et criant, avec une colère menaçante : « Au « diable les ministres et leurs excommunications ; « nous n'en voulons plus ! » Calvin s'enfuit à Strasbourg, Farel se sauva à Bâle et Viret à Lausanne.

Suivant le précepte des doctrines luthériennes, « qu'un prédicant est un homme à qui la femme est

---

(1) Tiré des registres de la république à la date du 20 mai 1537, par Audin. — *Histoire de Calvin*, t. I, p. 292-293.
(2) Mém. de Pierrefleur.

plus nécessaire que le pain quotidien » (1), les trois ministres expulsés s'engagèrent, la même année 1538, dans les liens du mariage. Calvin épousa à Strasbourg la veuve d'un anabaptiste, nommée Odette de Bure; Pierre Viret se maria à Élisabeth Turtaz d'Orbe ; et Guillaume Farel, âgé de 69 ans, déjà le dos courbé, la barbe et les cheveux blancs comme neige, prit pour femme Marie Torel, de Rouen, bannie de la ville pour son esprit réformateur.

Le départ des ministres avait laissé Genève dans l'agitation. Les politiques et les *prudents*, sous l'intimidation des seigneurs de Berne, faisaient en vain entendre leurs voix en faveur des « brouillons » exilés : ils s'efforçaient en vain d'exposer les conséquences d'une rupture avec leurs alliés : le peuple, quoique divisé au point de vue de la politique, restait inébranlable dans ses sentiments hostiles aux ennemis de sa foi. Plusieurs fois il y eut dans les rues des rixes sanglantes, « des morts et des blessés. Les uns vouloyent estre subjects aux seigneurs de Berne, les autres au roy de France, autres à l'Empereur, autres au duc de Savoye, et les autres ne vouloyent point avoir de seigneurs, mais vouloyent estre seigneurs d'eux-mesmes, comme sont encore de présent » (2).

Le Sénat crut tout apaiser en rappelant « le grand et savant docteur. » Calvin affectait une certaine hésitation : on lui offrit un traitement dou-

(1) *Prædicans lutheranus est vir uxore magis necessaria instructus quam pane quotidiano.* — Laurentius Forer, cité par Weislinger et par Audin, *Histoire de Calvin*, t. I, p. 359.
(2) Mém. de Pierrefleur.

blé de celui que Luther touchait de l'Électeur de Saxe : cinq cents florins par an, douze coupes de blé, deux tonnes de vin, et une maison avec jardin, dans une situation des plus agréables (1).

Pour donner à son retour une certaine solennité, on lui envoya un « hérault de cheval, » une voiture pour sa femme et un fourgon pour transporter son ménage. Malgré cet apparat, le peuple resta froid, « ne se transporta pas sur son passage, ne fit en-
« tendre aucun cri de joie, ne témoigna ni surprise,
« ni allégresse. »

Calvin se vengea de l'antipathie manifestée par la population, en remettant en vigueur les réglements rigoureux dont l'exécution avait soulevé l'indignation populaire et l'avait fait chasser de Genève trois ans auparavant. Sa nouvelle législation ordonnait de manger de la viande le vendredi « et le samedi, sous peine de prison; » portait « défense aux hommes de danser avec des femmes, « de faire des chausses et pourpoints chaplés, ni « iceux porter doresnavant, sous peine de soixante « sols; » réglait le nombre des mets à la table des riches (2).

Il avait gagné par l'insistance suppliante du gouvernement pour le faire rentrer à Genève, un ascendant tel que le Sénat adoptait et sanctionnait sans résistance toutes ses propositions. C'est encore ainsi qu'il institua, sous la dénomination de consistoire, une sorte de tribunal composé mi-partie d'ecclésiastiques protestants et de laïques

---

(1) Picot, cité par Audin, l. p. 537.
(2) Audin. — *Histoire de Calvin*, t. II, p. 194, 143, 181.

dits *anciens* (1) et chargé de contrôler les actes et les mœurs publics ou cachés de chaque citoyen. Ce tribunal s'assemblait tous les jeudis, appelait les pécheurs à sa barre, les jugeait et les condamnait ou les faisait condamner par le Conseil à des peines plus ou moins dures, selon la nature ou le degré du délit moral dénoncé par les anciens. Les registres de l'État sont remplis de condamnations prononcées par ce tribunal pour infractions aux réglements et aux lois de Calvin. Condamnation à l'exil pour quiconque restait une année sans participer à la cène ou n'assistait pas aux prônes; condamnation à la prison contre qui plaisantait de Calvin ou d'autres ministres; condamnation au feu contre les sorciers et magiciens; à la noyade dans le Rhône contre les adultères. On vit le conseil des deux-cents réviser sur appel un jugement du petit conseil qui n'avait prononcé que la peine du fouet contre un adultère et lui appliquer celle de mort; et un nommé Michel-Pierre Roseti, SOUPÇONNÉ *de paillardise*, être mis en prison. Dans l'espace de soixante ans, cent cinquante individus furent brûlés pour crime de magic (2).

Chassé une première fois de Genève, Calvin faillit payer de sa vie tant d'ordres despotiques et tyran-

---

(1) La constitution de l'église Génevoise règle ainsi l'ordre ecclésiastique : le ministre ou pasteur, le docteur, l'ancien, le diacre. Le pasteur confère les sacrements ; le docteur donne des instructions orales ; les anciens veillent sur les mœurs, ils sont à la fois inquisiteurs et délateurs ; les diacres prennent soin des malades et des pauvres, et distribuent des aumônes régulières. — Audin.

(2) Audin. — *Histoire de Calvin*, t. II, p. 123, 130, 133.

niques. Le supplice de Gruet (juillet 1547) qui avait affiché sur la chaire de Saint-Pierre un placard en patois savoyard sur lequel on lisait :... « Après « qu'on a prou endura, on se revange ; » le bannissement du médecin Bolsec qui avait émis des idées contraires à celles de Calvin sur la prédestination ; la peine humiliante infligée au conseiller Pierre Ameaux qui avait, à table, aigrement raillé le réformateur ; la dégradation du capitaine général Amy Perrin, dont celui-ci demandait la tête parce qu'il ne cessait de l'appeler « caffard, » et dont la fille s'habillait à la mode de Berne et dansait malgré les ordonnances, toutes ces causes réunies avaient en ville soulevé des tempêtes. Le peuple ameuté criait : « à bas Calvin ! à bas les réfugiés ! « mort aux ministres ! » Dans la salle du conseil, le tumulte n'était pas moindre, le sang allait couler. Calvin, prenant par le bras un conseiller qu'il entraîne pour s'en servir de protecteur, se présente aux insurgés, leur adresse quelques mots et apaise la foule qui finit par s'écouler en silence : des arrestations parmi les plus opiniâtres firent le reste.

L'italien Gentilis fut condamné à mort pour avoir contredit Calvin au sujet de ses doctrines impies sur la Sainte Trinité (1), et l'espagnol Servet subit le supplice du feu pour avoir fait de ces mêmes doctrines la base de son enseignement anti-trinitaire.

Michel Servet, médecin Aragonais, avait connu

---

(1) Sa peine fut commuée à Genève, en celle de l'exil, mais il alla plus tard mourir sur l'échafaud, à Berne.

Calvin à Paris (1) : il resta pendant un temps en commerce d'amitié avec le réformateur ; mais lorsqu'il voulut aussi développer ses opinions personnelles, il se brouilla non-seulement avec lui, mais encore avec Œcolampade et Bucer. Ce fut surtout la réfutation ironique qu'il fit des doctrines calvinistes qui lui valut l'inimitié, la haine implacable de son ancien ami. Dès 1546, [Calvin écrivait à Farel : « Servet promet de venir ici, si je l'agrée ; « mais je ne veux point engager ma parole, car s'il « vient, et si mon autorité est considérée, je ne « permettrai point qu'il en échappe vivant (2).

Servet vint se livrer à lui. Il s'était échappé des prisons de Vienne, en Dauphiné, où Calvin, au moyen de délations occultes et de lettres qu'il avait fait écrire au lieutenant catholique, était parvenu à le faire enfermer. Il fuyait en tremblant vers les états Napolitains, avec le projet de s'y fixer comme médecin. Dans la crainte d'être découvert, il cheminait avec précaution et sans demander son chemin; ce qui fit qu'après trois mois de marche, et après de nombreux détours, il se trouva le 15 juillet 1553, à Genève, où il se tint encore caché jusqu'au 13 août. Il se disposait à remonter le lac en bateau aussi loin que possible, pour prendre ensuite la

(1) Théod. de Bèze. — *Histoire ecclésiastique.*
(2) *Si mihi placeat huc se venturum recipit. Sed nolo fidem meam interponere ; nam si venerit, modo valeat mea authoritas, vivum exire nunquam patiar.* — Cette lettre parut d'abord controuvée à quelques-uns ; mais Varillas, Grotius, Ullembogoert en avaient eu connaissance, et enfin Audin parvint à la retrouver à la Bibliothèque nationale, sous le n° 101-102 de la collection Dupuy. — Audin. — *Histoire de Calvin*, t. II, p. 326.

route de Zurich, lorsqu'il fut découvert par les espions de Calvin.

Le voilà de nouveau conduit en prison sous l'inculpation d'un crime d'hérésie commis en dehors du pays où il allait être jugé. Calvin tenait sa proie ; et, pour qu'elle ne pût lui échapper, il se fit lui-même inquisiteur. Il a bourré le dossier de l'anti-trinitaire de lettres autographes, d'opuscules imprimés, de feuilles volantes, les unes sans nom d'auteurs, les autres sous les pseudonymes de Villeneuve ou de Revès. Après de longs débats, dans lesquels certains juges, comme Amy Perrin, demandèrent vainement à se dessaisir de l'affaire et à la renvoyer au conseil des deux-cents, une sentence capitale par le feu fut prononcée contre le malheureux accusé.

Le 26 octobre, Servet monta sur le bûcher dressé pour assouvir la haine et la vengeance de Calvin. Celui-ci voulut encore jouir des horreurs du supplice : il resta à sa fenêtre ouverte jusqu'au moment où, après les plus atroces souffrances, le corps de Servet fut réduit en cendres.

Le peuple de Genève, naguère si énergique pour la défense de sa foi et de ses libertés, atterré par tant de cruautés, finit par courber la tête sous le joug de ses nouveaux tyrans. Il se soumit quoique *frémissant* à leurs règles despotiques.

La croix était bannie des églises, le culte de la sainte Vierge et celui de tous les saints abolis ; toute espèce de symbole catholique détruit. La *Réforme* était accomplie.

Un protestant, il y a quelques années, a formulé, dans ces termes, son jugement sur le réformateur :

« Calvin renversa tout ce qu'il y avait de bon et d'honorable pour *l'humanité* dans la réformation des Génevois, et établit le régime de l'intolérance la plus féroce, des superstitions les plus grossières, des dogmes les plus impies. Il en vint à bout d'abord par l'astuce, ensuite par force, menaçant le Conseil lui-même de tous les satellites dont il était entouré, quand les magistrats voulaient essayer de faire prévaloir les lois contre son autorité usurpée. » (1).

Enfin, le 27 mai 1564, le *Saint* fondateur du protestantisme à Genève, « usé par une maladie hon-
« teuse, mourut en désespéré, marque de la colère
« de Dieu. » (2) La nature de sa maladie infâme ne fut un secret pour personne, quelque précaution que l'on prit de soustraire son corps aux regards des visiteurs et de l'ensevelir à la hâte. Un de ses disciples, Jean Harennius, témoin de sa mort, a confirmé ces bruits par les mots que nous venons de citer.

(1) Galiffe dans Audin. — *Histoire de Calvin*, II, 126.
(2) *Calvinus in desesperatione finiens vitam obiit turpissimo et fœdissimo morbo quem Deus rebellibus et maledictis comminatus est, prius excruciatus et consumptus, quod ego verissime attestari audeo qui funestum et tragicum illius exitum et exitium his meis oculis præsens aspexi.* — *Joann. Harennius*, dans Audin, t. II, p. 473.

IV

Le Schisme et l'Hérésie en Angleterre

Pendant que la réforme s'opérait en Suisse par le peuple ou ses délégués, qu'elle s'imposait en Allemagne par les « gantelets de fer, » protecteurs de Luther et de ses disciples, elle se présentait en Angleterre sous les auspices de la royauté.

O mystère insondable des desseins de Dieu! n'est-ce pas pour une épuration parfaite de la chrétienté que la terrible épreuve embrasse tous les rangs de la société et qu'elle dure encore, malgré les enseignements que l'histoire nous donne sur l'origine et les tendances du protestantisme et sur la valeur des hommes qui se sont faits ses propagateurs, dans les nombreux systèmes sortis de leur imagination ou favorables à leurs penchants ?

Avant de discuter les dogmes sacrés, l'Angleterre commença par se séparer de l'Église romaine. Le schisme devait fatalement la conduire à une complète apostasie. Pendant ces deux phases de la révolution religieuse, son sol fut rougi du sang de nombreux martyrs, au point d'arracher cet aveu à la plume d'un protestant d'outre-Manche : « La
« proclamation des principes de la Réforme a été le
« signal de l'irruption en Angleterre d'une foule de
« religions et de sectes différentes, avec l'immora-
« lité et les vices de tout genre, les haines et les

« discordes perpétuelles, résultat inévitable et néces-
« saire de l'anarchie religieuse. » (1)

C'est à l'un de ses rois, d'abord catholique, qu'est imputable ce changement malheureux.

Lorsque parut un livre de Luther contre les sacrements, les indulgences, le purgatoire et la papauté, intitulé : *La captivité de Babylone*, Henri VIII entreprit d'en confondre l'auteur. Il écrivit en latin *La défense des sept sacrements contre Martin Luther*.

Ce livre eut un immense retentissement en Angleterre, en Hollande, en Belgique, en Allemagne, en Italie et en France, et mérita à son auteur le titre de défenseur de la foi. Mais ces faveurs et ces éloges, bien mérités du reste jusque-là, prodigués au monarque anglais, lui portèrent au cerveau et le gonflèrent d'orgueil.

A la nouvelle du mariage scandaleux de Luther, il écrivit encore une épitre satyrique à l'adresse du réformateur saxon, ne pensant pas que celui-ci pût être fondé à la lui retourner quelques années plus tard.

Henri VIII avait épousé, avec dispense du pape Jules II, Catherine d'Aragon, veuve de son frère Arthus. Après vingt années de mariage, fatigué d'un bonheur paisible et tourmenté d'une passion criminelle, il songea à répudier son épouse légitime, pour donner sa place à Anne de Boleyn, femme aussi connue pour son ambition et sa beauté, que pour la légèreté de ses mœurs.

---

(1) William Cobbett. — *Histoire de la Réforme en Angleterre*, lettre huitième.

Pour l'exécution d'un tel projet, il fallait un prétexte : Henri le chercha dans le degré d'affinité qui existait entre Catherine et lui.

On le vit feindre tout-à-coup, sur la validité de son mariage, quelque dispense qu'il eût obtenue vingt ans auparavant, des scrupules qu'il affecta de soumettre aux casuistes et à la plupart des universités de l'Europe ; intimidant les uns, achetant à prix d'argent l'opinion des autres. A l'exception de celles d'Angleterre, les principales universités lui furent défavorables.

La demande en dissolution présentée à la cour de Rome, n'eut pas un succès plus heureux. Le pape Clément VII mit à l'instruire une lenteur calculée, pour donner à la passion du roi le temps de se refroidir ; mais enfin, obligé de répondre : « Si nous « sommes prêt, dit le Saint-Père, à user envers le « roi de toute l'indulgence, de toute la faveur compatibles avec la justice, nous ne demandons en « retour qu'une seule chose, c'est qu'on veuille « bien, sous prétexte de la reconnaissance que la « sainte Église doit à Henri VIII, ne pas nous contraindre à violer les immuables commandements « de Dieu. »

A cette réponse inattendue, le roi bondit de colère. Un ministre, la gloire de son règne, le cardinal de Wolsey, avait combattu ses inclinations et opiné contre le divorce ; il fut disgracié. Un prêtre apostat, Cranmer, marié à la sœur du luthérien Osiander, que, dit-on, il avait séduite, entra dans les faveurs du prince et ne tarda pas à être fait archevêque de Cantorbéry (1533). Un intrigant, Thomas Cromwell, l'un des employés du cardinal de Wolsey, s'était hâté, après la disgrâce de celui-ci, de rechercher la protection de la maîtresse du roi, et fut admis au conseil privé.

Ces deux derniers, Cranmer et Cromwell, succédèrent en crédit et en autorité au cardinal, et furent les instruments les plus puissants de la révolution religieuse qui commençait à envahir l'Angleterre. Sur leur conseil, Henri VIII prit d'abord le titre de *protecteur et chef de l'Église anglicane sous Jésus-Christ*; (1) puis trompant par un mensonge la bonne foi de son chapelain, fit célébrer, le 25 janvier 1533, son mariage avec Anne de Boleyn, dont la position ne pouvait plus souffrir de retard, si l'on voulait, pour nous servir des expressions de M. l'abbé Petit, éviter le « scandale d'une naissance illégitime. »

Cranmer, nouvellement créé archevêque de Cantorbéry, commença une instruction illusoire contre Catherine d'Aragon. Après des formes insidieuses de procédure, il prononça la nullité de son mariage, sous le faux prétexte qu'au point de vue canonique il avait été illégalement contracté. Henri VIII fit alors connaître officiellement sa nouvelle union avec Anne de Boleyn.

Le Saint-Siége ne pouvait plus garder le silence. Clément VII, dans un consistoire solennel, cassa, comme entachée d'injustice et de tyrannie, la procédure instruite par Cranmer, et, par une sentence définitive, déclara le mariage d'Henri VIII avec Catherine d'Aragon valide et légitime, ordonna au roi de rétablir celle-ci dans ses droits d'épouse et

(1) Bossuet.

le menaça d'excommunication, s'il ne se séparait d'Anne de Boleyn.

Le roi répondit à cette sentence en faisant abolir par ses Chambres de parlement la juridiction spirituelle des papes dans son royaume et en lui substituant son autorité royale.

Ainsi commençait à l'état de schisme la révolution religieuse de l'Angleterre.

Le pays se divisa en deux camps. Les timides et les ambitieux se soumirent aux prétentions tyranniques du roi : mais un grand nombre resta fidèle à l'autorité pontificale. Alors s'ouvrit l'ère des persécutions.

Le vertueux et illustre Fisher, évêque de Rochester, vieillard de quatre-vingts ans et le chancelier Thomas Morus, « les deux plus grands hommes « d'Angleterre », dit Bossuet dans *ses Variations*, furent les premières victimes, bien qu'ils se fussent jadis distingués l'un et l'autre en prenant la défense de Henri VIII contre les injures de Luther. Sur leur refus de prêter le serment exigé par la nouvelle constitution, ils furent jetés dans les cachots de la tour de Londres. On leur fit leur procès et on leur donna pour juges Cranmer et Cromwell.

Le premier, le vénérable évêque de Rochester, après être resté un an sur la paille humide de sa prison, en fut tiré le 22 juin 1535 pour monter sur l'échafaud. Il avait été condamné comme « coupable de haute trahison, pour avoir dit que le roi n'était pas le chef de l'Église. » Sa tête fut exposée au bout d'une pique sur le pont de Londres et son corps, entièrement nu, livré aux outrages de la populace, puis enterré sans cercueil ni drap mortuaire. Cinq semaines auparavant (12 mai 1535), le pape Paul III dans l'admiration de sa vertueuse constance, voulant lui témoigner de son estime et de ses sympathies, lui avait envoyé le chapeau de cardinal : ce qu'apprenant, Henri VIII s'était écrié, « je m'arrangerai pour qu'on ne trouve pas de tête « pour le porter. »

Le second, Thomas Morus, pressé par ses juges, par ses amis, par ses parents, par sa femme même, de reconnaitre la suprématie du roi et d'adhérer à sa volonté, répondit toujours avec courage, » qu'il « se défierait de lui-même s'il était seul contre le « Parlement ; mais que, s'il avait contre lui le Grand « Conseil d'Angleterre, il avait pour lui toute « l'Église, ce Grand Conseil des chrétiens. » (1) Il ne fut pas moins admirable sur l'échafaud, lorsque, se tournant vers le peuple, il fit une profession de foi catholique, apostolique et romaine, qu'il signa du sang de son martyre.

Ces hideuses exécutions répandirent la terreur dans le royaume et furent une source de défections dans le peuple et dans le clergé même ; mais, comme au temps des empereurs romains, le sang des martyrs fut aussi une semence de chrétiens. Cromwell, nommé par Henri VIII son vicaire général au spirituel et *visiteur de tous les couvents et privilégiés d'Angleterre*, avait rédigé « une divine et pieuse institution du chrétien ; » malheur à qui ne s'y conformait pas ! Les prieurs des chartreuses de Londres, d'Axiholm et de Belval, pour le seul fait d'avoir voulu exposer au prétendu vicaire général

(1) Bossuet.

les motifs de conscience qui les empêchaient de reconnaître la suprématie du roi, quatre moines et un prêtre séculier pour avoir sollicité la permission de porter aux condamnés les secours de la religion, subirent le dernier supplice infligé avec un raffinement de cruauté qui fait frissonner d'horreur. « On les pendit d'abord, on les décrocha vivants, on leur arracha les entrailles, et leurs membres mis en pièces furent jetés sur la voie publique. »

Que dire encore de l'exécution de la comtesse de Salisbury, ce dernier rejeton des Plantagenets ? La noble dame fut pendant un an gardée en otage au fond d'une prison, pour répondre de la conduite de son fils, le cardinal Polus, proche parent de Henri VIII, qui s'était ouvertement prononcé contre le divorce et s'était soustrait par la fuite à la vengeance du roi. Sous le spécieux prétexte qu'une insurrection aurait été fomentée par le cardinal, la malheureuse mère alla expier sur l'échafaud « le crime que l'on imputait à son fils. (1). »

En 1540, le *visiteur des couvents et des privilégiés* avait presque terminé sa tâche : la sécularisation des couvents était accomplie ; les religieux et les religieuses qui ne s'étaient pas soumis à la constitution nouvelle ou que la fuite n'avait pas mis à l'abri de la fureur royale, étaient morts, les uns dans les prisons, les autres sous la hache du bourreau et leurs biens avaient été confisqués au profit du roi. On fouilla les tombeaux des saints sans en excepter celui de saint Austin, l'apôtre de l'Angle-

---

(1) W. Cobbett. — *Histoire de la Réforme en Angleterre*, lettre quatrième.

terre, et les richesses qui couvraient leurs châsses passèrent dans le trésor royal. De la seule châsse de saint Thomas de Cantorbéry, on obtint des sommes immenses. Selon Cobbett, « les pierres précieuses, l'or et l'argent que l'on en retira remplirent deux immenses coffres, et pour le transport de chacun de ces coffres, il fallut employer dix hommes! » (1).

(1) W. Cobbett. — *Histoire de la Réforme en Angleterre*, lettre sixième.

Les moyens dont on usa pour s'emparer de cette dernière châsse, s'ils n'étaient aussi odieux, pourraient être qualifiés d'actes de la plus insigne folie. On ne pourrait y croire si les pièces d'une procédure engagée contre saint Thomas de Cantorbéry, mort depuis près de quatre siècles (1170), n'existaient encore.

Le 24 avril 1538, l'avocat royal déposa sur la tombe du saint la citation suivante dont nous empruntons le texte à l'historien de Henri VIII :

« Henri, par la grâce de Dieu, roi d'Angleterre, de
« France et d'Hibernie, défenseur de la foi, et chef suprême
« de l'Eglise d'Angleterre, par la teneur des présentes,
« nous te citons devant notre Conseil souverain, toi, Tho-
« mas, autrefois archevêque de Cantorbéry, pour rendre
« compte des causes de ta mort ; de tes scandales contre les
« Rois, nos prédécesseurs ; de ton insolence à t'arroger le
« titre de martyr, quand tu souffris la mort bien plus
« comme rebelle à l'autorité de ton seigneur et maître,
« que comme défenseur de la foi catholique, et désobéissant
« aux lois d'un prince souverain juge, comme nous le
« sommes, en matières ecclésiastiques. Et comme tes crimes
« ont été commis contre cette majesté royale dont nous
« sommes revêtu, nous te citons pour ouïr prononcer ta
« sentence. Si aucun fondé de pouvoirs ne se présente en ton

Pendant les dix années qui s'écoulèrent depuis le divorce du roi et sa rupture ouverte avec l'Église, jusqu'à sa mort, ce prince fit exécuter « deux reines, un cardinal, deux archevêques, dix-huit évêques, treize abbés, cinq cents prieurs et moines, trente-huit docteurs, douze ducs et comtes, cent soixante-quatre gentilshommes, cent vingt-quatre bourgeois, cent dix femmes. »

La cruauté d'Henri VIII n'avait d'égales que sa luxure et sa débauche. Le 19 mai 1535, il faisait mettre à mort sa seconde femme, Anne de Boleyn, coupable d'adultère, et déclarer illégitime la naissance d'Élisabeth, issue de ce mariage. Le lende-

« nom, il sera passé outre, suivant les lois du royaume.
« Londres, 24 avril 1538. »

« Après un délai de trente jours donné au saint pour qu'il se choisît un procureur et préparât sa défense, la cause fut appelée ; Thomas Becket ne sortit pas de son tombeau. Afin qu'on ne dît pas qu'il avait été condamné sans être entendu, le roi lui donna un conseil. » Trois semaines après, le 11 juin, le tribunal se réunit de nouveau à Westminster, et rendit un verdict contre le contumace. « Ouï la
« cause de Thomas : considérant que personne ne s'est pré-
« senté pour le défendre,..... attendu que la Souveraineté
« de l'Église appartient au Roi et non à l'évêque de Rome,
« ainsi qu'il le soutenait ; attendu que le peuple le tient pour
« martyr, et qu'il regarde encore comme dignes de vénération
« ceux qui luttent et succombent pour l'autorité de l'Église
« romaine ; et afin que des crimes semblables ne restent
« pas impunis, que les ignorants reconnaissent leurs
« erreurs et cessent d'être victimes d'abus introduits dans
« le royaume, nous jugeons et statuons que ledit Thomas,
« autrefois archevêque de Cantorbéry, cessera de porter le
« nom de saint, de martyr ou de juste ; que son nom et ses

main matin 20, il épousait Jeanne Seymour. Celle-ci mourut le 19 octobre 1537 en donnant le jour à un prince, et, le 6 janvier suivant, Henri contractait avec Anne de Clèves, une nouvelle alliance qu'il fit annuler par le Parlement six mois après. Le 8 août 1540, Catherine Howard succède à Anne de Clèves pour six autres mois : elle est décapitée le 13 février 1541, sous un grossier prétexte. Enfin Catherine Parr ne craignit pas de monter sixième, sur ce trône ensanglanté ; son arrêt de mort était, dit-on, signé, lorsque Henri VIII mourut lui-même, le 27 janvier 1547, âgé de 57 ans.

Tel fut, avec Cranmer, le fondateur de la réforme anglaise ; et tels furent les moyens employés pour introduire cette réforme dans le royaume. C'est

« images seront enlevés des églises et disparaitront des
« livres, calendriers ou litanies, et qu'il est convaincu du
« crime de lèse-majesté, de trahison, de parjure et de
« rébellion. En conséquence, nous ordonnons que ses os
« seront arrachés de son sépulcre et brûlés publiquement,
« afin que les vivants apprennent par le châtiment d'un
« mort à respecter nos lois et notre autorité. L'or, l'argent,
« les pierres précieuses, et les autres bijoux, qu'une piété
« trompée apportait à son sépulcre, comme à celui d'un
« saint, sont confisqués au profit de la couronne. Nous
« défendons, sous peine de mort et de confiscation, qu'au-
« cun de nos sujets le traite désormais de bienheureux, lui
« adresse des prières, porte ses reliques, l'honore directe-
« ment ou indirectement, faute de quoi le coupable sera
« considéré comme conspirateur contre notre royale per-
« sonne, ou fauteur ou complice de la révolte. »

Wilkins, *Recueil des pièces officielles* dans Audin. — *Histoire de Henri VIII*, t. II, p. 263, 267.

partout en substituant d'abord à l'autorité du chef suprême de l'Église, celle des novateurs, rois, princes ou présidents d'états démocratiques, que l'hérésie s'est établie. Nouveaux pontifes soi-disant infaillibles, ils révisaient les décisions des conciles sur les articles de foi, réglaient les services du culte, ordonnaient et révoquaient à leur gré les évêques; et le temps n'était pas loin où l'on allait voir cette suprématie infaillible devenir l'un des attributs d'un enfant de dix ans, puis des reines d'Angleterre.

Édouard VI, fils de Jeanne Seymour, succède à Henri VIII, au détriment de la catholique Marie Tudor, fille de Catherine d'Aragon. Un testament de son père l'avait ainsi réglé et avait établi un conseil de régence, dont Édouard Seymour, duc de Sommerset eut l'autorité principale avec le titre de protecteur du royaume.

Ce duc de Sommerset qui fit exécuter son propre frère « sur de simples dépositions et sans écouter ses défenses, » et monta, lui aussi, sur l'échafaud en 1549 pour crime de trahison, était l'ami intime de Cranmer. Ils firent, l'un et l'autre, élever le jeune roi dans la haine du catholicisme, et passer la révolution religieuse de la hiérarchie et de la discipline aux dogmes et aux croyances.

Par édit du roi, il fut « défendu de prêcher sans sa permission ou sans celle de ses visiteurs, de l'archevêque de Cantorbéry ou de l'évêque diocésain. » Puis bientôt cette permission fut donnée à « tous ceux qui se sentiraient animés du Saint-Esprit. » (1).

(1) Bossuet. — *Variations.*

Pierre Martyr et Bernardin Ochin, moines apostats et mariés, avaient été appelés pour établir cette réforme. L'adoration de Jésus-Christ dans le mystère eucharistique fut supprimée, la messe abolie, le mariage des prêtres autorisé. Ces lois, commodes pour ceux qui supportent péniblement la continence, entrainèrent les trois quarts du clergé anglais, où l'on comptait environ seize mille ecclésiastiques, à renoncer au célibat (1). Sous le seul règne d'Édouard VI (1547-1553) que d'églises profanées, de croix renversées, de statues brisées, de tableaux lacérés ! La charité chrétienne elle-même fut bannie des mœurs.

Depuis la suppression des couvents où les pauvres et les infirmes trouvaient leur subsistance, les villes étaient remplies de mendiants tellement nombreux, qu'une loi fut édictée pour leur interdire d'implorer la pitié publique. En vertu de cette loi, « on marquait d'abord les mendiants avec un fer rouge, après quoi on les réduisait à l'esclavage pour deux années, pendant lesquelles leur maître avait le droit de leur faire porter un collier de fer, de les nourrir au pain et à l'eau et de les priver de viande. En cas de désobéissance, d'insubordination ou de tentative d'évasion, le malheureux restait esclave pour le reste de ses jours. » (2).

C'est là la loi d'amour et de liberté que le protestantisme apportait au monde !

A la mort d'Édouard VI en 1553, Cranmer, intéressé à perpétuer l'hérésie en Angleterre, avait dé-

---

(1) Bossuet. — *Variations.*
(2) W. Cobbett.

terminé le roi à signer un testament qui changeait l'ordre de succession à la couronne, écartait Marie Tudor du trône et y appelait Jeanne Grey, nièce de Henri VIII et luthérienne. Celle-ci fut pendant neuf jours reine d'Angleterre ; mais Marie Tudor marcha avec quarante mille volontaires sur Londres qui lui ouvrit joyeusement les portes. Elle y entra avec sa sœur Elisabeth, convertie pour quelque temps au catholicisme, se fit couronner selon le rite catholique et rétablit la religion romaine dans le royaume.

Cranmer convaincu de haute trahison et d'hérésie fut enfermé à la tour de Londres. Il chercha vainement par deux abjurations successives, interrompues par une nouvelle apostasie, à se racheter du supplice : il porta sa tête sur l'échafaud, ainsi que Jeanne Grey et la plupart de ceux qui avaient introduit l'hérésie en Angleterre et avaient fondé leur fortune sur la ruine des couvents et des églises.

Les réformés ont essayé de flétrir Marie Tudor du nom de *sanguinaire* ; mais le docteur Lingard, entre autres, a rétabli la vérité à son égard, et le protestant Cobbett, après quelques précautions de forme pour ne pas être accusé de chercher à faire l'apologie des exécutions judiciaires qui eurent lieu sous le règne de Marie, lui rend cette justice, que ces exécutions n'atteignirent presque toutes que « d'atroces scélérats, continuellement occupés à « machiner la mort de la reine, et qui, sous le spé- « cieux prétexte de la liberté de conscience, cher- « chaient une nouvelle révolution, qui leur donnât « occasion de piller de nouveau la nation. » D'ailleurs ces exécutions sont à peine, dit-il quelques pages avant, « dans la proportion d'un à mille, « si on les compare à l'innombrable quantité de « meurtres juridiques commis par les partisans ou « ministres de l'Église établie par la loi, depuis sa « création jusqu'à nos jours. » (1).

Elisabeth, dit encore ailleurs le même auteur, « fit mettre à mort, en une seule année de son « règne, vingt fois plus de catholiques, pour les « contraindre à renoncer à la foi de leurs pères, « qu'il ne périt de misérables pendant les trois an- « nées que Marie resta sur le trône, pour avoir ex- « ploité tour à tour l'apostasie et l'assassinat aux « dépens de leurs concitoyens... » (2).

Le 17 novembre 1558, dix mois après la reprise de Calais sur les anglais par le duc de Guise, Marie Tudor, délaissée de Philippe II, son mari, mourut de consomption et de chagrin, laissant le trône à sa sœur consanguine Elisabeth, fille de Anne de Boleyn, qui jura à la mourante de rester inviolablement attachée à la religion catholique, apostolique et romaine.

Les évêques anglais, réunis à Londres, refusèrent d'abord de couronner Elisabeth ; mais, sur son serment de maintenir les droits et les libertés de l'Église catholique, l'un d'eux se décida à accomplir cette cérémonie (3). Quelques mois étaient à peine écoulés que, se parjurant encore une fois, la nou-

(1) W. Cobbett, *Histoire de la Réforme en Angleterre*, lettre huitième.

(2) Cobbett, lettre neuvième.

(3) Id. Id.

velle reine violait tous ces droits. Une loi rétablissait sa suprématie spirituelle, et les persécutions recommencèrent. Comme à Genève, il fut établi un tribunal d'inquisition composé d'évêques réformés et de laïques, dont la juridiction s'étendait sur tout le royaume et sur toutes les classes de la nation. Ces juges avaient le pouvoir « d'employer l'emprisonnement plus ou moins limité et toute espèce de tortures. Dès que leurs soupçons s'arrêtaient sur quelqu'un, ils lui déféraient le serment appelé *ex-officio*, par lequel cet homme était obligé, sous peine de mort, de révéler ses pensées les plus intimes sur lui-même, sur ses parents, sur ses amis. » (1).

Telle était la législation en usage sous le règne d'Elisabeth pour affranchir l'humanité de l'intolérance catholique et lui faire embrasser les doctrines *conciliantes* du protestantisme !

Cette législation, dont W. Cobbett n'a donné qu'une analyse, mais dont on peut lire les dispositions dans l'histoire de Marie Stuart, publiée en Angleterre, par M. Ch. de Flandre, la reine la trouva trop douce encore pour les Irlandais. Inébranlables dans leur foi et dans leur attachement à l'autorité suprême du vicaire de Jésus-Christ, les catholiques d'Irlande n'hésitaient pas à préférer une vie de misère à l'abjuration. La confiscation de leurs biens, l'exil, la prison, la mort, ils supportaient tout avec le plus vertueux et le plus héroïque courage. Le domaine royal s'enrichit de nombreuses propriétés que beaucoup d'entre eux furent

(1) Cobbett.

contraints d'abandonner pour payer les amendes auxquelles ils étaient condamnés et qui s'élevaient, dans certaines circonstances, au bout de l'année, jusqu'à 3,250 livres sterling, représentant aujourd'hui environ 78,000 de nos francs. » (1).

Quant à ceux auxquels on faisait grâce de la mort ou de l'exil, s'ils ne pouvaient payer les amendes qu'on leur infligeait, on les entassait dans les prisons; et ces prisons ne purent bientôt plus les contenir. Le nombre des prisonniers devint si considérable et leur entretien si dispendieux, qu'on fut forcé de les relâcher ; « mais on avait soin auparavant de les fouetter publiquement, et de leur percer les oreilles avec un fer rouge ! » (2).

Malgré ces actes de la plus affreuse tyrannie, la religion catholique était encore professée par les neuf dixièmes de la population anglaise (3).

Nous ne suivrons pas Élisabeth jusqu'à la mort de Marie Stuart, sa cousine et sa rivale, qu'elle fit exécuter pour s'assurer la tranquille jouissance du trône : la plume se refuse à retracer tant d'horreurs.

Dans un autre ordre d'idées, cette femme que ses compatriotes ont surnommée *la grande*, à cause de l'ordre qu'elle sut mettre dans les affaires de l'État, était aussi dissolue dans ses mœurs, que nous l'avons vue cruelle et sanguinaire envers les catholiques. Pour nous servir des expressions d'un autre protestant anglais, Witaker, cité par Cobbett, « sa

---

(1) W. Cobbett, lettre onzième.
(2) W. Cobbett, lettre onzième.
(3) Id. lettre dixième.

vie fut souillée par une licence de mœurs effrénée. » Digne fille de Henri VIII, c'est un trait de ressemblance de plus qu'elle eut avec le premier auteur de la réforme anglaise.

Vers le temps où Luther brûlait publiquement à Wittemberg les bulles de Léon X, un jeune gentilhomme écossais, Patrick Hamilton, cherchait à répandre dans sa patrie les doctrines qu'il avait entendu prêcher par le moine Saxon. Pour prévenir la contagion de ces dangereuses nouveautés, l'archevêque de Saint-André le fit arrêter, juger et condamner à mort. Un peu plus tard, quoique la France soutint en Ecosse la cause des catholiques, l'hérésie ne tarda pas à y pénétrer et à s'y propager sous une forme nouvelle qui prit le nom ici de *puritanisme*, là de *presbytérianisme*. Les maximes des presbytériens étaient autant politiques que religieuses, et tendaient à établir une sorte de république égalitaire qui s'attaquait aux grands et aux rois. Sous le rapport religieux, elles n'admettent aucun supérieur ecclésiastique, proscrivent les signes de croix, la liturgie, les jeûnes et toute espèce de culte extérieur.

C'est encore un prêtre marié, Jean Knox, qui est l'auteur de cette réforme. Il suffit de dire que, pour l'établir, il suivit les mêmes errements de barbarie que ses corréligionnaires du reste de l'Europe. Il ameuta les seigneurs en flattant leur ambition, et la populace en lui promettant le désordre et le pillage. Il brûla les Églises, fit évacuer les couvents, dispersa les archives et les bibliothèques et couvrit de ruines sa patrie.

V

Tentatives de réformation dans les états restés catholiques.

Après le récit très-abrégé des scènes tragiques dont le Nord, l'Est et le centre de l'Europe ont été le théâtre, pour la destruction du catholicisme, jetons un coup d'œil également rapide sur les hommes qui tentèrent des entreprises semblables dans les États restés catholiques, et sur les mesures des gouvernements pour préserver les peuples d'aussi effroyables désastres.

En 1526, on comptait à Locarne, petite ville du Tessin nouvellement cédé à la Suisse, trois réformés, dont l'un était un religieux carme du nom de Balthasar Fontana. Ils s'érigèrent en apôtres, se partagèrent la Péninsule et, selon Ruchat, firent pénétrer les principes de la réforme « assez loin en Italie et jusque dans la Sicile. » (1).

Il faut croire cependant que leurs douteux succès se firent avec lenteur. Vingt ans plus tard, en effet, en 1546, des novateurs, sortis de divers points de l'Italie et de l'Espagne, s'étaient réunis secrètement à Vicence pour arrêter les bases de leurs prédications. Ce sont : le calabrais Jean Valentin Gentilis, l'espagnol Jean Valdès, le florentin Pierre Vermilli qui changea son nom en celui de Pierre Martyr, le

---

(1) Ruchat, t. III, p. 291.

toscan Bernardin Ochin, le milanais Jean-Paul Alciat, le savoyard Georges Blandrata, Lœlie Socin de Sienne et plusieurs autres. Informée de leurs conférences mystérieuses, la police italienne intervint, dispersa l'assemblée, opéra des arrestations, fit condamner à mort les plus compromis de ceux dont elle s'était saisie et arrêta ainsi les progrès du mal dès sa naissance.

Théodore de Bèze n'en avance pas moins dans ses écrits, que Jean Valdès et Pierre Martyr étaient parvenus à fonder à Naples « une église au Sei-« gneur, composée de plusieurs gentils-hommes, « dames et damoiselles ; » mais cette affirmation lui valut de la part de son contemporain, Florimond de Ræmond, cette réfutation ironique : « Où est-elle « ceste Église néapolitaine du Seigneur ? Elle est « invisible, Bèze ; et si elle a esté, elle a tout aus-« sitost disparu, tant les fondements en furent « asseurez et solides ! on a sceu aussitost sa mort « que sa naissance. » (1).

L'acte énergique de Vicence avait plongé dans la stupeur ceux que la police avait épargnés ou n'avait pu atteindre : un avocat distingué de Citadella, François Spiera, en était mort fou, criant sans cesse « qu'il étoit damné » (2). Quant aux plus marquants de ceux dont nous avons donné plus haut les noms, et que l'on avait laissé fuir, ils avaient pris leur route vers la Suisse, vers la Pologne, vers l'Allemagne, où quelques-uns devinrent chefs de sectes.

(1) Florimond de Ræmond. — *De la naissance de l'Hérésie.*
(2) Mém. de Pierrefleur.

Nous avons déjà parlé de Gentilis que Calvin, à Genève, fit condamner à mort pour avoir été d'un sentiment différent du sien, et qui, gracié, se réfugia successivement dans le pays de Gex et à Lyon. Etant ensuite allé rejoindre Blandrata et Alciat en Pologne, il se fit chasser de ce royaume et passa en Moravie. Après la mort de Calvin il revint en Savoie, s'y fit arrêter et fut conduit à Berne pour monter sur l'échafaud en 1566.

Nous avons également déjà mentionné Pierre Vermilli ou Pierre Martyr qui fut appelé en Angleterre avec Bernardin Ochin, sous le règne d'Édouard VI, pour y prêcher la réforme. C'était un moine apostat de l'ordre de saint Augustin. Ses succès dans la chaire sacrée l'avaient gonflé d'orgueil.

A Naples, il se lia avec Valdès qui lui procura les ouvrages de Luther, et prépara d'autant plus facilement son apostasie, qu'au vice des anges superbes, il joignait celui de la concupiscence. « Il
« souspira tousiours, dit Florimond de Ræmond,
« pour ces filles renfermées qui, sous leurs voiles,
« conservent plus facilement la beauté de leur teint.
« La première qu'il espousa fut tirée du cloistre,
« et, celle-là despeschée, une seconde encore. »

Lors des arrestations de Vicence, « Martyr de
« nom, qui ne vouloit estre rien moins que martyr,
« pensant avoir jà le feu aux talons, se déroba,
« ..... emmenant en sa compagnie sa nonnain pour
« soulager ses veilles et ses travaux. » (1).

Avant son émigration, Pierre Martyr avait déjà

(1) Florimond de Ræmond, p. 292-297.

été appelé à Rome pour s'expliquer sur les prédications hérétiques dont on l'accusait. Il se tira de cette première affaire et se réfugia à Lucques où il devint supérieur d'une maison de son ordre. Là, il entraîna plusieurs de ses compagnons dans ses erreurs contre le dogme eucharistique et fut bientôt forcé de prendre la fuite. Il passa à Genève, puis à Zurich, à Bâle et enfin à Strasbourg, où il épousa la nonne qu'il avait enlevée. Appelé en 1547 en Angleterre, il fut fait professeur dans l'université d'Oxford et y resta jusqu'en 1553, époque où il fut forcé de revenir à Strasbourg et à Zurich. En 1561, on le trouve au colloque de Poissy et, l'année suivante, il mourut à Zurich, de mort violente à l'âge de 62 ans. Pierre Martyr était né le 8 septembre 1500.

En même temps que la voix éloquente de Pierre Martyr se faisait applaudir dans les églises napolitaines, celle d'un vicaire général des Capucins attirait autour de la chaire sacrée les personnes les plus éminentes par leur vertu, leur science, ou leur position sociale. Cet autre était Bernardin Ochin, né à Sienne vers la fin du XVe siècle (1); il fut d'abord Cordelier, prit ensuite l'habit de Capucin, vers 1534, et était devenu vicaire général de cet ordre, lorsqu'il apostasia huit ans plus tard.

Comme il en avait été de Luther, les dures mortifications auxquelles il livra son corps pendant les premières années de sa vie monastique n'éteignirent pas les sentiments d'ambition et d'orgueil qui

(1) Selon Bayle il avait 76 ans en 1563, lorsqu'il fut chassé de Zurich.

dévoraient son âme. Ne s'étant point vu compris dans une grande promotion de prélats que le Pape Paul III avait faite, Ochin tourna son dépit contre l'autorité pontificale. Il fut cité à Rome pour se justifier de paroles injurieuses envers le pape, et de certaines propositions contraires à la foi émises par lui du haut de la chaire. Ochin allait se rendre à cette sommation lorsque Pierre Martyr, compromis comme lui, le détourna de cette démarche et le détermina à la fuite. Il se fit alors couper la barbe, quitta ses habits religieux, en revêtit de séculiers que la duchesse de Ferrare lui procura et prit le chemin de Genève où, deux jours après, Pierre Martyr vint le rejoindre. Ochin qui approchait alors de la soixantaine, avait emmené avec lui une jeune fille de Lucques, qu'un peu plus tard il « épousa publiquement pour donner une preuve authentique de son renoncement à la religion romaine. » (1). Calvin se montra heureux d'abord de cette recrue ; mais bientôt froissé de ne point voir l'orgueilleux Ochin se soumettre à sa suprématie, il le fit chasser de Genève. Le moine fugitif alla se réfugier alors à Augsbourg d'où Cranmer l'appela en Angleterre avec son ami Pierre Martyr pour affermir la réforme d'outre-Manche. A la mort d'Edouard VI, forcé de quitter le royaume, Ochin se retira à Strasbourg ; il était à Bâle, en 1555, lorsqu'on lui offrit le titre de ministre d'une Église italienne à Zurich. Il n'y resta pas plus de huit années, et en fut expulsé pour les doctrines qu'il enseignait de vive voix et par écrit en faveur de la polygamie. Il voulut alors

---

(1) Bayle. — Florimond de Ræmond.

retourner à Bâle, ne demandant à y passer que la saison d'hiver, avec ses enfants ; mais les magistrats de Bâle, argumentant comme ceux de Zurich, lui en refusèrent l'autorisation. Force lui fut, au cœur de l'hiver, de porter ailleurs ses rêveries. C'est vers la Pologne qu'il dirigea ses pas. Après y avoir professé quelque temps les enseignements de Lœlie Socin, il se vit encore une fois proscrit. Bernardin Ochin alla enfin terminer en Moravie son existence vagabonde : il y mourut, âgé de plus de quatre-vingts ans.

Un compatriote d'Ochin, Lœlie Socin, né à Sienne en 1525, et qui avait fait partie des conciliabules de Vicence, avait émigré de l'Italie dès le commencement des poursuites dirigées contre les membres de cette assemblée. Après avoir erré pendant plusieurs années en France, en Angleterre, dans les Pays-Bas et en Allemagne, il passa quelque temps en Pologne où il importa la secte dite des Sociniens qu'il n'avait pu faire admettre en Italie. Les doctrines de cette secte s'attaquent surtout à la Sainte-Trinité : elles n'admettent comme Dieu, que Dieu le père : le Verbe et le Saint-Esprit ne sont que ses créatures ; elles nient le péché originel et la grâce.

Les Polonais ne purent longtemps souffrir la présence de cet hérésiarque dans leur patrie. Lœlie Socin se retira à Zurich auprès d'un certain nombre de ses compatriotes et y mourut en 1563, laissant sa chaire, comme nous venons de le voir, à Bernardin Ochin.

Un péril plus grand, en raison de l'autorité de son auteur, avait surtout menacé l'Italie. Je veux parler du péril que lui causa l'apostasie d'un haut dignitaire de l'Église, investi de la confiance de deux papes successifs, du nonce Vergerio.

Pierre-Paul Verger, en italien, Vergerio, avait été marié, et, dans sa jeunesse, avait exercé la profession d'avocat. Devenu veuf, il entra dans les ordres, et en 1530 alla soutenir avec honneur, en Allemagne, les intérêts de l'Église et de la papauté. En 1535, le pape Paul III le députa auprès de Charles V et des princes de la chrétienté pour leur annoncer la prochaine ouverture du concile œcuménique réclamé par les protestants eux-mêmes. Le légat du pape arriva dans les premiers jours de novembre à Wittemberg, manifesta le désir d'entretenir Luther et poussa l'esprit de conciliation jusqu'à lui envoyer son char et à l'inviter à sa table. Luther répondit à cette courtoisie plus humble que digne, avec une insolence railleuse qui ne put, néanmoins, ébranler ni troubler la sérénité de l'envoyé du Saint-Siége. Pour prix de sa mission, Vergerio reçut, l'année suivante, la mitre et la crosse épiscopale de Campo d'Istria, sa patrie.

Quoique sa doctrine fût déjà suspecte, il assista encore à l'assemblée de Worms où, peut-être, entrant dans la discussion des dogmes, il offrit des concessions tout autres que celles consenties par l'Église en vue de la paix, sur la discipline ecclésiastique, puisque Paul III, à la prière de Charles V et des princes chrétiens, scandalisés des paroles du légat, lui retira ses lettres et le rappela à Rome.

Au lieu de se soumettre et de venir confesser

ses erreurs au Saint-Père, Vergerio alla faire part de sa disgrâce à son frère Jean-Baptiste, évêque de Pola, qu'il attira, dit-on, à ses sentiments, et rompit ouvertement avec l'Église romaine. Cette détermination l'obligea à chercher son salut dans l'exil : il passa dans les États autrichiens et se présenta à Trente où se tenait alors le grand concile œcuménique. Ce fut en vain qu'il sollicita l'honneur de siéger parmi les prélats pour y soutenir ses nouvelles opinions : il se vit contraint de franchir les Alpes ; et l'ancien nonce, l'ancien évêque de Campo d'Istria descendit au rôle de ministre protestant chez les Grisons. C'est de ce canton qu'il écrivit des pamphlets contre la religion, contre le Pape et contre le concile. Enfin, attiré à Tubinge par le duc de Wittemberg, il y mourut le 4 octobre 1565, mésestimé des protestants eux-mêmes. « Je ne dissimule point, dit Bayle, « qu'il y a des protestants qui avouent que c'étoit « un homme volage, fourbe et ignorant en théologie. »

Il serait trop long de s'appesantir sur des biographies toutes à peu près semblables entre elles comme celles d'Alciat, de Blandrata et d'une foule d'autres encore. La plupart avaient émigré en Suisse, en Pologne, en Turquie même et y propagèrent les erreurs des Sociniens.

Plus encore qu'en Italie, la rigueur des lois et la fermeté des magistrats garantirent l'Espagne et le Portugal de l'invasion du terrible fléau qui envahissait le reste de l'Europe. Nous avons bien vu Michel Servet aller expier sur le bûcher de Genève ses rêveries antitrinitaires, et surtout ses discussions avec Calvin ; nous avons vu Jean Valdès, hâter par ses discours la défection de Bernardin Ochin et de Pierre Vermilli, tous deux inclinant déjà vers l'abîme ; mais ni Servet ni Valdès, sortis de bonne heure de leur patrie, n'y avaient laissé de disciples. C'est surtout, disons-nous, à la vigueur de ses institutions législatives que la péninsule hispanique dut ces résultats et son salut. Les chevaliers de la *Sainte-Hermandad* avaient la police des grands chemins et surveillaient les démarches des étrangers ; ceux de la *Sainte-Croisade* informaient contre les dérèglements des mœurs et contre l'oubli des devoirs religieux ; enfin les uns et les autres déféraient aux tribunaux de l'*Inquisition* les individus suspects d'hérésie ; et ceux-ci, selon le degré du crime ou du délit et suivant le plus ou moins d'opiniâtreté des accusés dans leurs sentiments, prononçaient les peines méritées par les coupables.

Si l'hérésie était de la sorte impuissante à infester le pays, elle s'efforça d'employer des voies détournées pour y parvenir. Ici, il nous faut citer un nom français qui, jusqu'à la Saint-Barthélemy, reviendra souvent dans le cours de l'*Histoire du Protestantisme et de la Ligue en Bourgogne*, je veux parler de l'amiral de Coligny.

Gaspard de Coligny avait fait entrevoir au roi de France, Henri II, les avantages politiques qu'il recueillerait d'une colonisation française sur les terres nouvellement découvertes par delà l'Atlantique et que se partageaient seuls les Portugais et les Espagnols.

Une petite flotille commandée par Durand de Villegagnon, vice-amiral de Bretagne, fut envoyée en Amérique et alla débarquer, en novembre 1555, dans un îlot de la baie de Rio-Janeiro, momentanément abandonné par les Portugais. Cet îlot prit le nom d'Ile de Coligny. Aussitôt que le résultat de l'expédition fut connu en France, des compagnies d'émigrants réformés s'organisèrent pour une seconde campagne. Coligny leur donna des ministres protestants qu'il avait fait venir de Genève, dicta ses instructions aux officiers, et de Châtillon-sur-Loing les envoya à Honfleur où les attendaient trois vaisseaux du roi. Les Normands ne virent pas de bon œil arriver ces étrangers : il y eut, entre catholiques et protestants, des discussions, des injures et des rixes. L'un des émigrants fut tué, un certain nombre retourna dans ses foyers, et trois cents à peine persistèrent dans leur aventureuse entreprise. Leur tentative ne fut pas heureuse : la discorde se mit parmi les colons et moins d'un an après leur arrivée au Brésil, les Génevois particulièrement, profitèrent, pour rentrer dans leur patrie, du premier vaisseau faisant voile vers l'Europe. Villegagnon lui-même avait renoncé à ses idées de propagande calviniste ; il revint en France abandonnant ses anciens corréligionnaires à la fureur des Portugais qui les massacrèrent.

Nous avons parlé, sans nous y arrêter, de l'activité déployée par François Ier et ses Parlements contre l'introduction en France des doctrines pernicieuses prêchées en dehors du royaume. Des hérétiques avaient été suppliciés à Paris, à Vienne, à

Toulouse, et dans plusieurs autres villes. Pour éviter l'œil vigilant de la police, c'était de nuit, dans des caves, dans des maisons à plusieurs issues que les novateurs tenaient leurs assemblées clandestines. De là, des agents allaient colporter dans les ateliers les résolutions arrêtées en commun et provoquer les ouvriers à l'insurrection : des sacriléges en étaient le fruit et se multipliaient. Au mois de janvier 1535, une odieuse profanation avait été commise à Paris : une image de la Sainte Vierge avait été mutilée et percée de coups de poignard. Le roi, que la légèreté de ses mœurs semblait amollir, se ranima à la nouvelle de cet outrage fait à la religion et notifia à tous ses Parlements de poursuivre les hérétiques. En expiation du scandale, il ordonna une procession solennelle à laquelle il assista « avec ses trois enfans, « cheminans à pied, teste nue, avec cierges de cire « blanche ardens à la main », et suivi de toute sa cour, des ambassadeurs étrangers et de flots de peuple. Le Saint Sacrement était porté par l'évêque de Paris sous un dais que le Dauphin, les ducs de Vendôme, d'Orléans et d'Angoulême tenaient de leurs mains au-dessus de la sainte hostie. (1).

Après avoir rétabli l'image outragée, la procession entra à l'évêché où le roi fit une harangue et ordonna de sévères poursuites par toute la France.

Cependant la reine de Navarre, Marguerite de Valois, sa sœur, la duchesse d'Etampes, les dames

---

(1) Th. de Bèze, *Hist. ecclésiastique.* — Florimond de Ræmond p. 860.

de Cani, de Pisseleu et plusieurs autres, inclinées aux idées protestantes, avaient entrepris de convertir le roi à d'autres sentiments, parce que, dit Florimond de Ræmond, « la rigueur des lois et « règles de l'Eglise, et surtout cette gêne de la « confession, estoit insupportable à plusieurs d'en- « tr'elles. » (1) Elles avaient obtenu de faire venir à la cour le doucereux Melanchthon pour disputer avec les théologiens les plus distingués de la capitale. Le passeport était signé et allait être expédié lorsqu'intervint le cardinal de Tournon, archevêque de Lyon. Il fit comprendre au roi le danger de semblables conférences avec les luthériens, donnant en exemple le résultat des colloques de l'Allemagne, et obtint le retrait de l'autorisation. La reine de Navarre ouvrit elle-même les yeux et rompit enfin avec la Réforme.

Si la conduite politique de François Ier eût été à l'extérieur ce qu'elle fut par la suite à l'intérieur envers les hérétiques, de grands désordres eussent sans doute été épargnés à la France ; mais tandis qu'en France il condamnait ceux-ci aux supplices, il soutenait leur cause en Allemagne, et s'alliait aux Turcs, ces ennemis acharnés du nom chrétien.

Le règne de Henri II diffère peu du précédent ; ce sont, en religion et en politique, les mêmes inconséquences, les mêmes poursuites au dedans, les mêmes alliances au dehors.

Cependant, en France, l'hérésie avait changé

(1) Florimond de Ræmond, p. 847.

d'allure : de tyrannique qu'elle avait été en Allemagne, en Suisse, en Angleterre, elle affecta parmi nous des manières courtoises, elle se mit à la mode, elle fit l'aimable. Chaque soir, on voyait à Paris des groupes de dames rieuses et frivoles, escortées de jeunes élégants, s'en aller joyeusement, sans y voir mal peut-être, entendre au Pré-aux-Clercs les chants des psaumes de Marot, et souvent y mêler leur voix.

Le sombre Calvin avait depuis plusieurs années quitté sa patrie ; le sémillant Théodore de Bèze lui succédait dans le parti des réformés.

Théodore de Bèze, né à Vézelay, sur les confins de la Bourgogne, le 24 juin 1519, de parents nobles, avait été doté, dès sa jeunesse et quoiqu'il ne fut pas dans les ordres, des prieurés de Ville-Selves et de Lonjumeau. Il devait cette faveur abusive au crédit dont jouissait sa famille et particulièrement ses deux oncles Nicolas et Claude de Bèze, le premier conseiller au Parlement de Paris, le second abbé de Froidmond. C'était, disent des chroniqueurs du temps, un beau jeune homme, « d'une belle et
« riche taille, bon joueur de paume, fort propre
« pour l'entretien des dames et des courtisanes, à
« la parole agréable et de facile abord, avenant
« pour l'entregent. » (1) Son esprit, sa fortune, ses airs du beau monde lui faisaient ouvrir toutes les portes, et il savait en profiter pour s'insinuer partout. Néanmoins, tous ces brillants dehors ne rachetaient pas la perversité de son imagination et de son cœur. A l'âge de 29 ans, il fit une maladie

---

(1) Florimond de Rœmond, p. 1016-1017.

sérieuse, causée par la débauche, qui le mit aux portes du tombeau. De retour à la santé, au lieu de rentrer en lui-même et de mieux régler sa vie, il crut étouffer les remords de son âme et s'affranchir des censures de l'Église, en niant à celle-ci le droit de le diriger dans ses actions. Bientôt il poussa le blasphême jusqu'à écrire que « Dieu fait « toutes choses selon son conseil défini, voire « même celles qui sont méchantes et exécrables. »(1).

Poursuivi par le Parlement de Paris pour des poésies licencieuses qu'il avait publiées, il se hâta de vendre ou d'amodier ses bénéfices, et s'enfuit à Genève, sous le faux nom de Thibaut de May, avec la femme d'un couturier de Paris qu'il avait séduite.

Avant l'abandon de ses bénéfices, il en avait, dit-on, reçu par anticipation les fermages. Jean Bourbier, son fermier de Lonjumeau, en fit plainte et Robert, le fils de celui-ci, le poursuivit jusqu'à Genève, sans en rien obtenir. (2) « De quoy nous fusmes fort empeschez durant le colloque de « Poissy », dit le ministre Launay : « Car l'une « des vesves avec ses enfants, vint crier après luy « pour estre satisfaite. J'y fus employé. Ceste « pauvre femme me dit qu'il leur avoit emporté « plus de douze cens livres. »

Si Th. de Bèze conservait encore auprès d'une certaine société cette sorte de prestige que lui donnaient ses manières élégantes et son esprit, il était honteusement dégradé aux yeux des hommes

---

(1) Théod. de Bèze : *Exposition de la foi*, cité par Bossuet.
(2. Florimond de Ræmond, p. 1047.

sérieux. Les protestants eux-mêmes l'appelaient « l'opprobre de la France, un simoniaque et un libertin infâme. » (1)

Le célèbre Henri Etienne, l'avait surnommé le Pantagruel de Genève et le désignait sous le titre de « prince des athées. » (2)

Quoiqu'il fût déjà citoyen de Genève, ce ne fut pas sans difficulté que Calvin le fit recevoir pasteur. Plusieurs des membres du Consistoire s'opposèrent à son ordination, tant à cause de sa simonie, que des airs de « damoiseau... frèzé, frisé, miste poupin » qu'il se donnait encore, quoique loin déjà de la première jeunesse.

Bornons-nous à cette esquisse des mœurs et du caractère du trop illustre protestant Vézelien ; ce que nous aurons à dire de ses actes religieux ou politiques trouvera ultérieurement sa place dans le récit des évènements dont nous entreprenons l'histoire pour la province de Bourgogne.

Nous voici arrivé à une phase nouvelle durant laquelle la politique joue un aussi grand rôle que les rêveries des sectaires.

L'hérésie recruta des auxiliaires parmi des princes mécontents et parmi quelques puissants seigneurs qui embrassèrent la Réforme pour des rivalités de familles. Prenant pour prétexte la défense d'une prétendue liberté de conscience, ils en couvrirent

---

(1) *Galliæ probrum, simoniacus, sodomita; omnibus vitiis coopertus.* — Dans Audin, t. I, p 43.

(2) Tiré des archives de Genève, par Audin. — *Hist. de Calvin*, t. 2, p. 236.

leur révolte contre l'autorité royale qui refusait aux prédicants le droit de propager leurs fausses doctrines en France. On vit, disons-nous, jusqu'à des princes du sang prendre part à la lutte et y entraîner une partie de la noblesse. Voici à quelle occasion.

Deux princes de la branche cadette des ducs qui régnaient sur la Lorraine, avaient commencé, sous Henri II, à prendre part à l'administration des affaires de la France. C'était d'abord le chef de cette branche, François de Lorraine, duc de Guise, qui fut nommé lieutenant-général du royaume en récompense de ce qu'il avait délivré la ville de Metz attaquée par Charles-Quint, et qui, dans son nouveau poste, reprit Calais et plusieurs autres places occupées depuis longtemps par les Anglais. C'était encore le cardinal Charles de Lorraine, l'un des plus ardents à réprimer la propagation des nouveautés religieuses. A l'avènement de François II, l'un et l'autre furent nommés ministres : le duc de Guise eut le commandement des armées, et le cardinal de Lorraine l'administration des finances. Leur élévation fut considérée comme un préjudice causé aux princes du sang et aux principaux dignitaires de la couronne.

Ces princes du sang étaient Antoine de Bourbon, roi de Navarre, et Louis de Condé, premier du nom. Antoine de Bourbon, prince vaillant à la guerre, mais irrésolu et inconstant dans ses desseins, flotta longtemps entre la foi de ses pères, la foi de saint Louis et de Charlemagne, et la nouvelle religion ; il finit cependant par se déclarer catholique. Louis de Condé, selon Brantôme, cachait dans un corps frêle et contrefait une âme ardente et un grand cœur, mais n'était animé d'aucune ferveur religieuse : il s'allia aux protestants pour se servir de leur appui dans les complots tramés sous son nom contre le roi et son gouvernement. Il s'attacha Théodore de Bèze comme conseiller intime, et fut par lui compromis dans de graves circonstances.

Les Montmorency et les Châtillons se trouvaient également humiliés et lésés par l'élévation des Guises aux premières charges de l'État.

Le connétable Anne de Montmorency avait gagné, par ses mérites personnels, les faveurs de François Ier et de Henri II. Zélé catholique, il avait poursuivi à outrance les protestants ; mais cela n'empêcha pas les Guises parvenus au pouvoir, de le mettre de côté, le dépouillant même, à leur profit, de la grande maîtrise de la maison royale. Montmorency n'en resta pas moins ferme dans la foi de ses aïeux.

Quant aux Châtillons, neveux par leur mère du connétable de Montmorency, ils avaient, depuis quelque temps déjà, embrassé les nouvelles doctrines religieuses.

L'aîné de cette maison était Odet de Coligny, évêque et comte de Beauvais, titulaire de treize abbayes, au nombre desquelles on comptait Saint-Bénigne de Dijon et Vézelay. Il avait été créé cardinal par Clément VII, en 1535. Après une apostasie scandaleuse, il s'enfuit en Angleterre, et s'y maria en habit de cardinal, avec Élisabeth de Hauteville, sa maîtresse.

Venait ensuite Gaspard de Coligny, seigneur de Châtillon-sur-Loing, qui fut successivement colonel et capitaine-général de l'infanterie française, gouverneur de Paris et de l'Ile de France, amiral de France, gouverneur de Picardie et d'Artois. Nous l'avons déjà vu chercher à former dans le Brésil des colonies protestantes ; nous le verrons encore prêter son appui à la révolte et à la guerre civile, promener dans sa patrie des armées étrangères ; et, plus encore, livrer à la reine d'Angleterre la ville du Havre, dont le roi lui avait confié la garde.

Son frère puîné, François de Coligny, seigneur d'Andelot, lui succéda en 1555, dans la charge de colonel-général de l'infanterie française, et, comme lui, tourna ses armes contre le roi. Il avait été le premier d'entre ses frères à embrasser les nouvelles doctrines, et il les faisait prêcher publiquement en Bretagne, où il possédait de grands biens, du chef de Claude de Rieu, sa femme.

Tombé en disgrâce pour ce fait, il fut enfermé dans les prisons de Melun ; mais il en sortit bientôt, sur la promesse qu'il fit d'entendre au moins une messe, sans qu'on exigeât de lui une abjuration plus formelle.

Les Bourbons, les Montmorency, les Châtillons, sans distinction de sentiments religieux, s'unirent dans le but commun de reconquérir sur les Guises leur position politique perdue et de renverser la puissance de cette maison nouvelle.

De l'alliance monstrueuse de fervents catholiques comme le Connétable, avec les protestants, sortit la conjuration d'Amboise, dans laquelle figurent plusieurs Bourguignons, comme les Lafin de Beauvoir, les Ferrières-Maligny et quelques autres, ainsi que nous le verrons ailleurs.

A la conjuration d'Amboise doit se terminer notre exposé préliminaire. Nous connaissons les principaux acteurs du grand drame de la Réforme en Europe ; nous savons que penser de la tolérance protestante ; des inquisitions d'Angleterre et de Suisse comparées à l'inquisition espagnole ; de la théorie du libre examen, ce grand levier des novateurs, et d'où sont nées les doctrines les plus insensées et les plus perverses. Trop souvent célébré comme une précieuse conquête de l'esprit humain, malgré les ruines accumulées par l'application de ses principes à nos institutions sociales et politiques, le libre examen est, peut-on dire avec plus de raison, l'expression d'un immense orgueil, et la source de nos révolutions modernes.

Maintenant il est temps d'ouvrir les diverses archives de la Bourgogne pour en extraire les documents authentiques de son histoire pendant cette période qui commencera au concile de Lyon, en 1527, et se prolongera jusqu'à la révocation de l'édit de Nantes.

CHAPITRE PREMIER

PREMIÈRE APPARITION DU PROTESTANTISME EN BOURGOGNE. (1525—1560)

SOMMAIRE. — I. Invasion de l'hérésie en Bourgogne. — II. Conciles provinciaux de Lyon et de Sens. — III. Précautions et mesures de rigueur contre les hérétiques dans les diocèses d'Auxerre, d'Autun, de Mâcon. — IV. Profanation dans une église d'Autun. — V. Colportage de livres hérétiques. — VI. Prêtres apostats. — VII. Inquiétudes du Gouvernement. — VIII Henri II, succède à François Ier. — IX. Tribunal d'inquisition. — X. Condamnation à Auxerre et à Autun, de prêtres apostats et mariés. — XI. Poursuites contre les colporteurs de livres hérétiques. — XII. Gaspard de Saulx-Tavannes, lieutenant-général de Bourgogne. — XIII Fortification des places de la province. — XIV. Ban et arrière-ban. — XV. Avènement de François II. — XVI. Tumulte d'Amboise. — XVII. Fuite de Ferrières-Maligny, après la dispersion des révoltés. — XVIII. Progrès de la Réforme en Bourgogne.

I. — Invasion de l'Hérésie en Bourgogne.

Le crédit dont jouissaient à la cour de France, les partisans des doctrines luthériennes, y avait mis en vogue la religion du moine apostat, si favorable aux entrainements déréglés. Des courtisans d'un honneur douteux, de grandes dames aux mœurs légères l'avaient prise sous leur patronage et firent des opinions nouvelles une affaire de mode. Sous cette influence si puissante en France, l'hérésie croissait et s'enhardissait autour du roi ; mais il arriva des scandales qui firent comprendre à François Ier que la conséquence de ces innovations dangereuses serait de faire passer la révolte contre l'Église, du domaine de la religion dans le domaine de la politique.

Le roi eut recours alors à la sévérité des lois. Pour échapper aux poursuites, les plus compromis des grands seigneurs s'exilèrent volontairement ou par contrainte, les uns à l'étranger, les autres dans leurs terres, avec leur bagage de rêveries impies, de désirs de vengeance, et d'esprit de révolte.

Ainsi, de la cour qui avait été son berceau, l'hérésie passa dans des châteaux, nouveaux centres de propagation et d'action ; des châteaux elle s'abattit dans les petits manoirs, et des manoirs dans des fermes et dans des hameaux. Dans les villes elle fut accueillie par quelques bourgeois avides d'honneurs, ou qui tiraient vanité de faire cause commune d'opposition au pouvoir royal avec les grands de leur voisinage.

Les convictions religieuses sont étrangères au mouvement et cependant, pour entretenir une agitation favorable à leurs desseins et se créer des auxiliaires, des prêches où l'on enseigne les nouveautés dogmatiques sont établis sur les terres de la plupart des mécontents.

II. — Conciles provinciaux de Lyon et de Sens.

L'Église ne pouvait pas rester spectatrice indifférente de ces symptômes qui menaçaient à la fois l'ordre religieux et l'ordre social. Des conciles provinciaux s'assemblèrent dans le but de s'entendre sur les moyens d'étouffer les nouvelles doctrines et de conserver la foi dans les cœurs.

Deux archevêchés se partageaient alors inégalement la Bourgogne. La partie haute, comprenant les évéchés d'Autun, de Langres, de Chalon, de Mâcon, relevait de l'archevêché de Lyon ; la basse Bourgogne où était l'évêché d'Auxerre, dépendait de la province ecclésiastique de Sens. L'archevêque de Lyon, François de Rohan, convoqua en 1527, dans sa métropole, ses suffragants de la Bourgogne, ainsi que les abbés de la même province ; et le cardinal Antoine Duprat, archevêque de Sens, réunit à Paris les prélats de son archidiocèse. Le dernier de ces conciles s'ouvrit le 3 février 1528 (nouveau style) et dura jusqu'au mois d'octobre suivant.

Les archives du Rhône n'ont pas conservé les documents du premier de ces conciles ; mais on en retrouve quelques traces dans les mesures prises par les évêques suffragants, et l'on sait que ses décisions sont à peu près identiques à celles du concile tenu à Paris, pour la province de Sens.

Les cahiers présentés à l'assemblée font connaitre les besoins de réformation générale. Celui du chapitre cathédral de Sens, entre autres, demande la résidence des évêques et des bénéficiers dans les villes ou dans les paroisses confiées à leurs soins (art. 4). Le trafic des bénéfices y est signalé comme un abus dangereux et un acte d'avarice : la fréquentation des tavernes par les ecclésiastiques doit être interdite ; enfin, pour l'observation des obligations religieuses, des conciles provinciaux plus fréquents semblent nécessaires. (1). Les décisions et décrets du concile ont été imprimés dans les *Acta conciliorum* : (2)

A Sens, comme à Lyon, l'anathême fut porté contre les nouveaux hérétiques et les propagateurs de leurs fausses doctrines : on s'attacha à rechercher et à détruire les abus introduits dans l'Église et à réprimer les scandales qui servaient de prétextes aux réformateurs. Les prélats et les prêtres furent exhortés à redoubler de vigilance et à combattre les nouveautés religieuses par la prédication et la prière.

III. — Précautions et mesures de rigueur contre les hérétiques dans les diocèses d'Auxerre, d'Autun et de Mâcon.

Les évêques proposèrent des statuts dans leurs synodes et adressèrent aux curés et aux desservants soumis à leur juridiction, des mandements pour leur rappeler leurs devoirs, leur transmettre les décisions arrêtées en concile, en un mot, réclamer un concours efficace de résistance dans le grand combat livré par les impies à la religion et à la foi. Des prédicateurs furent envoyés dans les villes les plus menacées, et si ces missionnaires ne réussirent pas toujours à les préserver de la contagion, ils réduisirent au moins le nombre de celles qui y succombèrent. C'est ainsi que l'évêque d'Auxerre, François

(1) Archives de l'Yonne, G 32, cahier du chapitre cathédral de Sens, conservé par privilége, à la bibliothèque de Sens.
(2) T. IX, p. 1919 et suivantes.

CHAPITRE PREMIER. — (1525—1560)

de Dinteville, maintint dans ses sentiments catholiques la ville de Clamecy, par la prédication d'un jacobin d'Auxerre, nommé Mamert Gervais, dont Lebeuf fait un grand éloge. Le zélé prélat expulsa en même temps de son diocèse, sans nul ménagement, des prédicants et des maitres d'école qui s'étaient faits les apôtres des théories révolutionnaires.

Dans le diocèse d'Autun, l'évêque Jacques Hurault n'apporta pas un moindre zèle à la défense des vérités évangéliques. (1).

A Paray-le-Monial, l'une des dépendances de l'abbaye de Cluny, le cardinal de Lorraine qui était à la fois abbé du monastère et doyen de Paray, engagea des poursuites contre deux riches et influents personnages de la localité, chez lesquels se tenaient des consistoires. Vers 1540, dit M. l'abbé Doret, dans une histoire manuscrite du protestantisme au diocèse d'Autun, les hérétiques « avaient trouvé quelques adeptes à Charolles et surtout à Paray. Jean Gravier, riche marchand de Paray et G. Baudinot, sieur de Châteauvert, avaient ouvert leurs maisons aux prédicants. Il semble même que Gravier faisait les fonctions de ministre : le 16 janvier ou avril, un consistoire se tint à son domicile, le 11 mai et le 22 décembre en celui de Baudinot. » L'abbé de Cluny, disons-nous, les fit poursuivre. Nous ignorons quel fut le résultat de ces poursuites ; mais le fait judiciaire constate que le cardinal de Lorraine ne se montra pas moins

---

(1) Voir M. H. Abord.— *Histoire de la Réforme et de la Ligue dans la ville d'Autun*, t. I, p. 16.

sévère ni moins zélé que les évêques d'Auxerre et d'Autun. (1).

Le gouvernement et les parlements appuyaient de leur autorité les efforts des évêques et du haut clergé en général. S'autorisant d'un édit que François Ier venait de rendre (1535) et portant peine de mort contre les dissidents, les magistrats de Mâcon se saisirent d'un prédicant opiniâtre, nommé Jean Cornon et le firent condamner au feu en raison de son exaltation impie. (2). A Beaune, dix ou douze hérétiques furent bannis de la ville par arrêt du parlement de Dijon. (3).

IV. — Profanation dans une église d'Autun.

Malgré ces mesures énergiques et générales quelques mois sont à peine écoulés, qu'une horrible profanation commise dans l'église souterraine de Saint-Jean de la Grotte, à Autun, le 15 mai 1541, provoque de la part des autorités civiles un châtiment exemplaire contre les coupables.

Un tabernacle avait été violé, les saintes espèces enlevées, répandues sur le sol et foulées aux pieds.

---

(1) Nous aurons plus d'une fois à citer des extraits du manuscrit de M. l'abbé Doret. Nous ne négligerons pas sans doute d'indiquer cette source savante, dans toutes les circonstances où nous aurons à y puiser, mais dès maintenant, nous tenons à donner à M. le curé de Curgy, le public témoignage de notre gratitude, pour la bienveillance, avec laquelle il a mis à notre disposition le fruit de ses patientes et laborieuses recherches.

(2) Th. de Bèze, p 23.

(3) — p. 26.

Deux autunois, Pierre Moreau, praticien et Nicolas Charbonnier, que la rumeur publique proclamait auteurs de ce sacrilége, et qui avaient pris la fuite pour échapper à la fureur de la population, furent arrêtés, l'un à La Bussière, en Nivernais, l'autre à Bourbon-Lancy et ramenés à Autun pour être jugés par deux commissaires de la chambre ardente envoyés par le roi. Convaincus du crime qui leur était imputé, ils furent condamnés à être étranglés et brûlés, supplice qu'ils subirent le 4 juin de la même année en présence d'un immense concours de peuple accouru pour jouir du spectacle affreux de cette exécution, tant l'énormité du sacrilége avait soulevé d'indignation. Un médecin, Pierre d'Andoville, qui avait également été mis en suspicion, fut acquitté et mis en liberté, faute de preuves. (1).

V. — Colportage de livres hérétiques.

Cependant le mal n'en continua pas moins, je ne dirai pas à étendre ses racines, non, l'ivraie ne les a pas assez puissantes pour s'infixer dans le sol, mais à porter des fruits qui, sans altérer à fond par leur poison, la forte constitution de la province, ébranla néanmoins son tempérament pendant un certain temps. Tout était mis en usage pour y faire pénétrer l'hérésie.

De Genève, où il s'était réfugié après avoir été

---

(1) Th. de Bèze, M. Abord. — *Histoire de la Réforme et de la Ligue dans la ville d'Autun*, p. 18.

chassé de Paris en 1534, Calvin publiait et propageait des écrits qu'il faisait répandre secrètement dans la province. Des colporteurs étaient envoyés en France, portant cachés au fond de leurs balles des livres coquettement reliés dont ils faisaient présent aux jeunes filles. Comme certaines fleurs aux couleurs agréables dont l'odeur est pernicieuse, ces livres sous leurs formes attrayantes, insinuaient le venin dans les cœurs. Le parlement de Bourgogne, par arrêt du 24 juin 1543, en ordonna la recherche et la saisie, et fit brûler tous ceux que l'on put découvrir.

Il fut défendu à son de trompe, à tous libraires et imprimeurs d'en publier et mettre en vente ; et à toutes personnes d'en avoir en leur possession, sous peine d'être punis comme hérétiques.

VI. — Prêtres apostats.

A cette époque, un usage que nous réprouvons aujourd'hui, destinait au sacerdoce, la plupart des cadets de famille. La Société versait dans le corps sacré un certain nombre de prêtres sans vocation qui y apportaient le désordre et le scandale. Le déréglement et la luxure en firent tomber quelques-uns jusqu'à l'apostasie. C'était, il faut le dire, une infime exception, l'immense majorité du clergé restait fidèle aux devoirs de son état. Néanmoins, parmi les adeptes du protestantisme à son origine, il semble que l'on rencontre plus particulièrement ces ecclésiastiques sans convictions spirituelles que les familles avaient destinés aux ordres dès leur naissance, pour conserver la fortune au chef de la maison. Bientôt violateurs des vœux qu'ils avaient prononcés, sans faire au fond de leur cœur l'abjuration des joies du monde, après avoir été des sujets d'opprobre, ils devinrent des apôtres de l'erreur, conséquence naturelle de leur premier égarement.

Ce malheur a été signalé à peu près dans toutes les localités où l'on a étudié l'histoire de cette époque. M. Hippolyte Abord donne la liste suivante recueillie dans les registres capitulaires d'Autun.

C'est ici un religieux de l'ordre des jacobins que le chapitre condamne à la prison pour ses prédications entachées d'hérésie ; c'est en 1544, un nommé Celse Gagne, et en février 1545, un autre appelé Mathon, incarcérés dans les prisons du chapitre pour des faits analogues ; puis un prêtre d'Arnay qui, ayant poussé la rage jusqu'à fouler aux pieds la Sainte Eucharistie, est enfermé sous les mêmes verrous, s'en échappe en septembre 1545 et est repris quelque temps après.

A Gien, dans le diocèse d'Auxerre, plusieurs prédicants parmi lesquels on cite un nommé Chaponneau, se faisaient particulièrement remarquer par leur violence et leur zèle fanatique contre la foi. (1).

VII. — Inquiétude du gouvernement.

Le gouvernement s'émut de tels scandales et de tels efforts. L'hérésie, en effet, ne cherchait pas à prendre simplement une place paisible dans la

---

(1) Lebeuf, *Prise d'Auxerre*, page 84 et page V, des pièces justificatives.

société; elle voulait s'y établir sur les ruines du catholicisme: on en voyait la preuve dans les états voisins. Pour y parvenir, elle faisait peser l'oppression sur la liberté même de conscience, et portait, par tous les moyens, la perturbation jusque dans la constitution des gouvernements.

Parmi le peuple, les réformés étaient regardés comme les ennemis de la religion, du trône et de la société; tout bon citoyen se croyait obligé de rester fidèle à cette devise: mon Dieu, mon roi, mon droit, et s'armait pour la défense de sa foi, de son prince et de sa liberté. Nous avons presque inventé depuis le mot de tolérance qui n'existait pas alors et ne pouvait pas exister dans le sens qu'on lui donne aujourd'hui et qui, en matière religieuse, ne sert qu'à déguiser l'indifférence. Il ne faut pas confondre cette tolérance avec la liberté de conscience. Les protestants avaient comme tout autre, la liberté de sacrifier intérieurement la vérité à l'erreur, et personne ne pouvait pénétrer dans le sanctuaire de leur conscience; mais la profession publique de leurs doctrines étant un attentat contre les dogmes sacrés, tout catholique se faisait une obligation de prendre la défense de sa foi. D'autre part, le catholicisme étant la religion de l'État, sur laquelle étaient fondées toutes les institutions civiles, il appartenait au roi de le soutenir par tous les moyens en son pouvoir, et de sévir contre les hérétiques qui, du reste, étaient partout les agresseurs.

Pénétré de ces sentiments et convaincu que la « nouveauté religieuse prêchée si audacieusement « tendoit du tout au renversement de la monarchie divine et humaine, François Ier crut en arrêter les progrès par des actes de rigueur, comme ceux exercés en Provence, par le baron d'Oppède contre les Vaudois que l'on disait en marche pour s'emparer de Marseille (1). Le roi, cependant, ordonna presque en même temps un désarmement général de la milice bourgeoise : son édit fut publié en Bourgogne, dans le courant d'août 1546. (2).

VIII. — Henri II succède à François Ier.

L'année suivante (1547), François Ier était mort. Henri II, son successeur en montant sur le trône, ne se préoccupa que mollement d'abord des questions religieuses; mais les entreprises audacieuses des novateurs lui ayant enfin ouvert les yeux, il rendit contre ceux-ci des édits de proscription et recommanda aux gouverneurs des provinces la plus grande vigilance et la plus grande sévérité. Pendant qu'à Paris le conseiller Anne Dubourg montait sur le bûcher par arrêt de la cour, le parlement de Dijon condamnait au même supplice un jeune homme de la ville nommé Hubert Buré. (3). Selon l'historien des *Révolutions de Mâcon*, un Du Moulin

(1) Th. de Bèze, *Hist. eccl.*, 44.

(2) Le détail du désarmement donne une curieuse idée de la milice bourgeoise dans une petite ville de province à cette époque. A Avallon, entre autres, où chacun s'empressa de rapporter à l'Hôtel-de-Ville les armes qu'il avait reçues, l'un rendit une *hallebarde*, d'autres une *arquebouse*, une *arquebuse à rouet*, une *arquebuse sans rouet*, c'est-à-dire à mèche, des *pistolets* (archives d'Avallon).

(3) Th. de Bèze, *Hist. eccl.*,

(ou Dumoulin) disciple de Farel, avait aussi commencé à prêcher à Mâcon et à Tournus : il y fut arrêté et on l'envoya à Paris où il fut condamné au feu par arrêt de la chambre ardente. (1).

IX. — Tribunal d'Inquisition.

François Ier avait institué la chambre ardente, tribunal extraordinaire, chargé de juger les perturbateurs. En même temps que cette chambre souveraine pouvait paraître trop puissante aux accusés, puisqu'elle jugeait en dernier ressort et sans appel, elle avait aussi des attributions que Henri II regarda comme trop restreintes et qui ne lui permettaient de connaître que des désordres accomplis, constituant un crime public. Pour parer à ces deux inconvénients, le roi publia, en 1551, l'édit de Châteaubriant, par lequel il rendait la sécurité aux prévenus, en leur faisant subir les jugements de deux cours au lieu d'une seule, et offrait aux coupables même, s'ils cédaient aux avertissements de la première cour, le moyen d'éviter la condamnation que la dernière avait seule le pouvoir de prononcer.

Celui de ces deux tribunaux qui fonctionnait le premier, devait agir par voie d'enquête, non pas sur la conscience, comme on l'a dit avec malveillance, mais sur les actes extérieurs et notoires. Il devait, et c'était dans le caractère même du corps auquel cette mission était confiée, d'abord avertir

---

(1) *Histoire des Révolutions de Mâcon*, attribuée à Agut.

les coupables et les exhorter à rentrer dans la droite voie ; ce n'est que lorsque les exhortations et les avis étaient dédaignés, qu'il rendait son verdict et saisissait la seconde cour de la même affaire, pour instruire de nouveau et appliquer la peine. (1). Le premier tribunal était ecclésiastique, le second se composait de juges séculiers.

X. — Condamnation à Auxerre et à Autun, de prêtres apostats et mariés.

Nous trouvons, à l'origine même de cette institution, dans la ville d'Auxerre qui ressortissait du Parlement de Paris, un exemple de la procédure qu'on devait suivre.

Un prêtre de Gien, Etienne Bertin, s'était marié publiquement, en 1545, à Charlotte Pinon, de Cosne. N'ayant tenu aucun compte des avis et des exhortations que ses supérieurs lui avaient prodigués, jusqu'en 1551, il fut traduit devant le tribunal ecclésiastique, jugé et condamné comme prêtre, à la déposition et à la dégradation, et comme fauteur d'hérésie, envoyé avec verdict de culpabilité devant le tribunal séculier.

L'évêque d'Auxerre, François de Dinteville, retenu par ses infirmités, dans son château de Régennes, donna mission à Philibert de Beaujeu, évêque de Béthléem, de procéder à la dégradation et à la déposition de Bertin, et de le traduire ensuite devant le tribunal séculier. Cette sentence fut

(1) Voir Joseph de Maistre. — *Lettre sur l'Inquisition espagnole*.

exécutée le 28 septembre 1551, devant le grand portail de la cathédrale d'Auxerre. Quelques jours après, les juges séculiers condamnèrent Bertin à être étranglé et brûlé. Il subit cette peine capitale le 28 du même mois, sur la place des Grandes Fontaines. (1).

La création d'un tribunal spécial dans le parlement de Bourgogne, pour juger les hérétiques, ne date selon Pailliot, que du 8 août 1554.

Dans le mois précédent, les « prédications erronées » d'un carme, avaient suscité des soulèvements à Dijon. Plusieurs personnes furent arrêtées en divers endroits, et Henri II institua, pour les juger, la chambre des vacations, qui devait rester en permanence entre chaque tenue des assises ou grands jours du parlement.

Ce tribunal avait été établi d'abord pour une année : mais les procès contre les hérétiques étaient devenus si nombreux, que le roi se vit obligé de proroger les pouvoirs de cette cour pour une nouvelle année, par lettres datées de Saint-Ligier du 27 juillet 1555, et de les renouveler encore à diverses autres époques, jusqu'à ce que cette chambre fût établie définitivement et à demeure, par Charles IX, en 1562.

C'est la chambre des vacations, peut-on croire, qui jugea et condamna à mort un jeune prêtre de l'Auxois, dont Théodore de Bèze fait mention dans son histoire ecclésiastique. Andoche Minard, chapelain de la collégiale de Saulieu, après avoir

(1) Lebeuf. — *Prise d'Auxerre.*

apostasié, s'était retiré à Genève pour échapper aux poursuites du parlement.

Étant rentré en Bourgogne, il se fit arrêter à Montcenis, petite ville du baillage d'Autun, en voulant essayer de controverser. On lui fit son procès, et, le 15 octobre 1556, on le fit monter sur un bûcher élevé pour son exécution devant le grand portail de Saint-Lazare d'Autun.

Tout en usant des moyens humains, on ne négligeait pas ceux plus efficaces de la prière, pour détourner les terribles fléaux qui menaçaient le pays. Henri II, de concert avec les évêques, fit ordonner des processions générales pour l'extirpation des hérésies et des fausses doctrines. On a conservé la mémoire de celles qui se firent à Beaune et à Autun : dans l'Auxois, on en vit une de onze paroisses à la tête desquelles étaient celle d'Avallon, se rendre en chantant des cantiques, de cette dernière ville jusqu'à l'église Notre-Dame de Montréal, qui en est éloignée de douze kilomètres : (1) dans l'évêché d'Auxerre, des prières publiques furent prescrites, non-seulement en ville, mais par tout le diocèse. (2).

XI. — Poursuites contre les colporteurs de livres hérétiques.

Malgré le zèle et les soins des gouverneurs et du clergé, malgré les lois contre le colportage, l'hérésie glissait entre les doigts des magistrats et

---

(1) Courtépée. — *Hist. du duché de Bourgogne.*
(2) Lebeuf. — *Prise d'Auxerre.*

répandait son venin par des libelles révolutionnaires envoyés de Genève ou d'Allemagne, souvent sous des noms d'emprunt.

C'étaient « des bibles françoises traduites à la « fantaisie des hérétiques....., des catéchismes..... « et surtout des petits psalmes rimez, dorez, lavez « et réglez, » dont la « seule joliveté convioit les « dames à la lecture. » (1).

M. Abord confirme en partie, par des documents conservés dans les archives d'Autun, un fait raconté à sa manière, par Théodore de Bèze. Deux libraires colporteurs, Robert Cotereau et Noël Bardin, furent arrêtés à Autun le 26 septembre 1556, comme distributeurs de livres hérétiques.

Leurs balles furent confisquées, un procès leur fut intenté, et malgré la protection de Jacques de Bretagne, lieutenant de la chancellerie d'Autun, qui avait embrassé la religion réformée, ils furent condamnés au fouet. Leurs livres, ajoute M. Abord, furent remis au théologal Guillaud, qui les conserva presque tous et les légua plus tard au Chapitre avec toute sa bibliothèque composée, dit-il, d'environ trois mille volumes. On voit dans cette bibliothèque qui a été réunie à celle du grand séminaire, en quoi consistait la propagande populaire du protestantisme dans la Bourgogne.

Les ouvrages calvinistes qu'elle renferme et qui semblent être ceux qu'on saisit dans les balles des colporteurs Cotéreau et Bardin, datent pour la plupart de l'origine de la Réforme. (1).

(1) Florimond de Ræmond.
(2). M. Abord. — *La Réforme et la Ligue à Autun.* — Théod. de Bèze. — *Hist. ecclésiastique.*

Bèze insinue faussement que les livres pris aux inculpés « leur furent en partie rendus secrètement et en partie achetés et payés » ; selon l'historien Autunois, les ouvrages provenant de Claude Guillaud, « font foi de sa soumission absolue à l'Église, » et les témoignages invoqués par l'auteur ne laissent aucun doute à cet égard.

XII.— Gaspard de Saulx-Tavannes, lieutenant-général de Bourgogne.

Pendant que ces évènements, symptômes avant-coureurs de révoltes plus générales, se passaient dans la province, Henri II continuait une guerre commencée par son père contre l'Espagne.

Philippe II avait succédé à Charles-Quint : il était en possession de l'Espagne, des royaumes de Naples et de Sicile, du Milanais, des Pays-Bas et de la Franche-Comté » qui bordait la Bourgogne de l'autre côté de la Saône. C'était pour ce dernier pays un dangereux voisinage qui obligeait, dans la circonstance, à des mesures de précaution.

Heureusement un capitaine de renom, d'une ancienne famille de Bourgogne et qui s'était déjà distingué dans les guerres des Pays-Bas, notamment à Renty, Gaspard de Saulx de Tavannes, fut nommé, en novembre 1556, lieutenant-général du Duché de Bourgogne, en absence du duc d'Aumale qui en était gouverneur, et salué comme tel par les élus des Etats, le 1er décembre suivant. (1).

(1) Archives de la Côte-d'Or et de l'ancienne Bourgogne, registres des États.

Connu par sa bravoure et par sa fermeté, son nom seul devait inspirer la confiance aux gens paisibles et la crainte aux provocateurs de troubles et de séditions.

Gaspard de Saulx, fils de Jean, grand gruyer de Bourgogne, (1) et de Marguerite de Tavannes, d'origine allemande, naquit à Dijon en mars 1509. (2). A l'âge de treize ans, il était page du roi. Brave jusqu'à la témérité, il se fit remarquer de bonne heure parmi les meilleurs hommes d'armes de son temps : Montluc lui marquait la plus grande estime. (3)

Il avait signalé sa valeur, avons nous dit, dans les guerres de Provence et des Pays-Bas. A Renty, où il avait enfoncé les bataillons de Charles-Quint et décidé la victoire, le 13 août 1554, Henri II vint à lui ; et lui mettant au cou son propre collier de Saint-Michel, lui dit en l'embrassant, « vous êtes un lion qu'il faut enchaîner. » (4)

Gaspard de Saulx joignit à son nom celui de sa mère, et ses descendants formèrent plusieurs branches, dont l'une s'est éteinte en 1845, dans la

---

(1) La Gruerie était un tribunal pour juger en première instance des dommages forestiers.
La charge de grand gruyer, selon Golut, était héréditaire dans la maison de Saulx, depuis le XIII° siècle.
(2) L'abbé Papillon. — *Bibliothèque de Bourgogne.*
(3) Voir *commentaire, de Blaise de Montluc,* t. I, 30-31.
(4) Brantome s'exprime ainsi sur la participation que prit Gaspard de Saulx, à la bataille de Renty : « Plusieurs années se
« passèrent, que la bataille de Renty se donna, où il (Gaspard
« de Saulx) se trouva bien à point avec sa compagnie de gen-
» darmes qui fut trouvée très-belle, bien complète, b'en armée,

CHAPITRE PREMIER. — (1525—1560)

personne de M. le duc de Saulx-Tavannes, pair de France.

Il avait un frère ainé, Guillaume de Saulx, de Villefrancon, qui mourut sans laisser de postérité de Claude de Cusance, sa femme. La branche cadette de cette maison, et déjà éloignée de Gaspard de Saulx-Tavannes, portait le nom de Saulx de Ventoux.

Gaspard de Saulx-Tavannes, ou simplement Gaspard de Tavannes était à peine installé dans son nouvel office, qu'il fut appelé avec ses cinquante hommes d'armes à combattre en Italie, sous le commandement du duc de Guise, pour soutenir le pape Paul IV contre les prétentions du duc d'Albe. Il fit nommer par intérim, son frère ainé, Guillaume de Villefrancon, pour gouverner en son absence et sous son nom.

Alvarez de Tolède, duc d'Albe, général des armées espagnoles, après avoir rendu de grands

« et les chevaux tous bardés d'acier, retenant encore de la mode
« ancienne, qu'il avait vue sous M. le grand écuyer, quand il en
« était guidon, M. de Guise voulut avoir ce bon capitaine près de
« lui à une si bonne affaire; et lui fit faire la première charge
« sur les pistoliers de l'empereur, et donna si à propos, les pre-
« nant par le flanc, qu'étant secondé de près par M. de Guise
« ils furent aussitôt rompus; et par ce moyen, l'avant-garde de
« l'empereur moitié défaite, moitié mise en route, dont ensuivit
« le total gain de la bataille... Par quoi, en plein champ de
« bataille gagnée, le roi ôta son ordre du col et le lui donna, et
« le fit ainsi chevalier de son ordre ; marque certes très-honora-
« blement acquise à lui avec forme et façon peu vue et bien diffé-
« rente à celle que j'ai vue depuis, parmi aucuns de nos cheva-
« liers, acquérir par prières, par pourchas, par importunité
« d'hommes et de dames. »

services aux catholiques d'Allemagne, avait tourné ses armes contre le pape. Il avait déjà envahi les États pontificaux et se portait sur Rome, lorsque le pape et le roi d'Espagne entrèrent en accommodement. La France ne retira du traité de paix qui fut conclu, que l'honneur de s'être montrée fidèle à son titre de fille ainée et dévouée de l'Église.

XIII. — Fortification des places de la province.

Dans le même temps, Philippe II avait lancé des troupes dans la Picardie ; il s'était emparé de Saint-Quentin (27 août 1557) et y avait fait un grand nombre de prisonniers qu'il fallait racheter.

Les fonds s'épuisaient en rançons et en frais de guerre. Dans ces pressantes nécessités, Henri II fit appel au pays et demanda à chaque province de lui venir en aide. Il réclamait à la Bourgogne « de vingt-cinq à trente mille livres », pour fortifier la province, disait-il, mais sans doute aussi en partie pour subvenir aux frais de la guerre. Ses lettres furent présentées aux élus le 2 septembre 1557. (1).

L'affaire dépassant leurs pouvoirs, il y eut convocation des trois ordres pour le 20 du même mois.

Il y avait en effet urgence à mettre le pays en état de défense. Sans attendre cet avis, Dijon avait déjà fait construire un « boulevard » devant la porte de Saulx, et parmi les autres villes, Avallon avait

---

(1) Archives de la Côte-d'Or et de l'ancienne Bourgogne.

fait réparer ses murailles et les tours de son entrée principale. Dès le mois de septembre, cette dernière s'était mise à l'œuvre « par la raison qu'il y avoit des
« des ennemys, près de Langres, pour aller par la
« comté. » (1). Le duc de Savoie traversait la Champagne, pour rentrer dans ses États, par la province soumise à la domination espagnole.

Les États de Bourgogne répondirent à la demande du roi en votant un crédit de vingt mille livres, et pour qu'il ne fût pas détourné d'une destination utile à la province, ils stipulèrent dans leur délibération, que cette somme serait « entièrement
« employée en nouvelles et extraordinaires fortifi-
« cations du païs, et non ailleurs, ny à aultre usage. » (2).

Si l'on veut avoir une idée de la valeur des vingt mille livres votées, rapportées à la valeur et au pouvoir actuel de l'argent, que l'on compare les prix suivants payés par les Avallonnais pour la réparation de leurs murailles, avec ceux de nos jours.

Deux échevins, faute d'entrepreneur, avaient été chargés de faire exécuter par voie de régie les réparations projetées. C'est du mémoire qu'ils en dressèrent, que nous extrayons ce qui suit.

Ils employèrent à ces travaux les mois de septembre, octobre et novembre 1557.

(1) Archives d'Avallon.
(2) Arch. de l'ancienne Bourgogne. — *Délibérations des États.*

Une queue de chaux de Thory, rendue sur les lieux était payée. . . . . 20 sous
Un membre de pierre de taille de Champrotat. . . . . 5 sous
Le charroi d'une voiture de sable 3 sous
Une journée de maçon ou de manœuvre pour le servir. . . . . 4 sous
Extraction d'une voiture de pierres (pour 42 voitures 26 sous), soit environ . . . . 7 den. 1/3
Charroi d'une voiture de pierres. 3 sous

XIV. — Ban et arrière-ban.

La levée des « deniers de fortifications », c'est le nom que l'on donnait à cet impôt, ne fut pas le seul expédient auquel eut recours le gouvernement du roi dans le pressant besoin où se trouvait le pays. Henri II convoqua le ban et arrière-ban de l'État.

Le ban et arrière-ban était une contribution noble payable soit en personne, soit en argent, pour servir le roi dans ses armées. Elle était attachée au fief, et personne, femme, enfant ou ecclésiastique, n'en était exempt; cependant, par la suite, ces derniers n'y furent plus assujettis. Celui qui était hors d'état de porter les armes, devait se faire remplacer par une ou plusieurs personnes aptes au service, selon la qualité du fief, ou se racheter à prix d'argent.

Avant Charles VII, le *Banneret* ou propriétaire d'un fief de *bannière*, devait un service de vingt-cinq hommes d'armes, dans quelques localités de dix seulement ; et l'on entendait par homme d'armes, un gentilhomme armé de toutes pièces, accompagné de deux ou trois archers, d'un écuyer et d'un page ; le *Bachelier* ou propriétaire d'un fief de *haubert*, devait un homme d'armes ; enfin le simple *écuyer* n'était tenu qu'à sa personne armée à la légère, ou avec l'écu seulement. Après la guerre contre les Anglais, Charles VII abolit les *bannerets* et *bacheliers*, et apporta de grandes réformes dans la gendarmerie.

Le *ban* était l'assemblée des nobles relevant directement du roi ; l'*arrière-ban*, celle de tout noble ou roturier, n'en relevant que par l'intermédiaire de seigneurs suzerains.

C'était un service dû au roi et aussi ancien que la monarchie.

En 1554, les États provinciaux avaient élevé la prétention que le service militaire du *ban et arrière-ban* dans la Bourgogne, fût affecté spécialement à à la garde du territoire.

Henri II avait reconnu les droits de la province et s'y était soumis. Mais cinq ans plus tard, il y eut de nouvelles contestations. Après quelques débats, le conseil privé, consentit enfin un accord qui confirma le privilége. (1).

Les possesseurs de fiefs nobles ou roturiers, furent plus d'une fois convoqués pendant les guerres de la Réforme ; et l'on comprend dès maintenant, comment ceux d'entre eux qui prirent parti contre le roi, et qui, par conséquent, ne répondirent point à la convocation, furent imposés

(1) Archives de la Côte-d'Or et de l'ancienne Bourgogne.

à de fortes taxes, dont il leur fut souvent difficile de s'affranchir.

XV. — Avènement de François II.

A l'instant où l'on sévissait à Paris, avec le plus de rigueur contre les hérétiques, et où l'on faisait monter le conseiller Dubourg sur le bûcher; Henri II fut blessé d'un éclat de lance, par le comte de Montgommeri, dans un tournois qu'il donnait à l'occasion du mariage de deux de ses filles. Il mourut le 10 juillet 1559, des suites de sa blessure.

A l'avènement de François II, l'ainé de ses fils qui lui succédait, âgé seulement de quinze ans et demi, les hérétiques se montrèrent plus entreprenants qu'ils n'avaient été jusque là. La jeunesse, la constitution frêle et maladive du nouveau roi, et la faiblesse de caractère qui semblait en devoir être la conséquence, leur donnait l'espoir de s'imposer facilement au pays, quelque résistance qu'ils pussent rencontrer dans l'esprit des populations.

Le jeune roi, soumis à la régence de sa mère Catherine de Médicis, avait appelé au maniement des affaires les princes de la maison de Lorraine, oncles de Marie Stuart, sa femme. « Tout le clergé, une grande partie de la noblesse et les peuples, écrit Castelnau, « jugeoient ces princes appelés « de Dieu, pour la conservation de la religion « catholique. » (1).

Les princes du sang, Antoine et Louis de Bour-

---

(1) Castelnau, livre Ier, chap. III.

bon, le connétable de Montmorency et les Châtillon étaient tombés en disgrâce. Quoique divisés d'opinions religieuses, un même sentiment de vengeance les réunit, et, par opposition aux Guises qui représentaient le parti catholique, ils offrirent l'appoint de leur crédit et de leur fortune aux Protestants. Le roi de Navarre se trouvait, par son rang et par sa position, naturellement désigné pour le chef des mécontents; mais quoiqu'il eût à peu près ouvertement renoncé à la *messe*, ce fut en vain que les protestants insistèrent auprès de lui pour qu'il se mît à leur tête.

La position qu'Antoine de Bourbon refusa de prendre, le prince de Condé l'accepta, et il ne craignit pas de se laisser compromettre dans des entreprises révolutionnaires. Il fut suivi dans cette voie par plusieurs gentilshommes de Bourgogne, ses alliés ou ses amis.

XVI. — Tumulte d'Amboise.

Un gentilhomme du Périgord, Godefroy de Barry, seigneur de La Renaudie, qu'une condamnation pour faux avait fait fuir en Suisse, en était revenu secrètement et en avait apporté le plan d'une conjuration qu'il communiqua à quelques mécontents réunis à Lyon. Il avait parcouru les provinces insinuant partout qu'il n'agissait qu'en second, que le prince de Condé était le véritable chef de l'entreprise, que Coligny lui donnait un concours pécuniaire, Calvin et Théodore de Bèze leurs conseils.

Dans un premier conciliabule tenu à Lyon, les principaux conjurés assignèrent un rendez-vous général de tous leurs adhérents dans la ville de Nantes, où devaient se tenir de grandes assises, et où il leur serait facile de passer inaperçus, confondus dans la foule des plaideurs. La Renaudie se chargea d'y convoquer les délégués de toutes les provinces.

Aucun ne s'y présenta avec mission spéciale de la Bourgogne; cependant, deux gentilshommes du Tonnerrois, Edme et Jean de Ferrières-Maligny, seigneurs de Presles et autres contrées de l'Avallonnais ainsi que Jean de La Fin, seigneur de Beauvoir et de La Nocle, dans les environs de Bourbon-Lancy, prirent une part active à la conspiration. (1).

Les conférences de Nantes (1er février 1560) aboutirent à l'organisation d'un formidable complot contre le gouvernement des Guises et contre la régence.

Edme de Ferrières Maligny (le cadet) qui avait participé à ces conférences, était parti de Nantes pour conduire sur Blois quelques troupes de l'Ile-de-France, de la Champagne et de la Brie. Déjà il s'approchait de la Loire; mais sur ces entrefaites la cour avait changé de résidence: elle avait quitté Blois avec l'intention de passer le temps du carême

---

(1) Les Ferrières-Maligny avaient pour aïeule une bâtarde de Bourbon, et par leur mère, Louise de Vendôme, ils étaient alliés à Condé, aux Montmorency et aux Chatillon. = *Note de M. le duc d'Aumale, dans l'histoire des princes de Condé*, t I, p. 09 Béraude de Ferrières, l'une de leurs sœurs, avait épousé Jean de La Fin, seigneur de Beauvoir et de La Nocle.

à Amboise. C'est en s'y rendant, que les ministres du roi furent informés de la conspiration dirigée particulièrement contre eux. Le château fut mis aussitôt en état de siège et l'on y fit entrer sans bruit de nouvelles troupes.

Le départ de la cour jeta un peu de perturbation dans le plan des conjurés; mais ne leur fit pas abandonner leur coupable projet.

La Renaudie expédia des courriers pour donner à ses complices un nouveau rendez-vous aux portes d'Amboise, et les avertir que l'exécution de l'entreprise était retardée et portée du 6 au 17 mars. Mais les conjurés mal dirigés, arrivaient par petits détachements et les uns après les autres. Le 15, quelques-uns de ces groupes surpris isolément, furent facilement taillés en pièces. Le 18, lendemain du jour fixé pour l'exécution du complot, il ne restait plus que quelques corps qui se débandèrent et prirent la fuite, chacun jetant ses armes dans les buissons ou dans les rivières. La Renaudie avait été tué dans la forêt de Château-Renaud, sur la rive droite de la Loire.

XVII. — Fuite des Ferrières-Maligny, après la dispersion des révoltés.

Le prince de Condé, pour déjouer les soupçons sur sa complicité, s'était hardiment rendu auprès du roi avec sa maison. Au nombre de ses gens était de Vaux, son premier écuyer, créature de Ferrières-Maligny. De Vaux gardait à Maligny une vive reconnaissance pour la position qu'il lui avait faite auprès du prince.

Après la défaite des révoltés, Maligny, à l'exemple du prince, son parent, conçut l'idée aussi imprudente qu'audacieuse, d'aller à la cour rejoindre celui-ci, croyant par son apparente sérénité, en imposer aux juges enquêteurs.

Mais des révélations accablantes lui créèrent une situation insoutenable. Se voyant à la veille d'être arrêté, il se fit donner par son protégé, l'un des meilleurs chevaux des écuries de Condé et prit la fuite, accompagné de Jean La Fin, son beau-frère et de deux ou trois serviteurs.

Renaud de La Gaymarie, lieutenant des gardes du corps, fut mis à sa poursuite.

Le jeune Maligny que l'on croyait s'être dirigé sur le Maine, avait pris au contraire, après quelques détours, la route de la Bourgogne. Il était arrivé à Auxerre et s'y était arrêté dans la paroisse Saint-Loup, à l'hôtel de la Galère. Mais apprenant qu'il était poursuivi par les gens du roi, et que ceux-ci entraient déjà en ville, il abandonna ses équipages et ses bagages et se sauva à toute bride. Quand La Gaymarie se présenta, le 5 avril, « pour le saisir et prendre au corps, » il ne put que constater le départ du fugitif, et confisquer ce qu'il avait laissé, c'est-à-dire, « cinq pièces de chevaux scellés », des malles contenant sa garde-robe et des objets de toilette. Il fit prisonnier un gentilhomme nommé Boulet, et trois serviteurs, tant de Maligny que de La Fin. Trois jours après, il dressa, par devant notaire, un procès-verbal de la saisie, et mit hommes, chevaux et meubles sous la garde de La Fin, qui

CHAPITRE PREMIER. — (1525—1560)

s'engagea à « les rendre et représenter toutefois et quantes qu'il en seroit requis. » (1).

Après avoir partout évité les embûches, et dépisté les gens du roi, le jeune Maligny parvint enfin à Lyon où nous le verrons fomenter de nouvelles révoltes. Son beau-frère La Fin était prisonnier sur parole.

Jean de Ferrières-Maligny, le frère ainé du premier, était aussi avec le prince de Condé, lors de l'entreprise d'Amboise : craignant d'être compromis comme son frère, il quitta aussi la cour et gagna le Béarn. (2).

(1) Archives de l'Yonne. — *Minutes des notaires*, pièce déjà produite par M. L. de Bastard.

Le procès-verbal mentionne « cinq pièces de chevaux scellés « sçavoir une hacquenée soubz poil noir, ung courtaut soubz poil « rouge, ung aultre cheval soubz poil brung bai, lequel dernier « cheval ung nommé Boulet, de la compaignie de M. le duc de « Laurayne a dict lui appartenir, avec trois serviteurs de M. de « Malligny, ensemble ledit Boulet cy de sus nommé. Lequel gen- « tilhomme, serviteurs et chevaux, ils ont saisis et arrestés pri- « sonniers en ladite hostellerie de la Gallée. » Plus loin l'inven- « taire de la saisie désigne encore : « une malle en boys, cou- « verte de cuyr, dans laquelle il y a une robbe de damas gris « avec deux bandes de vellours noir et passementerie fourrée, « une paire de chausses de drap noir boufant le taffetas, une « toilette de vellours violet frangez, ensemble ung pignoer ouvré « à cinq bandes de soye noyre, ung sacq de cuyr dans lequel y « a trois chemises, avec ung estuit couvert de vellours violet « garny de trois pignes, ung misrouer et plusieurs aultres « choses, deux paires de boutines noires et blanches de maro- « quin, deux paires de pantoiles, l'une de vellours et l'autre de « cuyr, avec ung chappeau noyr picqué de soye, et encores « deux chemises, une paire de boutinss et une paire d'escarpins « blancs. »

(2) Comte Léon de Bastard. — *Recherches biographiques sur Jean de Ferrières.*

XVIII. — Progrès de la réforme en Bourgogne.

Tout en sévissant contre les rebelles, le gouvernement avait fait un premier pas en arrière. Dans le but d'ôter à la révolte un prétexte de religion, de séparer des factieux les hommes égarés par les sophismes des sectaires et de les calmer, Catherine de Médicis avait fait appeler à la cour l'amiral de Coligny, pour qu'il exposât ses griefs et donnât son avis sur le remède à opposer au mal. Sur le conseil de l'amiral partagé par la reine-mère et le douteux chancelier Olivier, un édit donné à Amboise, le 8 mars, publié le 12, proclama une amnistie générale à l'exclusion cependant des « ministres prédicants et de ceux qui, sous couleur de religion, avoient conspiré contre le roi, sa mère et ses principaux ministres. »

Cette faiblesse, d'une part, de l'autre l'audace croissante des révoltés, le prestige des grands noms mis en avant comme chefs de l'insurrection, enhardirent les novateurs et l'agitation gagna la Bourgogne.

Déjà les chanoines de Beaune entre autres, effrayés des progrès subits et rapides de l'hérésie, avaient pris des mesures pour empêcher tout rapport « surtout des gens d'église « avec les hérétiques Ils écrivaient sur leurs registres, le 18 mai 1560, « l'erreur est presque partout. » Ils faisaient des remontrances au maire et aux échevins au sujet de l'insolence des réformés ; mais le maire et les échevins, écrit M. Rossignol, favorisaient la

CHAPITRE PREMIER. — (1525—1560)

Réforme. De sorte que le danger devint tel, que le chapitre de Beaune contribua lui-même au guet et à la garde des portes: on en verra bientôt les effets.

Avant de toucher à une époque où le protestantisme va se produire d'une manière encore plus audacieuse en élevant la voix au sein même des assemblées délibérantes convoquées pour les besoins de l'État, en même temps qu'il brandira partout, et en bandes armées, son étendard de discorde, suspendons un instant le récit des évènements, pour étudier l'esprit de la nation, dans les remontrances des villes et dans les discours des députés de la province envoyés aux États. Ce sera l'objet du chapitre suivant.

CHAPITRE II

ÉTATS D'ORLÉANS. — (1560—1561)

SOMMAIRE. — I. Amnistie aux conjurés d'Amboise. — II. Assemblée de Fontainebleau. — III. Convocation des États Généraux et d'une Assemblée de Prélats. — IV. N te sur les États Gé éraux et les États Provinciaux. — V. Nouvelle conspiration, arrestation et condamnation du Prince de Condé. — VI. Fuite des Ferrières-Maligny. — VII. Élection et rédaction des cahiers pour les États. — VIII. Mort de François II. Avènement de Charles IX et vote d'une adresse à la Reine régente par le Clergé de Bourgogne. — IX Députés de Bourgogne aux États Généraux d'Orléans. — X. Ouverture des États et discussions. — XI. Discours de l'Autunois Quintin. — XII Le Discours de Quintin soulève les rumeurs des protestants, néanmoins le Clergé déclare les paroles de l'orateur conforme aux vœux de ce corps. — XIII. Requête de Bretagne et de Lalamant ou Lallemand d'Autun, en faveur de la Réforme et clôture des États. — XIV. Réponse aux remontrances.

I. — Amnistie aux conjurés d'Amboise.

Le haut rang et le crédit de quelques-uns de ceux qui avaient pris une part plus ou moins directe à la conjuration d'Amboise, comme le roi de Navarre, le prince de Condé, les Montmorency, avaient obligé le gouvernement à la clémence.

Même coupables, il est des têtes qu'on ne frappe pas sans danger. François II rendit en leur faveur un édit par lequel il accordait une amnistie aux rebelles, sous la condition qu'ils déposeraient les armes, sauf ensuite à lui faire connaître leurs griefs. Au mois de mai, par un effet de cette même politique, Michel de l'Hospital, le nouveau chancelier, lui fit signer l'édit de Romorantin, par lequel la connaissance du crime d'hérésie fut laissée aux évêques et l'application de la peine contre les fauteurs de désordres attribuée aux juges séculiers.

Si l'on doit en croire les Mémoires de Condé, le roi aurait été d'autant plus porté à l'indulgence qu'il n'aurait vu dans la conjuration d'Amboise, qu'une manifestation populaire contre le pouvoir des Guises. « Qu'ai-je donc fait à mon peuple ? lui fait-on dire dans ces Mémoires, « je veux entendre ses doléances et y faire droit. » Et s'adressant aux princes de Lorraine, « je ne sais, mais j'entends qu'on n'en veut qu'à vous. » Il est certain, cependant, que la question religieuse ne le préoccupa pas moins que la révolte organisée contre son autorité royale.

II. — Assemblée de Fontainebleau.

C'est dans cette situation d'esprit que François II convoqua à Fontainebleau, pour le 21 août 1560, une assemblée « des premiers princes du sang, des officiers de son conseil privé, des maréchaux de France, des gouverneurs et des chevaliers de ses ordres, » dans le but d'aviser aux moyens de mettre un terme aux discordes civiles et d'extirper l'hérésie du royaume.

Le roi de Navarre et le prince de Condé, crurent voir dans la convocation un piége qui leur était tendu par les princes de Lorraine, et s'abstinrent d'y répondre.

L'assemblée de Fontainebleau s'ouvrit le 21 août, sous la présidence du roi, ayant à ses côtés les deux reines et ses frères. On y parla du relâchement de la discipline ecclésiastique, des abus introduits dans l'Église par « la négligence des prélats... et corruption de temps; » on s'occupa des moyens propres à les faire disparaître, « comme choses répugnantes à la doctrine de Dieu et des saints conciles et Église. » (1).

On discourut sur les discordes civiles, et parmi les propositions pour les faire cesser, Coligny présenta, au nom de la Normandie dont il était gouverneur, une requête tendant à l'expulsion de la maison de Lorraine du maniement des affaires. Enfin les débats aboutirent, en ce qui concerne la question religieuse, à solliciter du souverain-pontife un concile général ; et, en attendant la réponse du Saint-Père, à convoquer une assemblée des évêques, prélats et autres dignitaires de l'Église pour y discuter la réformation des abus et de la discipline ecclésiastique : En ce qui concerne la question civile et politique, à réunir les États-généraux, « pour ouyr et examiner les plaintes de tous les affligés et, sans faire exception de personne, y donner tel remède que le mal requiert. (2).»

---

(1) Archives d'Avallon. — *Circulaire pour la convocation des États généraux.*

(2) Arch. d'Avallon *loco citato.*

III. — Convocation des États généraux et d'une assemblée de Prélats.

Conformément à cette conclusion, des circulaires sont aussitôt adressées aux baillis des provinces, convoquant les États au 10 décembre 1560, dans la ville de Meaux, et l'assemblée des évêques et prélats, au 20 janvier suivant, dans le lieu qui leur serait ultérieurement indiqué. Cette dernière non pas pour rien arrêter de ce qui est en dehors du pouvoir des évêques; mais, pour discuter les articles à présenter au concile général sollicité du Saint-Père, et que l'on espérait devoir bientôt s'ouvrir. (1).

En attendant, les prélats étaient invités à faire observer les statuts donnés par les conciles précédents et que le « temps » ou la « négligence » avait pu faire oublier.

La circulaire se terminait par une recommandation aux lieutenants des bailliages, de veiller sur les suspects, et notamment sur les personnes qui avaient pris part à la conjuration d'Amboise. « Cependant, y est-il dit, vous ne fauldrez tenir « l'œil ouvert et donner ordre que les espritz « malins, qui pourroyent estre composés des « relicques de la rebellion et tumulte d'Amboise,

---

(1) « Affin que estans là assemblés, et ouy tous ceulx qui « auront à remonstrer toutes choses concernant l'honneur de « Dieu et réformation de son Eglise, adviseront par ensemble ce qu'il sera digne remonstrer audict consille général, où et y « auroit apparence qui se tint bien toust. »

« ou aultres gens, curieulx de nouveautez et d'alté-
« ration d'estatz, si aulcung en y a, tellement
« descouvert, et selon la sévérité de nous édictz,
« retenuz, que par leurs machinations, sous quelque
« prétexte qu'ils les couvrent, ils ne puissent
« corrompre ceulx qui les peuvent escoutter, atti-
« rant les simples à leur faction, par exemple de
« leur impugnité, et soubz la faveur de la clémence
« dont cy-devant avons usé, ou aultrement, par
« leur artifice, altèrent la tranquillité de nous bons
« et loyaulx subjectz. »

Cette circulaire est datée du 31 août 1560.

En même temps que les provinces étaient invitées à envoyer leurs députés aux États-généraux, les lieutenants et gouverneurs de ces pays recevaient l'ordre de visiter « respectivement leurs villes et « autres lieux de leurs charges, pour entendre par « le menu et après rapporter (au conseil du roi) les « doléances du peuple. » (1).

IV. — Note sur les États généraux et les États provinciaux.

Les États-généraux ne s'assemblaient qu'à de rares intervalles, lorsqu'il y avait à traiter de hautes questions d'intérêt national. Les affaires courantes et ordinaires, comme le vote des subsides et des frais de guerre, certaines questions de judicature ou d'intérêt local, se réglaient par les États provinciaux, dans les pays d'États, comme étaient la

---

(1) Arch. d'Avallon. — *Circulaire*.

Bourgogne, le Languedoc, la Bretagne et plusieurs autres provinces. Les États provinciaux s'assemblaient périodiquement et quelquefois à des époques indéterminées entre les sessions ordinaires, lorsqu'il y avait urgence, sur lettres signées du roi, du régent ou du lieutenant-général du royaume, en cas de vacance du trône.

On ne connait pas assez, au moins dans certaines classes de la société, l'antiquité de ces assemblées nationales où le roi s'entourait des délégués de ses provinces pour entendre les « doléances et remontrances » (1) de son peuple et y pourvoir au besoin. Pour beaucoup, la participation du peuple dans l'administration des affaires est de date toute récente. Avant cette époque, tout n'était selon eux, qu'aveuglement, oppression et tyrannie.

Empruntons au discours que fit l'Hospital à l'ouverture des États d'Orléans, l'historique de cette institution.

Quelque profondément que l'on pénètre dans l'histoire, on la trouve comme un usage inhérent aux droits des Français. Avant notre ère nationale, Tacite mentionne ces assemblées dans les mœurs des Germains; et l'on sait que César lui-même, présida une réunion générale des Eduens convoquée à Decise, pour terminer un désaccord public survenu au sujet de l'élection d'un vergobret, autrefois souverain magistrat dans notre pro-

---

(1) *Remontrances.* — Avis ou propositions pour les édits sollicités, humbles supplications présentées au roi sur les inconvénients des édits rendus ou à rendre.

vince. (1). Il parle aussi quelquefois dans ses commentaires des assemblées générales de la Gaule, qui n'étaient rien autre chose que l'exercice des mêmes droits. On remarque les mêmes lois et les mêmes principes en vigueur, sous les Mérovingiens et les Carlovingiens. « Tant que le peuple, dit M. Poujoulat, dans son *Histoire de la Révolution française*, « ne se trouva pas assez éclairé, pour être admis à juger par lui-même, les assemblées ne se composaient que de barons et d'évêques. » Ces assemblées portaient alors le nom de Parlement. Par suite de l'affranchissement des communes, le peuple ou Tiers-Etat, commença, sous Philippe-le-Bel, à prendre part aux délibérations du Parlement. M. Poujoulat fait même remonter cette participation au temps de saint Louis, et signale l'apparition des députés des villes dans le Parlement de Paris, en 1241.

Les assemblées des trois ordres prirent alors le nom d'*États généraux*, celui de parlement fut retenu par les cours souveraines chargées de juger, en dernier ressort, les différends des particuliers.

Avant la réunion de la Bourgogne à la couronne de France, ce pays avait ses États généraux des trois ordres, qui étaient pour lui, ce qu'étaient pour la monarchie, les États généraux de toutes les provinces. Annuelles dans le principe, ces assemblées devinrent plus tard triennales. A moins de circonstances particulières, elles se tenaient au mois

---

(1) *Vergobret*. — Du celtique *Fear-go-breith*, homme pour le jugement. Au XVIᵉ siècle, on appelait encore *vierg*, le maire d'Autun. Quelques auteurs font de ce mot le diminutif de *vergobret* et le traduisent en latin, par *vir legis*.

de mars, et furent remises ensuite au mois de mai, d'où leur était venu le nom de champ de mars ou de mai, qu'on leur donnait quelquefois.

Les états provinciaux se composaient, savoir : pour l'ordre du clergé, des évêques, des abbés séculiers et réguliers, des doyens et des députés des chapitres ; pour l'ordre de la noblesse, des gentilshommes possédant fiefs dans la province et prouvant au moins quatre générations de noblesse ; enfin pour le Tiers-État, des mayeurs et maires inscrits sur la grande roue (1), et des députés des villes.

Les trois ordres se réunissaient d'abord dans une salle commune, sous la présidence du gouverneur de la province ou de son délégué. Après les discours d'ouverture et la lecture des lettres de convocation par les greffiers indiquant le but de la réunion, chaque corps se retirait dans une salle particulière pour délibérer séparément. Toutes les chambres ayant clos leurs débats, elles s'assemblaient de nouveau ; et, s'il s'agissait d'une délibération à prendre à la pluralité des suffrages, elles arrivaient avec trois votes, celui du clergé, celui de la noblesse et celui du tiers. On ne votait plus individuellement comme dans les chambres séparées, mais par corps. S'ils s'agissait d'impôts, le consentement du Tiers-État était toujours indispensable. S'il y avait à dresser des cahiers pour une assemblée d'un plus haut rang, les délibérations

---

(1) La *grande roue* était un tableau sur lequel était inscrit le tour de chaque ville appelée à participer par son maire, à une sorte de Conseil d'administration de la province, dit le conseil *des élus* des *États*.

des trois ordres ne se refondaient pas en une seule ; chacun de ces ordres arrivait avec ses remontrances.

Lorsque les députés avaient rempli leurs missions, ils nommaient des représentants pris dans chacun des ordres, pour gérer les affaires de leur ressort, pendant l'intervalle d'une triennalité à l'autre.

On appelait ces délégués des États, les *élus généraux*. Ceux-ci devaient faire la répartition des impôts, nommer les receveurs, régler les étapes des troupes.

La délégation aux États du royaume ne se faisait pas directement ; mais par un vote à plusieurs degrés ; ce qui semblait rendre la corruption difficile.

En Bourgogne, les habitants d'une ville convoqués de « *pot en pot* », faisaient élection d'une ou de plusieurs personnes pour les représenter au chef-lieu du bailliage, y soutenir le mandat qu'ils leur donnaient, touchant les « remontrances » à présenter aux États, et pour faire choix des députés.

Dans ces temps que l'on se plait quelquefois à qualifier d'époque de barbarie, les députés du peuple, comme ceux des autres ordres, parlaient haut et ferme ; et, tout en restant fidèles à leurs devoirs envers le souverain, ils savaient faire respecter les droits et les privilèges de leurs provinces.

Leur fierté ne se démentit pas même en face de Louis XI, lorsque ce monarque reçut en 1476, la soumission de la Bourgogne. Le roi dut au

préalable jurer la conservation et le respect des
« franchises, libertés, prérogatives et privilèges »
du pays, sans « qu'aucune nouvelleté » pût y être
faite. Ces franchises ne cessèrent d'être particulières à certaines provinces qu'en 1790, en se fondant dans un système uniforme de droits, pour tous les Français.

Le roi comprenait, a dit un éminent publiciste, que sans l'appui du peuple et le conseil librement exprimé de ses délégués, ses droits et son pouvoir seraient absorbés par les courtisans, de même que nos aïeux savaient que sans l'obéissance et le respect au chef de l'État, les droits du peuple disparaîtraient sous le pouvoir envahissant des démagogues.

V. — Nouvelle conspiration, arrestation et condamnation du prince de Condé.

En 1560, la tenue des États généraux allait être une nouvelle occasion de troubles. Les mécontents gardaient leurs ressentiments contre les Guises et conspiraient à leur renversement. Le « jeune Maligny » qui s'était si adroitement esquivé d'Auxerre, lors de l'arrivée de La Gaymarie, s'était réfugié chez ses complices de Lyon, et ne perdant pas un instant, avait appelé à l'auberge de la *Pomme rouge* ceux qui comme lui, avaient pu échapper aux poursuites et au châtiment. Il « leur remontra qu'il
« n'estoit temps de perdre cueur, et que les
« seigneurs, qui pour les églises avoyent exposé

« leurs personnes en danger, avoyent encores
« bonne voullonté de faire mieux. » (1).

Prétendait-il désigner ainsi les princes de Bourbon ? Le prince de Condé avait eu en effet l'intention d'aller le rejoindre à Lyon, vers les premiers jours de septembre. Il entrait dans le plan des mécontents de s'emparer de cette ville pour en faire un centre et un point d'appui aux opérations militaires des protestants du Dauphiné, du Languedoc et de la Provence. Jean de Ferrières, l'aîné des Maligny, sous le nom de seigneur de Saint-Cire, le sieur de la Rivière, tous deux bourguignons, et plusieurs autres, y avaient introduit douze cents soldats, logés dans « soixante six logis. » (2).

L'entreprise était fixée au 5 septembre, mais une lettre d'Antoine de Bourbon était intervenue, enjoignant à Maligny de renoncer à cette tentative.

Le roi de Navarre, sur le conseil suppliant du connétable de Montmorency, avait donné ce contre ordre, pour ne pas être soupçonné, en s'emparant de quelques villes, de vouloir se faire proclamer roi de France. (3)

D'autre part, le gouverneur averti du complot, s'était mis en mesure de résister. Il avait saisi déjà un dépôt considérable d'armes fait par les protestants, dans une maison de la ville.

Cependant Maligny hésitait encore : il y avait péril égal à rester comme à fuir. Mais son inquié-

---

(1) Gabriel de Saconay. — *Discours des premiers troubles advenus à Lyon.*
(2) Id. Id.
(3) Comte Léon de Bastard.

tude fit bientôt place au découragement, lorsqu'il vit la terreur gagner l'esprit des rebelles.

La nuit même, en effet, « qu'ils pensoyent estre « les maistres », les conjurés « s'enfuyrent partie « par la rivière, les autres par les portes, favorisez « par leurs amis. » On en compta « plus de deux « mille » qui suivirent cette voie ; d'autres étaient prisonniers. (1). M. Léon de Bastard ajoute que le gouverneur, peut-être incertain du succès d'un combat en ville, avait fait ouvrir les portes à tous ceux qui s'étaient présentés pour sortir.

La retraite difficile et périlleuse des conjurés, sauva Lyon pour un temps ; mais les chefs du parti ne renoncèrent pas à leur projet.

Invités par François II à se rendre à Orléans, où le siége des États devait être transféré, le roi de Navarre et le prince de Condé s'y acheminèrent avec hésitation et lenteur. Des révélations arrachées à La Sague, gentilhomme attaché à la maison de Bourbon, leur faisaient pressentir le péril où ils allaient tomber.

Arrivés en effet le 30 octobre auprès du roi, Condé fut arrêté, presque sans explications, et le roi de Navarre gardé à vue dans ses appartements.

Le prince de Condé fut jugé par une Commission spéciale et condamné « à mort comme prince rebelle ». Son exécution fut fixée au 10 décembre, jour où les États-généraux devaient s'ouvrir.

La justice avait atteint en lui le « capitaine muet », l'instigateur occulte du tumulte d'Amboise et de l'échauffourée de Lyon ; mais elle avait laissé

---

(1) Gabriel de Saconay, *loco citato*.

échapper les officiers secondaires qui dirigeaient moins mystérieusement l'entreprise.

Les plus compromis étaient en fuite.

VI. — Fuite des Ferrières-Maligny.

Au nombre de ces derniers, étaient les deux Ferrières-Maligny. Ils s'étaient réfugiés à Genève et on s'était mis en vain à leur recherche.

La mort de François II ne suspendit pas les poursuites dirigées contre eux, et plus de six semaines après l'élargissement de Condé, les ordres les plus formels étaient encore donnés par la reine régente au lieutenant du gouverneur de Bourgogne, pour s'assurer de leurs personnes.

« Monsieur de Tavanes », écrivait Catherine de Médicis, le 6 janvier 1560 (1561, nouveau style), « Vous avez entendu, ainsi que je m'asseure,
« comme les Maillignyz ont| cy-devant remué
« ménage, et les faultes qu'ils ont faictes. Pour
« avoir raison desquelles, il y a longtemps que l'on
« est après les attrapper. Maintenant le roy, mou-
« sieuz mon fils et moy avons sceu qu'ilz se sont
« retirez en Bourgoingne, où ce porteur vous dira
« qui est envoyé pour faire la dilligence, et user
« de toute dextérité pour les avoir, ce qu'il ne se
« pourra, par adventure faire, sans votre ayde,
« force et auctorité, que je vous prye tant que je
« puis, adjoutant à ce que le roy mondit filz vous
« en escript, n'y épargner, mais de votre part y
« faire tout ce qu'il vous sera possible. » Douze jours plus tard, Tavannes lui répondait : « Les

« sieurs de Maligny ne sont en ce pays de Bour-
« gogne ;... l'esné, Jean de Ferrières.» Edme s'était
noyé peu après son arrivée à Genève, en se
baignant dans le lac « est en sa maison, armé
« pour se défendre. Le dict Maligny a beaucoup
« d'amis, ses voisins, et n'y fault aller pour y
« temporiser sans être fort. » Sa lettre du 18
janvier, se croisait avec un nouvel ordre daté de la
veille.

« Je vous prye, écrivait de nouveau la reine,
« vous acheminer de ce cousté-là, suivy et accom-
« paigné autant que vous jugerez qu'il sera besoing,
« et là, essayer à quelque pris que ce soit, jusqu'à
« ruyner sa dite maison, s'il est besoing, de luy
« mettre la main sur le collet, et si vous le
« pouvez avoir, le faire mettre et conduire se-
« crètement en quelque lieu si seure et si caché,
« que personne n'en puisse savoir nouvelles, et
« à mesme instant m'en advertissez en extrême
« diligence. » (1).

Le château de Maligny était une forteresse flan-
quée de plusieurs tours dont on distingue les vesti-
ges et la forme à quelques pas du château moderne,
reste rajeuni de l'ancien donjon ; elle était fermée
par des fossés, qu'une dérivation du Serein alimen-
tait d'une eau vive et profonde. Il ne paraît pas
que Tavannes ait pu vaincre ces obstacles et que
l'expédition promise pour le 27 ou 28 janvier ait
abouti à un résultat favorable aux désirs de la
cour. L'année suivante, en effet, on retrouve

(1) Voir M. L. de Bastard.— *Appendice aux recherches biographiques sur Jean de Ferrières, et les documents recueillis par
lui à la Bibliothèque nationale, fonds de La Mare et Fontette.*

Ferrières-Maligny auprès du prince de Condé, méditant la prise du Havre.

VII. — Élections et rédaction des cahiers pour les États.

Pendant ce temps on discutait dans les provinces les articles des remontrances à produire aux États-généraux, et l'on faisait élection des députés chargés de les présenter et de les soutenir.

Le siége des États avait été transféré de Meaux à Orléans; cependant les électeurs n'eurent qu'assez tard connaissance de ce changement. Le 4 novembre, en effet, les Avallonnais désignent encore la ville de Meaux, dans le procès-verbal d'élection des notables qui devaient les représenter à Semur pour le choix des mandataires et la discussion des articles à présenter aux États-généraux. Le rendez-vous des notables de la Montagne, était fixé au 10 novembre, dans la salle des Carmes de Semur. Les Avallonnais y déléguèrent Jean Bouchu et Pierre Picard, échevins, et Guillaume Gaffey, contrôleur royal.

Dans le Chalonnais, selon le P. Perry, quatre échevins, quatre hommes de lettres et quatre marchands eurent mission de résumer les vœux et les opinions des électeurs, et d'élire les représentants du bailliage. (1).

(1) La mission de délégué n'était pas gratuite. Le 1er décembre un mandat de 20 francs est délivré au profit de maître Jean Bouchu et Pierre Picard, échevins d'Avallon, pour les rembourser de leurs frais pendant les cinq jours qu'ils passèrent à Semur avec le cheval chargé de leurs malles.

Les élus des assemblées de bailliages furent ensuite convoqués au 23 novembre, dans le couvent des Cordeliers de Dijon. Nous voyons y figurer, au nom des ecclésiastiques, le prévôt de Sussey, Gabriel de Grigny, les archidiacres de Beaune et d'Avallon, Hurault et Dublé, les chanoines de Langres, Bouton, Alleboust et Humbelot. (1).

Nous ne connaissons pas les propositions particulières des bailliages : les cahiers de ceux-ci furent revus et fondus en un seul pour toute la province de Bourgogne. Les cahiers particuliers, parvenus à notre connaissance, ont été rédigés six mois plus tard pour les États de Pontoise, (1561). Nous en parlerons en leur temps. L'opinion publique éclairée peut-être par les discussions, travaillée par les partis, pendant les six mois d'intervalle entre les États d'Orléans et ceux de Pontoise, s'y manifeste ostensiblement.

VIII. — Mort de François II. — Avènement de Charles IX et vote d'une adresse à la reine régente, par le clergé de Bourgogne.

François II qui avait convoqué les États-géné raux ne les vit pas réunis ; il mourut le 5 décembre 1560, laissant le trône à Charles IX, son frère, âgé de dix ans et demi.

Cet évènement changea la face des affaires ; la Bourgogne s'en ressentit comme le reste du royaume. Catherine de Médicis, dominée par les

(1) M. Abord.

Guises qu'elle avait appelés au pouvoir, n'avait pris jusqu'ici qu'une part restreinte au gouvernement du pays. A l'avènement de Charles IX, elle se fit déclarer régente par les États, s'entoura de ministres qui partageaient sa modération ou son indifférence religieuse, comme Michel l'Hospital et de Thou, et s'efforça de faire de la conciliation entre les partis opposés.

Distinguant les mouvements politiques de ceux purement religieux, sans éloigner précisément les Guises, qui, en fait de religion, représentaient le parti catholique, elle appela au gouvernement les chefs de l'opposition politique. Antoine de Bourbon fut nommé lieutenant-général du royaume; le connétable de Montmorency, rappelé à la Cour; et le prince de Condé, au lieu de monter sur l'échafaud, fut mis en liberté.

Le changement de système dans la politique de la reine-mère, parait avoir inspiré quelque inquiétude aux Bourguignons. Le choix, sous le règne précédent, de ministres hostiles aux hérétiques avait excité leur confiance. Les termes de l'adresse suivante qu'on trouve sur le registre des États provinciaux, à l'avènement du nouveau souverain, expriment l'espérance que le gouvernement n'abandonnera pas la protection qu'il doit à l'Église catholique, et que l'attente du pays ne sera pas trompée.

« Sera faict très-humbles supplications à la
« royne, pour la part du clergé de Bourgogne, de
« vouloir CONTINUER audict gouvernement du roy,
« du royaulme et affaires dudit seigneur; avec
« remontrance, qu'en ce faisant, elle oblige tout le

« clergé de ce royaulme à prier Dieu pour sa gran-
« deur et accroissement d'icelle.

« En suppliant icelle, le roy de Navarre et tous
« aultres les esleuz de son conseil, de maintenir
« l'Église galicane en ses libertez et franchises, et
« en sa protection et sauve-garde. » (1).

L'énergie avec laquelle Catherine de Médicis
poursuivait en même temps les conjurés de Lyon,
donnait un motif de plus à cette adresse du clergé
de Bourgogne, que les sentiments de la reine
fussent sincères ou non.

IX. — Députés de Bourgogne aux États-Généraux d'Orléans.

Vers l'époque fixée par les circulaires, les députés
arrivèrent à Orléans, animés de passions diverses
qui rendirent les séances quelque peu tumultueuses.
La participation particulière des délégués Bourguignons dans ces premiers débats, ne nous est guère
connue; et pour apprécier l'esprit de la province,
force nous est d'ajourner notre étude à la session de
l'année suivante, convoquée à Pontoise, en nombre
beaucoup plus restreint de représentants.

Cependant les noms de ces délégués pourraient
déjà élucider quelque peu la question. Les uns, en
petit nombre, se signalèrent dans les débats;
d'autres s'étant fait remarquer plus tard en prenant part, les armes à la main, pour ou contre la

---

(1) Archives de la Côte-d'Or et de l'ancienne Bourgogne.
— *Délib. des États.*

Réforme, on jugera par leurs actions des sentiments qu'ils durent apporter dans la discussion. La distinction ne pourra se faire qu'en les voyant apparaître de nouveau dans les évènements que nous entreprenons de raconter. Bornons-nous en ce moment à reproduire la liste des personnes qui reçurent la mission de représenter la Bourgogne aux premiers États d'Orléans.

POUR L'ORDRE DU CLERGÉ :

Jacques Charvot (1), grand chantre et chanoine, d'Autun, vicaire-général de l'évêque, député du diocèse d'Autun ;

Bérard, député par le clergé de l'Église cathédrale d'Autun ;

François Mauregard, évêque de Négrepont, chanoine de Langres, député par le bailliage de Bar-sur-Seine et le clergé de Langres ;

Saint-Cancy, pour le bailliage de Bar-sur-Seine ;

Antoine Le-Bel, docteur théologal de Chalon-sur-Saône, député de ce diocèse ;

Noble et vénérable Philippe Gayant, archidiacre, chanoine et grand vicaire-général de Mâcon ;

Frère Pierre Dorsy, docteur en théologie et prieur de Baudechoux, député du bailliage de La Montagne ;

Martin du Puy, doyen d'Avallon, pour le bailliage d'Auxois ;

Gaspard d'Any ou Damy, vicaire et official d'Auxerre, pour le diocèse d'Auxerre.

(1) Et non par Charnot, comme l'écrit de Mayer.

Pour la Noblesse :

Saulx de Ventoux (1), député du bailliage de Dijon ;
Charles La Fin, seigneur de Beauvoir et de La Nocle, député d'Autun ;
Pernes de Villargeau (2), député de Chalon-sur-Saône ;
Jean Malain, seigneur de Montigny et de Missery, qui participa plus tard à la révision de la coutume de Bourgogne, député de l'Auxois ;
Foissy, seigneur de Chamesson, député de La Montagne ;
De Tournon, député de Mâcon ;
Claude de Rochefort, seigneur de Luçay, qui fut élu orateur de la noblesse pour la séance royale, et Chastenay, seigneur de Saint-Vincent, députés de Bar-sur-Seine ;
De Ligny et de Vaucembert, députés d'Auxerre ;

Pour le Tiers-État :

Maitres Jean Le Marlet et Jean Massol, députés de Dijon ;
Jacques Bretagne, lieutenant de la chancellerie, et Jean Lallemand, médecin célèbre et linguiste distingué, députés d'Autun ;

---

(1) Et non par Vantius ni Venton, comme l'écrit de Mayer.
(2) Et non pas Zallargaux.

Jean Renauldin et Claude Guillaud, députés de Chalon-sur-Saône ; (1)

F. Dodun ou Celce Dodun, député de l'Auxois ; Jean Regnier, Jean Le-Grand et Pierre Audinot, députés de La Montagne ;

Gilbert-Regnaud, juge-mage de Cluny, et non pas Gilbert et Reynaud, député de Mâcon ;

Pierre Le Briois, président au bailliage d'Auxerre et Pantaléon Pyon, députés d'Auxerre ;

Nicolas Lauxerrois, ou Nicolas Savard et Jean Viguier, ce dernier, de l'une des plus anciennes familles du bailliage, députés de Bar-sur-Seine. (2).

X. — Ouverture des États et discussions.

Le 13 décembre, dans la salle que le roi défunt avait fait préparer, Charles IX vint faire l'ouverture des États. Il avait à sa gauche la reine-mère, reine de fait et d'ailleurs proclamée régente, tandis qu'il n'était, à cause de son âge, roi que de nom.

Son trône était dressé sur une estrade élevée de plusieurs marches, au fond de la salle.

Un degré au-dessous du trône du roi, à sa gauche, était assise Marguerite de Valois, et à sa droite, la duchesse douairière de Ferrare, tous habillés de deuil.

(1) Les Guillaud étaient d'une famille distinguée dans le Chalonnais ; Maximilien Guillaud fut précepteur de Charles de Bourbon, (le cardinal) qui fut plus tard proclamé roi de la Ligue.

(2) De Mayer. — *États Généraux*. — A. Thierry. — *Histoire du Tiers-État*. — Arch. de Bourgogne pour quelques-uns.

Aux pieds du roi, se trouvait le duc de Guise, avec son bâton de grand-maître.

Le roi de Navarre, ayant à sa droite le connétable de Montmorency, l'épée nue en main ; et à sa gauche le chancelier de l'Hospital, occupait une estrade à trois ou quatre pas en avant de celle de Charles IX. Un peu en arrière du connétable et du chancelier, se tenaient à genoux deux huissiers du roi avec leurs masses.

Au-dessous du roi de Navarre, sur le côté droit, étaient les cardinaux de Tournon, de Lorraine, de Bourbon, de Châtillon et de Guise.

Vis-à-vis de ceux-ci, les princes du sang, savoir : le comte d'Auvergne, le prince de La Roche-sur-Yon et le marquis de Beaupréau, son fils.

Après eux, venaient les ducs d'Aumale et de Joinville, et le marquis d'Elbeuf, « princes tenus
« comme étrangers, d'autant que par la loi salique,
« encore qu'ils soyent fort proches parents et con-
« sanguins de la maison et couronne de France,
« néanmoins en sont exclus, pour être issus de
« femelles, qui n'y ont aucune part. »

Deux degrés plus bas, étaient le grand écuyer, les maréchaux de Brissac et de Saint-André et l'amiral de Coligny ; celui-ci, la face tournée vers le roi. Derrière eux, à un bureau isolé, les quatre secrétaires d'État, puis deux autres bureaux pour les surintendants des finances et les évêques du conseil privé.

Enfin les banquettes des députés : à gauche, celles du clergé, à droite, celles de la noblesse et à la suite des uns et des autres, de chaque côté, celles du Tiers-État.

Les hérauts d'armes fermaient l'enceinte et la séparaient de l'espace réservé au public.

Derrière le roi, était encore Marcilly-Cypierre, son gouverneur. (1).

Enfin, derrière les autres princes et les dames de la cour, se tenaient les gentilshommes de leurs maisons avec leurs haches ; et derrière les cardinaux se trouvaient des banquettes réservées aux dames de distinction.

Après quelques instants consacrés à des échanges de compliments entre les divers personnages que cette solennité rassemblait, sur un signe du chancelier, qui avait pris d'abord l'ordre du roi, tout le monde se tut, un huissier cria aux députés de s'asseoir et de se couvrir et Michel l'Hospital commença le discours d'ouverture.

Dans son exorde, il fait d'abord l'historique des États-généraux, puis proclame hautement les heureux effets de ces assemblées, lorsqu'elles exercent leurs droits en toute liberté. « Il est certain, dit-il,
« que le sujet reçoit grands biens des États ; car il
« a cet heur d'approcher la personne de son roi,
« de lui faire ses plaintes, lui présenter ses
« requêtes, et obtenir les remèdes et provisions

---

(1) Philippe de Marcilly, seigneur de Cypierre, dans le Mâconnais, est une des illustrations de la Bourgogne à cette époque. Brantôme en fait cet éloge : « Si d'autres n'avoient point gâté l'excellente éducation qu'il avoit donnée à Charles IX, il en auroit fait un grand roi..... Cypierre étoit le plus brave seigneur qui fût jamais gouverneur de roi, légal, franc, ouvert et du cœur et de la bouche, point menteur et dissimulateur, et qui l'avoit nourri très-bien et instruit, et ne l'avoit jamais fait étudier dans les chapitres de dissimulation.

« nécessaires..... et si nous regardons au temps
« passé pour notre instruction à venir, nous trou-
« verons que tous les États qui ont été tenus, ont
« porté profit et utilité aux princes, et les ont
« secourus à leurs grands besoins. » Il parle un
instant des discussions survenues pour le fait de la
religion, laisse voir toutes ses idées de tolérance
en disant que « la douceur profitera plus que la
« rigueur ; » et enfin invite les députés à parler en
toute confiance. « Le roi et la reine, dit-il en termi-
« nant, entendent qu'en toute sûreté et liberté,
« vous leur proposiez vos plaintes, doléances et
« autres requêtes, qu'ils recevront bénignement et
« gracieusement et y pourvoiront en telle sorte que
« vous connaîtrez qu'ils auront plus d'égard à votre
« profit qu'au leur propre : ce qui est l'office d'un
« bon roi. »

Les deux ou trois jours suivants sont consacrés à la vérification des pouvoirs et à la composition des bureaux. Dans la chambre du clergé, deux députés bourguignons, Mauregard et Charvot, sont désignés pour le dépouillement des remontrances de chaque province ecclésiastique et pour la réunion de leurs articles en un seul et même cahier.

Les procès-verbaux que j'ai sous les yeux, sont très-sobres de détails : on y voit cependant ce fait très-significatif. C'est la proposition par la chambre du clergé, d'élire un seul et même orateur des trois ordres, pour la présentation des cahiers, et la désignation qu'elle fait du cardinal de Lorraine, ce chef ardent du parti catholique.

Cette élection eut pesé d'un grand poids sur la

politique du jour : C'eut été une condamnation solennelle des nouveautés religieuses et un encouragement à la répression des réformateurs ou soi-disant tels.

La proposition dut émouvoir les partis. L'entreprise était habilement conduite. Le cardinal affectait de ne vouloir pas être l'organe spécial du clergé ; il subordonnait son acceptation au consentement des nobles et du Tiers-État, pour une mission simultanée. Les ecclésiastiques sollicitèrent alors les deux autres corps de s'unir à eux. Après plusieurs jours de débats, la chambre de la noblesse répondit par l'organe des seigneurs de Lognes et de Ventoux, députés, l'un de Champagne, l'autre de Bourgogne, qu'elle avait fait pour sa part un autre choix.

Tout en rendant hommage à l'orateur présenté par le clergé, elle repoussa la proposition par cette considération qu'il allait appartenir au cardinal, en qualité de membre du conseil privé, de répondre aux remontrances des États. Ses voix se portèrent sur un député de Bourgogne, Silly, ou plutôt Suilly de Rochefort de Luçay, que Mayer désigne par erreur, sous le nom de Licey. (1).

Le Tiers-État répondit dans le même sens que la noblesse, en déclarant comme elle, qu'il ne prétendait point pour cela se séparer du clergé, mais protestant, au contraire, vouloir rester en parfaite union de sentiments avec lui.

(1) Claude de Rochefort, seigneur de Luçay, de Sigy, de Suilly, etc., panetier du roi, second fils de Claude de Rochefort, seigneur de Pleuvaut et de Catherine de la Magdelaine, et qui a fait la branche des seigneurs de Luçay.

Le clergé voyant échouer sa proposition, fit alors élection d'un Autunois, Jean Quintin, docteur et doyen de la faculté théologique de Paris, chanoine de l'Église Saint-Lazare d'Autun et député de Paris, pour parler en son nom à la séance royale ; mais à la condition expresse que celui-ci communiquerait préalablement son discours à la chambre qui le déléguait. (1). C'est à la séance du 28 décembre qu'il en fit la lecture à ses collègues.

XI. — Discours de l'Autunois Quintin.

Le roi pressait la rédaction des remontrances, et assigna le 1ᵉʳ janvier 1561 pour entendre les orateurs des États et recevoir leurs cahiers, espérant qu'ils pourraient être rédigés à cette époque. Ce jour-là, après une messe du Saint-Esprit, célébrée au couvent des Cordeliers, eut lieu la séance solennelle où Quintin prononça sa harangue.

Tout en étant député de Paris, l'orateur se présente « particulièrement » comme organe du clergé de Bourgogne. Pour cette raison, nous nous arrêterons à reproduire une partie de son discours.

Quintin le divise en trois points, pour répondre aux » trois principales et urgentes raisons » de la « convocation des États.

---

(1) Jean Quintin naquit à Autun, le 20 juin 1500, de Philibert Quintin, greffier de l'officialité et de Philiberte Laborault.

Il voyagea, dans sa jeunesse, en Grèce, en Syrie, en Palestine et à Rhodes, avant que cette ville fut prise par les Turcs. Fatigué de ses courses, il revint en France et se fixa à Paris. (Papillon. — *Bibliothèque de Bourgogne*).

« La première de ces raisons, dit-il, qui doit en
« toute bonne entreprise précéder, est l'honneur,
« la vénération, l'aumône et le service de Dieu. »...

« La seconde est pour unir et examiner les
« griefs, plaintes et doléances des affligés en notre
« royaume, entendre les remontrances qui seront
« sur ce faictes, pour donner tel remède que le mal
« requerra. »

« La troisième cause de cette assemblée géné-
« rale procède d'une indicible bonté, d'une clé-
« mence inestimable dont on ne se peut assez
« émerveiller, ni ne la peut-on assez louer en un
« si grand et absolu monarque. »......

Sur le premier point, il s'accuse d'abord lui-même, et accuse tout le clergé en général de dissipation et d'oubli des règles de leur sainte profession, et prie le roi d'user de son autorité pour rétablir la discipline ecclésiastique, mais en se gardant bien de toucher au dogme.

« Sire, dit-il, c'est l'endroit qu'il faut seul répa-
« rer dans l'Église, restituer et réformer, et non
« pas réformer l'Église; car l'Église n'a ride en
« soi, macule ne difformité qu'il faille déraciner,
« n'eut oncques ne jamais aura....

« L'Église est l'amie tout entièrement belle, sans
« si (1) ni taches aucunes. L'Église est la chaste
« vierge, non maculée, non corrompue, laquelle
« saint Paul veut épouser et dit être épousée à
« Nostre-Seigneur Jésus-Christ. Les ministres
« d'icelle, faut-il que vous invitiez, Sire, exhortiez,
« sollicitiez à ne la plus difformer ny maculer; et

---

(1) *Si*, vieille expression populaire, signifiant défaut.

« que leur ostiez l'occasion de ce faire. A l'Eglise
« ne à sa hiérarchie ne faut toucher, *quia corpus*
« *Christi est.* »

Il s'élève ensuite contre les sectaires de tous les temps, passe en revue les intrigues qu'ils employèrent pour obtenir des temples, depuis le commencement du christianisme, fait voir comment ces démarches tendaient au renversement des pouvoirs établis et conclut, en priant Charles IX de résister aux demandes des hérétiques modernes qui se servent du prétexte de religion, pour parvenir à le chasser du trône.

« Tout le clergé de votre royaume, à deux
« genoux, de cœur et de corps humblement fléchi
« devant votre majesté,...... vous prie d'être son
« défenseur, vous supplie de tenir la main que la
« religion depuis le temps susdit, (particulièrement
« depuis Clovis) jusques à présent observée en votre
« royaume, soit entretenue perpétuellement, sans
« donner lieu à secte quelconque contraire... Vous
« supplions que si quelque fossoyeur de vieille
« hérésie, par impiété, s'ingérait et vouloit intro-
« duire et renouveler aucune secte-là condamnée
« comme sont *universum* toutes celles de ce temps
« calamiteux et séditieux, et à celle fin présentât
« requête, demandât temple et permission d'ha-
« biter en ce royaume, comme se sont impudem-
« ment ou par outrecuidance ingérés, n'a guère aux
« États particuliers, d'aucunes de vos provinces, »
(la Normandie qui à l'instigation de Coligny, avait la première demandé des temples) « que tels
« porteurs de requêtes, comme fauteurs d'héré-
« tiques, soient eux-mêmes tenus et déclarés pour

« hérétiques ; et que contre eux-mêmes, comme tels,
« soit procédé selon la rigueur des constitutions
« canoniques et civiles, *ut auferatur malum de
medio nostris.* »

« Ce sont les raisons par lesquelles nous supplions
« très-humblement votre majesté de ne vouloir,
« avoir ni recevoir les mauvais propos de ces
« licencieux et *profuges* libertins, ne pensant, quoi-
« qu'ils dissimulent, qu'à une anarchie qui veut
« dire être sans prince et sans roi, ne cher-
« chant que de vivre acéphales, c'est-à-dire sans
« chef. »

Quintin exprime les vœux que les catholiques se
séparent entièrement des protestants ; qu'ils refu-
sent de commercer avec eux, de les recevoir en
alliance ou en société. « Ils sont excommuniés ;
« donc ne faut hanter, converser, parler et mar-
« cher plus avec eux. »

« A cette cause, Sire, vos très-humbles et dévots
« orateurs du clergé de votre royaume vous sup-
« plient universellement de ne plus admettre ni
« recevoir tels marchands à quelque commerce que
« ce soit. »

« Et de ce, vous requièrent particulièrement
« ceux de votre duché de Bourgogne et clergé de
« votre ville et diocèse d'Autun, comme les plus
« pernicieusement endommagés de telles fréquen-
« tations : Se joignant et suivant la même requête
« que votre Église primace, la première métropo-
« litaine de votre ville de Lyon vous fait aussi bien
« humblement et spécialement en cette sainte
« cause..... »

« Donc est notre requête juste, raisonnable, sainte

« et catholique, accompagnée de l'exprès comman-
« dement de Dieu, qui vous enjoint, Sire, et com-
« mande de la nous entérinner et accorder, répé-
« tant en divers lieux et par diverses fois, sondit
« commandement. »

« Voilà, Sire, ce qu'en toute simplicité, obé-
« dience, humilité, soumission et correction, votre
« clergé de France propose et remontre à votre
« majesté, touchant l'honneur et le service de Dieu
« en votre royaume, et pour l'extirpation et aboli-
« tion de ce qui lui est contraire; savoir des sectes
« et hérésies, le tout plus amplement et articule-
« ment déduit et correcté en son cahier. »

« Notre plus grande plaie vous est découverte,
« Sire, comme à l'unique médecin qui est envoyé
« de Dieu pour la guérir; notre première et prin-
« cipale doléance vous est expliquée, Sire, comme
« à notre singulier consolateur; c'est le mal diabo-
« lique et horrible trouble que nous souffrons par
« sectes et hérésies, nous assaillant intervallement
« de tous côtés, et voulant sans pitié ruiner notre
« sainte hiérarchie romaine et catholique. Nous y
« attendons le remède et prompt secours. »

« Deux points restent encore, que si de votre grâce
« le permettez, Sire, je les réciterai brièvement et
« succintement. L'un concerne nos personnes
« ecclésiastiques, l'autre les biens qui nous sont
« recommandés d'administrer.

« Quant au premier, je dirai pour nous, et géné-
« ralement se peut prendre pour tous, Sire, nous
« reconnaissons les tribulations et calamités, que
« si longuement avons souffertes en ce royaume,
« nous être envoyées de Dieu pour punition de nos

« péchés, pour les purger et nettoyer, puis à lui
« nous retirer. »

« Néanmoins, à peu de nous la peine a ouvert
« les yeux ; peu de nous ont fait leur profit de ces
« tribulations. Tous les jours quelqu'un tombe en
« abomination de péché, plusieurs en hérésie ; par
« quoi toujours est étendue la main de Dieu sur
« nous, et y a danger qu'il ne veuille continuer nos
« calamités temporelles et les joindre aux éter-
« nelles. »

N'est-ce pas là l'histoire de toutes les révolutions
et des maux qui les suivent, lorsque la société sort
des principes sacrés de sa constitution ? Ces malheurs sont des avertissements, lorsqu'ils ne sont
pas le châtiment lui-même, Joseph de Maistre l'a
redit plus tard à son tour.

« Si Jérémias visitait aujourd'hui les trois États
« de votre royaume, » continue l'orateur, « comme
« il visita les États de Juda et de Jérusalem, il
« pourrait faire un même rapport à son seigneur
« et diroit : Je n'ai trouvé justice ni foi ; les prêtres,
« les peuples, les grands et les petits ont rompu le
« frein et le lien de la loi : tu les as affligés et ils
» n'ont voulu douloir ; tu les a endurcis et n'ont
« voulu recevoir discipline. »

« En cet endroit, Sire, je dirai que combien
« que nous soyons pécheurs, toutefois ne vou-
« lons-nous pas suivre cette obstination indigne ;
« mais, dès à présent, en toute unité, sans division,
« protestons vouloir obéir à Dieu, à son Église et
« à vous, notre roi souverain, »

« Selon notre devoir et pouvoir, nous offrons
« jusqu'à la mort, batailler pour la gloire et pros-

« périté de vous, des vôtres, et de tout votre peuple
« et royaume : batailler, dis-je, de nos armes qui
« sont larmes, jeûnes, pleurs, oraisons et prières à
« Dieu. »

Un concordat fait entre le pape Léon X et François Ier avait aboli la pragmatique-sanction laquelle réglait autrefois les élections du clergé pour la nomination aux grades et aux bénéfices. La pragmatique constituait ce qu'on appelait les droits de l'Église gallicane; droits plus innocents peut-être que les prétendues libertés gallicanes de fraiche origine, et qu'il n'appartient qu'aux théologiens de juger. Ce concordat fut un perpétuel objet d'opposition de la part du clergé de Bourgogne ; et l'on verra cette opposition se renouveler dans les remontrances du clergé, à toutes les assemblées d'États. Quintin touche cette question dans le second point de sa harangue. « Nous requé-
« rons, dit-il, que la sainte liberté canonique d'élec-
« tion aux prélatures ecclésiastiques, soit désor-
« mais permise à l'Église, et que chacun prenne,
« choisisse et élise franchement et librement son
« prélat. » Il appuie sa demande d'une foule d'exemples tirés des actes des apôtres qui, dès l'origine, élurent l'un d'eux pour chef, et de la continuation de cet usage pour l'élection des papes, cite les conciles qui sanctionnèrent ces droits, et réclame contre les annates.

L'orateur se plaint ensuite des impôts levés arbitrairement sur le clergé ; et, dans un article relatif à la justice, il s'élève contre la vénalité des offices de judicature ; sur ce chapitre, il signale de graves abus à réformer ; mais ce ne sont plus là, en quelque sorte, que des hors-d'œuvre, la partie saillante de son discours est celle qui lui fut dictée par sa foi de catholique et par son zèle de prêtre contre les fausses doctrines, alors à l'ordre du jour.

XII. — Le discours de Quintin soulève les rumeurs des protestants ; néanmoins le clergé déclare les paroles de l'orateur conformes aux vœux de ce corps.

Ce discours excita contre son auteur la fureur des protestants. Ceux-ci présentèrent une requête au roi pour le prier de n'avoir aucun égard à ce qui venait de lui être demandé, et pour obliger Quintin à une rétractation de ses paroles « invectives « et injurieuses... envers les plus fidèles serviteurs et sujets. »

Ils affectaient de voir des personnalités dans ses citations et prétendaient, peut-être pas sans fondement, que l'orateur du clergé avait voulu désigner l'amiral de Coligny, en parlant des « porteurs de requêtes » qui demandèrent des temples.

Le chancelier de l'Hospital fit venir Quintin et lui remit une copie sans signature de la plainte des protestants. L'orateur refusa d'y répondre avant de l'avoir communiquée à ses collègues.

En conséquence, la requête des plaignants fut transmise dans la séance du 25 janvier, aux membres du clergé. Ceux-ci approuvèrent sans réserve les paroles de Quintin et répondirent :

« Qu'en ladite oraison, il n'y a choses contraires
« au contenu en leur dit cahier ; et qu'en l'une ni en

« l'autre n'y a obscurité ny article touchant aucune
« personne en particulier ; et partant, qu'il n'est
« besoin en faire déclaration. » Plusieurs membres
furent délégués pour accompagner Quintin et porter
cette réponse écrite et signée à l'Hospital. Celui-ci
que dominait l'esprit de conciliation, insista sur la
nécessité de donner satisfaction aux nobles qui
avaient présenté la requête. Quelques jours plus
tard, on remit la question en délibération : Quintin
fut chargé de nouveau de faire la harangue de
clôture et y glissa enfin, sans rétractation, que dans
la harangue précédente, il n'avait pas eu la pensée
d'offenser qui que ce fût ; et là se termina la discussion.

Cependant les protestants ne se contentèrent pas
de cette sorte de satisfaction ; ils publièrent des
pamphlets qui, par leur objet même, tournent à
honneur pour l'orateur Autunois, quoique Bayle
ait écrit que Quintin mourut de chagrin de s'être
vu impitoyablement critiqué et calomnié jusque
dans sa vie intime. Il serait plus juste de dire,
comme le constate d'ailleurs son épitaphe, qu'une
cause plus noble affligeait son âme et consumait
son corps : et s'il mourut en effet de chagrin, ce
fut de voir la religion et la foi menacées par les
hérésies nouvelles, et l'esprit de modération et d'indifférence, l'emporter sur le zèle des catholiques à
défendre leurs droits et leurs croyances.

Voici la traduction de cette épitaphe donnée par
M. H. Abord, dans son *Histoire de la Réforme et de
la Ligue*, dans la ville d'Autun :

« Le docteur Quintin, grand consommateur de
livres, n'eut d'appétit pour aucun autre aliment.

« Affligé des attaques de plus en plus vives portées à la foi qu'il défendit par sa plume et par ses discours, il quitta la terre sans regret, mais regretté de ses amis. »

Il mourut le 9 avril 1561.

XIII. — Requête de Bretagne et de Lalamant ou de Lallemand d'Autun, en faveur de la Réforme et clôture des États.

Avant de se séparer, les Calvinistes revinrent sur la question religieuse et adressèrent une supplique au roi en faveur de la Réforme. Bretagne et Lalamant, députés Autunois, figurent parmi les adhérents. Ils se plaignaient de pression sur les élections et même sur la délibération des États ; invectivaient de nouveau Quintin, parce qu'il avait osé solliciter le roi de ne recevoir aucune requête ayant trait à la religion. Ils demandaient la tenue d'un concile libre dans lequel ils auraient le droit de soutenir leurs doctrines, une amnistie pour tous les condamnés politiques ou religieux et la liberté d'ouvrir des temples et des prêches, y admettant pourtant la surveillance des officiers de police.

C'était un terrain brûlant, capable d'animer encore le feu déjà vif des discordes civiles : leur demande, effraya la cour, et le chancelier de l'Hospital se hâta d'arrêter les discussions sur ce sujet, en prononçant la clôture des États-généraux.

D'ailleurs, des subsides ayant été demandés aux États, les trois ordres avaient répondu que n'ayant point de mandat pour les voter, ils ne pouvaient le faire qu'après avoir consulté leurs commettants, en leur présentant l'état des finances dressé par les ministres du roi ; et d'eux-mêmes, avaient requis la prorogation de l'Assemblée.

XIV. — Réponse aux remontrances.

En réponse aux remontrances des États, fut rendue la célèbre ordonnance d'Orléans, composée de 149 articles concernant l'administration ecclésiastique, la justice, les universités, la noblesse, les finances, le commerce. Tous ces décrets, et surtout ceux sur la discipline ecclésiastique, avaient pour but de faire disparaître les abus et les scandales qui servaient de prétexte aux réclamations des hérétiques.

On fit une obligation aux prélats et aux curés de résider, les premiers dans leur diocèse, les seconds dans leur paroisse. Il fut enjoint aux archevêques, évêques et diacres, de visiter en personne les églises et les cures de leur juridiction. L'âge de vingt-cinq ans pour les hommes, et celui de vingt ans pour les femmes, fut fixé comme terme extrême au-dessous duquel ils ne pouvaient être admis en profession religieuse.

L'article IX instituait des écoles gratuites sous la surveillance des prélats de chaque diocèse, des chanoines des villes où elles étaient établies, ainsi que sous celle des « maires, eschevins, conseillers ou capitouls » de la localité.

Par l'article XV, il était défendu aux ecclésiastiques de rien exiger pour l'administration des sacrements; « laissant toutefois à la discrétion et volonté d'un chacun, donner ce que bon lui semblera. »

L'article XXIII contenait des peines contre les blasphémateurs et enjoignait la stricte observation des dimanches et fêtes solennelles, pendant lesquels les marchés et danses publiques étaient interdits et les cabarets, tavernes et jeux de paume fermés aux heures des offices.

Dans le chapitre de la justice, l'article XLIX enjoignait aux « baillifs et sénéchaux de visiter les provinces quatre fois l'année et plus souvent s'il étoit nécessaire pour recueillir les plaintes » des citoyens, et en dresser des procès-verbaux qui devaient être envoyés au roi ou à ses ministres.

L'article LXXXII confiait aux juges le soin de limiter le nombre des études de notaires et fixait l'âge de vingt-cinq ans pour l'admission au notariat, après production d'un certificat de bonne vie et mœurs, et de capacité.

Les articles XCVI et XCVII concernaient l'alignement des rues dans les villes.

L'article CI interdisait les maisons de débauche et de jeux de hasard, comme « les jeux de berlans et de jeux de quilles et de dez. »

Il fut aussi pris des mesures contre le vagabondage, (art. CII). La chasse fut défendue « aux gentilshommes et à tous autres... soit à pied ou à cheval, avec chiens et oyseaux, sur les terres ensemencées, depuis que le bled est en tuyaux; et aux vignes depuis le premier jour de mars, jusque après la dépouille. »

En fait de finances, nul impôt ne pouvait être établi sans le concours des États provinciaux, dans les pays d'États, et sans l'adhésion particulière du Tiers-État.

L'article CXLII prononçait des peines sévères et même capitales contre les banqueroutiers frauduleux.

Enfin un grand nombre des dispositions de cette ordonnance étaient telles, qu'elles méritèrent de passer dans nos lois modernes. Elle font voir que la plupart des institutions populaires existant de nos jours, ne sont pas aussi neuves qu'on le pense généralement.

CHAPITRE III

ÉTATS DE PONTOISE ET COLLOQUE DE POISSY. — (1561)

SOMMAIRE. — I. Nouveaux États convoqués à Melun et transférés à Pontoise. — II. Cahiers de remontrances des Bailliages et particulièrement du Bailliage d'Auxois, Siége d'Avallon. — III. Remontrances du Tiers-État de Bourgogne. — IV. — Votes du Clergé.— V. Votes de la Noblesse et élection de Députés. — VI. Les États-Généraux sont ajournés au mois d'août — Assemblée des États, à Pontoise. — VII. Harangue de Bretagne, au nom du Tiers-État. — VIII. Bretagne s'adresse à la Reine et demande des Temples pour les Protestants. — IX. Le Clergé prend à sa charge une partie de la dette publique. — X. Beaufremont de Sennecey, porte la parole pour la Noblesse. — XI. Le Tiers-État et la Noblesse votent l'examen des doctrines religieuses. — XII.—Colloque de Poissy.—Théodore de Bèze. — XIII. Ouverture des débats — L'Hospital investit le colloque des pouvoirs d'un Concile national. — XIV. Discours de Théodore de Bèze. — XV. Réplique de l'Archevêque métropolitain de Bourgogne — Protestation du Clergé catholique — Clôture des débats. — XVI. Blâmes infligés à Bretagne par les Bourguignons.

I. — Nouveaux États convoqués à Melun et transférés à Pontoise.

Les États-généraux avaient été prorogés au mois de mai, ou plutôt une nouvelle assemblée était convoquée pour cette époque. Les lettres de convocation portent la date du 9 février 1561, et indiquent la ville de Melun pour la tenue des séances ;

mais plus tard on désigna Pontoise et l'assemblée fut remise au 1er août.

La convocation avait pour but principal l'obtention d'un crédit destiné à éteindre la dette publique. Les députés réunis à Orléans ayant déclaré n'avoir reçu de leurs commettants aucun mandat pour voter le crédit, le gouvernement avait fait appel à une nouvelle assemblée. La dette s'élevait à plus de quarante millions de francs à répartir entre chaque province : il était demandé à chacune d'elles de voter sa quote-part. De là, nouvelle occasion pour les protestants de renouveler partout l'agitation : ils ne firent faute de la manquer.

Le gouvernement du jeune roi avait reconnu à Orléans qu'une assemblée trop nombreuse d'orateurs, n'apportait que confusion et désordre dans les idées et pouvait être cause de tumulte. Pour éviter ce danger, Catherine de Médicis ne fit appeler qu'un député de chaque ordre par province, au lieu d'un député par bailliage. Au fond, l'effet utile était le même : le dépouillement des cahiers de chaque bailliage devait être fait en assemblée d'États provinciaux au lieu d'États-généraux, et le résumé présenté par les trois députés de chaque province.

Le siége des débats était donc seul changé.

Les Nobles et le Tiers, lors de leur réunion à Dijon, tout en répondant au but de la convocation, firent leurs réserves sur le nouveau mode d'assemblées générales des trois ordres, selon eux, contraire aux droits et priviléges de la Bourgogne.

II. — Cahiers de remontrances des bailliages et particulièrement du bailliage d'Auxois, siége d'Avallon.

Les électeurs des villes, privés du moyen de faire entendre leurs plaintes par des orateurs directement de leur choix, rédigèrent par écrit, les articles qu'ils voulaient faire introduire dans les remontrances générales de la province. Plusieurs de ces cahiers conservés dans diverses archives, sont plus ou moins imbus de tendances réformatrices : cependant, celui du bailliage d'Auxois, siége d'Avallon, que j'ai sous les yeux, contraste assez nettement avec les remontrances qui furent adoptées par les députés du Tiers réunis à Dijon en mars 1561, pour mériter une mention spéciale, quoique ses auteurs aient souvent reproduit, sans utilité, des requêtes auxquelles il venait d'être répondu par la célèbre et toute fraîche ordonnance d'Orléans. Ce cahier est divisé en sept chapitres.

Le premier chapitre intitulé « articles concernant le général », commence par une aspiration vers les anciennes libertés nationales. Les Avallonnais réclament l'exercice d'un droit que François Ier avait absorbé dans des vues despotiques. Ils demandent le rétablissement de sessions triennales des États-généraux, comme le plus sûr moyen d'opérer la réforme des abus et de provoquer des lois utiles, plutôt que de confier le salut public à des « étrangers » plus occupés de leur intérêt personnel que de celui de l'État. Cette considération est toute à l'adresse des princes de Lorraine. (1).

Ils se plaignent ensuite d'empiètement au sujet des finances, sur « leurs anciens priviléges, franchises et libertés, » prient le roi de rétablir « leurs « droits en telles formes, franchises et libertés « qu'ils estoient du temps du duc Charles, suivant « les sermens prestés par les prédécesseurs de Sa majesté. » Ils entrent ensuite dans les vues de conciliation adoptées par Catherine de Médicis, en sollicitant le gouvernement de faire tous les efforts possibles pour maintenir la paix, et, « par ung bon et tranquille moyen, moyenner ung sainct consille, pour réunir tout le peuple en une mesme foy et religion. »

Dans le deuxième chapitre de ces remontrances, intitulé : *de l'Église,* » on peut étudier, mieux que partout ailleurs, l'esprit de l'Auxois à cette époque. On y voit que les Avallonnais ne se laissèrent point entraîner aux fausses doctrines et qu'ils restèrent en grande majorité fidèles à la foi de leurs aïeux. Dans les douze articles de ce chapitre, non-seulement aucune observation ne tourne à l'hérésie, mais on ne remarque même pas la moindre hostilité contre le clergé catholique.

Il ne faut pas confondre avec des tendances à l'hérésie, l'opposition de ce bailliage à la maison de Lorraine, considérée comme tête du parti catholique. Cette opposition était dictée par des considérations purement politiques, et peut-être suggérées par une influence dont nous n'avons pu découvrir la source.

(Voir pièces justificatives n° 1er.)

Les bénéfices quelquefois nombreux dont jouissait une même personne, souvent même sans être dans les ordres, avaient attiré l'attention des États d'Orléans, et le gouvernement avait réprimé cet abus par l'ordonnance de janvier : néanmoins les Avallonnais y reviennent encore en demandant indirectement la suppression de la pluralité des bénéfices, « dont naissent une infinité d'abus et pertes « d'âmes, le peuple n'estant presché ny admonesté « en la parole de Dieu. »

Le roi est en outre supplié d'ordonner « que « lesdits curés résident en personne sur leurs dits « bénéfices » ; et, à faute de résidence de ceux qui seront élus conformément à l'édit royal et choisis parmi les « gens de bonne vie, conversation, loyalité et suffisance,..... que leur temporel soit saisy et adjugé à ceulx qui seront commis à la desserte, par les officiers royaulx. » Qu'à l'avenir, celui qui sera pourvu de bénéfices, « soit tenu dans « l'an et jour..... S'il n'est prestre, de se faire « pourveoir audict ordre. » Lorsque le bénéficier sera admis, par exception, à se faire remplacer par un vicaire, qu'il soit obligé néanmoins, pour être connu de ses paroissiens, d'officier en personne, « ès festes plus solennelles de l'année, sur peine « d'annotation du temporel ». Qu'il soit enjoint aux ecclésiastiques de ne point quitter les habits de leurs ordres, et de se « comporter modestement en « leurs actions ». Que ceux auxquels leurs bénéfices donnent un droit de justice, aient à faire agréer leurs juges par le bailli, ou le lieutenant du bailliage dont ils ressortissent.

Au sujet des prébendes théologales et préceptoriales rendues obligatoires par l'ordonnance d'Orléans, l'Auxois réclame deux chaires « en chacune ville. » Il tient moins à la robe et au grade qu'à la capacité et aux sentiments : » que ledit théologue soit régulier ou séculier, docteur ou bachelier en théologie, » pourvu qu'il soit homme « idoine et suffisant » c'est-à-dire apte et convenable pour sa charge. Il ne dit pas qui jugera de la capacité et ne parait pas se douter qu'il ouvre par cette demande, une porte à la liberté des prêches.

Il propose encore d'exempter d'impôts « tous « hospitaulx et léproseries fondez et destinez pour « la nourriture et entretenement des pauvres » ; et d'épargner un peu les ecclésiastiques au même sujet, en les rétablissant dans leurs premiers priviléges ; enfin de prendre des mesures pour que les nobles n'usurpent pas les biens des églises et restituent ce dont ils se sont induement emparés jusqu'ici.

Quant au chapitre sur la *Noblesse*, les Avallonnais proposent les mêmes mesures pour l'élection des juges de ce corps, que celles dont il vient d'être parlé pour les ecclésiastiques, c'est-à-dire que les nobles « feront tenir et exercer leurs « justices, par gens idoines et suffisans et à la forme « qui sera ordonnée pour ceux de l'Église. »

Relativement à la chasse, ils insistent sur l'exécution de l'article 108, déjà cité au chapitre précédent de l'ordonnance d'Orléans.

Dans le chapitre sur le *Tiers-État*, ils requièrent le roi de faire observer l'ordonnance de François Ier sur « *l'abréviation* des procès ; » de rendre électives les charges de magistrature et de judicature et de réduire les offices du parlement, de la chambre des comptes, des finances, des bailliages et des sénéchaussées. Les tailles et subsides font aussi l'objet de réclamations de leur part, ainsi que la manière de vivre des gens de guerre, et le taux des monnaies qui n'étaient pas reçues pour la même valeur dans les caisses du trésor et dans le commerce.

Enfin, dans leur dernier chapitre, ils appellent l'attention du gouvernement sur le luxe des habits, « cause de grande consommation de biens, indis- « tinction de personnes, grades et qualités », et se plaignent de l'oubli où sont tombés les règlements somptuaires. (1).

III. — Remontrances du Tiers-État de Bourgogne.

A l'Assemblée extraordinaire des trois ordres qui eut lieu à Dijon, les 20, 21, 22 et 23 mars, pour discuter les propositions à présenter de la part de la province, la chambre du Tiers, entraînée par la voix de Jacques Bretagne, député Autunois, ne se montra pas aussi accommodante que le bailliage d'Auxois.

Jacques Bretagne, lieutenant-général de la chancellerie, paraissait appartenir, selon M. Abord, au parti modéré. Frère de Claude Bretagne, conseiller laïc au parlement, allié par sa femme à la maison de Montholon, famille illustre et considérée, il dut à sa parenté autant qu'à l'opinion que l'on avait de sa prétendue modération, l'honneur

---

(1) Archives d'Avallon. — *Pièces justificatives,* n° 1er.

d'être élu député de la Bourgogne à l'assemblée de Pontoise. Il s'y montra au contraire, d'opinions très avancées, et la harangue qu'il y prononça, permet de lui attribuer la paternité des propositions du Tiers bourguignon dans la réunion préparatoire de Dijon. Ce sont, dans l'un et dans l'autre de ces deux discours, les mêmes pensées, les mêmes tournures de phrases, souvent les mêmes expressions. En écrivant ces lignes, j'ai devant moi l'une des premières publications qui furent faites dès 1561 du discours de Bretagne.

C'est une brochure ayant pour titre : *la Harangue et Remontrance du peuple et Tiers-État de France, prononcée devant le roi très-chrestien, Charles neufiesme, tenant ses Estatz à Saint-Germain en Laye, 1561.* Si l'on élimine de ce discours, les citations de textes sacrés ou d'histoire ancienne, faites à profusion et à tout propos, selon le goût du temps, on y retrouve dans leur entier les remontrances inscrites sur les registres des États de Bourgogne, plus de cinq mois auparavant.

Par esprit de haine et d'hostilité contre le clergé, Jacques Bretagne, au nom du Tiers, cherche à faire porter sur ce corps la plus grande partie de la dette publique, en demandant la saisie et le séquestre de ses biens territoriaux et de ses bénéfices.

« Le peuple de Bourgogne », lit-on dans ces Remontrances, « est composé de trois membres :
« les ungs appelez ecclésiastiques, les autres de la
« noblesse et le dernier du Tiers-État. Lequel
« premier membre..... a tousjours amplifié son
« pouvoir et puissance, et, par si longues années,
« que de sept ou huict cens ans a heu moyen et

« puissance d'augmenter ses forces, richesses et
« facultez, de fasson qu'elles sont si crues et venue
« en telle haulte, que l'on peut dire que les deux
« tiers ou une moityé au moins de tout le temporel
« de ce royaulme leur est subject... A l'occasion de
« la justice qu'ils tiennent en divers lieux des dio-
« cèses,....., il se font craindre, honorer et révérer,
« augmentant de jour à aultre leurs biens et reve-
« nus ; de manière que deniers ne peuvent estre
« prins, ny meilleurs que de leurs mains, pour
« soulager votre majesté en ses affaires. » Puis
abandonnant un instant l'attaque contre le clergé,
le Tiers-État se plaint de sa pauvreté et dirige
son action contre l'ancien ministère et les favoris
des rois précédents, depuis Henri II. « Vous
« supplie très-humblement, suivant ce que jadis
« par votre grâce et bénégnité l'avez octroyé à
» votre peuple, ordonner que les comptes seront
« ouyz et renduz de ceulx qui ont maniées et des-
« pensées les finances, puis le règne des roys
« Henry et François père et fils ; et si aucuns
« restatz se trouvent desdites finances, qu'ilz soient
« employés audit acquittement. »
« « Qu'il plaise à votre majesté n'admettre ou rece-
« voir à ladite reddition de compte, les despenses
« qui seront rapportées par dons excessifz et
« immenses, et principalement de n'avoir esgard
« à tous ceulx qui excèderont la somme de dix
« mil livres tournois, pour une fois. »
En même temps qu'expédient, c'était une flatterie
à l'adresse de la reine-mère. On sait en effet de
quelle prodigalité Henri II avait usé envers la
duchesse de Valentinois.

En faisant précéder une proposition de séquestre des biens ecclésiastiques, par cette demande de restitution des largesses du feu roi envers la duchesse, le Tiers-État espérait se rendre la reine-mère favorable ; mais sa plainte atteignait aussi les plus puissants seigneurs de la cour, à commencer par le connétable de Montmorency. « Hormis les Bourbons et les Châtillon, » écrit M. le duc d'Aumale, « tous ayant été comblés des largesses de leurs souverains, tous étaient également menacés ; » aussi s'entendirent-ils pour obtenir une déclaration royale « portant défense aux États de s'occuper de ces matières. » (1).

Le même vœu fut cependant émis, quoique en termes moins directs, dans la harangue de Bretagne.

Les « restatz supputés « de ces comptes, sont-ils insuffisants, « lesdits du Tiers-Estat en leur cons-
« cience sincère, bien zellés et affectionnés à l'hon-
« neur de Dieu et votre service, trouvent que pou-
« vez pour votre soulagement et acquictement des
« debtz qui resteront après les sommes supputées
« provenant des chiefz cy-dessus, recourir aux
« biens portés par les ecclésiastiques. Sçavoir est,
« que tous bénéfices au-dessus de trois cens livres
« tant soient commanderies, chasteaux, colleiges
« que aultres, il luy plaise prandre et faire lever
« par lesdits depputez qui à cest effect seront
» choisis sur les lieux où les bénéfices seront assis,
« les deux tiers du revenu d'iceulx ; l'autre tiers
« demeurant franc et deschargé au profit du por-
« veu du bénéfice. »

(1) M. le duc d'Aumale. — *Histoire des Princes de Condé.*

Le droit sur lequel s'appuie le Tiers-État, pour légitimer cette saisie, est basé sur la destination primitive des donations qu'il présente comme d'anciennes fondations pieuses et charitables.

La requête continue en ces termes : « et le dit
« seigneur (le roi) a moyen et apparence plus
« grande du dit recours, que n'a nul autre membre
« de son peuple ; d'aultant que lesdits ecclésiasti-
« ques ne tiennent lesdits deux tiers que contre
« droit, et que la disposition canonique dont ils se
« dient grandz observateurs, les enseigne et com-
« mande par exprès, employer lesdits deux tiers à
« œuvres pitoyables et bonnes : l'un à la nourri-
« ture et alliment des pauvres, l'autre à la répara-
« tion des édifices et maisons ecclésiastiques ; à la
« faveur de quoy, lesdits biens affectez aux béné-
« fices auroyent été donnez et répartiz ; desquelz
« les fondateurs se confiant à la preudhommye et
« conscience des bénéficiaires, vrays dispensateurs
« premièrement créez, les auroient laissez en leurs
« mains et puissance, cuidans eslire personnes les
« plus ydoines et capables. » (1).

« Le temps ayant apporté corruption de mœurs
« et vyces autres que des prédécesseurs, les induict
« à vous supplier que desditz deux tiers vous vous
« empariez, saisissiez à l'acquictement desdits
« debz..... Et ne doibt, votre majesté, faire diffi-
« culté, prendre lesdits deux tiers affectés ausdictes
« charges....., et principalement jusques à fin d'en-
« tier acquictement. »

(1) Dans son discours du 27 août, Bretagne emploie absolument les mêmes termes pour exposer sa proposition.

Habituellement, à défaut de droit réel, les sophismes ne manquent pas aux personnes qui en veulent à des biens qu'ils jalousent : cependant je ne puis croire qu'à une intention d'ironie envers le clergé dans le paragraphe suivant.

Ce serait dans tous les cas, un principe qui conduirait loin, s'il pouvait jamais être pris en considération. « Et si (ainsi par là) lesdits bénéficiers
« recevront ung plus grand bien qu'ils ne cuident
« (qu'ils ne pensent) pour leurs âmes ; d'aultant
« qu'ils seroient comptables à vous, Dieu immor-
« tel, tant de la dispensation à l'endroit de ceulx
« auxquels ils sont destinez, que réparation de
« ruynes desdits édifices ecclésiastiques. Et d'ail-
« leurs, userez envers eulx d'une grande grâce et
« bénéfice en faisant assoupir la répétition des
« deniers qui proviennent desdits deux tiers non
« employez par le passé, à l'usage que dessus.
« Desquels, s'il playsoit à votre majesté, ils seroient
« comptables sans aucune excuse ni exemption. »

Le Tiers-État propose ensuite de nommer des « administrateurs « capables et responsables » pour gérer les biens saisis, acquitter les dettes de l'État, pourvoir à la nourriture des pauvres, rétablir les « maisons » ecclésiastiques ; puis dans le cas d'insuffisance de ce nouvel expédient, quoiqu'il en ait déjà indiqué deux autres, savoir : la révision des comptes des anciens ministres avec le retour au trésor de la plupart des libéralités des anciens rois, et le séquestre ci-dessus, il revient sur une proposition qui avait été faite aux États d'Orléans, et à laquelle le roi avait promis de répondre ultérieurement, lorsqu'il en aurait conféré avec les députés du pape. C'était de retenir au profit de l'État, les annates ou revenus de première année des évêchés et abbayes, que l'on payait à la cour de Rome, pour les nominations d'évêques et d'abbés. Il va même jusqu'à rendre l'annate obligatoire pour tous les bénéfices ; mais au profit, bien entendu, du trésor au lieu du Saint-Siége.

Il veut encore qu'il soit interdit au clergé de faire aucune acquisition nouvelle, à peine de confiscation, et qu'il se contente du revenu des bénéfices réduit suivant les propositions précédentes, attendu que les ecclésiastiques « doivent vivre le « plus sobrement et soy contenir en leur office, « le plus modestement que possible. »

Ailleurs, et en dehors de la question financière, il demande l'affranchissement de « tous mainmortables « sur les terres ecclésiastiques, « d'aultant... « qu'il est fort dur et inhumain, voire indigne de « leur profession (des ecclésiastiques) quy doit « monstrer toute clémence et doulceur, avoir gens « soubz eulx en leur puissance, de telle condition « et servitude. »

Cela fait, les mêmes hommes se plaignent des vexations auxquelles sont en butte ceux qui font profession de la religion réformée ; et ils supplient le roi « de faire deffence et inhibition à toutes per- « sonnes de non mesdire les ungs des autres, « pour le faict de la religion, et commander par « exprès que chacun se contienne sans reprocher « aucune chose l'un à l'autre, » aux peines prévues par l'édit de Romorantin. (1).

(1) Archives de la Côte-d'Or et de l'ancienne Bourgogne, registres des délibérations des États.

Quoique cette délibération fût prise à la majorité des suffrages, on se tromperait grandement si l'on croyait pouvoir juger de l'esprit du pays par ce seul document, et suspecter son attachement à la vraie foi.

Sa conduite ultérieure fera conclure tout autrement.

Sans doute les calvinistes triomphèrent dans les débats du Tiers-État ; mais ce succès dû à l'éloquence et à l'habileté du Vierg d'Autun, qui sut mettre à profit les passions et les convoitises de la majorité des députés, ne détruisit en rien les convictions profondément catholiques de la Bourgogne, celle-ci continua à se poser en adversaire résolue de la prétendue Réforme.

IV. — Vote du clergé.

Pendant ce temps, la chambre du Clergé, à quelques pas de celle du Tiers, s'occupait aussi de la rédaction de son cahier. Au sujet de la question financière, avertie sans doute de l'orage qui se formait contre elle dans la bourgeoisie, elle crut en détourner les effets, en offrant comme expédient de mettre « sur tout le clergé du royaulme..... la somme de douze millions de livres » à lever pendant dix ans ; mais en échange, elle demandait l'abandon, durant ces dix années, des revenus de tous les titres qu'elle dégreverait et l'exemption de tout autre impôt pendant le même laps de temps.

Par le même vote, le clergé de Bourgogne donnait encore pouvoir à son député de prendre à la charge du corps pour les quatre diocèses de la province, quatre à cinq mille livres des dettes de l'État, sous ces mêmes conditions. Quant à la part que le clergé était d'avis de faire peser sur le Tiers, il la fixait à « huict millions de livres », dont cinq imposés « sur les villes clouzes, » et trois « sur le plat pays, » divisés en dix annuités. C'était à la charge de la Bourgogne, en suivant la proportion de « ung trente-deuxiesme » d'usage en pareil cas, un impôt de 25,000 francs par année, pendant dix ans. (1)

Sur le fait de la religion, le clergé de Bourgogne demande une nouvelle publication et la sévère exécution de l'édit de Romorantin ; les hérétiques abusant de la clémence des magistrats, et se livrant ostensiblement à des propos séditieux et inquiétants.

V. — Vote de la Noblesse, et élection de députés.

La Noblesse de son côté, ne met pas en doute la bonne volonté des ecclésiastiques, attendu, dit-elle, « que tousjours ilz ont secouru les rois en leurs affaires. »

Elle réduit l'impôt sur le peuple à « la somme de cent mil livres payables en deux ans et à deux termes, par égales portions, dont deux tiers sur les villes et l'autre tiers sur les villages ».

Ces votes furent confirmés dans une nouvelle assemblée qui eut lieu le 10 juin suivant, par suite

(1) Pour comprendre comment il est dit dans le même article que le dixième est de 21,250 francs, il faut savoir que la livre était alors de 17 sous tournois.

de la prorogation des États-généraux reportés au 1ᵉʳ août.

Le clergé, tout en maintenant son offre propre, se rangea au vœu de la noblesse et réduisit au chiffre fixé par celle-ci, la somme qu'il avait proposée sur le tiers-état. Ce dernier persista dans ses remontrances du mois de mars.

Après ces différents votes, on s'occupa des élections. Les députés de Bourgogne pour les nouveaux États furent :

Claude Loisel, doyen et official de Beaune, élu du clergé ;

Nicolas de Beaufremont, baron de Senneccy, élu de la noblesse ;

Jacques Bretagne, vierg d'Autun, élu de la bourgeoisie. (1).

VI. — Les États-généraux sont ajournés au mois d'août. — Assemblée des États à Pontoise.

Loin de se concilier, les partis paraissaient prendre feu, et la tempête devenait imminente pour la session prochaine des États-généraux. Le chancelier de l'Hospital voulut la conjurer en faisant ajourner l'assemblée à trois mois plus tard, pendant lesquels on s'efforcerait de tout pacifier en avisant aux moyens de contenter tout le monde. Renseigné sur la disposition des esprits et craignant des discussions trop vives et contraires à ses sentiments pacifiques, il fit assigner la petite ville de Poissy pour l'assemblée du clergé, et celle

(1) Arch. de la Côte-d'Or et de l'ancienne Bourgogne — *Reg. des États*.

de Pontoise, à quatre lieues de-là, pour la réunion des deux autres ordres. La cour se tenait à Saint-Germain-en-Laye.

Les députés entrèrent en séance le 1er août, et les discussions durèrent jusqu'au 27. Ces discussions n'ajoutent rien à ce que nous ont déjà révélé les cahiers de Bourgogne, et les discours prononcés à la clôture des États en faisant suffisamment connaître l'esprit, je puis me dispenser de m'y arrêter. Lorsque les débats furent clos et terminés, et les cahiers rédigés, le roi convoqua les trois ordres à Saint-Germain, pour qu'ils lui en fissent connaître les conclusions. Cette séance solennelle eut lieu dans l'une des grandes salles du château, le 27 août 1561.

VII. — Harangue de Bretagne au nom du Tiers-État.

Bretagne avait développé à Pontoise les mêmes doctrines qu'à Dijon. Sa funeste éloquence fut couronnée d'un plein succès ; ses propositions obtinrent la majorité des suffrages et il fut chargé de les présenter au roi, au nom de l'assemblée.

Ce sont, quant au fond, celles que j'ai déjà extraites des délibérations des États de Bourgogne, et elles en varient peu par la forme.

La harangue de Bretagne fit sensation.

Avant de la prononcer, à l'instar des ministres protestants, il se jette à genoux et commence son discours par cette invocation : « Le seigneur Dieu « me veuille assister par son Saint-Esprit, et par « iceluy me conduire tellement que tout ce que je

« diray soit à son honneur et gloire et à votre
« contentement : au nom de Jésus-Christ son fils,
« notre Seigneur. »

Puis s'adressant au roi, « Sire, dit-il, Dieu tout
« puissant qui vous a créé roi sur nous, face par
« son immense bonté, grâce et miséricorde, vos
» jours longs et heureux et que voyez, durant
« vostre règne, en tout amour, dilection et charité,
« vos sujetz rendre louange, gloire et honneur au
« roy des roys et seigneur des seigneurs, duquel
» toutes bénédictions, prospéritez et félicitez pro-
« cèdent. »

Il comprend dans son allocution, la reine-mère, le roi de Navarre et les princes du sang, et demande, pour la forme, la permission de parler en liberté, des maux du pays, de leurs causes et des moyens d'y porter remède, en priant la cour de ne pas s'en offenser.

Dans ses préparations oratoires, avant d'aborder son sujet, il s'entoure des textes sacrés qu'il tourne contre la possession de biens temporels par le clergé, comme celui-ci : « Les sacrificateurs
« lévites et la lignée de Lévi n'auront point part
« et héritage avec Israël, mais ils mangeront les
« sacrifices faits par le feu ; ils n'auront point
« d'héritages au milieu de leurs frères, car le
« Seigneur est leur héritage, comme il leur a dit. »
et cet autre : « ne possédez or ni argent par le
« chemin, car l'ouvrier est digne d'estre nourry. »

Il s'élève contre les juridictions ecclésiastiques, et enfin arrive aux propositions de séquestre des biens de l'Église comme on les a déjà lues dans les délibérations de la province. Ce sont presque les mêmes termes ; ce qui me dispense de les reproduire.

Toutefois, l'orateur s'est étudié à les revêtir de formes moins âpres, et présente sa pensée sous un langage insinuant.

Qu'il reste seulement constaté que le fond en avait été arrêté dans les États du pays, cinq mois avant l'ouverture des États de Pontoise. S'avançant ensuite dans le parti de la Réforme d'un pas plus ferme qu'il n'avait osé le faire à l'assemblée préparatoire de Dijon, Bretagne demande la convocation d'un concile national duquel seraient exclus les ecclésiastiques comme y ayant intérests particuliers. »

« Or Sire, dit-il, vous voyez les divisions et dis-
« cordes qui pullulent en vostre royaume pour le
« fait de ladite religion..... Les opinions diverses
« que tiennent vos sujetz, ne proviennent que du
« grand zèle qu'ils ont au salut des âmes. Les
« deux parties, dont l'une suit l'Église romaine,
« l'autre se dit suyvre l'Évangile et sa parole, con-
« fessent un seul Dieu et celuy qu'il a envoyé,
« Jésus-Christ, son fils ; mais le recognoissent par
« moyens fort divers et différents, d'autant que ceux
« qui se dient tenir le parti de l'Évangile, croient
« ne pouvoir communiquer aux cérémonies de
« de l'Église romaine, sans jacture de leur salut ;
« l'autre partie se permet mesme condamnation,
« si elle controvient aux cérémonies introduites
« en ladite Église romaine.

« À cela, Sire, donnerez ordre facilement, s'il
« plaist à votre majesté faire cesser toutes persé-
» cutions contre les prévenuz et accusez pour le

« fait de ladite religion...... et, pour tollir et
« estaindre ladite diversité d'opinion, restituer et
« remettre ladite religion en sa première splendeur
« et pureté de la primitive Église, vous plaira indire
« et assigner un concile national, libre et légi-
« time..... auquel concile, comme le préeellent et
« oint de Dieu, vous plaise présider avec messei-
« gneurs les princes du sang, vos vrais, légitimes
« et naturelz conseillers, gens doctes, de bonne vie
« et meurs à ce convoquez, et *non autres y ayans*
« *intérests* particuliers pour y donner voix délibé-
« rative. »

Comme député de Bourgogne, sans aucun doute, Bretagne avait déjà dépassé son mandat ; mais comme orateur de la majorité du Tiers-État de France représenté à Pontoise, il s'arrogeait une mission plus étendue. Il ne craint donc pas de s'engager plus loin et va jusqu'à demander des temples pour ceux qui font profession de la religion réformée, en les mettant cependant sous la surveillance des magistrats. « Mais pourtant, Sire,
« il ne suffist donner ordre pour l'avenir, s'il n'est
« pourveu au mal présent. Voz très-humbles
« sujetz sont d'advis qu'il est expédient permettre
« à ceux de vostre peuple qui croient ne pou-
« voir communiquer en saine conscience aux céré-
« monies de l'Église romaine, qu'ils se puissent
« assembler et convenir en modestie, publiquement
« en un temple ou autre lieu à part, soit privé ou
« public, en plein jour et lumière, pour là estre
« instruitz et enseignez en la parole de Dieu, faire
« prières et oraisons en langue vulgaire et intelli-
« gible, pour la rémission des péchez, union de

« l'Église, la prospérité et manutention de vostre
« Estat royal, pour la Royne, votre mère, le roi
« de Navarre, vostre oncle, nos seigneurs les
« princes du sang et pour la nécessité de voz
« sujetz.

« Par ce moyen, chacun sera conduit à bonne
« fin, formera ses vies et mœurs, selon l'Évangile
« et à repos et tranquillité. » .....

« Nous n'ignorons, très-débonnaire prince, que
« telles assemblées soient blâmées par aucuns qui
« supposent plusieurs mesfaitz y estre perpétrez :

« Pour à quoi obvier, fermer la bouche aux
« médisans et faire punir aigrement tous délin-
« quans qui s'y trouveroient, commanderez, s'il
« vous plaist, à vos officiers et magistratz d'y
« assister, et surtout avoir l'œil auzdites assemblées,
« pour vous informer de ce qui aura esté fait,
« savoir et cognoistre, si l'honneur de Dieu y est
« blessé et vostre authorité royale offensée..... »

« Or toutes fois, je n'entends par ce propos, oster
« au magistrat la puissance du glaive contre les
« hérétiques séditieux et perturbateurs de la tran-
« quillité publique, quant ils seront tenuz et con-
« vaincuz pour telz, par la parole de Dieu bien et
« sainement entendue..... Quant à la permission
« des assemblées ès temples, Sire, aucune division
« et tumulte n'en adviendra entre voz sujets ; mais
« bien un repos public et extinction de toute sédi-
« tion populaire. »

Passant ensuite à des intérêts d'un autre ordre,
il propose des réformes dans l'administration judiciaire, à peu près comme il en avait mandat par
les cahiers d'Avallon. Il recommande l'affabilité

et la douceur aux nobles, la justice et l'intégrité aux magistrats, puis termine par cette péroraison poétique :

« Vous, madame, mère d'un si grand roi, vous
« roy de Navarre, et vous noz seigneurs princes
« du sang, vraies colomnes et défenseurs invincibles
« de ce royaume, postposez toutes choses pour
« aider et secourir nostre prince et monarque par
« voz bons advis, prudence et conseil... Vos sujets...
« s'assurans, très-débonnaire prince, que par telle
« réformation, verrez le siècle doré renouvellé,
« vostre sceptre royal fleurir sur tous autres, tout
« amour et dilection des vostres, l'esprit de Dieu
« venir en voz hautz faitz et entreprises, augmenter
« de jour à autre vostre grandeur et hautesse ;
« pour laquelle prierons incessamment, nous, très-
« humbles sujetz, qu'il luy plaise vous illuminer et
« assister à toutes voz actions..... »

« Le roy des roys, le seigneur des seigneurs, le
« filz de Dieu vivant, Jésus-Christ, nostre rédemp-
« teur, veuille mettre en vous la clémence de
« Moïse, la piété de David et la sapience de
« Salomon ! Ainsi soit-il. »

« Louange à Dieu et gloire à toujours mais,
« auquel est le règne et la puissance ! »

Chaque révolutionnaire a son hymne au très-haut. (1).

---

(1) La harangue et remonstrance du peuple et Tiers-État de France prononcée devant le roy très-chrestien, Charles neuflesme, tenant ses Estatz à Saint-Germain-en-Laye, 1561.

VIII. — Bretagne s'adresse à la reine et demande des temples pour les protestants.

Le roi était assailli de requêtes présentées par les réformateurs pour obtenir « des prêches et des temples. » A l'une d'elles, était jointe une « confession de foy » en 40 articles, aussi subtile qu'hypocrite. A l'approche de l'ouverture des États, ou pendant les débats même, il en était arrivé une nouvelle par laquelle les réformés se plaignaient sur un ton menaçant de la lenteur que l'on mettait à leur répondre : « Il est à craindre que la pluspart de « vos subjectz..... pourroyent sourdre telz troubles, « séditions et rebellions qu'il seroit malaisé et « comme impossible d'y remédier. »

Avant de quitter Saint-Germain, Bretagne, ayant obtenu de la reine-mère, une audience, lui fit cette supplique produite par M. Abord, dans son *Histoire de la Réforme et de la Ligue*, à Autun :

« Ne soyez, madame, retardée ou divertie s'il « vous plaît, de faire impartir et octroyer à vos « fidèles sujets, les temples qu'ils demandent es « villes et villages de ce royaume, aux fins de « louer le Seigneur, magnifier son nom, faire pro- « fession publique des articles de leur confession, « prier Dieu pour la santé et prospérité du roi, « la vôtre, celle de nos seigneurs les princes du « sang et pour l'État et manutention du royaume ;

« car jamais œuvre plus agréable à Dieu vivant, ne
« peut être faite ou consentie......».(1):

IX. — Le clergé prend à sa charge une partie de la dette publique.

Dans le but d'éviter le scandale de discussions trop orageuses, avons-nous dit déjà, on avait assigné la petite ville de Poissy, à une lieue de Saint-Germain, aux membres du clergé pour y tenir leurs séances et se préparer en même temps aux discussions religieuses qui allaient avoir lieu dans le même endroit. Je n'ai pas le détail de leurs débats, et ne puis dire la part qu'y prit le clergé de Bourgogne. Il est à croire que son vote ne différa guère des conclusions adoptées à Dijon.

Au sujet des finances, ses propositions se fondent dans celles du clergé des autres provinces, qui avait consenti à prendre à sa charge une grande partie des dettes de l'État, dans l'espoir de mettre un terme aux prétentions du Tiers-État.

X. — Beaufremont de Sennecey porte la parole pour la Noblesse.

Quant aux actes de la Noblesse, je dirai seulement que ce fut encore un bourguignon, Nicolas de Beaufremont, baron de Sennecey qui fut chargé du discours au roi.

Nous verrons le même orateur être honoré

(1) M. Abord. — *Histoire de la Réforme et de la Ligue dans la ville d'Autun.*

plus tard de la même mission aux États de Blois, en 1576, et son fils, Claude de Beaufremont, hériter en 1587 de la confiance accordée avec persévérance à sa famille. (1)

Son discours au roi, expression du vœu émis par la majorité de la noblesse représentée à Pontoise, et ce jour-là, à Saint-Germain, est empreint d'un esprit de modération malheureusement plus favorable au succès de la Réforme qu'au maintien de la religion catholique.

Voici les parties saillantes de cette harangue :

« Sire, puisqu'il a pleu à Dieu pour nostre sin-
« gulière félicité, vous constituer nostre vray roy,
« naturel prince et souverain seigneur, nous en
« remercions la divine providence en toute humi-
« lité et sincérité de cueur et d'affection, en recon-
« noissant les singuliers dons de grâce, desquels
« vostre royale majesté est ornée, ne pouvans
« moins espérer de tels principes et commence-
« ment d'humanité, dont usez envers nous, que ne
« prenions certaines arres et confidence, que crois-
« sant avec vostre aage, telles et si haultes vertus,
« nous prévoyons, souz vostre règne, quelque jour,
« un aage doré et siècle bienheureux : et ce mesme,
« par la sage et providente conduite et adminis-
« tration de la royne, vostre mère, avecq le très-

(1) La maison de Beaufremont était connue dès le XIVe siècle et avait contracté alliance dans la maison de Bourgogne.

Nicolas de Beaufremont, baron de Sennecey, issu de Pierre Beaufremont, alliait à la gloire des armes, où il s'était toujours distingué, les qualités d'un homme d'État et les talents de l'orateur.

Catalogue des gentilshommes ayant séance aux États.

« prudent et heureux advis et conseil du très-illustre
« et très-débonnaire roy de Navarre. Lesquelz nous
« supplions très-humblement vouloir continuer et
« persévérer en ceste sainte union, concorde et
« bonne intelligence de voz affaires, qui ont apporté
« tant de bien, tant de joie, tant de repos et tran-
« quillité en ce royaume. Estans les gentilshommes
« d'iceluy, tous prests et délibérez d'employer,
« Sire, pour vostre service, leurs biens, leur vie et
« personnes, comme bons et loyaux sujetz doivent
« et ont accoustumé de faire, par vray acte de
« magnanimité et noblesse..... Et pour autant,
« Sire, que c'est chose très-certaine, qu'il n'y ha
« rien qui fasse plus fleurir, fructifier et prospérer
« un royaume, que la concorde et union des
« sujetz....., il faut..... qu'elles soyent procurées
« entre les hommes..... Et jusques à ce que, *sur les*
« *doutes et différens qui sont en la religion, il y*
« *ait quelque résolution prinse* pour parvenir à
« ceste sainte union, il vous plaise, Sire, de vostre
« bonté, que l'on use de toute douceur et bénignité,
« sans persécution, afin que ceux qui pourroyent
« estre en erreur, puissent recevoir enseignement
« et instruction, à laquelle il n'y há rien si
« contraire que la violence et contrainte......

..... « Donc Dieu, par sa miséricorde, veuille
toucher vivement les cœurs et les espritz de tant
« de grandz personnages, qui sont assemblez pour
« cest effect, maintenant à Poissy. Vous suppliant
« en toute humilité, tenir la main qu'ilz ne délais-
« sent un si saint œuvre imparfait, et ne se dépar-
« tent que les différens ne soyent légitimement
« décidez par la parole de Dieu. »

Passant ensuite à la question financière, l'orateur renvoie aux expédients contenus dans les cahiers de remontrances de la noblesse, et « qui y sont
« amplement déclarez, pour sortir de ceste four-
« milière et abisme de debtes et affaires. »

On se rappelle qu'à Dijon, la noblesse ne mettait pas en doute la bonne volonté du clergé « pour
« secourir le roy en ses affaires, » selon la demande du gouvernement : c'est ici la même conclusion. « Croyant asseurément que messieurs
« du clergé trouveront ceste raison et né-
« cessité du temps fort heureuse, tant pour
« estre par là réduitz, en quelque ordre, plus
« songneux d'observer les anciennes constitutions
« et décretz de l'Église, que pour honorer et
« admirer Dieu en ses œuvres, et aussi pour
« satisfaire en partie à leur devoir, en vous
« aidant en si grandz affaires et vous reconnois-
« sant comme leur bienfaiteur, principal fondateur
« et conservateur, et que ce faisant, ceste mutuelle
« aide pacifie vostre monarchie. En laquelle, Sire,
« vivez et régnez en la crainte de Dieu, ayant
« tousjours son honneur pour recommandé.

« Surtout prisez et estimez l'amour, la fidèle
« servitude et prompte obéissance de voz sujetz :
« et pour finale conclusion, *salus populi suprema*
« *lex esto*. Ainsi soit-il. » (1).

---

(1) Harangue pour messieurs de la noblesse, par noble et puissant seigneur, messire Nicolas de Beaufremont, seigneur et baron de Sennecey, premier des païs et duché de Bourgogne, MDLXI.

XI. — Le Tiers-État et la noblesse votent l'examen des doctrines religieuses.

La part à laquelle le clergé s'imposa pour l'amortissement de la dette publique, mit fin aux débats sur ce point; mais sous le rapport religieux, les vœux émis par les trois ordres, durent alarmer sérieusement les catholiques sincères.

Nous venons de voir déjà la Noblesse et le Tiers-État du royaume, par l'organe des deux députés bourguignons, demander tous deux, quoiqu'en termes plus étendus de la part de l'un que de celle de l'autre, la révision des doctrines religieuses; la noblesse ne voulant qu'éclairer et lever des doutes semés sur les dogmes par les hérétiques, le Tiers-État proposant d'emblée, pour ainsi dire, la substitution du protestantisme au catholicisme, en écartant de la discussion les théologiens catholiques, pour n'y faire admettre que les apôtres de l'hérésie.

Le Clergé mis en demeure de se prononcer à son tour, pouvait et devait peut-être refuser les propositions de la Noblesse et du Tiers-État. Des conférences ouvertes sur le dogme et la discipline de l'Église, pendant qu'un concile général était saisi des questions religieuses, semblaient à la plus grande partie des évêques, un empiètement grave et périlleux. C'était encourager plutôt que réprimer les hérétiques. Aussi, le légat du pape et le cardinal de Tournon, firent-ils tous leurs efforts pour détourner les députés du clergé d'acquiescer au vœu des deux autres ordres. Mais le cardinal de Lorraine qui espérait, dit-on, réduire les protestants au silence par la force de sa logique, l'emporta ; et des conférences publiques qui devaient avoir lieu en présence du roi et de la cour, furent fixées à Poissy pour les premiers jours de septembre. La reine triompha de cette résolution dont elle espérait la pacification du royaume, et dans sa joie, elle s'imagina que la religion admettait des tempéraments comme la politique. De là cette étrange lettre qu'elle écrivit sur ces entrefaites au Souverain Pontife :

« Je vous proposerai, Très-Saint-Père, de suppri-
« mer le culte des images, de ne plus conférer le
« baptesme que par l'eau et la parole : la commu-
« nion sera donnée sous les deux espèces ; on
« chantera les psaumes en langue vulgaire à ceux
« qui s'approcheront de la Sainte Table ; enfin on
« abolira la feste et les processions du Saint Sacre-
« ment, parce que cette solennité est de tous les
« jours et de tous les temps. » (1).

XII. — Colloque de Poissy. — Théodore de Bèze.

Le rôle que joua Théodore de Bèze dans le colloque de Poissy m'oblige à dire quelques mots de cette scandaleuse conférence.

Théodore de Bèze était né de parents nobles, à Vézelay, le 24 juin 1519. A peine sevré, écrit M. Leclerc d'Auxerre, dans une biographie publiée par l'*Annuaire de l'Yonne*, il était déjà pourvu de

---

(1) M. Capefigue. — *Catherine de Médicis*, tiré des manuscrits Béthune.

plusieurs bénéfices ecclésiastiques du nombre desquels étaient les prieurés de Lonjumeau et de Ville-Selve.

Il étudia à Bourges, où il se lia avec Wolmar, dont il embrassa les doctrines, puis à Orléans. Entraîné par ses penchants et par l'exemple de ses amis dans une voie licencieuse, sa vie ne présente qu'une série de désordres jusqu'à l'époque où il se détermina à quitter la France pour échapper aux poursuites contre les protestants, dans les dernières années du règne de François Ier et les premières de celui de Henri II. Son admiration pour Calvin, dont il devint le disciple, lui fit choisir Genève pour résidence, puis Lausanne, où il professa le grec pendant plus de huit ans. C'est là qu'il écrivit la plupart de ses ouvrages. En 1559, Bèze fut reçu ministre à la sollicitation de Calvin, et celui-ci le députa deux ans après pour représenter les protestants d'Allemagne au colloque de Poissy. Plus tard, il devint l'un des conseillers intimes du prince de Condé et fut l'un des principaux moteurs de la première guerre civile.

XIII. — Ouverture des débats. — L'Hospital investit le colloque des pouvoirs d'un concile national.

Le colloque s'ouvrit le mardi 9 septembre 1561, dans le grand réfectoire des religieuses de Poissy, en présence du roi, de la reine-mère, du duc d'Orléans, frère du roi, de Marguerite de Valois, du roi de Navarre, du prince de Condé et d'autres seigneurs de la cour. Malgré les protestations d'un grand nombre d'évêques ; on y compta une cinquantaine de prélats et de députés des chapitres.

Le jeune monarque exposa en quelques mots le but de l'assemblée, exprima le désir d'en voir sortir d'heureuses garanties de paix, et termina son discours en chargeant le chancelier de l'Hospital, de développer plus en détail les intentions du gouvernement dans l'ordre des débats. (1).

Celui-ci, dans la harangue qu'il prononça, s'avisa d'attribuer au colloque, les pouvoirs d'un véritable concile avec mission d'interpréter les saintes Écritures.

Le cardinal de Tournon, archevêque de Lyon et par conséquent prélat métropolitain de Bourgogne, à l'exception de l'évêché d'Auxerre, qui relevait de Sens, répondit pour le clergé, que ce corps s'étant préoccupé uniquement du but énoncé dans les circulaires de convocation, et nullement des nouvelles propositions émises par le chancelier, il était utile

(1) Le roi fit l'ouverture des débats en prononçant cette harangue : « Messieurs, vous estes assez advertis des troubles
« qui sont en ce royaume sur le fait de la religion. C'est pour-
« quoi je vous ay fait assembler en ce lieu, afin que d'un com-
« mun accord vous advisiez entre vous à réformer les choses
« que vous verrez y estre de réformer, sans passions quelconques
« ni regard d'aucun particulier intérest ; mais seulement de
« l'honneur de Dieu, de l'acquit de voz consciences et du repos
« public. Ce que je désire tant que j'ai délibéré que vous ne
« bougiez de ce lieu jusques à ce que vous y ayez donné si bon
« ordre, que mes subjectz puissent désormais vivre en paix et
« union les uns avec les autres, comme j'espère que vous ferez.
« Et ce faisant, me donnerez occasion de vous avoir en la mesme
« protection qu'ont eu les rois mes prédécesseurs. — (*Ample*
« *discours des actes de Poissy*, sans nom d'auteur, 1552).

d'avoir ces propositions par écrit, pour les méditer à loisir et y répondre s'il y avait lieu. Le chancelier fut embarrassé de cette demande, et craignant avec raison qu'on ne l'accusât d'hérésie, refusa obstinément de les communiquer autrement qu'il venait de le faire. (1).

XIV. — Discours de Théodore de Bèze.

Après ces débats entre le cardinal de Tournon et le chancelier, Théodore de Bèze ouvrit la discussion et commença en ces termes. « Sire, puisque
« l'issue de toutes entreprises et grandes et petites
« dépend de l'assistance et faveur de nostre Dieu,
« et principalement quand il est question de ce qui
« appartient à son service, et qui surmonte la capa-
« cité de noz entendemens, nous espérons que
« Vostre Majesté ne trouvera mauvais ni estrange, si
« nous commençons par l'invocation d'icelui. » Et se jetant à genoux avec tous les protestants, au nombre de trente-quatre, tant ministres que députés, il fit une prière plus emphatique que sincère, suivie de l'oraison dominicale.

Dans la suite de son exorde, il se félicite de pouvoir exposer les doctrines de sa secte devant la cour, et se défend de cette accusation générale portée contre ses coréligionnaires et contre lui-même, d'être « des gens turbulens, ambicieux,
« addonnez à leurs sens, ennemis de toute concorde
« et tranquillité. » Ce sont ses propres paroles.

Il arrive enfin à faire une confession de foi

---

(1) *Ample discours des Actes de Poissy.*

calquée sur le symbole des apôtres, selon lui mal interpreté par les catholiques.

« Comment donc, dira quelqu'un », s'écrie-t-il après cet exposé, « ne voilà pas les articles de « nostre foy? En quoi donc sommes-nous discor- « dans? »

« Premièrement en l'interprétation d'une partie « d'iceulx: secondement en ce qu'il nous semble, « et si nous sommes trompez en cest endroit, nous « serons très-aise de le cognoistre, qu'on ne s'est « contenté des dessusdits articles, ains que long- « temps y a, qu'on n'a cessé d'ajouster articles sur « articles, comme si la religion chrestienne estoit « un édifice qui ne fût jamais achevé. »

Bèze ne fut pas écouté sans de nombreuses marques d'impatience de la part des catholiques indignés de ses paroles impies ; mais il arriva surtout un moment où les murmures éclatèrent en une bruyante interruption, lorsque l'orateur prononça ce blasphème sur le dogme eucharistique :

« Si nous regardons à la distance des lieux, » dit-il, comme il le faut faire quand il est question de la présence corporelle de Nostre-Seigneur Jésus-Christ « et de son humanité distinctement « considérée, nous disons que son corps est « esloigné du pain et du vin autant que le plus « haut ciel est esloigné de la terre. » (1).

Ces paroles rappelaient une phrase blasphématoire qu'il avait écrite quelque temps avant en jouant sur les mots, savoir, que Jésus-Christ n'était

(1) Harangue des protestants du royaume de France, prononcée par Théodore de Bèze.

pas plus dans la cène que dans la boue : « *non magis in cœna quam in cœno.* »

Ce fut alors un hourra général capable d'interdire tout autre que Théodore de Bèze. « Icy, » dit l'auteur de l'*ample discours des actes de Poissy*, en interrompant sa narration, « les prélats se « scandalisent et frappent des mains. »

XV. — Réplique de l'archevêque métropolitain de Bourgogne. — Protestation du clergé catholique. — Clôture des débats.

L'archevêque de Lyon prit la parole après Théodore de Bèze. Les membres du clergé présents à la conférence, s'y étaient rendus, dit-il, par respectueuse déférence aux ordres du roi, ne s'attendant pas à entendre d'aussi exécrables impiétés. « Sans le respect qu'ils avoyent en sadite « majesté, ils se fussent levez en oyant les blas- « phêmes et abominables paroles qui avoyent esté « proférées, et n'eussent souffert qu'on eust passé « oultre ; et que ce qu'ils en avoient fait, avoit esté « pour obéir, comme dit est, au commandement « de sadite majesté. »

Il pria ensuite sa majesté, toute la cour et toutes les personnes que les paroles de Théodore de Bèze avaient pu émouvoir et scandaliser, de suspendre leur jugement jusqu'au jour où il pourrait être répondu à l'orateur.

La reine-mère se sentit atteinte par les courageuses paroles du cardinal de Tournon et par les regards qui se tournaient vers elle, comme pour lui reprocher d'avoir exposé le jeune monarque à se laisser surprendre par d'aussi dangereuses

théories. La brochure de 1562 où je puise ces détails, en faisant malignement la remarque que les femmes avaient voix au concile, rapporte qu'elle fit la réponse « que l'on n'avoit rien fait en cela
« que par la délibération du conseil et advis de la
« cour du Parlement de Paris : et que ce n'estoit
« pour innover ou muer ; ains afin de appaiser les
« troubles procédans de la diversité d'opinion en
« la religion et de remettre les fourvoyez au vray
« chemin. » (1)

Après ces débats, la séance fut close et ajournée au seize septembre. Dans cette nouvelle réunion, le cardinal de Lorraine répliqua à Théodore de Bèze, par une harangue que Bossuet a qualifiée d'admirable.

Son discours terminé, tous les prélats s'approchèrent du roi et, par la voix du cardinal de Tournon, insistèrent fermement et avec toute l'autorité attachée à leur sacrée qualité, pour le maintien et le respect de la religion catholique, se disant prêts « de signer de leur sang » les véritées rappelées et exposées par le cardinal de Lorraine. Ils « protestent », ce qui doit s'entendre de la part des fidèles, comme pour eux-mêmes, « vouloir vivre
« et mourir en ceste foy et créance, comme estant
« conforme et selon la volonté de Nostre Seigneur
« Jésus-Christ et de la doctrine de nostre mère
« Sainte - Église, son espouse : suppliants très-
« humblement sa majesté de le vouloir ainsi croire
« et y adjouster pleine foy, et persévérer en la

---

(1) *Ample dicours des Actes de Poissy.* Sans nom d'auteur, 1562.

« religion catholique, en laquelle ses prédécesseurs
« avoyent vescu. »

« Si les dévoyés veulent revenir à l'Église, recon-
« naître son autorité, les traditions des conciles et
« des Saints-Pères aussi bien que le mystère eucha-
« ristique, ils trouveront les bras de cette tendre
« mère largement ouverts : autrement, que toute
« audience devoit leur estre desniée ; et que Sa
« Majesté les devoit renvoyer et en purger son
« royaume, de quoy ils la supplioient très-humble-
« ment au nom de ladite assemblée des prélats, à
« fin que l'on ne veist ny eust en ce royaume
« très-chrétien, qu'une foy, une loy et un roy. »

Dans une nouvelle séance, le docteur Despence protesta encore de son côté.

Enfin Théodore de Bèze donna quelques explications fort peu satisfaisantes ; on ne s'entendit plus et les séances cessèrent d'être publiques.

Jusqu'au 18 octobre, il y eut encore plusieurs conférences particulières entre les évêques et les théologiens d'une part et les ministres protestants de l'autre ; mais le roi, la reine-mère, non plus que les seigneurs de la cour n'y assistèrent plus.

Le scandale produit par les impiétés et la mauvaise foi des ministres protestants eut du moins ce résultat de ramener à de meilleurs sentiments le roi de Navarre. Antoine de Bourbon, qui avait longtemps flotté dans l'indécision, se déclara converti et rentra dans le culte de ses pères, dont il ne s'était pas absolument écarté, mais pour lequel il n'avait marqué jusque là qu'indifférence.

Quant au prince de Condé, la voix de la vérité ne put l'emporter sur ses sentiments d'ambition, de haine et de vengeance ; il se lia décidément aux protestants et s'attacha Théodore de Bèze comme conseiller intime.

XVI. — Blâmes infligés à Bretagne par les Bourguignons.

Maintenant hâtons-nous de reconnaître, quelles qu'aient été la teneur de la délibération du 20 mars 1561, celle de la harangue et des propositions avancées de Bretagne, comme aussi des paroles de Bèze, que ni les unes ni les autres ne furent l'expression de l'esprit général des Bourguignons.

Bèze avait depuis sa tendre jeunesse quitté la patrie de son père, bailli de Vézelay, et n'avait reçu aucune mission de ses compatriotes. Député par Calvin au colloque de Poissy, il représentait simplement les protestants de Genève et de la Suisse. Quant à Bretagne, député du Tiers-État de Bourgogne, il subit la plus verte censure que ses commettants croyaient être en droit de lui infliger. Le conseil de ville de Dijon, par délibération du 30 avril 1562, forma opposition au paiement de ses honoraires de député par la raison « qu'il avoit demandé des temples sans en avoir eu mission du pays. » Cette opposition fut signifiée aux élus des États par le ministère de Richard Arviset, procureur de la ville de Dijon. D'un autre côté, les Autunois le chassèrent de la Vierie et élurent à sa place un catholique résolu, Georges Venot, avocat et d'une ancienne famille de la province. (1).

(1) *Archives de la Côte-d'Or.*— M. Abord, *La Réforme à Autun.*

CHAPITRE IV

DÉSORDRES PRÉCURSEURS DE LA GUERRE CIVILE.
(1561—1562).

SOMMAIRE — I. Agitations par suite desquelles il est ordonné aux Gouverneurs des provinces de faire publier de nouveau les ordonnances contre les Assemblées secrètes des protestants. — II. Arrêt du Parlement de Bourgogne, interdisant le culte réformé. — III. Édit de juillet 1561, contre les réunions des protestants. — IV. Tumulte a Auxerre. — V. Prêches à Mâcon. — VI. A Tournus et autres lieux. — VII. Édit de tolérance du 15 janvier 1562. — VIII. Le Parlement de Dijon refuse avec persistance d'entériner l'Édit de janvier qui devient une lettre-morte pour la Bourgogne. — IX. La Réforme pénètre dans le chapitre d'Autun. — X. Fermentation croissante dans toute la province. — Beaune, Chalon, Tournus, Noyers. — XI. Massacre de catholiques à Paris et de protestants à Vassy. — XII. Massacre de Sens.

I. — Agitations par suite desquelles il est ordonné aux gouverneurs des provinces de faire publier de nouveau les ordonnances contre les assemblées secrètes des protestants.

Pendant que l'on délibérait à Orléans, à Pontoise, à Saint-Germain, à Poissy, une agitation croissante enfiévrait la province. Les novateurs soutenus par la complicité de certains courtisans le plus en crédit, encouragés par les déclamations des députés réformateurs dans les États-généraux et provinciaux et enfin par l'accueil bienveillant du ministère et de la cour, se montraient chaque jour de plus en plus arrogants. Les catholiques, de leur côté, indignés des attaques dirigées contre leur antique croyance, défendaient avec ardeur leur religion outragée et leurs prêtres menacés. Il en résultait des querelles, des rixes et des haines ; et sur quelques points du royaume, on en était venu même à prendre les armes. Pour faire cesser les désordres, le roi eut recours à l'édit de Romorantin, assimilant à des réunions séditieuses, les assemblées secrètes des protestants, et les défendant sous peine de mort.

Les gouverneurs des provinces reçurent l'ordre de faire rafraîchir et publier à nouveau cet édit, ainsi que les ordonnances rendues depuis le nouveau roi, au même sujet. Tavannes fut invité à se rendre à Dijon, et il fut enjoint aux baillis et sénéchaux, de ne point quitter leurs résidences respectives.(1).

C'est que déjà la province était agitée par des esprits turbulents et souvent par des gens sans aveu. A Autun, le clergé était insulté et les cérémonies religieuses tournées en dérision. Selon un usage local, le chapitre d'Autun allait processionnellement, chaque vendredi de carême, célébrer la messe dans l'une des églises de la ville. Le 21 mars, revenant de l'église de Saint-Jean-le-Grand, située près la porte d'Arroux, la procession fut troublée par une troupe de « compagnons artisans, « demeurans et besoignans ès boutiques d'aucuns

(1) Archives de la Côte-d'Or. — *Lettre du 24 avril 1561* (nouveau style), *pièce justificative*, n° II.

« cordonniers et gens d'autres métiers, au nombre
« de vingt ou trente. Armés d'épées et de dagues,
« ils traversèrent les rangs des fidèles et du clergé,
« se moquant et riant d'icelle procession, au grand
« mépris de la religion chrétienne et contemnement
« de l'État ecclésiastique, et accompagnoient leurs
« actes de grandes menaces. » (1).

A Beaune, les protestants avaient brisé les croix et renversé les statues des saints. Quelques jours après la réception de la circulaire royale, un maçon nommé Pierre Pétot, renégat et ennemi acharné des catholiques, étant venu à mourir sans sacrements, les chanoines de Beaune, conformément aux lois de l'Église, refusèrent de lui donner la sépulture dans la terre sainte ; mais le maire et la plupart des échevins étaient acquis aux réformés. Ils laissèrent les calvinistes transporter de nuit, les restes mortels de Pétot dans un charnier destiné à recevoir les corps des femmes mortes en couches. Le lendemain, lorsque le peuple eut connaissance du fait, il y eut rumeur et soulèvement contre les autorités municipales et contre les hérétiques. Les femmes se portèrent au charnier. L'une d'elles qui était, dit-on, enceinte, se fit descendre près du cadavre, lui passa au col une corde au moyen de laquelle on le sortit de la fosse. Dans cet état, la foule s'en saisit, et le traîna à la voirie en proférant des malédictions et des injures contre les réformateurs, et particulièrement contre le corps de l'échevinage qui avait permis, sinon provoqué le scandale. Deux mois après, le maire et

(1) M. Abord. — *Histoire de la Réforme à Autun.*

les échevins de Beaune étaient révoqués, et les électeurs convoqués pour pourvoir à leur remplacement.

Saulx de Ventoux, gouverneur de Châlon, vint présider lui-même les élections. Jean Simon, fut élu maire en remplacement de Jean Bouchin, et des échevins catholiques furent substitués aux échevins hérétiques. (1).

C'était un peu partout que le peuple s'insurgeait contre les magistrats prévaricateurs. Pendant qu'à Beaune se passaient les scènes que nous venons de raconter, des catholiques affichaient de nuit, dans plusieurs quartiers de Mâcon, un placard injurieux contre les officiers du bailliage qu'ils accusaient de favoriser « une très-maulvaise, malheureuse et « damnable secte dicte Luthéricque. » Des injures contre les magistrats, les auteurs du pamphlet passent à des menaces sanglantes contre les hérétiques, « lesquielx font monoppolles et assemblées, « chantent haultement certains canticques faictz et « imprimez à Genefve, font des presches sous la « cheminée et sèment leur faulse doctrine.

« ..... A la première assemblée qu'ilz feront, « nous leur courrons sus, avec tel impétuosité « d'armes, que tel en souffrira que ne sçaura que « c'est. » (2).

---

(1) M. Rossignol. — *Histoire de Beaune*.
(2) Archives de la ville Mâcon, G. G. 122.

II. — Arrêt du parlement de Bourgogne interdisant le culte réformé.

Ces mouvements et l'émotion qui régna dans toute la province déterminèrent le parlement de Bourgogne à suivre l'exemple du parlement de Paris. Par arrêt du 19 juin 1561, il fit défense d'administrer les sacrements autrement que selon les rites de l'Église romaine, interdit les prêches, les assemblées et les congrégations des calvinistes, et mit sous le coup de peines sévères ceux mêmes qui donneraient asile aux ministres protestants. (1) Le parlement de Bourgogne se conformait en cela aux intentions exprimées dans la circulaire royale du 2 avril, aux gouverneurs des provinces.

L'édit de Romorantin devait encore être appliqué dans toute sa rigueur. Cependant, sept jours plus tard, le gouvernement sembla le désavouer par la lettre suivante du 26 juin 1561, écrite en réponse aux plaintes de quelques perturbateurs détenus dans les prisons de Dijon, en attendant jugement. « Noz amés et féaux, pour ce que nous sommes
« après à adviser d'établir ordre au fait des assem-
« blées qui se sont faites ci-devant pour la religion,
« et que après cela, l'on travaillera à la réforma-
« tion qu'il sera besoin faire en ladite religion,
« pour réduire, avec la grâce de Dieu, toutes
« choses en union et concorde qui est nécessaire
« pour le bien de ce royaume, et qu'il est raison-

Extrait par M. Abord, *des registres capitulaires d'Autun.*

« nable que cependant l'on procède doucement à
« l'encontre de ceux qui sont détenus pour raison
« desdites assemblées et pour le fait de ladite reli-
« gion; ayant sceu qu'il y a plusieurs prisonniers
« à Dijon, pour ces deux occasions, nous n'avons
« voulu faillir de vous écrire incontinent ce mot de
« lettre, vous mandans et enjoignans que, en
« attendant la résolution des choses susdites,
« vous ayez à supercéder l'instruction et jugement
« des procès des dessusdits prisonniers, de quelque
« qualité et condition qu'ils soient; pourvu que, à
« leurs presches et assemblées, il n'y ait eu port
« d'armes et n'aient été faites choses tendantes à
« sédition. (1).

III. — Édit de juillet 1561, contre les réunions des protestants.

Cette lettre fut suivie, quelques semaines plus tard, de l'édit connu sous le nom d'édit de juillet. C'était la confirmation des édits précédents. Il interdisait aux calvinistes toutes réunions publiques ou particulières, même sans armes : le rite seul de l'Église romaine devait être observé dans l'administration des sacrements; il était défendu, sous peine de mort, de se permettre des termes injurieux, des qualifications odieuses, enfin tous discours ou insinuations capables d'ameuter les peuples.

Il accordait une amnistie générale pour le passé,

---

(1) D. Plancher. — *Histoire de Bourgogne.*

et la peine de bannissement était substituée à celle du feu, pour crime d'hérésie.

Cet édit n'apporta aucun remède au mal : non-seulement il ne fut pas observé, mais il fut la cause, selon Castelnau, « qu'aucuns des protestants commencèrent à respirer et à prendre courage. » (1).

Les réformés continuèrent leurs assemblées où se soufflait le feu de la guerre civile, et où se répétaient les instructions de Calvin et de Théodore de Bèze ; « exterminez les prêtres (2)..... pareils monstres doivent être étouffés, comme fis ici, » dit Calvin, « en l'exécution de Michel Servet. » (3).

IV. — Tumulte à Auxerre.

L'une des premières infractions à l'édit, donna lieu à « la sédition d'Auxerre, où il y eut plusieurs huguenots tués. » (4). Cet évènement raconté sur la foi de Théodore de Bèze, par les historiens du pays depuis l'abbé Lebeuf, jusqu'à M. Challe, n'a pu encore être contrôlé dans ses détails, sur aucun document d'archives : aussi nous bornerons-nous à la version laissée par l'historien calviniste. Les huguenots s'étaient réunis, le jeudi 9 octobre, « entre sept et huit heures du matin, pour faire les « prières..... dans un pressoir eslongné des grandes « rues. »

---

(1) Panthéon littéraire. — *Mémoire de Castelnau*, p. 132.
(2) Th. de Bèze. — *Profession de foi*, V° point.
(3) Calvin. — *Lettre au ministre de Poët*, 14 septembre 1561.
(4) Mémoire de Gaspard de Saulx.

Au lieu de s'y livrer, comme le dit de Bèze, à des œuvres de piété, les protestants, par des actes extérieurs ou par leurs paroles, n'auraient-ils pas provoqué l'irritation des catholiques ? nul ne le dit : mais nul ne croira que ce put être sans de sérieuses raisons que l'on appela contre eux les habitants, en sonnant le tocsin à la « guette de la « ville. ». Le peuple se souleva en foule et les enfants eux-mêmes poursuivirent les huguenots à coups de pierres. « Deux à trois mille personnes, » accourues à l'appel de la cloche d'alarme, assaillirent leurs maisons, « au nombre de vingt-sept, » et les pillèrent. Le tumulte dura jusqu'à la nuit, malgré tous les efforts des magistrats pour le calmer. Cependant trois des plus turbulents furent arrêtés avec quelques enfants « qu'il fallut incontinent rendre aux pères, « pour éviter plus grande esmeute. »

Tavannes informé de cet évènement, se rendit sur les lieux pour instruire l'affaire.

Huit personnes furent convaincues d'avoir été provocatrices des troubles, soit en ameutant le peuple, soit en usant de paroles injurieuses contre l'un ou l'autre des partis. Aux termes de l'édit, trois catholiques et cinq calvinistes furent condamnés au gibet. La peine de bannissement fut en outre prononcée contre cinq autres hérétiques coupables d'avoir formé une assemblée réformiste, contrairement aux prescriptions du même édit. (1).

Ces rigueurs ne découragèrent pas les huguenots

---

(1) Théodore de Bèze, *Histoire ecclésiastique.* — Lebeuf, *prise d'Auxerre.* — Lebeuf, *Mémoires d'Auxerre.* — M. Challe.

et bientôt de nouvelles réunions s'organisèrent à Chevannes, situé à environ deux lieues de la ville et où les sectaires se rendirent chaque dimanche. Un jour qu'ils revenaient du prêche, ils trouvèrent les portes fermées et défendues par les catholiques qui ne voulaient point les laisser rentrer en ville. Une collision s'engagea : quinze cavaliers protestants, vinrent au secours de leurs coréligionnaires : trois catholiques furent tués, plusieurs autres blessés et les portes forcées.

V. — Prêche à Mâcon.

A Mâcon, situé à l'extrémité opposée de la Bourgogne, quatre frères portant le nom de Dagonneau, l'un receveur des tailles et les trois autres fermiers des abbés de Cluny et de Tournus et des péages de la Saône, avaient embrassé le parti de la réforme, et fomentaient déjà la révolte dans la ville.

Riches et influents, ils avaient entraîné avec eux une partie des plus notables habitants qu'ils disposèrent à recevoir un ministre protestant pour fonder la nouvelle Église. Dans le mois d'octobre 1561, on leur envoya de Genève, Jean Raymond, l'un des membres du colloque de Poissy.

Raymond exerça d'abord clandestinement son ministère dans des maisons particulières ; mais le bailli de Chalon qui, paraît-il, se trouvait en ce moment à la tête du bailliage de Mâcon, eut connaissance des conférences qui s'y faisaient. En vertu de l'édit de juillet, il les fit interdire, et expulsa le ministre. Cependant, peu de temps après Raymond fut remplacé par un religieux apostat de l'ordre des Jacobins, nommé Pasquier. (1).

Malgré les édits et les arrêts des cours de parlement, Pasquier enseignait publiquement les doctrines impies, attaquait et calomniait l'Église et le clergé catholique, tant par la parole, qu'au moyen d'une diffusion inouie de livres protestants sortis des presses de Genève et de Lyon. C'étaient pour la plupart des libelles diffamatoires dirigés, non-seulement contre le clergé, mais aussi contre toute autorité humaine, et où les pamphlétaires s'adressant aux passions, poussaient les peuples à secouer le joug des princes et des prêtres. Aussi, lorsqu'au mois de décembre vinrent les élections annuelles pour le renouvellement de la municipalité, les suffrages furent en majorité favorables aux réformateurs. Les noms des Touillon, des Brunet, des Brosseste, des Bernard, des Chenoux, pouvaient faire pressentir les évènements qui affligèrent le Mâconnais cinq mois plus tard, comme nous le verrons ailleurs.

---

(1) Es moys d'octobre, novembre et décembre, en l'an 1561, ceulx que l'on dict de la religion nouvellement réformée, firent venir un ministre de Genesve, nommé Raymond, le firent prescher en leur maison.

De quoi advisé, monsieur le bailly de Chalon, estant lors en ceste ville, et ayant la garde du bailliage de Mascon, leur fit inhibition de l'exercice de ladite religion, suyvant l'édict du roy du mois de juillet an que dessus,... nonobstant, firent venir un aultre ministre qui avoit esté Jaccopin, nommé Pasquier. — (*Archives de Mâcon*. EE 46).

VI. — Prêches à Tournus et autres lieux.

Tournus était trop rapproché de Mâcon pour ne pas subir l'influence des frères Dagonneau. Deux habitants de cette ville, Claude Cochardet et Michelet, faisant cause commune avec eux, s'étaient aussi adressés à Genève pour avoir un pasteur. Calvin leur accorda Pierre Bolot, en même temps qu'il désigna Pasquier pour Mâcon. Deux ou trois mois après son installation, Bolot fit un baptême auquel 200 huguenots assistèrent en armes ; mais dans ce nombre, dit l'historien de Tournus, il n'y avait que 36 ou 40 qui fussent de la ville. (1).

A Louhans, le prêche fut établi au fond de la grange des fours, dans la grande rue. Il fut l'occasion de scènes sanglantes, dans l'une desquelles fut tué un curé de la ville, Antoine Bel. (2).

A Beaune, on « preschoit et administroit les « sacrements de baptême et autres... à la mode et « façon de Genève. » Les plaintes que les chanoines adressaient au bailliage à cette occasion, restaient sans effet. (3).

Enfin, une vive agitation tourmentait toute la province. Le flot révolutionnaire montait, montait toujours.

Les catholiques ne trouvant que faiblesse ou trahison dans les autorités chargées de les protéger,

---

(1) Pierre Juenin. — *Histoire de Tournus*, Dijon, 1733.
(2) Courtépée, t. IV, p. 640.
(3) M. Rossignol. — *Histoire de Beaune*. — Castelnau.

recoururent à Dieu. On fit des prières publiques, on multiplia les processions et les pèlerinages. Les regards en haut et la voix suppliante, les fidèles redisaient avec le prophète : J'ai levé les yeux vers le ciel, attendant de Dieu le secours et la force.(1).

VII. — Édit de tolérance du mois de janvier 1562.

Le chancelier de l'Hospital persistant dans ses idées de conciliation et espérant toujours aboutir à un accord entre les catholiques et les protestants, convoqua à Saint-Germain-en-Laye, une assemblée extraordinaire de députés des parlements.

Les débats y furent des plus vifs. Il faut disait un grand nombre « abolir les hérétiques : c'est « mal faire de les endurer. » (2).

Otons simplement, répondait l'Hospital, « les « mots de papiste et de huguenot ; ne laissons que celui de chrétien. » Après ces discussions

(1) Cette situation était loin d'être particulière à la Bourgogne. De la part des huguenots c'étaient partout les mêmes provocations, et les mêmes démonstrations de haine et de fureur contre le dogme eucharistique.

A Lyon, dès le mois de juin, le jour de la Fête-Dieu, au moment où la procession sortait de l'église Saint-Nizier, un jeune étranger, nommé Denis de Vallois, se précipita sur le prêtre qui portait le saint sacrement et fit tous ses efforts pour lui arracher la sainte hostie : mais il fût arrêté par le capitaine des arquebusiers qui accompagnaient la procession. On lui fit son procès et on le condamna à être pendu et étranglé.

Le même jour, à la procession de l'Église Saint-Pierre, dans la même ville comme la procession débouchait sur la place du animées, le système de tolérance finit par l'emporter : l'édit de janvier accorda aux protestants l'exercice public de leur culte, si ce n'est dans l'enceinte des villes ; il leur interdisait toute démonstration contre la religion catholique ou contre ses ministres et réservait aux officiers ordinaires de la police, le droit d'assister à leurs réunions, afin de prévenir et d'empêcher tout désordre.

C'était une reconnaissance légale du protestantisme.

VIII. — Le parlement de Dijon refuse avec persistance, d'entériner l'édit de janvier, qui devient une lettre morte pour la Bourgogne.

Mais sans la sanction des parlements, un édit royal était lettre morte. L'enregistrement par ces cours était indispensable pour rendre l'édit obligatoire. C'était l'un des fondements les plus pré-

Collége, une pierre rudement lancée d'une maison voisine, alla frapper le prêtre qui était sous le dais. La foule furieuse de cet attentat, se porta au collége, d'où était parti le projectile : le principal, ardent hérétique, s'étant présenté devant elle, tomba percé de coups de piques et d'épées, et son cadavre fut traîné dans les rues. Une enquête fut ordonnée sur ce meurtre, mais personne ne voulut déposer. (M. l'abbé Cattet. — *Les guerres des protestants à Lyon*).

A Paris, vers le même temps, un hérétique ayant arraché la sainte hostie des mains d'un prêtre qui célébrait le saint sacrifice, à Sainte-Geneviève, fut, le jour même, exécuté et brûlé sur la place Maubert. (Castelnau).

(2) Marquis de Saint-Aulaire. — *Les derniers Valois*.

cieux de nos anciennes libertés : il sauvegardait celles-ci contre des tendances despotiques ou arbitraires.

Le parlement de Paris, d'où ressortissait le comté d'Auxerre résista quelque temps, et refusa d'enregistrer l'édit de janvier : il ne se détermina à l'entériner que le 6 mars, après avoir reçu trois lettres de jussion.

Les Auxerrois semblent néanmoins avoir fait encore des démarches, le 23 du même mois, « pour la conservation de la religion. » (1).

Le parlement de Dijon, auquel était soumis le reste de la Bourgogne, opposa le même refus et députa son président, Jean-Baptiste Bégat, pour porter ses remontrances au roi. Comment y fut-il répondu ? Je l'ignore ; mais il est présumable que le gouvernement essaya sur le parlement de Bourgogne, d'une pression semblable à celle exercée sur celui de Paris.

En effet ; le jour même où la cour de Paris cédait à la troisième lettre royale, les élus des États de Bourgogne et la cour des comptes intervenaient pour joindre leur résistance à celle des magistrats judiciaires. Le 6 mars, ils inscrivaient la délibération suivante sur le registre des États, dans une séance où se trouvaient réunis Claude Loysel, doyen de Beaune, élu de l'église ; George de la Guiche, élu de la noblesse ; Bénigne Martin, maire de Dijon, élu du Tiers-État ; Étienne Noblet, Denis de Pontoux, Vincent Le Grand et Legoux, membres de la chambre des comptes ; enfin

---

(1) Lebeuf. — *Prise d'Auxerre*, 92.

Bénigne des Barres, élu du roi. « Sur ce que le
« dict sieur de La Guiche a dict avoir heu certaine
« remontrance d'aucungs principaux de l'estat de
« la noblesse, touchant l'éédit concernant la reli-
« gion ; par lequel les assemblées sont permises
« ès faubourgs des villes : ce qui ne pouvoit avoir
« lieu en ce païs, ains devoit estre empesché, ont
« conclud et délibéré que, par eulx sera formé
« opposition à la publication dudit éédit ; et, pour
« cest effect, qu'ils se retireront devers la cour de
« parlement, pour former ladite opposition, et y
« estre receus à donner leurs moïens d'empescher
« ladite publication. » (1).

IX. — La Réforme pénètre dans le chapitre d'Autun.

Ces protestations ne furent pas infructueuses.

L'édit ne fut ni reconnu, ni publié dans le duché de Bourgogne ; cependant les huguenots ne prétendaient pas moins s'en prévaloir. (2).

Des poursuites dirigées contre deux chanoines d'Autun, convaincus d'hérésie, nous en fournissent un exemple.

L'une des plus grandes plaies de l'Autunois avait son siége dans l'état moral d'une partie du clergé

(1) Archives de la Côte-d'Or et de l'ancienne Bourgogne.

(2) Le continuateur de Dom Plancher a fait erreur en écrivant que l'édit de janvier fut enregistré au parlement de Bourgogne, avant le 7 juin, après des lettres de jussion, reçues le 26 mai. Il a confondu l'édit de pacification de l'année suivante, dont nous parlerons plus loin.

même. Un tiers des membres du chapitre, écrit M. Abord, était plus ou moins entaché d'hérésie. Plusieurs, venus de loin, élevés dans des cours souveraines ou dans des salons princiers en avaient rapporté des allures dissipées et luxueuses, peu en rapport avec le ministère sacré. M. Abord a extrait des registres capitulaires d'Autun, divers statuts synodaux qui, par des prescriptions de mesures préventives ou même répressives, nous révèlent la tenue plus mondaine que religieuse d'un certain nombre d'entre eux. Qu'il nous soit permis d'emprunter au livre de la *Réforme et de la Ligue dans la ville d'Autun,* quelques-unes de ces prescriptions réglementaires.

« On ne doit se vêtir de pourpoints de blanche
« couleur, avec robes longues et manches coupées,
« de chaussures vertes ou rouges, non plus de
« chaperons au lieu de bonnets ou toques.

« Défense d'avoir robes à longues manches pen-
« dantes, sans d'icelles recouvrir les bras, ni autres
« à collets quarrés, ains telles qui soyent modestes
« et convenables à l'ordre et vocation ecclésiastique,
« sans bordure de velours ou autre enrichissement
« qui notamment puisse offenser personne.

« Défense aussi de posséder sayes, chausses,
« pourpoints découpés, bandés et déchiquetés, à
« de manches chamarrées ou picquetées de variété
« couleurs, si ce n'est de noir, ni collets de
« chemises à fronçure aucune et mêmement qui
« pendent jusques à l'estomac, comme bavières
« d'enfants, ni autres à rabats qui couvrent les
« épaules ; vêtements merveilleusement absurdes
« et odieux. Enfin on ne pourra porter chapeaux

« par la ville, sinon qu'au temps où la nécessité le
« requérera. »

Par une autre délibération : « on fait prohibition
« à tous, tant chanoines que chapelains, habitués et
« hebdomadiers, d'aller jouer, avec gens laïques,
« en certains jardins de cette ville esquels se
« tiennent *harlots* ordinaires, jeux de quilles, cartes
« et autres défendus, en commettant plusieurs
« énormes et exécrables blasphèmes. »

Au luxe de l'habillement, s'ajoutait celui de la table. M. Abord complète ses citations par quelques mots de Théodore de Bèze, sur l'abbé de Saint-Martin.

Robert Hurault, de la branche des seigneurs de Bois-taillé et de Bel-esbat, cousin-germain du défunt évêque Jacques Hurault (1), ancien précepteur et conseiller de la reine Marguerite de Navarre, avait passé une partie de sa vie à la cour de François Ier. Sa promotion dans les dignités ecclésiastiques ne lui avait pas fait perdre les habitudes contractées durant sa jeunesse, d'amphitrion ou de convive aimable. Il prenait plaisir, dit Théodore de Bèze « à faire bonne chère à ceux qui le venoient « visiter...... Chéri et recherché par les plus gros de « l'Église romaine, à cause de sa bonne et friande « table, » il accueillait avec la même affabilité les hommes de tous les sentiments. A table, dans ce moment du repas où les conversations s'animent, on eut put entendre se croiser les gais propos d'une

---

(1) Philippe Hurault. — *Généalogie de la maison des Hurault, de Vibraye et de Cheverny*, 1636.

CHAPITRE IV. — (1561—1562)

jeunesse galante, les railleries impies de quelques écervelés, les argumentations captieuses de dialecticiens plus superficiels que profonds. Rarement sortait-on aussi sain de cœur et d'esprit que l'on était entré. Deux chanoines entre autres, y puisèrent les premiers enseignements de l'erreur qui les fit exclure de l'Église catholique : ce sont Jean Vériet, poitevin d'origine, ancien vicaire de l'abbé de Saint-Martin et créé plus tard curé de Saint-André dans la ville basse, et Jean La Coudrée, curé de Saint-Jean l'Évangéliste.

Depuis un certain temps ils affectaient de se séparer du chapitre et, dès le commencement de 1561, ils s'étaient mis à prêcher dans leurs paroisses respectives, les doctrines de Calvin.

Poursuivis pour ce fait devant l'official de l'évêque, ils appelèrent comme d'abus devant le roi, de l'ordonnance de poursuites, et en obtinrent des lettres qui les mettaient sous la protection de son édit. L'official passa outre, attendu que le roi se fondait sur une pièce non entérinée, et prononça d'abord la censure ; puis, le 25 février, le chapitre déclara les deux chanoines « excommuniés, « aggravés, et, comme tels, publiés et dénommés « au chanton de l'Église. » Le 22 septembre, Vériet et La Coudrée furent ajournés devant le parlement de Dijon ; mais les juges, ne trouvant pas sans doute matière à condamnation, les renvoyèrent des fins de la plainte.

X. — Fermentation croissante dans toute la province.

Loin d'assurer la paix, l'édit de tolérance n'aboutit qu'à de plus grands désordres en exaltant d'une part, l'audace des novateurs, et de l'autre, les nobles sentiments des défenseurs de l'ordre social et religieux. Aussi fut-il la cause et le signal de la première guerre civile.

Je ne sais par quelle distraction des historiens ont pu dire que, grâce à l'active vigilance de Tavannes, la Bourgogne fut exempte de ces dissensions intestines. Simonde de Sismondi, pourtant riche en faits, dit en deux mots « qu'il y eut seulement quelques massacres à Auxerre ; tandis que Châlon-sur-Saône, Autun et plus tard Mâcon, enlevés de vive force par Tavannes aux huguenots, furent pillés par ses soldats. » Il va sans dire qu'il se donne bien garde de rappeler les horreurs commises par ses coreligionnaires. Anquetil ne dit rien touchant la Bourgogne, et Lacretelle raconte simplement que Mâcon et Châlon se rangèrent volontairement sous les lois des calvinistes, dans une simple nomenclature des villes que ceux-ci avaient conquises. Et pourtant, nous allons voir toutes les villes des rives de la Saône particulièrement, passer successivement des mains de Tavannes au pouvoir des protestants et des mains de ces derniers dans celles de Tavannes ; et partout ailleurs, des révoltes plus ou moins sanglantes.

BEAUNE

Avant que ces insurrections ne devinssent générales, les calvinistes de Genève avaient envoyé des ministres dans la plupart des villes de la province, répandre leurs doctrines insurrectionnelles et préparer les voies.

Ceux-ci trouvèrent quelques auxiliaires parmi certains membres corrompus du clergé, tels que Claude Trouhet de Beaune, dont la mère fut contrainte, pour ne pas mourir de faim, de faire arrêter entre les mains du chapitre, la pension alimentaire que son fils lui devait. Ils attirèrent assez promptement à eux une populace nomade d'ouvriers ignorants et avides de désordres. Les craintes devenaient donc chaque jour de plus en plus sérieuses.

Dès le 20 février, le parlement de Bourgogne avait été saisi de plaintes portées contre les hérétiques de Beaune, pour des « séditions et batures » qu'ils avaient provoquées dans cette ville ; et le conseiller Bernard de Cirey avait demandé que l'on usât contre eux des rigueurs de la loi. (1)

TOURNUS. — CHALON. — NOYERS.

La même fermentation régnait à Tournus, à Châlon, dans la plupart des villes de la Saône et dans l'Auxerrois.

Sur une éminence escarpée de toutes parts, baignée en pied par la rivière du Serain et domi-

---

(1) M. Rossignol. — *Histoire de Beaune*. — Dom Plancher.

nant la ville de Noyers, dans l'Auxois, était un château-fort, habité par la veuve de François d'Orléans-Longueville, marquis de Rothelin et comte de Noyers, avec ses deux enfants, Léonor et Françoise-Marie. La marquise de Rothelin, Jacqueline de Rohan, avait établi un prêche dans son château et, à son exemple, ou peut être par ses ordres, une Église réformée avait été fondée dans la ville. Les évènements du dehors, sans doute aussi l'attitude des catholiques firent peur à la petite Église réformée de Noyers qui accorda à ses ministres la permission d'abandonner leur poste, « pour éviter la fureur des malyns. »

M. Challe a cru voir dans la lettre où les protestants de Noyers font part de cette détermination à « la compagnie des pasteurs de Genève, » une preuve d'assassinats arrivés à Auxerre dès le mois d'avril 1562; mais nous ferons remarquer que ni l'abbé Lebeuf, ni même Théodore de Bèze ne mentionnent de faits semblables à cette date : il semble plus naturel de croire que les termes de la lettre font allusion aux séditions du mois d'octobre précédent. Il régnait sans doute parmi les habitants une grande agitation, puisque trois semaines plus tard, le 17 mai, François de la Rivière, gouverneur d'Auxerre, fit expulser de la ville plusieurs séditieux ayant à leur tête le prévôt du comté, Jacques Chalmeau ; cependant ce ne fut qu'au mois d'août, comme nous le verrons plus tard, que des désordres sérieux ensanglantèrent la cité auxerroise.

XI. — Massacres de catholiques à Paris, et de protestants à Vassy.

Ces agitations étaient le prélude de la guerre civile dans laquelle allaient s'engager sans remords quelques-unes des plus grandes familles de France. Déjà des rixes sanglantes avaient éclaté sur plusieurs points du royaume. Après celles d'Auxerre, au mois d'octobre et de novembre, et de Cahors dans la Guienne, c'est le tumulte du faubourg Saint-Marceau à Paris. « Le 26 décembre, jour « de Saint-Etienne, » Selon Th. de Bèze, ou le 27, jour de Saint-Jean l'Évangeliste, selon d'autres, une foule nombreuse était réunie dans une maison dite *Le Patriarche*, pour entendre le ministre Jean Malot, ancien prêtre apostat de Saint-André-des-Arts. Au milieu du sermon, les vêpres étant venues à sonner en volée à l'église Saint-Médard, comme il est d'usage les jours de grandes fêtes, la voix du pasteur se trouva, paraît-il, couverte par le son des cloches.

Un nommé Pasquot, à la tête de quelques autres, « parlans assés à l'étourdie, » (1) porta au clergé catholique, l'invitation de suspendre la sonnerie. Sur le refus qu'ils essuyèrent, les huguenots se précipitèrent en foule dans l'église, la dévastèrent et la pillèrent; foulèrent aux pieds les saintes espèces, maltraitèrent ceux des catholiques qui étaient à vêpres et mirent même plusieurs hommes

---

(1) Th. de Bèze. — *Histoire ecclésiastique*, livre IV.

et femmes à mort. Pasquot, dit-on y fut tué. Le lendemain, le tumulte recommença. Les catholiques, par représailles, mirent le feu au prêche, et, deux jours après, le peuple assomma au Bourg-la-Reine, un commissaire du Châtelet, accusé de complicité avec les huguenots. Au nombre des personnes qui, plus tard, furent judiciairement exécutées, on remarque un nommé Nez-d'Argent; un autre, du nom de Rouge-Oreille, réussit à se faire absoudre. (1)

Le 1er mars de l'année suivante, eut lieu le massacre de Vassy, sur lequel le dernier mot n'est pas encore dit, bien que généralement l'idée d'un complot prémédité soit écartée ; six semaines plus tard, ce fut celui de Sens.

XII. — Massacre de Sens.

« Le fait de Vassy n'estoit rien, disait-on, au
« regard de celui de Sens, dont les Protestans
« vouloient imputer la faute au cardinal de
« Lorraine, qui en estoit pour lors archevesque.
« Le prince de Condé se plaignoit grandement de
« cet accident, l'appellant *massacre* et *grande*
« *cruauté*. (2).

Jean de Serres et de Thou ont donné à ces expressions la sanction de leur autorité d'historiens, et de nos jours même, des écrivains sérieux ont fait du *massacre* de Sens, le point de départ de la guerre civile. En 1866, M. Joseph de

(1) Th. de Bèze. — *Histoire ecclésiastique*, livre IV.
(2) *Mémoires de Castelnau*, dans le Panthéon littéraire.

Croze écrivait encore : « un cruel *massacre* de « protestants, à Sens, réveilla le souvenir de « Vassy..... En apprenant ce *massacre*, les pro-« testants, déjà excités par le manifeste du prince « de Condé, n'hésitèrent plus. Ils se soulevèrent « partout. (1).

La question me parait mériter d'être étudiée plus en détail.

Il ne devrait point entrer dans le cadre de cette histoire de parler de Sens, l'une des principales villes de la Champagne, laquelle était régie par certaines lois autres que celles du duché de Bourgogne et ne jouissait pas des mêmes priviléges que cette dernière province : mais les fausses appréciations de quelques auteurs sur les déplorables événements dont Sens fut le théâtre, nous déterminent à nous y arrêter quelques instants.

Pour juger sainement des faits, il ne faut pas perdre de vue l'état général des esprits, particulièrement dans le Sénonais, au printemps de 1562.

Personne ne pouvait ignorer les prétentions et les agissements des révoltés.

Sur la fin de mars, le 27, Condé avait adressé de Meaux à toutes les Églises réformées du royaume, une lettre circulaire invitant leurs adhérents à « se saisir des villes et passages, » et à se tenir sous les armes. (2). Quelques jours plus tard, il avait fait appel aux plus notables de son parti pour aller délivrer le roi, prisonnier, disait-il, de

---
(1) Joseph de Croze. — *Les Guises, les Valois et Philippe II.*
(2) Théodore de Bèze. — *Histoire ecclésiastique,* livre VI.

ses ministres et des Guises. La cour était en ce moment à Fontainebleau, à onze lieues anciennes au-dessous de Sens.

On ne tarda pas à savoir comment, avertie à temps, elle avait pu déjouer les entreprises des huguenots, fuir de Fontainebleau où déjà s'acheminait une noblesse rebelle, gagner le sombre château de Melun, et enfin rentrer à Paris. Condé, aidé de d'Andelot, s'était alors tourné contre Orléans, et le 7 avril, s'en était emparé. Là, il convoqua sans perdre de temps tous ses partisans réformés ou mécontents, et le lendemain envoya son fameux manifeste.

Une armée se forme sous les murs d'Orléans. Les routes sont garnies de gentilshommes qui arrivent en armes de toutes les provinces.

Ces prises de villes, ces mouvements de troupes étaient bien faits pour jeter l'alarme parmi les populations : et coupables eussent été les magistrats qui ne se seraient point émus de ces symptômes de révolte et n'auraient pas pris des mesures pour en prévenir les effets.

Il est loin de ma pensée d'excuser à l'avance d'odieux forfaits : j'expose simplement les circonstances qui provoquèrent l'irritation et la défiance, mais ne justifient pas les excès.

Malgré l'interdiction portée par l'édit de juillet contre les réunions publiques ou privées des calvinistes, « quelques-ungs » à Sens, étaient parvenus à tromper la vigilance de la police et à éviter les poursuites des officiers municipaux, en se réunissant de nuit, dans certaines maisons particulières. Lorsque parut l'édit de janvier qui donnait au nouveau culte une sorte d'existence légale, ils se montrèrent au grand jour. Contenus jusqu'alors par la fermeté du maire, Robert Hémard, mais depuis, encouragés par l'exemple et l'attitude des chefs du parti, ils se mirent à bâtir « en un beau « lieu joignant les fossés de la ville, un parloir « fermé, pour l'exercice de leur religion. » Cet édifice, construit sans doute à la légère, puisqu'il parait n'avoir été commencé qu'après le 22 février 1562, était achevé avant la fin de mars de la même année. Pour y tenir une assemblée publique, il fallait faire la déclaration de la réunion projetée à l'autorité civile, qui avait le droit d'envoyer ses agents veiller à ce que rien ne s'y passât de contraire à la paix publique. Les sectaires remplirent cette formalité; mais l'édit, bien qu'enregistré depuis le 6 mars au parlement de Paris, n'avait encore été ni expédié, ni publié à Sens.

Robert Hémard s'en prévalut pour interdire l'ouverture du prêche. Sa réponse à la requête des protestants, est du reste empreinte de modération et de sages conseils, autant que de courage et de fermeté. (1).

(1) Cette pièce a été produite par M. Challe, dans son *Histoire du Calvinisme et de la Ligue*, dans le département de l'Yonne, sur la copie que M. le docteur Crou, en avait faite avant qu'elle eut disparu des archives de Sens. Il n'est pas hors de propos de la transcrire de nouveau.

« Réponse de maître Robert Hémard, lieutenant-criminel et
« maire de la ville de Sens, à MM. Claude Aubert, Pierre
« Guyot, avocats, Jehan Balthazar et Pierre Jamard, procureur
« de iceulx qui se disent fidèles de l'Église réformée de Sens ;
« Que ne trouvons et n'y auroit non plus expédient plus cer-
« tain et mieux assuré pour le repos public de la ville de Sens

Mais déjà, régnait en ville une certaine agitation.

Le prêche sous les murs (*joignant les fossés*), n'était pas seulement une provocation aux catholiques, il pouvait, à un moment donné, devenir un poste avancé, menaçant pour la cité. L'inquiétude était générale et les appréhensions du maire allaient être justifiées par les évènements.

Au mépris de la défense de Robert Hémard, les réformés avaient fait venir leurs partisans de cinq à six lieues à la ronde, pour l'inauguration de leur salle ; et le 29 mars, jour de Pâques, « environ six cents personnes s'y trouvaient réunies. La journée, cependant, s'écoula sans tumulte. Les portes de la ville avaient été fermées, à l'exception de la porte *commune* où était établie une forte

« et entretenement de la paix et tranquillité, que des suppliants,
« confessent, par leur requête, y avoir été continuée jusqu'à ce
« jour, que s'abstenir de faire assemblée et presches dans
« ladicte ville et faux-bourgs d'icelle, deffendus par les édicts et
« ordonnances du roy et inaccoutumez audict Sens ; et au con-
« traire que, en y introduisant et faisant nouveaux presches par
« les non envoyez ès lieux où elles ne furent oncques faictes ni
« reconnues, on blessera le repos public, on ne prestera l'obéis-
« sance due au roy, et il y a crainte de mettre la ville en péril
« et dangers par les inconvénients qui peuvent en survenir ; que
« si les supplians entendent que aucun d'eux se mettent en teste
« que par un dernier édict du roy, il leur soit tolli faire et
« innover tels presches, ils doivent avoir patience que ledict
« édict soit vu, que en attendant publication de la cour de parle-
« ment venue jusqu'à nous, cependant se contenter de recevoir la
« parole de Dieu qui leur a esté donnée et à leurs prédécesseurs
« purement... simplement, et la vérité annoncée jusqu'à ce jour
« par ceux qui en ont été appelés selon l'observance de l'Église
« catholique, sur laquelle les roys de France se sont de tout temps

garde. Mais le lendemain 30, environ vingt-cinq huguenots de Courtenay, traversant les ponts et le faubourg d'Yonne pour s'en retourner, « furent « poursuivis par les mariniers jusque au village « de Paron, distant d'une lieue de la ville. Là, « s'étant jetés dans une maison, » ils y furent tenus assiégés jusqu'à l'arrivée de « quelques gentils- « hommes venus à leur secours. »

« Ce même jour, après dîner, Hémard, accom- « pagné de Guillaume Poissonnet, archidiacre... et « de Pierre Tolleron, conseiller au bailliage, se » rendit à Melun, auprès du cardinal de Lorraine pour lui faire son rapport et obtenir, par son crédit, que l'édit ne fût point publié, ni les prêches tolérés dans la ville de Sens. (1).

Mais les huguenots étaient impatients d'obtenir

« religieusement réglés et heureusement conduitz au repos de
« leurs sujectz. En ce faisant, ne sera la condition des supplians
« pire que celle des roys, et non pas, comme ils le disent
« au commencement de leur requeste, pire que celle des bêtes
« brutes.
    « Partant les requérons, et faisant néanmoins justice, leur fai-
« sons deffense de s'assembler et faire ni souffrir faire nouveaux
« presches; leur enjoignant d'attendre et de suspendre l'exécu-
« tion de leur entreprise première non autorisée, jusqu'à ce
« qu'ils entendent certainement de nous, aussi ce qu'il aura plu
« au roy par édict qui sera publié en la cour de parlement,
« arrêté et ordonné sur le différend de la religion et repos
« public, et sous les peines portées par les edictz du seigneur
« roy sur ce faicts et receus, par lesquelz nous ne devons nous
« trouver aux presches et assemblées nouvelles mentionnées en
« ladicte requeste, d'aultant qu'elles sont prohibées et deffendues.
    « Leur déclarant qu'au cas où il adviendroit inconvénient, nous
« nous adresserions par voie de justice aux principaux et plus
« apparents de la compagnie, les rendrions resposables de tous

cette publication. Ils se présentèrent le 10 avril
dans l'auditoire du bailliage, pour demander la
pleine exécution de l'édit du 17 janvier. Le maire
répondit en présentant les lettres suspensives qu'il
avait obtenues, et fit opposition à l'objet de la
requête, jusqu'à ce que le roi eût fait « savoir plus
« certainement son intention. » D'ailleurs, il était
informé, dit-il, « que ceux de la religion avoient
« délibéré de faire entrer en la ville, certain
« nombre de gens pour s'en emparer, et notam-
« ment piller le grand temple et y faire leurs
« prêches. » Jean Ménager, élu et avocat, confirma

« ceux y allans sous leur ombre et indue auctorité, ferons dore-
« navant entier devoir et de toutes partz ferons cesser toute
« émotion de quelque part qu'elle procède. Et, comme nous
« sommes avertis qu'à la première émeute qui se fera au nom
« des suppôts et adhérens à la religion des supplians, s'y doi-
« vent trouver secrètement à leur suite et y sont préparés,
« qu'ils nous haïssent, qu'ils doivent nous occire à leur suite et
« saccager nos maisons, que oultre la sûreté que nous, comme
« juge établi par la majesté du roy, notre souverain seigneur,
« nous devrons maintenir à l'encontre de tous autres, déclarons
« d'abondant que nous nous mettons en la garde de tous ceux
« qui se pourront trouver à cette assemblée ou suite d'icelle,
« au cas que, contre les édictz du roy et deffenses ci-dessus con-
« formes à iceulx, elles se fassent ou attentent à se faire. Et,
« entérinant à cet égard la requeste qui, présentement a été
« faicte par M⁰ Noël Moncourt, avocat du roy, seront faictes
« deffense, sous l'auctorité du roy, par les carrefours de la
« ville de Sens, de porter dans ladicte ville et fauxbourgs,
« armes et bastons, si ce ne sont les personnes auxquelles il
« est permis d'en porter par les édicts du roy, sur ce faictz et
« dernièrement publiés à Sens, le tout sous les peines y
« portées. »

(1) Théodore de Bèze. — *Histoire ecclésiastique*, livre VI.

les paroles du maire en disant que lui aussi, « en « avoit reçu bon et certain avertissement. » (1).

L'émotion et les circonstances avaient appelé la foule dans l'auditoire ; et parmi le peuple, circulaient des bruits alarmants.

L'un, arrivant sans doute des environs de Villeneuve-l'Archevêque, avait rapporté « que les alliez « desditz hérétiques et rebelles estoyent par les « champs du cousté de Troyes... pour s'emparer « de ladicte ville ; » un autre avait appris sur la route de Montargis, que les campagnes « du Gastinoys » étaient également pleines de soldats en marche sur Sens. (2).

Ces rumeurs n'étaient pas invraisemblables : une entreprise contre Sens répondait à la lettre que le prince de Condé avait adressée quelque jours auparavant (le 27 mars) « aux Églises des principales villes... pour avertir... qu'il étoit nécessaire... « qu'on se saisit des villes et passages. » (3).

D'un autre côté, Théodore de Bèze fait à ce sujet un précieux aveu. Après avoir traité de mensongères les déclarations de Robert Hémard et de Jean Ménager, il nous apprend, un peu plus loin, en parlant des premiers pillages, que l'amiral de Coligny avait en ville une garnison de sa compa-

---

(1) Th. de Bèze. — *Histoire ecclésiastique*, livre VI.

(2) *Extrait des archives de Sens, chapitre 27*, dans un manuscrit du XVIII° siècle, appartenant à M. Quantin, ancien archiviste de l'Yonne. — *Mémoire de Balthasar Taveau, d'après les pièces justificatives de l'histoire du calvinisme de la Ligue dans le département de l'Yonne*, par *M. Challe*.

(3) Th. de Bèze, t. 2, p. 4.

gnie. (1) Il n'est pas téméraire de croire et d'avancer que cette garnison devait, à un moment donné, prêter main-forte dans l'intérieur, aux ennemis du dehors. C'est ainsi qu'il en avait été à Orléans et dans presque toutes les villes tombées au pouvoir des rebelles.

A la vue de ce pressant danger, Robert Hémard avait convoqué chez Pierre Tolleron, conseiller au bailliage, une assemblée des échevins, afin de s'y concerter sur les mesures nécessaires au salut public. (2).

Par suite des délibérations prises, on se hâta de rajuster sur leurs affûts les canons des remparts, on renforça la garde des portes, on ne laissa ouverts que les guichets indispensables.

(1) « Furent prises les armes appartenantes à certains gen-
« tilshommes de la compagnie de l'amiral étant lors en garnison
« en ladite ville de Sens. »
Histoire ecclésiastique, t. 2, p. 244.

(2) Un protestant anonyme qui a laissé des mémoires, affecte de voir, dans cette assemblée, un conciliabule secret où le massacre fut résolu. Voici le texte de son récit extrait d'un manuscrit de la bibliothèque de M. Quantin : « Pour l'exécution
« de ce cruel dessein, Robert Hémard, maire par continuation et
« nostre persécuteur, ayant la force en main, l'artillerie, les clés
« de la ville et les dixainiers, assembla après le massacre de
« Vassy, le plus secrètement qu'il put, dans la maison de Pierre
« Tolleron, conseiller ; Baptiste-Pierre Grenetier, Jean Poulangis
« dit Bon-Marchand, Joachim du Bourg, eschevins, Etienne
« Garnier, procureur de ville et Balthasard Taveau, l'un des
« principaux séditieux, procureur de la communauté de ladite
« ville ; leur remontra être expédient et nécessaire d'avoir la
« force en main : A cet effect, eslut chefs de guerre, capitaines et
« cantons, esquels fut ordonné de lever secrètement un nombre
« d'hommes en toute diligence, pour exterminer nos frères qui
« édifioient, et par malice esteindre leur mémoire. »

A chaque phase nouvelle de cette journée si agitée du 10 avril, les esprits s'exaltaient de plus en plus, l'irritation montait.

Dans l'imagination des plus ardents, l'ennemi que l'on avait vu à dix lieues, des côtés de l'est et de l'ouest, était déjà sous les murs de la ville ; dans la ville même, peut-être.

Ainsi va l'esprit inquiet et surexcité des masses : que de fois ne l'avons-nous pas vu !

Vers dix heures du soir de ce même jour, selon Théodore de Bèze, la foule se porta chez quatre des réformés les plus acharnés qui prirent la fuite, à l'exception d'un seul. Ce dernier était un imprimeur nommé Richebois. Surpris dans sa maison, il y fut tellement battu, qu'il y resta demi mort.

La journée du lendemain n'est marquée par aucun incident.

Le dimanche 12, jour de *Misericordia*, ou du Bon-Pasteur, on faisait à l'église Saint-Savinien, suivant un usage antique, (1) une procession générale à laquelle se joignirent, comme d'habitude, les habitants de quelques villages voisins.

Les huguenots, espérant sans doute tirer avantage du tumulte que pourraient produire de nouvelles provocations, se mirent, selon Claude Haton à « passer par le milieu des catholiques et à les
« injurier suivant leur coutume, en les appelant
« papistes, trésors du purgatoire du pape, ido-
« lastres et pauvres gens aveuglez et lourdement
« abuzez par les caffards de prebstres et autres

---

(1) Balt. Taveau, dans M. Challe, p. 308.

« injures; et à les poulser avec les bras et les
« épaules fort rudement, jusque à faire tomber
« quelques-ungs par terre. » (1).

C'est du reste le système qu'ils employaient depuis les premiers jours de leur association; usant « des oultrages, injures et excès » envers « plu-
« sieurs habitans durant lesdits presches qui
« durèrent une caresme. » (2). « Toutefois », continue Claude Haton, « pour cette première entrée,
« n'y eut aucuns coups donnés de lapart des catho-
« liques... La procession ne cessa pour ce d'aller
« son train par les rues et de suyvre les prebstres
« qui marchoient toujours chantants. La proces-
« sion arrivée en ladite église Saint-Savinien, le
« prédicateur des catholiques (Begueti, religieux
« de l'ordre des Dominicains ou Jacobins) « non
« toutefois qu'il les incitât à se jeter sur lesdits
« hérétiques,.... advisoit ses auditeurs d'une chose
« qui estoit d'être très-vigilants et de provider (3)
« pour se donner garde d'être surprins et saccagez
« par iceulx huguenots, remettant devant leurs
« yeux et en leurs mémoires les séditions jà adve-
« nues en certains lieux et villes du royaume et
« nommément en la ville de Paris... Cependant
« que le prédicateur catholique de Sens, admo-
« nestoit ses auditeurs,... tout en un moment, sans y
« penser, les huguenots furent assaillis en leur
« presche par gens inconnus des villages et faux-
« bourgs qui, si vivement se ruèrent sur eux à

(1) Mémoires de Claude Haton.
(2) Balt. Taveau.
(3) De *providere*, prévoir, aviser.

« coups de pierres et de bastons, comme de pieux
« de haies et leviers, qu'ils n'eurent le loisir de
« mettre la main à leurs pistolles et arquebuses...
« fut la meslée fort grande à leur désavantage, qui
« en assez bon nombre, furent sur le champ tuez
« et leur halle abattue et du tout ruynée en moins
« d'une demie heure, sans y demeurer bois entier,
« couché ni debout.

« ..... Et advint que les huguenots qui s'estoient
« saulvez de leur presche à la fuite, ayant moyen
« de bander leurs pistolles et arquebuses, les desta-
« chèrent par les rues sur lesdits catholiques,
« aulcuns desquels furent blessez ; qui fut cause
« d'empirer la sédition, car les catholiques se
« voyant attaquez, s'employèrent pour leur défense,
« et fut, le reste du temps, la journée si furieuse,
« qu'audit Sens ne demeura nulz huguenots que
« ceux qui eurent le moyen de se bien céler et
« cacher, et estoit mons le huguenot, bien heureux
« qui pouvoit gagner la maison de quelque prebstre
« son amy pour s'y saulver. Le meurtre fut grand
« desditz huguenotz, et ne fut pardonné qu'à ceulx
« qu'on ne put avoir, sans distinction d'hommes,
« de femmes de prebstres, moynes ni clercs. »

Dans la soirée, quelques cavaliers ayant la garde
du prêche, voulurent prendre leur revanche : mais
« ils n'allèrent pas loin sans estre chargés et mis
« à terre de dessus leurs chevaux, et il ne leur fut
« faict pardon, non plus qu'au prédicant.

« Il (le capitaine) à demy-mort, fut prins par les
« enfants dudit Sens, après qu'il fut abattu de
« dessus son cheval, auquel mirent une corde en
« l'un de ses pieds et jambes et le trainèrent par

« les rues, de carrefour en carrefour, faisant le
« ban et cry, en disant : gardez bien voz pourceaux,
« nous tenons le porcher. Et à chacun carrefour,
« faisoient du feu de feurre (*paille*) sur son corps
« pour le brusler. Ilz appeloient ledit capitaine le
« porcher et les huguenots de Sens, les pourceaux,
« d'aultant que leur presche étoit près du marché
« aux pourceaux. Les enfants, après avoir bien
« traisné et pourmené ledit capitaine par les rues,
« l'allèrent jetter avec ses autres pourceaux en la
« rivière d'Yonne. » (1).

Ce récit sommaire confond dans une même action les évènements des 12, 13 et 14 avril : mais les faits sont développés jour par jour, dans Théodore de Bèze, et dans les mémoires manuscrits de Balthazar Taveau. Selon ce dernier, les catholiques « retournans de la procession... de Saint-
« Savinien,...... allèrent raser et mettre par terre
« ladicte grange et logis où se faisoyent lesdicts
« presches, dont aucuns desditz hérétiques irrités,
« usèrent de menasses et parolles arrogantes,
« s'armèrent et se mirent à tenir fort en quelques
« maisons, proche de l'église Sainct-Pierre-le-
« Rond. Et entre autres un conseiller armé de
« deux pistolles s'adressa, environ l'heure d'une
« heure après midy, à quelques vignerons proche
« de sa maison, assise ou quartier de Saint-Pierre-
« le-Donjon, les injuriant et menassant. De quoy pro-
« vocquez s'esmurent et forcèrent la maison dudict
« conseiller, qui fut mis en prison pour comprimer
« l'émotion, laquelle toutes foys ne put être

(1) Claude Haton.

« retenue. Car le peuple... irrité de l'orgueil et
« haultesse indicibles desdicts hérétiques, et des
« oultrages, injures et excès qu'ils avoyent faicts à
« plusieurs habitans durant lesdicts presches qui
« durèrent une caresme, se mit en une extrême
« fureur qui dura jusques au mardy, de toutes parts
« de ladicte ville. Et pendant ces deux jours,
« furent tués onze desdictz hérétiques.

« Le premier desquels fut un nommé Mombault,
« homme d'armes, qui le premier, se mit à tenir
« fort en sa maison susdite, de laquelle il partit la
« hallebarde au poing, dont il tua ung pauvre
« vigneron qu'il rencontra ; mais incontinent fut
« mis par terre; furent aussy cinquante-cinq de
« leurs maisons pillées et forcées, et ne fust
« demeuré aucun d'entre eulx, s'ilz n'eussent été
« saulvés et cachés par aulcuns de leurs amys. » (1)

Les mémoires d'un protestant déjà cités, désignent par leurs noms dix-sept victimes, savoir : sept pour le premier jour, cinq pour le deuxième jour et cinq pour le troisième jour (mardi). Théodore de Bèze en nomme huit pendant la journée du dimanche, une pendant la journée du lundi et trois pendant la journée du mardi, en y comprenant un marchand « nommé Landry, » et Jean de Longpré, concierge des prisons criminelles, qui paraissent avoir été l'un et l'autre mis à mort, le dernier jour de l'insurrection. Il est à remarquer encore que dans ce nombre se trouvent cinq ou six noms qui ne figurent pas sur la liste du

---

(1) Balthasar Taveau, dans M. Challe, p. 306, 307. — *Archives de la ville de Sens*, chap. 27, dans le manuscrit de M. Quantin.

protestant anonyme ; ce qui porterait le nombre des victimes nommément désignées à vingt-trois. Théodore de Bèze ne termine pas moins en ces termes : « En somme outre trente ou quarante maisons dans lesquelles les séditieux (par cette épithète il désigne les catholiques) furent rembarrés, ils en pillèrent de « quatre-vingt à cent, et tuèrent « environ autant de personnes de toutes qualités. »

Huit jours après les évènements, le 22 avril, le nonce écrivant au cardinal Charles Borromée, lui donne les chiffres de quatre-vingts morts et de trente maisons saccagées ou *brûlées* selon son expression.

Suivant Jean de Serres, « cent personnes de « toutes qualitéz furent tristement occises à Sens.... « et leurs maisons pillées. » De Thou reproduit ce nombre et, dans la seconde moitié du XVII° siècle, un Sénonais peu connu, du nom de Gressier, amplifiait encore cette évaluation. (1). Je ne crois pas devoir m'y arrêter.

En parcourant la liste des maisons dévastées, on peut se rendre compte de la gravité du péril où était la ville au moment de l'insurrection, si l'on veut remarquer la position sociale qu'occupaient, en assez grand nombre, les partisans des huguenots, peut-être pourrait-on dire, les conjurés. Dès le premier jour, avant qu'on s'en prit aux personnes, ce sont les demeures de cinq conseillers au bailliage, d'un élu, ou juge en matière de finances, du procureur du roi, d'un avocat du roi, de deux

---

(1) Un extrait du manuscrit de Gressier, dans le recueil de M. Quantin, mentionne, page 75, un fait de 1568.

ou trois autres avocats, du juge enquêteur, du prévôt de Sens, d'un greffier, d'un médecin et de plusieurs autres notables qui sont envahies. Aucun de leurs habitants ne figure parmi les personnes mises à mort : les uns étaient en fuite, les autres avaient été épargnés ou se tenaient cachés.

Quelques jours plus tard, le prince de Condé, informé des évènements, s'en plaignit à Catherine de Médicis, par cette lettre qui fait aujourd'hui partie de la collection d'autographes de M. le duc d'Aumale, et dont nous trouvons la copie dans le recueil de documents sur Sens, appartenant à M. Quantin.

Orléans, 19 avril 1562.

« Madame, la connésance que j'é de vostre bon
« naturel, me donne assuirance que sy este an
« lyberté, comme il plaist à vostre Majesté nous
« faire antandre, que ne léserez ympuny le fait sy
« hunumain quy s'ait esséquté à Sans. Vous assu-
« rant, madame, qu'yl est besoin d'an faire une
« bonne joustysse pour faire connoistre à tous vos
« seugès que se n'et pas vostre voulonté, mais
« campt (qu'en) n'estes très-fachée, et pour sela que
« leur fairés connestre la faulte qu'il ont faict, de
« jurnellement tués vos seugès et rompre vos esdis
« pour satisfaire à leur pasion tropt dommageable
« pour se réosme, au regard de l'importance
« c'aporte après soy tel essemple.....

Sur cette plainte, et sur le rapport qui l'accompagnait, une enquête fut ordonnée : mais les huguenots de Sens n'ayant pas obtenu le résultat qu'ils en attendaient, deux d'entre eux, Claude Gouste, prévôt de Sens et Jean Penon, procureur du roi, dont les maisons avaient été pillées, rédigèrent une nouvelle requête, et se faisant accompagner d'un « conseiller du grand conseil, ils la présentèrent au roi. « Le sieur de Charlus fut envoyé « pour informer » de nouveau.

L'information aboutit à une sentence contre les huguenots mêmes. C'est un résultat auquel chacun devait s'attendre, si les juges tenaient compte des ordres envoyés le 27 mars par le prince de Condé à ses partisans; des révélations d'un complot contre la ville faites au maire et à Jean Ménager; de la présence dans les murs, au moment de l'insurrection, d'une garnison à la solde de l'amiral; des rumeurs fondées ou non, de troupes en marche du côté de Troyes et du Gâtinais et se dirigeant sur Sens; enfin des provocations des huguenots pendant tout le carême précédent, et à la procession de Saint-Savinien.

La cause entendue, « il fut commandé » aux « réformés « en la présence de Charlus et en l'as-
« semblée tenue en la chambre de ville, de sortir
« de la ville dans deux jours, ou de se rendre prison-
« niers dans la maison archiépiscopale, avec gardes
« à leurs dépens. Le lendemain donc, sortit une
« partie d'iceux qui furent fouillés et visités, leur
« disant les portiers avoir charge de ne leur per-
« mettre emporter sur eux plus de cinq sols. » (1).
Plusieurs ne rentrèrent qu'assez longtemps après

(1) Théodore de Bèze, t. 2, p. 247.

la paix : mais « oncque depuis n'y eust presche « publie de prédicans audict Sens. » (1).

Les troubles de Sens, que Castelnau qualifiait simplement « d'accident, » étant ce que l'on vient de lire, comment l'épithète de *massacre* a-t-elle prévalu ? D'abord, c'est l'expression employée par Condé dans ses plaintes à la reine ; ensuite un pamphlet consistant en une gravure repoussante éditée dans un but de propagande révolutionnaire, comme on en vit surgir en grand nombre à cette époque, a été pris et présenté par les intéressés, pour un véritable document historique. La légende du dessin représentant le *massacre*, n'est autre chose que le sommaire illustré du récit de Théodore de Bèze, à peu près dans les mêmes termes et dans le même ordre.

Son titre : *Massacre fait à Sens* EN BOURGOGNE, *par la populace, au mois d'avril 1562*, AVANT QU'Ô PRINST LES ARMES, écrivait en 1865 M. Blin, d'Auxerre, « est un grossier mensonge historique. » En effet, sans parler des faits antérieurs à l'édit de janvier, rappelons sommairement quelques dates des entreprises des révoltés. Le 27 mars, appel de Condé à ses partisans de se tenir sous les armes ; le 30 mars, marche de Condé contre la cour réunie à Fontainebleau et poursuite du roi jusqu'à Paris ; 7 avril, prise d'Orléans par les rebelles, après plusieurs jours de troubles ; enfin 12 avril, MASSACRE de Sens.

Massacre ! le mot est dur : il exprime l'idée d'un carnage de gens sans défense ; tandis que le récit

(1) Claude Haton.

des faits démontre une collision de combattants occasionnée par les agressions des huguenots. Ceci dit, cependant, sans atténuer les sentiments d'horreur que font éprouver les actes de barbarie et de cruauté, dont un peuple égaré par une fureur effrénée s'est rendu coupable pendant plusieurs jours.

CHAPITRE V

PREMIÈRE GUERRE CIVILE. — (1562—1563).

SOMMAIRE. — I. Prise de Mâcon pour les Huguenots, par d'Entragues. — II. Montbrun s'empare de Châlon-sur-Saône. — III. Il se rend maître également de Tournus. — IV. Tavannes chasse Montbrun de Châlon et de Tournus et le poursuit jusqu'à Mâcon. — V. Forcé de suspendre le siége de Mâcon, Tavannes rentre à Châlon, et pendant qu'il sévit contre les séditieux, Tournus est pris une seconde fois, et Louhans est assiégé par Poncenac. — VI. Saulx de Ventoux prévient l'émeute à Beaune. — VII. Douze cents prétendus ouvriers chassés de Dijon, par Tavannes. — VIII. Agitations dans le Brionnais, le Charolais, l'Autunois, le Barois. — IX. Le Gouvernement bat monnaie et s'attaque aux biens et aux trésors des églises pour continuer la guerre. — X. Tavannes reprend Mâcon sur les Huguenots. — XI. Nouvelle tentative des Huguenots de Lyon contre Mâcon. — XII. Arrêts du Parlement de Paris contre les Huguenots et tumulte à Auxerre. — XIII. Passage de l'armée Allemande conduite par d'Andelot. — XIV. Combinaisons stratégiques des révoltés pour favoriser la marche de l'armée d'invasion. — XV. Ferrières-Maligny livre le Hâvre aux Anglais, au nom de Condé et des Châtillons. — XVI. Poursuites et jugements contre les révoltés de Châlon. — XVII. Pourparlers de paix et opposition des Bourguignons. — XVIII. Reprise des hostilités. — XIX. Correspondance active de Tavannes avec les Avallonnais, pour ses opérations militaires. — XX. Projets des Huguenots contre Avallon. — XXI. Expéditions contre Entrains et Corbigny. — XXII. Évacuation du château de Girolles. — XXIII. Le duc de Guise, assassiné sous les murs d'Orléans. — XXIV. Édit de paix du 19 mars 1563.

I. — Prise de Mâcon pour les huguenots par d'Entragues.

On ne peut nier que les émotions et les soulèvements populaires racontés dans le chapitre précédent, ne fussent prémédités par les rebelles. L'uniformité des moyens, la simultanéité d'action dans tout le royaume dénotent une direction unique et souveraine. Les provocations entraient dans le plan d'une conspiration formidable ourdie bien plus contre le gouvernement qu'en faveur d'une religion nouvelle.

Les conjurés s'attachèrent à s'assurer d'abord des places de sûreté pour point d'appui de leur guerre impie. A peine maitres d'Orléans, ils avaient rattaché à ce point central un certain nombre de places fortes éparses dans la plupart des provinces.

Lyon était du nombre de ces dernières, et devait servir de base aux entreprises des huguenots sur la haute Bourgogne. Son gouverneur, François d'Agoult, comte de Sault, en avait ouvert les portes aux révoltés, dans la nuit du 30 avril au 1er mai. (1).

Aussitôt que cette nouvelle parvint à Mâcon où certains meneurs entretenaient l'effervescence, la multitude prévoyant une occasion de satisfaire ses convoitises, commença à se soulever et à menacer le clergé. Dans la crainte trop fondée des excès qu'elle pouvait commettre, les prêtres interrompirent le service religieux et fermèrent les Églises. On cessa de sonner les cloches et une décision de l'autorité

---

(1) Il ne faut pas confondre les comtes de SAULT, de la maison d'Entravennes-d'Agoult, avec les SAULX de Tavannes. — Les premiers prenaient leur titre du comté de Sault en Provence, les seconds de la terre de Saulx, située en Bourgogne entre Langres et Dijon.

Après la prise de Lyon, le traître de Sault passa dans l'armée de Condé, laissant le gouvernement du Lyonnais au sanguinaire baron des Adrets.

ecclésiastique prescrivit, le 1ᵉʳ mai, de ne plus célébrer qu'en secret, dans des maisons particulières. Le chapitre de Saint-Pierre continua néanmoins de tenir ses assemblées : il voulait faire tête à l'orage.

Mais quelques jours après, les révoltés de Lyon ayant ordonné à César de Guilleranne, seigneur d'Entragues, génevois d'origine, de s'emparer de Mâcon, celui-ci s'avança vers la ville et, à l'aide des frères Dagonneau, « d'une partie des échevins « et d'un grand nombre d'habitants », entra sans résistance dans la place le 5 mai, (1).

Les soldats d'Entragues, sous la conduite des capitaines du Troche, Dudeau, Thilheau, Correlier, Gris, Daniel de la Place, Crevasson, Montrenon, Ravel, Meyserien, Grand-Jacques et les frères Souliers, se dispersèrent par la ville et s'y livrèrent à un affreux brigandage. Les églises Saint-Vincent et Saint-Pierre, les chapelles des Jacobins, des Cordeliers, des Dominicains furent dépouillées de leurs objets précieux : vases sacrés, reliquaires croix, candélabres, ornements de toute sorte. Des tombeaux furent violés pour y chercher les bijoux et joyaux enterrés avec les corps de certains morts notables. Les archives du chapitre furent livrées aux flammes, ainsi que les stalles de la cathédrale, des tableaux de prix lacérés, les vitraux des églises mis en pièces, des statues brisées.

La populace applaudissait à ces dévastations et en voyant jeter au feu les titres et les terriers des églises, hurlait des cris de joie : « nous ne devons

---

(1) *Archives de Saône-et-Loire*, G. 230.

« plus rien ! On a fait fricassée des titres et des
« papiers. »(1) Tant il est vrai que pour les grands,
l'ambition, pour le peuple, le pillage semblent
avoir été le vrai motif de toutes ces guerres dites
de religion ! (2)

Certains frénétiques ayant abattu un Christ en
croix qui était à la porte des Cordeliers, et lui
ayant passé une corde au cou, forcèrent quatre
catholiques, à coups de bâton, de traîner la croix
par les rues de la ville, en l'accompagnant des plus
horribles blasphêmes. Ces profanations ne restèrent
pas toujours impunies : l'historien des *révolutions
de Mâcon* raconte que l'un de ces sacriléges démo-
lisseurs, voulant descendre une croix de Saint-
Girad, fut renversé, écrasé et tué sur le coup, par
la chute de la colonne qui le portait.

Pour échapper aux outrages ou à la mort, un
grand nombre de prêtres et de catholiques émi-
grèrent de la ville et allèrent se réfugier, les uns
en Bresse, à Bagé-la-Ville et à Pont-de-Veyle ; les
autres à Cluny ou dans quelques villes d'alentour.
Un notaire nommé Deville, ne voulant point abandonner sa femme enceinte et sur le point d'accou-
cher, fut impitoyablement arrêté et jeté en prison.
Il parvint cependant à s'échapper et à franchir
les remparts de la ville, au moyen d'une échelle de
corde que des amis lui avaient procurée. En fuyant
vers Cluny, il fut témoin, le long de la route, du
supplice infligé par les huguenots au curé de Berzé-

---

(1) Textuel.

(2) *Archives de Saône-et-Loire*, G. 230. — Enquête du 14 juin
1603, au sujet de la spoliation des églises de Mâcon.

la-Ville : il vit ce malheureux prêtre revêtu de ses habits sacerdotaux, entouré des papiers et des titres de la cure, brûlé vif devant la porte de son église. De Cluny, où il ne se croyait pas en sûreté, Deville poussa jusqu'à Saint-Gengoux et enfin à Châlon-sur-Saône, où il se mit à la suite de M. de Ventoux. Sa femme, après une délivrance plus heureuse qu'on aurait pu l'espérer, avait été obligée de faire baptiser en secret son enfant.

Un autre catholique, le sieur de Musy, était resté dans les prisons de Mâcon. Le sachant impuissant à payer la plus modique rançon pour sa liberté, les huguenots lui offrirent la vie au prix d'une apostasie. Musy préféra la palme du martyre ; il livra sa tête au bourreau.

Les campagnes autour de Mâcon ne furent pas exemptes de sac et de sacrilèges. Si dans la ville, le clergé catholique avait eu la précaution de soustraire les saintes espèces à la fureur des huguenots, quelques curés de villages n'avaient pas eu la même prudence. On raconte avec horreur que des hosties consacrées, enlevées des tabernacles par ces furieux, furent portées en ville au bout des piques ; et qu'en cet état, elles servaient de mires aux soldats, qui déchargeaient contre elles leurs arquebuses.

Il faut encore compter parmi les dévastations à la charge des huguenots, la ruine d'une chapelle du XIII° siècle dédiée à la Sainte Vierge, qui existait dans une île de la Saône, avec une maison et une grange, entre Mâcon et Saint-Jean-le-Prische. La chapelle fut rasée et la grange pillée.

II. — Montbrun s'empare de Châlon-sur-Saône.

Le pouvoir révolutionnaire de Lyon avait nommé d'Entragues gouverneur du Mâconnais et Montbrun (1) gouverneur du Chalonais et de ses environs ; mais il leur fallait conquérir chacun son commandement.

Le signal d'un soulèvement général a été donné par Condé et Coligny pour le 7 mai, jour de l'Ascension. A Châlon, la révolte est conduite par les échevins Claude Crestin, François Lantin, Guille le Cousturier, Pierre Penot ; par le procureur sindic ; par le châtelain royal Pierre Lantin et son lieutenant, Guy Viard, et par soixante ou soixante-dix habitants que nous verrons nommément passer en jugement après la pacification des troubles. (2).

Elle éclate au jour indiqué, et prélude par la profanation des églises et la violation du domicile des citoyens aux plus sinistres calamités qui signaleront la présence de Montbrun.

Cependant les catholiques de Châlon n'avaient pas attendu le dernier moment pour se mettre en garde. Dès le mois de janvier, ils avaient obtenu

---

(1) Charles Dupuy, seigneur de Montbrun en Dauphiné, était, selon Jean de Saulx, un capitaine expérimenté. On ne doit pas le confondre avec Dupuis-Montbrun, marquis de La Nocle, huguenot comme lui. Ils n'avaient de commun entre eux, écrit M. Abord, que l'homonyme.

(2) *Archives de la Côte d'Or et de l'ancienne Bourgogne* ; jugement du Parlement de Dijon.

des armes en s'engageant à en payer la valeur à la ville; et les chanoines eux-mêmes avaient été invités à se munir, pour le moins, chacun d'un corselet. (1)

Le 22 mai, les conjurés, depuis quinze jours maîtres de la ville, ouvrent les portes au partisan dauphinois, qui fait entrer avec lui cinq cents cavaliers et plusieurs compagnies de fantassins. Les scènes sacriléges et sanglantes de Mâcon sous d'Entragues vont se renouveler à Châlon, sous Montbrun. Encore partout le meurtre, l'incendie, le pillage !

L'abbaye de Saint-Pierre, au nord de la ville, où Charles IX fit construire une citadelle l'année suivante, le couvent des Carmes et celui des Cordeliers qui possédait une précieuse bibliothèque et des tableaux de prix, furent la proie des pillards. A l'abbaye de Saint-Marcel, sur la rive gauche de la Saône, ils détruisirent le magnifique mausolée de saint-Gontran, deuxième roi de Bourgogne, et dispersèrent les ossements qu'il renfermait. Les moines cependant, purent sauver la tête de ce saint vénéré. L'église et le prieuré de Saint-Côme furent détruits et brûlés.

Les archives de la Côte-d'Or ont conservé dans un procès-verbal dressé par George de la Guiche, le récit succint des dévastations de la cathédrale. Cette pièce constate « les ruines, dégats et mas-
« sacres faits en ladite église...... par les échevins
« et procureur-sindic de la ville et cité de Châlon,
« et aucuns habitans en icelle, dévoyez de nostre

---

(1) *Archives de la ville de Châlon-sur-Saône.* E. E.

« foy catholique. Ayant fait venir en ladite ville de
« Châlon, le sieur de Montbrung, avec grand
« nombre de gens de guerre de leur dite faction....
« Lesdits eschevins, procureur-syndic et susdits
« séditieux..... auroient pillé..... plusieurs maisons
« des chanoines et massacré plusieurs d'entre eux...
« Les images et autels de leurs églises auraient été
« brisées et désélées et plusieurs renversées leurs
« trésors, sanctuaire, reliquaire et joyaux d'or et
« argent, servant à leurs églises, habit, chappes,
« chasubles, tunicques, tapis tant de soye de
» broderie et de layne, leurs tiltres, papiers et
« registres emportez et prins. » (1).

Montbrun ayant en outre mis à rançon les habitants de la ville, en avait tiré des sommes considérables. Il fit charger sur un bateau et diriger sur Lyon le fruit de son expédition; mais Maugiron, lieutenant du roy en Dauphiné, alors en garnison à Cuisery, descendit rapidement la Saône, et à deux lieues au-dessous de Mâcon, lui enleva sa capture. Déclarés de bonne prise, les objets métalliques convertis en lingots, furent vendus à la monnaie de Lyon, et leur prix fut affecté au paiement des troupes.

---

(1) *Archives de la Côte-d'Or et de l'Ancienne Bourgogne*. — Procès-verbal de la spoliation du trésor de l'église Saint-Vincent de Châlon. — Fait à la requête du chapitre, par George de La Guiche, seigneur de Chevignon, accompagné de Edme Julien, lieutenant particulier au bailliage; de Jean Le Queux, greffier; de Jean Lauguet, conseiller avocat et procureur du roi.

III. — Montbrun se rend maître également de Tournus.

A cinq lieues au-dessous de Châlon, Montbrun s'était facilement rendu maître de Tournus et de son abbaye. Là, notamment depuis le mois d'avril, catholiques et protestants étaient aux prises. Les compagnies de Montperroux et de Maugiron abattent la chaire du prédicant et bouleversent le prêche. Le 3 mai, les huguenots s'en prennent aux croix situées sur les grands chemins et les carrefours hors la ville. Le lendemain, premier jour des rogations, le ministre Jean Brunet empêche par ses menaces la sortie des processions ; mais les deux jours suivants, les catholiques se présentent bien armés, et les processions se font comme d'habitude ; ils ne sont pas attaqués, mais pendant qu'ils sont dehors, des croix et des statues de saints sont mises en pièces dans l'église de Saint-Valérien.

Montbrun s'était arrêté peu de temps à Tournus. Après son départ, les catholiques avaient sans doute repris courage, car nous voyons que le 25 mai, par lettres expédiées de Châlon, il donne l'ordre à ses lieutenants de les faire tous évacuer la ville. S'il en reste dans l'abbaye que ses ordonnances n'aient pu atteindre, Jean Brunet interdira aux boulangers et aux bouchers de leur fournir aucun vivre.

Plusieurs religieux eurent néanmoins le courage de ne point abandonner le service divin, priant sans cesse pour le retour de la paix et la conversion de leurs ennemis. (1).

IV. — Tavannes chasse Montbrun de Châlon et de Tournus, et le poursuit jusqu'à Mâcon.

Le pouvoir tyrannique de Montbrun à Châlon et à Tournus, ne dépassa pas une dizaine de jours. Ces deux villes étaient, par leur position, des points trop importants pour qu'on laissât les huguenots s'y fortifier.

Tavannes, quelqu'affairé qu'il fût à Dijon, se mit en campagne contre le redouté capitaine avec six cents chevaux et douze cents arquebusiers.

Le 30 mai, il attire l'armée ennemie dans une embuscade, la taille en pièces et en poursuit les débris jusqu'aux portes de Châlon.

Les huguenots y perdirent de cent à cent vingt hommes, dont étaient le capitaine des Granges et trois autres officiers. (2).

Montbrun, que ses partisans avaient surnommé le brave, s'enferme pour quelques heures seulement dans la ville, et, dans la nuit même, il s'embarque sur la Saône, pour aller rejoindre à Tournus la garnison qu'il y avait laissée. Le lendemain, Tavannes l'y poursuit et l'en chasse encore.

Profitant du désarroi où sont les huguenots, le général catholique va les assiéger à Mâcon.

(1) Pierre Juenin. — Don Plancher.
(2) Théodore de Bèze, *Histoire ecclésiastique*, livre XX.

Le 3 juin, il était aux portes de la ville; le 7, le siége de la place était commencé. D'Entragues qui, paraît-il se trouvait à Lyon, était parvenu à rentrer dans la place, et en avait pris le commandement.

Tavannes marquait une certaine hésitation dans cette dernière entreprise, incertain, dit-il, des sentiments de la cour. Cependant, aussitôt après la délivrance de Châlon, il avait envoyé Pélissier, l'un de ses lieutenants, auprès roi, pour l'informer du résultat de son expédition, et avait reçu de Catherine de Médicis cette lettre de félicitation et d'encouragement : « Tavannes, j'ai recu parce que
« m'avez escript, et que m'a dict de vostre part
« Pélissier, présent porteur, comme est passé le
« faict de Châlon, d'où se sont retirez ceulx qui s'en
« estoient saisis : de quoy j'ay estée très-aise et
« très-contente du bon ordre que vous avez donné
« à les réduire à la peur qui les a réduit là.

« Ce dont il ne faut pas perdre le fruict : désirant
» que, suyvant ce que vous avez peu entendre
« de l'intencion du Roy, monsieur mon fils et de
« moy, par la dépesche qui vous a esté derniè-
« rement faicte par le corrier, vous faciez tout ce
« que vous pourrez pour achever de nettoyer tout
« le pays de Bourgogne, de ceste vermine de pré-
« dicans et ministres qui y ont mis la peste, ainsi
« que vous avez bien commancé, ou pour dire la
« vérité, qui sont causes des insollences qui y ont
« estées faites, et de la désobéissance qui s'y est
« vehue jusques icy; que je vous prye recouvrer
« par tous moyens, et n'y épargner ny oblier
« riens, estimant, comme il me semble bien raison-
« nable, que vous serriez ceulx de Lyon, le plus

« près que vous pourrez ; et regardez à recouvrer
« de ce cousté là, tout ce qui estoit perdu, en
« manière que le Roy, mon dit fils y soit obéys et
« les sédicieulx chastiez comme ils l'ont mérité.
« Priant Dieu, monsieur de Tavannes, vous donner
« ce que désirez. D'Estampes ce 4me jour de juing
« 1562, CATHERINE, et plus bas L'ausbépine. » (1).

V. — **Forcé de suspendre le siége de Mâcon, Tavannes rentre à Châlon ; et pendant qu'il sévit contre les séditieux, Tournus est pris une seconde fois, et Louhans est assiégé par Poncenac.**

Le premier siége de Mâcon marcha avec lenteur et fut sans succès. Bien que dès le commencement de juillet, de larges brèches eussent été faites aux murailles, que la tour dite de Charolles, près la porte Saint-Antoine, fut en partie ruinée, et que les troupes catholiques occupassent le faubourg Saint-Laurent, les assiégés opposaient encore une énergique résistance et firent manquer l'escalade. Ils pendirent même sur les remparts un nommé Mussy qui s'était introduit dans la place pour favoriser l'assaut. Ne pouvant réussir par la force, le général catholique essaya d'attirer les assiégés dans une embuscade en se repliant précipitamment jusqu'à Saint-Jean-le-Prische, mais les huguenots pressentirent le piége et se donnèrent garde de sortir de la ville. Tavannes alors garnit de soldats

(1) Document tiré des registres de la mairie de Dijon, par M. Canat.

fidèles quelques châteaux des environs, renforça de deux cents hommes de pied la garnison de Tournus, commandée par d'Apchon, et rentra à Châlon, pour y attendre des renforts qui lui permettraient de reprendre les opérations dans des conditions plus favorables. Cependant de nouvelles forces venaient d'arriver à Mâcon.

Comprenant de quelle importance il était de conserver cette ville aux huguenots, Soubise, remplaçant à Lyon du baron des Adrets tombé en disgrâce pour ses excès de cruautés, y avait envoyé Poncenac, seigneur de Changy, près La Palice, aux confins du Bourbonnais et de la Bourgogne, avec six mille Suisses et plusieurs compagnies françaises du Dauphiné et du Vivarais.

Les suisses venus du canton de Berne, qu'un traité unissait à Charles IX, se trouvaient dans l'armée protestante par la plus fourbe des trahisons. Levés au nom de la cour, ils furent reçus par Soubise qui se présenta à eux comme envoyé du roi. Certaines lettres de Catherine de Médicis à la duchesse de Savoie semblaient accréditer ses paroles. Diesbach, le conducteur des Suisses, s'y laissa prendre, et livra ses hommes aux protestants, croyant les faire entrer dans l'armée royale. Ce n'est qu'à Tournus qu'il fut détrompé.

Dans les premiers jours d'août, Poncenac, plein de confiance dans la retraite de Tavannes, détermina d'Entragues à aller attaquer et reprendre Tournus. Ils emmenèrent à cette expédition une partie de la garnison de Mâcon, pillant et incendiant le long du chemin les bourgs et les villages de Saint-Albin, Montbellet, Uchizy, Plottes, Villars.

Tournus n'était défendu que par une compagnie de gens d'armes de Tavannes et quatre ou cinq cents arquebusiers commandés par Brissolles à peu près dépourvu de munitions, Maugiron ayant refusé de lui en fournir. La garnison de Tournus n'en soutint pas moins vigoureusement l'attaque dans laquelle furent tués Beaurepaire et Lucquet, commandants, le premier des catholiques, le second des huguenots. Après un combat de six à sept heures qui ne finit qu'avec le jour, les catholiques ne pouvant plus tenir, profitèrent de l'obscurité, qu'un violent orage rendait plus intense, pour évacuer la place, et se retirer auprès de Tavannes à Châlon, avec une partie de la population de Tournus. Le lendemain matin, les huguenots entrèrent sans résistance dans la ville, où ils se livrèrent à leurs déprédations habituelles. (1).

Poncenac descendit ensuite brûler les archives de la belle abbaye de Cluny, s'empara du bourg de Sennecey, puis vint mettre le siége devant Louhans où les habitants se défendirent avec valeur et lui firent éprouver des pertes considérables.

Durant le temps que Diesbach envoyé à Tournus, y tenait garnison, Tavannes put communiquer avec lui par un émissaire et parvint à le désabuser. Le général catholique lui fit connaître « que le roi était en toute liberté », (2) et que le prince de Condé, loin d'avoir pris les armes pour le service

---

(1) Théodore de Bèze, *Histoire ecclésiastique*, livre XV°.
Mémoires de Gaspard de Saulx. — Agut, *Histoire des Révolutions de Mâcon*. — L. Pingaud.
(2) *Mémoires de G. de Saulx.*

de son souverain, n'était rien moins qu'en révolte contre lui. Cette révélation détrompa Diesbach, qui n'attendit plus que le moment favorable pour se détacher de Condé.

Déjà, et dès la soumission de Châlon, Tavannes avait donné des ordres pour la répression des révoltés. Il avait fait pendre le ministre Guillotat et quelques-uns des plus séditieux, et expulser les autres de la ville, en leur assignant Verdun pour résidence. Les Verdunois craignant qu'ils n'apportassent la contagion de l'hérésie parmi eux, demandèrent avec instance de ne pas être obligés à les recevoir, et obtinrent qu'on les internât à Perrigny en Bresse. (1)

L'échevin Claude Crestin, originaire de Louhans, à 9 lieues de Châlon, s'était mis, avant l'entreprise de Poncenac, à la tête des expulsés pour aller assiéger sa ville natale. Les habitants peu disposés à se soumettre aux révoltés, le menacèrent de mettre son père, Louis Crestin, sur les remparts, exposé à la fusillade et au canon des assiégeants : cette attitude fit reculer les insurgés.

VI. — Saulx de Ventoux prévient l'émeute à Beaune.

Plus au centre de la province, les Beaunois furent heureusement préservés d'une affreuse conspiration, on dit même d'un épouvantable carnage, par la prudence et la vigilance de Saulx de Ventoux, leur gouverneur. L'abbé Gaudelot, dans son

(1) Courtépée, t. IV, p. 607.

Histoire de la ville de Beaune, raconte en ces termes comment le complot fut découvert et conjuré. (1).

« Le dimanche avant l'Ascension, un étranger
« s'adressa à Bonnefon, sergent de la mairie, qui
« jouoit aux buttes, et le pria de le conduire au
« logis du sieur d'Oizy ; il lui ajouta qu'il venoit
« de Genève et qu'il étoit chargé d'une lettre pour
« ce ministre. Bonnefon soupçonnant que les
« dépêches pouvoient intéresser la ville, conduisit
« le messager au château, où il lui fit entendre que
« logeoit d'Oizy, et le présenta au commandant.
« Ce seigneur ayant tiré adroitement les dépêches

---

(1) L'historien de Beaune a commis une erreur, en portant les faits à l'année 1567, et y a entraîné Dom Plancher. Mais cette erreur se rectifie par la relation suivante que M. Abord a extraite des registres capitulaires de Notre-Dame de Beaune.

« Le jour de l'Ascension de Notre Seigneur, 7 mai 1562, heure
« d'environ dix heures du matin, ont été conduites quatre grosses
« pièces d'artillerie devant la maison de ville, par Saulx-
« Ventoux, capitaine de la ville et château, campées en forme
« de bataillon, accompagnées d'environ huit à neuf cents hommes
« en bon ordre, pour obvier à la grande force et entreprise des
« huguenots de ce lieu, ayant délibéré massacrer les bons
« chrétiens, vrais fidèles qu'ils appellent *papistes*, et saccager
« les églises et monastères d'icelle ; laquelle artillerie avec les
« souldats l'accompagnèrent le long dudit jour, aussi la nuit,
« jusqu'au lendemain 8 mai, environ les quatre heures du soir,
« que le sieur de Ventoux fit relever ladite artillerie et la
« troupe ; mais ce ne fut pas sans grande poursuite faicte par les
« huguenots, lesquels par plusieurs fois, parlementèrent avec
« Ventoux, par sorte que Jean Bouchin, maïeur antique, et Jean
« Massol marchand, donnèrent pour ôtaige, chacun un de leurs
« fils, qui furent à la même heure conduits au château, lesquels
« promirent de ne poursuivre aucune sédition ni assemblée
« et ne faire aussi prêcher par leurs ministres. »

« par le moyen de son secrétaire qui feignit être
« le ministre, fit venir aussitôt le maire et les
« échevins, auxquels il lut la lettre, dans laquelle
« on marquoit à d'Oizy, pour la troisième fois,
« *de mettre ordre que tous ses confrères fussent*
« *armés le jour de l'Ascension, pour charger les*
« *habitans de la ville de Beaune, tandis qu'ils*
« *seroient au sermon, les tous massacrer pour la*
« *glorification de l'Église, et de se rendre maîtres*
« *de la ville*. On le prioit de conduire l'affaire
« secrètement, afin de réussir ; et d'en donner avis
« à ses confrères des villes voisines si le temps le
« lui permettoit.

« Le commandant garda le messager au château,
« et on tint la chose secrète jusqu'au jeudi, jour
« désigné pour le massacre; cependant on fit venir
« des villages voisins les paysans armés, la nuit
« du mercredi au jeudi, et on les logea sans bruit
« au château et dans quelques maisons des fau-
« bourgs : le jour de l'Ascension, une demie heure
« avant le sermon, on donna le signal, et aussitôt
« les villageois divisés par compagnies, ayant
« chacune des officiers à leur tête, entrèrent quatre
« de front à Beaune et vinrent se ranger en bataille
« devant l'hôtel de ville. Ils avoient à leur tête des
« des officiers de la ville : la compagnie de cavalerie
« du commandant étoit placée sur les ailes.

« Le sieur de Vantoux qui commandait cette
« milice, fit venir le lieutenant civil, (Jacques
« Massol) chef de nos calvinistes, et lui reprocha
« publiquement *qu'il n'avoit pas tenu à lui et à ses*
« *confrères, qu'on ne renouvelât à Beaune les vêpres*
« *siciliennes ; qu'il savoit le complot, mais qu'il y*

« *mettroit bon ordre* ; et sur le champ il fit apporter
« leurs armes à l'hôtel de ville : on retint les
« paysans jusqu'au mardi suivant, que huit ou
« neuf cens ouvriers étrangers furent contraints
« de sortir de la ville et d'aller s'établir ailleurs. » (1)

Pendant que les uns occupaient la place et les rues voisines, d'autres faisaient la recherche des armes chez les habitants et procédaient à des arrestations. Comme nous l'apprend la relation ci-dessous, un ancien maire, Jean Bouchin, surnommé plusieurs fois dans les registres du chapitre *l'antique diable*, et Jean Massol, frère du lieutenant civil, d'abord arrêtés, ne furent remis en liberté qu'en laissant leurs fils en otage et après avoir solennellement juré de ne prendre part à aucune sédition. Deux prêtres apostats, nommés Claude Trouhet et Philibert Thiellier, furent du nombre des prisonniers que l'on enferma au château.

Les chanoines de Notre-Dame avaient eu le temps de cacher les trésors des églises, et s'étaient offerts eux-mêmes à monter la garde devant le grand portail de la collégiale pour la protéger contre le pillage et la profanation.

Par ordre du gouverneur, on avait muré les portes Bretonnière, Saint-Martin et Madeleine, et l'on ne tint ouverte que la porte Bourgneuf, sous la garde d'un poste bien armé.

Ces mesures et ces démonstrations n'avaient pas étouffé la conspiration. Le 21 juin, ceux des conjurés qui n'avaient pas été découverts et expulsés, s'as-

(1) L'abbé Gaudelot, *Histoire de la ville de Beaune*, 1772, p. 129.

semblèrent à l'hôtel d'Arthur de Bourgdieu, derrière l'église Saint-Pierre. Les Beaunois se souvenant du danger qu'ils avaient couru six semaines auparavant, se portèrent en foule au lieu de la réunion : enfoncèrent les portes et les fenêtres et pénétrèrent dans la maison ; mais ne purent mettre la main sur aucun des assistants. Tous avaient pris la fuite par les toits. On compte parmi les membres de la réunion : Chantdoiseau, le médecin Dargot, dit Belles-Oreilles, Antoine Virot, Jacques Bouchin, Jean Bouchin, l'ancien maire, Jean Rousseau. (1).

VII. — Douze cents prétendus ouvriers chassés de Dijon par Tavannes.

Tavannes de son côté se tenait sur ses gardes à Dijon. Inflexible envers les hommes de désordre, il était abhorré des huguenots ; aussi ces derniers avaient-ils comploté de s'en saisir et de le pendre aux fenêtres de son hôtel, comme leurs frères du Dauphiné avaient fait de La Motte-Gondrin, gouverneur de Valence. Cinq à six cents hommes en armes, se réunissaient chaque nuit dans une maison de la rue des Forges, près du château. « Ils avaient, » dit Jean de Saulx dans les mémoires de Gaspard, « percé les maisons de la rue des Forges, « pleines de ceux de la religion nouvelle, et se

---

(1) Théodore de Bèze, livre XV. — Gaudelot, *Histoire de Beaune*. — Dom Plancher, t. IV. — M. Rossignol, *Histoire de Beaune*. — M. Abord, *Histoire de la Réforme et de la Ligue, à Autun*.

« pouvoient assembler secrètement tous en une
« quand ils vouloient. »

Heureusement pour Tavannes, il fut informé du complot qui devait éclater le lendemain même du jour où il lui fut révélé. Il prit aussitôt les mesures les plus énergiques. La garde du château fut renforcée de la compagnie d'ordonnance de M. de Savoie, commandée par le comte de Montrevel, son lieutenant. Les habitants des campagnes voisines reçurent des armes et furent avertis de se rendre à Dijon, au signal de trois coups de canon qui leur serait donné dans la nuit. De plus, une ordonnance militaire publiée à son de trompe défendit « sur peine de la vie » à tout habitant de sortir de son logis « passé huit heures du soir. » Enfin, ordre était donné de suspendre aux fenêtres de toutes les maisons au moins une lanterne allumée. Moyennant ces précautions, la nuit fut tranquille, et le lendemain au point du jour, des troupes arrivaient de toutes parts. Tavannes les répartit, les unes dans le château, les autres dans une maison « commandant trois rues, » dite selon M. Pingaud, la Maison du miroir, que le lieutenant général fit occuper militairement.

Ce fut alors que se sentant maître de la situation, Tavannes ordonna l'arrestation de douze des plus ardents et principaux meneurs. Il les fit enfermer au château, avec menace de s'en prendre à leurs têtes, si l'on faisait la moindre résistance. Parmi eux se trouvaient : le président François Alixant, seigneur d'Uchon ; Jean Pérard, trésorier général ; Claude Bretagne, frère du député aux États de Pontoise. Ensuite, pendant que des patrouilles à cheval parcouraient les rues, on procéda à des visites domiciliaires et au désarmement des habitants. On amena au lieutenant-général « devant son logis, » tout le personnel des marchands, industriels et ouvriers, et ce personnel s'étant trouvé décuplé sans besoin depuis les troubles, il fit chasser par la cavalerie environ douze cents étrangers, Suisses et Allemands, tout fraichement arrivés à Dijon.

Ainsi par ces sages mesures et cette rare énergie, l'émeute se trouva comprimée sans effusion de sang. (1).

A Seurre, la révocation du capitaine Mochet, que d'Andelot avait fait nommer gouverneur pour lui livrer la place au moment voulu, fit avorter également les desseins des huguenots sur cette ville. (2).

Enfin la révolte fut prévenue par les mêmes moyens, à Is-sur-Tille et à Auxonne. (3).

VIII. — Agitations dans le Brionnais, le Charolais, l'Autunois, le Barois.

Les bailliages de Dijon, de Beaune, de Châlon, de Mâcon n'étaient pas les seuls en combustion : dans le Brionnais et le Charolais, les deux villes

---

(1) *Mémoires de Guillaume de Saulx.* — Édit Buchon, p. 439.
— *Mémoires de Gaspard de Saulx*, même édition, 275.
(2) *Mémoires de Guillaume de Saulx.* — Édit Buchon, p. 438.
— *Mémoires de Gaspard de Saulx*, même édition, 275.
(3) *Mémoires de Guillaume de Saulx.* — Édit Buchon, p. 438.
— *Mémoires de Gaspard de Saulx*, même édition, 275.

de Marcigny-sur-Loire et de Paray subissaient, à peu près en même temps, les mêmes troubles. Marcigny fut livré à Poncenac et Saint-Aubin par un juge du lieu appelé Jean Raquin, et deux bouchers des noms de J. Menant et Nicolas Chauvais. Les premiers soins des envahisseurs furent d'anéantir les archives, puis de piller les églises. Le procès-verbal de leurs actes rédigé par Claude de Monchanin, châtelain à Bois-Sainte-Marie est revêtu de tous les caractères d'authenticité. (1).

Les portes de Paray furent ouvertes le 3 juin à soixante ou quatre-vingts huguenots en armes, par Pierre Jacquand, lieutenant et fermier de l'abbé de Cluny, escorté de plusieurs habitants de la ville. Les titres et les papiers furent aussi la proie des flammes : les châsses de Saint-Gil, de Saint-Germain, de Saint-Blaise furent violées et emportées. Au château et au couvent, on enleva jusqu'aux meubles et tapisseries. (2).

Au Sud-Est de Paray, le presbytère de Prizy fut incendié ; et plus loin encore, sur la même ligne, le village d'Aigueperse, en partie du Bourbonnais, et les maisons des chanoines furent ravagées. Par zèle de religion, le calviniste Théode de Maze s'empara des biens du chapitre, et se les appropria. (3).

---

(1) Courtépée, t. IV, p. 283.
(2) Archives de Paray-le-Monial. — Copie moderne d'un procès-verbal dressé par Dom Jean de Lugay, curé de Paray. — Voir pièces justificatives, n° III.
(3) Courtépée, t. IV, p. 297 et 304.

Les protestants du bailliage de Bourbon-Lancy étaient protégés par le seigneur de La Nocle, beau-frère de Maligny, alors l'un et l'autre dans l'armée de Condé.

Quant au bailliage d'Autun, on ne peut rien dire avec certitude. Selon Théodore de Bèze, on commença le jour même assigné pour le soulèvement général, le 7 mai, à célébrer la cène dans la ville d'Autun, ce qui se continua jusqu'au 24 juin ; mais on n'a aucun détail sur les mouvements que ces actes occasionnèrent. On sait seulement, par l'historien calviniste qu'au 24 juin, il y eut rixes sanglantes entre les partis. Un menuisier du nom de Nicolas Lorfèvre et un nommé Trompette furent tués. Villefrancon y envoya l'un de ses officiers, Charles de Saint-Léger, baron de Rully, avec des forces différentes. Jacques Bretagne, l'ancien représentant aux États de Pontoise ; Jacques Massol, lieutenant de la chancellerie de Beaune, deux ministres protestants et plusieurs agitateurs furent décrétés de prise de corps. Bretagne et quelques autres échappèrent ; Massol fut arrêté à Paris, et le plus grand nombre s'enfuit à Lyon rejoindre Montbrun.

Un seigneur des environs, Jacques de Traves, sans qu'il eut participé au mouvement du 24 juin, n'y semble pas absolument étranger. On le voit, à Saint-Léger-sous-Beuvray, renverser les autels, briser les statues des saints et faire enterrer *civilement* dans l'église l'enfant d'un de ses amis, mort sans baptême.

« Si on lui souffre ses folies, il en fera bien
« d'autres », dit un jour Rully en rentrant de

son expédition, après quinze jours de garnison à Autun. (1).

A l'extrémité nord de la Bourgogne, les protestants de Bar-sur-Seine, conduits par Ralet, jeune avocat et fils du procureur du roi du bailliage, s'étaient emparés de la ville et du château. Ils en furent promptement chassés par les catholiques. Quelques-uns furent faits prisonniers ; l'avocat Ralet fut du nombre. Traduit devant les tribunaux, son père, au dire de Théodore de Bèze et de de Serres, prononça le réquisitoire contre lui, et le fit condamner à mort. (2). Si le fait est vrai, les protestants punirent cruellement le père de cette sévérité.

L'année suivante, le 26 janvier, un détachement de quarante à cinquante chevaux de la garnison protestante d'Entrains, arrivé à la pointe du jour devant Bar-sur-Seine, surprit de nouveau la ville. Le procureur du roi, Ralet, recherché avec ardeur, fut pris, pendu au toit de sa maison et tué « à « coups de pistoles. Quelques autres aussi y furent « tués. » (3).

(1) Théodore de Bèze, *Histoire ecclésiastique*, livre XV. — M. H. Abord.

(2) Théodore de Bèze, *Histoire ecclésiastique*. — De Serres, *Inventaire général de l'histoire*, t. IV, p. 483.

(3) Théodore de Bèze, *Histoire ecclésiastique*, livre VII.

IX. — Le gouvernement bat monnaie et s'attaque aux biens et aux trésors des églises pour continuer la guerre.

Les huguenots gagnaient du terrain et la répression de la révolte languissait. Les hésitations de la cour et la pénurie du trésor étaient les principales causes de cette faiblesse du gouvernement.

Pour continuer la guerre il fallait battre monnaie. Il parut plus commode de s'en prendre aux biens du clergé. Le roi décréta contre les ecclésiastiques des impôts et des emprunts, et la vente même, au besoin, d'une partie de leurs biens. Le tout fut encore insuffisant. Le Clergé imposé à de fortes sommes ne pouvait pourvoir seul aux frais de la guerre, quelque riche qu'il fut. L'argent ne lui rentrait pas plus qu'aux particuliers ; ses fermiers payaient mal ; l'aliénation de ses domaines produisait peu, ou les biens restaient invendus. A bout de ressources, la cour jeta son dévolu sur les trésors des églises.

Le 4 août, Tavannes transmit aux lieutenants des bailliages l'ordre du roi « de *recouvrer* à l'argen-
« terye, vaisseaulx et reliquaires des églises... que
« sa dicte Majesté a ordonné faire lever pour
« servir au souldoyement de la guerre ; » mais il prescrit d'en dresser en même temps « fidel inven-
« taire, prisée et estimation », pour en rembourser

la valeur en temps opportun. (1). La saisie parait avoir été faite partout, sans obstacles.

Ainsi les églises étaient dépouillées et par les huguenots et par les catholiques ; cependant, avec promesse de remboursement de la part de ces derniers.

Un peu plus en fonds, grâce peut-être à cet expédient, Tavannes songea à reprendre la cam-

---

(1) Archives de l'Yonne, fonds du chapitre d'Avallon, pièces produites par M. Quantin, dans le *Bulletin des Sciences historiques de l'Yonne*, année 1856.
On remarque avec intérêt, à la lecture de ces documents, le scrupule de conscience que se firent les chanoines, de tenir caché le détournement qu'ils avaient fait, en crainte des huguenots, d'objets moins précieux par leur valeur pécuniaire, qu'au point de vue religieux. Sommés de dire s'ils avaient bien tout déclaré, « s'ils n'avoient aulcune chose retiré, caché ou recellé
« desdicts vaisseaulx, sanctuaires, reliquaires et argenterye en
« leur église, a esté respondu par la voix dudict Dupin, doyen,
« qu'il n'y a aultres vaisseaulx, reliquaires ny argenterye en leur
« église ny en leur puissance, fors seullement le vaisseau où est
« enclos le chef de monsieur Saint-Lazaire, patron de leur église,
« lequel, avec le répositoyre de la saincte hostye, où sont
« encloses certaines portions de la saincte croix, fut, y a envi-
« ron deulx mois, transpourtées en ung lieu secret, loingtain de
« leur dicte église, à cause des incursions et saccaigements faitz
« par les ennemys de nostre religion..... lequel n'est que de
« simple argent ; et y a dedans quelque bois, plomb et ferrures
« avec ledict chef : Ne peut, le tout ensemble, peser quarante
« livres, car ledict doyen, ou quelque aultre homme d'église, le
« porte facillement à son ayse, processionnellement, avec la
« chappe et ornemens ecclésiastiques ; qui est chose publicque-
« ment notoyre à chascun du pays, ce qui ne pouroit se faire, si
« ledict sanctuaire pesait quarante livres..., et quant audict
« répositoyre de la saincte hostye, ne peult peser deulx marcz
« d'argent. »

pagne contre cette « vermine de prédicans et
« ministres, ayans mis la peste » dans la province. (1).

X. — Tavannes reprend Mâcon sur les huguenots.

Les huguenots avaient fait de Mâcon leur quartier
général pour toute la partie de la Bourgogne avoisinante. Reprendre cette place, c'était les frapper
au cœur. Aussi Tavannes, laissant les bourgeois de
Louhans se défendre tout seuls, profita de l'éloignement de Poncenac qui s'épuisait au siége de la
ville, pour redescendre sans bruit dans le Mâconnais.
Il prend donc avec lui huit cents arquebusiers sous la
conduite de Canteperdrix et de Saint Poyat et
deux cents chevaux commandés par Trotedan,
enseigne de sa compagnie de gens d'armes. Il les
conduit de nuit en faisant un détour de deux lieues
par les montagnes jusqu'au château de Lourdon
appartenant à l'abbé de Cluny, où il les fait reposer
tout le jour. La nuit suivante, il continue sa route,
longeant presque les murs de Cluny, prend plus
loin un détachement qui avait poussé jusqu'au
château de Saint-Point, sous la conduite du seigneur
du lieu, et avant le jour, fait occuper par ses
compagnies les postes assignés à chacune d'elles
près de la ville. Canteperdrix est avec soixante
arquebusiers en embuscade à trois cents pas
de Mâcon le long des murs des jardins, quinze

---

(2) Lettre déjà citée de Catherine de Médicis à Tavannes.

CHAPITRE V. — (1562—1563)

hommes sont dans une maison touchant presque la porte de la Barre ; d'autres compagnies se tiennent cachées dans les vignes. Enfin, plus en arrière, « en un petit bosquet appelé Merqueys, » Trotedan est en observation avec sa cavalerie.

A la pointe du jour, quelques soldats déguisés en charretiers se présentent aux portes avec trois chariots chargés de gerbes et de foin, et en chantant les psaumes de Marot, que l'on peut dire, si on les considère comme chant de ralliement, la *Marseillaise* d'alors. Quelques soldats de la garnison ennemie étaient allés à *la picorée*. Ceux du poste de Mâcon prennent les hommes de Tavannes pour leurs camarades qui reviennent avec leur butin. Les portes s'ouvrent et le pont-levis s'abaisse pour les laisser entrer. Mais lorsque les trois chars sont engagés sur le pont et jusque sous la herse, « une cheville » arrachée à leurs essieux les fait arrêter et verser de manière à empêcher que les portes ne se ferment, que la herse ne tombe et que le pont ne se relève. (1).

Le combat s'engage entre les hommes du poste et ceux qui occupaient la maison près de l'entrée ; Canteperdrix accourt avec ses arquebusiers et désarme le poste. La cavalerie se met au galop pour soutenir les assiégeants, les soldats pénètrent dans la ville et enfin au bout d'une demi-heure sont maîtres de la place. Les troupes bivouaquèrent sur les places publiques, sans entrer dans les maisons, tant que dura le désarmement des habi-

(1) « Les chars étaient si artificiellement faicts, que tirant « une cheville, les assis tomboient. » *Mémoires de Gaspard de Saulx.*

tants. Il n'y eut de tués, pendant l'action que quelques-uns de ceux qui firent résistance ; mais, après la reddition de la ville, s'il faut en croire Théodore de Bèze, il y eut de sanglantes représailles. Pendant que d'Entragues était maître de Mâcon, il s'était emparé du château de Pierreclos, l'avait réduit en cendres, et avait emmené la garnison, composée de vingt-cinq soldats et du capitaine Montrosat, prisonnière à Mâcon. Il n'y avait encore que peu de jours de cela. Les catholiques ayant reconquis la ville, ouvrirent les portes à ces prisonniers ; et ceux-ci à leur tour se vengèrent de leur captivité. Saint-Point prit un certain nombre de huguenots qu'il fit précipiter dans la Saône ; mais Tavannes sauva neuf d'entre eux, les fit enfermer d'abord dans les prisons de Lourdon, puis les emmena à Dijon, où, selon Théodore de Bèze, ils restèrent « sept mois entiers. »

A la nouvelle de la perte de Mâcon qui leur fut portée presque aussitôt, Poncenac et d'Entragues levèrent le siége de Louhans et voulurent reprendre Mâcon par escalade ; mais ils en furent vigoureusement repoussés et perdirent dans cette tentative leur artillerie et leurs bagages. Leurs troupes se débandèrent et gagnèrent Lyon au plus vite. C'était le 19 août 1562. (1)

(1) « Le dix-neufviesme d'août, par la volonté de Dieu et la
« grande prudence de Monseigneur de Tavannes, ladite ville de
« Mascon feust prinse de Roy avec si grande modestie qu'il sem-
« ble que Dieu avoyt pitié du bon et obéissant peuple qui estoyt
« détenu en icelle. »
(*Archives de la ville de Mâcon*, E. E. 47).

CHAPITRE V. — (1562—1563)

Les Suisses, ou plus exactement les Bernois, dont se composait en grande partie l'armée de Poncenac et d'Entragues, n'entrèrent point à Lyon. Ils avaient été rejoints par une députation du canton de Berne envoyée « en poste » pour les rappeler afin de ne point rompre l'alliance contractée avec le roi de France. (1).

Les députés leur ayant confirmé les assurances données par Tavannes et fait comprendre qu'ils s'étaient fourvoyés au service de la rebellion, les Bernois passèrent outre et rentrèrent dans leur territoire. Leur retraite précipitée jeta le trouble dans un nouveau corps de lansquenets qu'ils rencontrèrent et qui était en marche pour rejoindre Condé. Les lansquenets s'empressèrent de les imiter et de rétrograder vers leur patrie. (2).

XI. — Nouvelle tentative des huguenots de Lyon contre Mâcon.

Les huguenots refoulés jusqu'à Lyon, leur quartier général, méditèrent une revanche et ne tardèrent pas à l'entreprendre. Les munitions qu'ils tiraient de la Bourgogne leur arrivaient difficile-

(1) Note de M. L. Pingaud. Les Saulx-Tavannes, p. 40.

« Ils ont de rechef dépêché un personnage noble et authentique
« de leur conseil pour aller en poste audit Lyon et faire les plus
« exquises et nécessaires remontrances que possible auxdits
« capitaines et compagnons, aux fins de les retirer de là... »
(Archives fédérales de Berne.)

(2) Voir *Mémoires de Gaspard et de Guillaume de Saulx*, Théodore de Bèze. — *Histoire ecclésiastique*, livre XVe.

ment, Tavannes faisant garder de ce côté les transports sur la Saône. Sur la fin de l'année, ils résolurent de s'affranchir de cette surveillance incommode, et, dans ce but, de reprendre Mâcon. Quatre à cinq mille hommes d'infanterie et quatre à cinq cents cavaliers, tous étrangers et en partie de Genève, avec tout un appareil de siége, furent dirigés sur Mâcon, vers les premiers jours de janvier 1563.

Les Mâconnais n'avaient dans leurs murs que quatre compagnies d'infanterie ; et encore, menaçaient-elles de se débander, faute de paie. Les habitants avertis du danger dès le 3 janvier, se saignèrent pour les conserver. Saint-Point, gouverneur de Mâcon, fit distribuer à ses soldats ce qu'il put recueillir, et parvint enfin à organiser la défense. Il n'était que temps. Le 12, l'ennemi entourait la ville ; il présenta l'escalade sur tous les points à la fois ; mais partout, il fut repoussé avec une égale énergie. Épuisé de ses efforts infructueux, l'ennemi finit par battre en retraite et alla camper à deux lieues plus bas pour attendre du renfort et revenir à la charge. Mais il est à croire que ce renfort ne vint pas, car on ne voit pas de nouvelles alertes se reproduire. D'ailleurs, les huguenots de Lyon étaient serrés de près par le duc de Nemours, et n'avaient pas trop de toutes leurs forces pour se maintenir. Mâcon fut de la sorte pour un temps, préservé de plus grands malheurs. (1).

(1) « Ceulx de Lyon n'avoyent moyens d'avoir vivres et com-
« moditez sans estre maistres de Mascon, ce qu'ils désiroient
« fort et y ont mys toute la peine qu'ils ont peu. Au commence-

XII. — Arrêts du Parlement de Paris contre les huguenots et tumulte à Auxerre.

Des scènes non moins déplorables avaient lieu dans la basse Bourgogne. On venait d'afficher à Auxerre deux arrêts du parlement de Paris ; l'un du 13 juillet, autorisant « les manants et habitants « des villes, bourgs et villages à prendre les armes « contre tous ceux qui saccageaient les églises ou « faisaient conventicules illicites ;» l'autre du 17 du même mois, décrétant l'arrestation « de tous les « ministres et prédicans de la nouvelle secte et leur « mise en jugement, comme criminels de lèse-

« ment du moys de janvier dernier, es plus grands troubles,
« sortirent de ladite ville de Lyon jusques à sèze ou dix-sept
« enseignes de gens de pied et quatre ou cinq cornettes de caval-
« lerye, avec munition, échelles, arteillerye et aultre équipage
« pour invahir et assaillir ladite ville de Mascon ; tous lesquels
« estoient estrangiers et la plupart de Genesve et pays
« circonvoysins.

« Ceulx de ladite ville de Mascon ayans cestuy advertissement,
« comme ilz se préparoient pour soubstenir telles forces, feurent
« grandement troublez de ce que en ceste nécessité et urgent
« affaire, les quatre compaignies de gens de pied, pour avoir
« défailli à faire monstre lors, et pour n'avoir moyen de eulx
« norrir, les vouloient habandonner, pour crainte de quoy, et que
« la ville ne feut mise à sac, feurent contrainctz lesdits habitants,
« dèz le troisiesme dudit moys de janvyer, livrer esdites compai-
« gnies, sçavoir, six poussons de vin et trèze cens soixante peins
« de pesanteur chacun, à 9 onces, par jour.

« Le septiesme du mesme moys, le seigneur de Sainct-Point,
« gouverneur de ladite ville, ayant sceu que les troupes sorties
« de Lyon, s'approchoient, commanda ausdits habitants de Mascon

« majesté divine et humaine. » (1). S'il faut en croire Théodore de Bèze, les Auxerrois s'en seraient autorisés pour se livrer à de coupables excès, sur l'origine desquels cependant l'historien protestant garde prudemment le silence. Selon lui, le dimanche 23 août, une foule furieuse, composée en grande partie de mariniers, se porta dans la maison d'un potier d'étain, nommé Cosson; quelques-uns « le « prirent, battirent, jetèrent par les fenêtres, et « finalement, d'un coup de lévier, lui firent voler « la cervelle en l'air..... Puis, finalement, le traî- « nèrent, et, du haut du pont, le jetèrent à l'eau. » Quel était son crime ? l'auteur ne le dit pas : mais admettra-t-on que la population se soit livrée à ce meurtre sans provocation ou sans autres graves motifs ?

Deux jours plus tard, ayant à leur tête Jacques Creux, surnommé le capitaine Brusquet, concierge des prisons royales, les mêmes hommes se saisirent de la femme du châtelain d'Avallon qui habitait Auxerre, et la traînèrent également à la rivière, ainsi qu'un nommé Edme Baleure, juge à Corberain, proche Varzy, dans le Nivernais, détenu dans les prisons de la ville, et un « pauvre drapier

« de continuer ceste lyvraison ausdits soldasdz, pour les
« contenir...

« C'est chouze toute notoire que le douziesme de janvyer lesdits
« pouvres habitans de Mascon soubstiudrent le dur assault que
« leur feut faict et baillé, et l'escalade que feut présentée de
« toutes pars à leurs murailles.

« Où l'ennemy ayant deffailly à son entreprinse, se retira à
« deux lieues de ladite ville, non plus loing, ayant faict illec
« séjour, attendant, comme ils se jactoient, aultres plus
« grandes forces pour retourner contre ladite ville. »

« drapant. » Ceux qui voulurent éviter un pareil sort, durent s'enfuir et laisser leurs maisons et leurs biens au pillage.

Si l'on ne connait pas les causes de ces cruelles exécutions, on les entrevoit cependant dans les excès non moins sanglants des huguenots et dans l'exaltation où étaient les esprits pendant cette guerre faite aux catholiques par les ennemis de leur foi. Des représailles étaient inévitables.

La position des Auxerrois était critique : Ce n'était pas seulement leur religion qui était en péril; ils combattaient autant par patriotisme que par zèle religieux. Les chefs de la révolte voulaient être maîtres d'une ville qui entravait leur communication entre Orléans et l'Allemagne où d'Andelot était allé, au nom de Condé, recruter une armée pour leur commune entreprise.

Quelques seigneurs des environs battaient constamment l'estrade autour d'Auxerre. Des volontaires, sous la conduite d'un avocat nommé Bougault, firent un jour une sortie contre eux et poussèrent jusqu'à Charbuy, où ils dévastèrent la demeure seigneuriale du sieur de la Chesnault, l'un de leurs officiers.

Enfin, dans le commencement d'octobre, les huguenots renonçant à s'emparer de la ville par surprise ou par connivence, tentèrent un coup de main contre elle. Marafin, seigneur de Guerchy et d'Avigneau, enseigne de l'amiral de Coligny, s'y

(*Archives de la ville de Mâcon, E. E. 47. = Extrait des mémoires et instructions présentés au roi pour obtenir remboursement de frais de guerre.*
(1) M. Challe.

présenta à la tête de cavaliers. Les habitants firent résistance et l'on en vint aux mains; mais les Auxerrois furent repoussés avec une perte de quatorze morts et plusieurs blessés, sans cependant que l'ennemi put pénétrer dans la ville. (1).

XIII. — Passage de l'armée allemande conduite par d'Andelot.

Marafin d'Avigneau était chargé d'ouvrir les voies aux sept mille soldats, tant reitres que lansquenets amenés par d'Andelot. Le premier service qu'il leur rendit fut d'escorter et de guider les messagers de d'Andelot au prince de Condé. Au lieu de suivre la route que d'Andelot avait tracée par Mailly-le-Château à son avant-garde, Marafin fit prendre un chemin plus court aux messagers. Le 15 octobre, ils passaient un gué sur l'Yonne, près de Vaux, à une lieue au-dessus d'Auxerre, lorsqu'ils furent aperçus par les guetteurs des villages voisins, qui sonnèrent aussitôt le tocsin. Les paysans accoururent en foule; mais l'escorte des messages eut facilement raison de ces bandes indisciplinées et mal armées. Seize paysans restèrent sur la place et le reste se dispersa en prenant la fuite.

Pendant que ce premier détachement continuait sa route, Marafin qui avait fait plusieurs tentatives inutiles pour surprendre Auxerre et s'en emparer, établit autour de la ville une sorte de blocus pour empêcher les habitants de troubler

(1) Lebeuf. — *Prise d'Auxerre.*

par des sorties le passage des troupes allemandes. Serrés de près les Auxerrois demandaient avec instance des secours à l'armée royale.

« L'on s'accorde, » écrivait le lieutenant du bailliage, Pierre Le Bryois, au comte de Tavannes, « à nous roigner les vivres et à chasser et piller « ceux qui nous en amènent, mesmes des bleds « dont vous sçavez que ce pays a grande faulte : « d'aultre côté, on pille aux villaiges les maisons « des habitans de cette ville et eulx avec, quant on « les trouve. La présente est pour vous redoubler « de ma part, la supplication que tous ensemble- « ment vous avons faite de nous secourir..... M. de « Champlemy qui a esté envoyé par monseigneur « d'Aumalle, fait tout ce qui luy est possible ; mais « il n'y a point de forces pour réprimer la voulonté « des particuliers..... J'ay bien grand peur qu'en « peu de temps nous soyons surprins ; nous n'atten- « dons que l'heure que nous soyons investys de « nombres d'hommes. » (1).

Il est douteux que cette lettre, datée du 20 octobre, ait pu arriver en temps utile au lieutenant de Bourgogne. Marafin allait d'ailleurs rejoindre bientôt lui-même l'armée allemande et lever ainsi, de son plein gré, le blocus de la ville. Il était peut-être plus apte que tout autre à la guider, attendu qu'il possédait, assez près de la Loire, à cinq ou six lieues d'Entrains, la terre de Guerchy.

Les envoyés de d'Andelot avaient une quinzaine de jours d'avance sur le corps d'armée que condui-

---

(1) Bibliothèque nationale, MM. Delamarre, 9484 — Document produit par M. Challe et cité par M. L. Pingaud.

sait celui-ci, et qui déjà avait le pied en Bourgogne et traversait la Seine au-dessus de Châtillon, le 25 octobre. Le duc de Nevers et le maréchal de Saint-André, campés dans les environs, se trouvèrent trop faibles pour l'arrêter. Ils écrivirent au roi afin de l'instruire de la direction suivie par l'ennemi et lui demander du renfort. Dans ce moment, une légion de huit enseignes suisses arrivait dans la province au service du roi ; car, à cette époque, catholiques et protestants recrutaient des soldats, souvent dans le même pays : les uns et les autres grossissaient leurs armées de troupes étrangères.

Charles IX fit écrire à Tavannes de mettre ces troupes à la disposition du duc de Nevers et du maréchal de Saint-André, pour barrer le chemin à l'armée allemande. Cependant celle-ci s'avançait toujours et déjà l'avant-garde traversait l'Auxerrois. Le maréchal de Saint-André n'eut que le temps de se porter avec une partie de son corps d'armée dans les alentours d'Auxerre qu'il importait de conserver, comme Tavannes lui avait donné le conseil de le faire ; l'autre partie fut dirigée sur Sens.

En quittant le Châtillonnais, le duc de Nevers avait aussi envoyé à Tonnerre la compagnie du capitaine L'Adventure pour protéger la ville.

Comparativement à ce qui s'était passé quatre ou cinq mois avant, la Bourgogne se sentit peu du passage de l'ennemi, quoique la présence de leur allié ranimât le courage des rebelles et excitât dans les esprits une dangereuse fermentation.

De Châtillon, les Allemands paraissent avoir

suivi la route de Tanlay, sur les terres de d'Andelot, où celui-ci put goûter quelques instants de repos, étant malade et obligé de se faire porter en litière.

Le couvent des Cordeliers de Tanlay fut ruiné par eux ; deux religieux furent tués, et les autres, chassés de leur demeure, se réfugièrent à Tonnerre. Jusqu'à son entrée dans le comté d'Auxerre, la marche de d'Andelot est à travers la Champagne. De Tanlay, s'est-il dirigé sur Noyers, ou bien, est-il passé vers Yrouerre, Béru, Chemilly? Rien ne l'indique. Le premier pays qu'il rencontra dans le comté, fût Saint-Cyr-les-Colons. Les habitants de ce bourg refusèrent les portes aux premiers qui se présentèrent; mais elles furent forcées pendant la nuit, quarante hommes payèrent de leur vie cette résistance, et plusieurs des plus riches furent emmenés prisonniers. De là, une colonne passa à Champs et à Jussy. Ce dernier village voulut aussi lui barrer passage ; mais après un échange de quelques coups de feu, le village fut pris, mis au pillage et réduit en cendres, à l'exception de l'église et de deux ou trois maisons. Une autre colonne traversa l'Yonne à Cravant pour se diriger sur Gien et sur Montargis; enfin, une troisième colonne et probablement le gros de l'armée, passa, comme il avait été annoncé, par Mailly-le-Château et s'en empara. Robert de Champonay, chevalier de Malte, lieutenant du sieur de Guiffencourt, accouru pour empêcher la jonction des reitres avec l'armée de Coligny, ne put que reprendre cette dernière ville sur les protestants et fut tué un instant après, au fort de l'action.

XIV. — Combinaisons stratégiques des révoltés pour favoriser la marche de l'armée d'invasion.

Si l'on considère le soin, on peut dire l'art avec lequel les chefs de la révolte avaient établi des postes de secours le long de la route que leurs alliés allaient suivre, on cessera d'être étonné de la facilité qu'eurent les armées étrangères de pénétrer jusqu'au cœur de la France. A droite et à gauche de cette route c'étaient, seulement en Bourgogne et depuis Châtillon, les bourgs et villages de Tanlay, Noyers, Nuits-sous-Ravière, Pisy, Girolles, Mailly-le-Château et plusieurs autres des meilleurs. De loin comme de près, avec quelques hommes abrités derrière les murailles de ces places, on protégeait la marche des envahisseurs et des rebelles et les mouvements des corps préposés à la garde du territoire étaient continuellement entravés.

Marafin, avons nous vu, marchait en tête de ces colonnes et guidait les éclaireurs. Les Auxerrois, délivrés par son départ, se vengèrent des maux que celui-ci leur avait fait souffrir, en s'emparant du château d'Avigneau, à trois lieues d'Auxerre, dont Marafin avait aussi pris le nom. Ils le pillèrent d'abord et y mirent une garnison de vingt hommes, sous le sieur de La Mothe-Culon. (1). Les

(1) « Il y a icy auprès, » écrit Jean Lallemand, lieutenant du maréchal de Saint-André à Tavannes, « ung chasteau appelé Avi-« gnot, duquel ceux de la ville d'Aucerre, comme bien nécessaire « pour leur seureté, dès longtemps se sont emparez et ont mis « dedans ung gentilhomme pour capitaine nommé le sieur de La « Mothe de Chavannes avec vingt solda's. » (*Bibliothèque nationale. Fonds Delamarre.* — Document recueilli par M. Challe.)

soldats mal payés, n'y restèrent que peu de temps; mais ils le démantelèrent avant de l'évacuer. Pour ne plus en être incommodés et le rendre inhabitable, quoique la dame du lieu y fût encore, ils enlevèrent les châssis et les fenêtres.

L'armée des protestants, forte de huit mille chevaux et cinq mille fantassins, grâce aux renforts qu'elle venait de recevoir, porta la guerre dans les autres provinces et notamment dans la Normandie.

XV. — Ferrières-Maligny livre le Havre aux Anglais au nom de Condé et des Châtillons.

Nous n'avons pas voulu suivre Ferrières-Maligny et La Fin-de-Beauvoir dans leurs expéditions à la suite de Condé; mais leur honteuse participation au traité d'Hamptoncourt (20 septembre), livrant le Havre aux Anglais, marque trop dans la vie de nos deux gentilshommes bourguignons, pour la passer sous silence. M. le duc d'Aumale, a flétri en termes indignés, cet oubli de patriotisme de la part d'un prince du sang, du premier des Condé, « ouvrant la « porte de la France aux Anglais, abandonnant à « ces vieux ennemis un coin de ce sol de la patrie « qu'ils avaient dévasté pendant cent ans, leur « livrant l'embouchure de la Seine quand ils « venaient à peine de sortir de Calais ! » Les Maligny et les La Fin-de-Beauvoir, doivent avoir leur part dans la flétrissure.

Jean de Ferrières, plusieurs fois employé à solliciter l'appui de la reine d'Angleterre en faveur des huguenots, avait rapporté de ses négociations quelques promesses favorables, mais jusque-là trop vagues et trop évasives. Au mois de juillet, sur l'ordre pressant de Condé, il retourna auprès d'Elisabeth, chargé d'en obtenir à tout prix une intervention active et déterminée. Robert de La Haye lui était adjoint, et il avait en portefeuille les propositions écrites du prince. La reine tenait à avoir en Normandie un lieu de retraite assuré pour le cas de défaite, et mettait pour prix de sa participation à la guerre, la ville du Havre. Cette place lui fut « octroyée » sous la réserve cependant que La Fin de Beauvoir en conserverait le commandement sous l'autorité de Coligny, son gouverneur titulaire. (1).

Le marché conclu sur ces bases est connu de tous les historiens ; je dois néanmoins reproduire ici, après M. le duc d'Aumale, les « articles « entre la majesté de la Royne et monsieur le « Vidame de Chartres, touchant la manière de « délivrer la ville du Hâvre au sieur Adrian de « Poinings, cappitaine de Portsmen. »

« Monsieur le Visdame s'en yra à Portsmen, et « de là, s'en reviendra icy ou yra à quelque maison « de quelque seigneur ou gentilhomme là voisin, « pour n'en bouger jusques à ce que tous les « articles qui s'ensuivent ne soyent accompliz. »

---

(1) Le Havre était une des dépendances de la terre de Graville, échue par succession à Maligny. Celui-ci avait fait fortifier la ville et élever à l'entrée du port, la tour encore appelée de nos jours, la tour du Vilame.

(Comte Léon de Bastard. — *Recherches biographiques sur Jean de Ferrières.*)

« Premièrement, ledit sieur Visdame donnera
« ordre que sitost que ledit sieur Adrian Poinings
« arrivera devant ladite ville du Hâvre, que la prin-
« cipalle tour qui est assise devant ladicte ville, à
« l'entrée du Hâvre, avecques toute l'artillerie et
« munitions à icelle appartenant, sera délivrée
« entre les mains et possession de telz capitaines et
« souldatz que ledit sieur Adrian Poinings assi-
« gnera, qui se fera en telle sorte que lesdicts
« capitaines et souldatz en auront paisible posses-
« sion et en seront maistres. Item que le jour que
« ledict sieur Adrian et les souldatz Anglois seront
« descendus en terre, ilz auront baillé entre leurs
« mains autant de boulevers et fortz de ladicte
« ville que le temps avant mit le souffrira. »

« Item que le jour suivant que les gens de Sa
« Majesté seront entrez en ladicte ville, les souldatz
« françoys ne se mesleront aucunement de la
« garde d'aucun boullevert, muraille, platte-forme,
« forteresse, artillerie, ou d'aucune autre chose
« appertenante à la défense de ladicte ville, ains
« permecteront les Anglois d'en avoir entièrement
« la possession et en user à leur volonté. »

« Item que toute l'artillerie et munition apperte-
« nant au Roy, estantz là pour la défense de ladicte
« ville, sera délivrées par inventaire audict sieur
« Adrian, ou à celuy lequel il assignera, et ce
« d'estre faict dans 24 heures après l'arrivée là
« dudict sieur Adrian. »

« Item que tous les souldatz françoyz qui sont
« dedans ladicte ville, partiront d'icelle dedans
« deux jours après l'entrée des souldatz Anglois
« (si elle ne soit assiégée), pour aller secourir

« Rouan ou faire quelque autre entreprinse, ou en
« cas qu'ilz ne pourront partir à cause de telle
« siége, de le faire aussitost qu'ilz le pourront. »

« S'en ira aussi avecques eulx quelque nombre
« des Anglois, si ainsi sera jugé nécessaire du
« lieutenant de Sa Majesté ou dudict sieur Adrian
« Poinings, à la voulonté desquelz le tout sera
« remis. Et quant aux habitans de ladicte ville, Sa
« Majesté permectera leur faire le mesme bon
« traictement qu'elle faict ordinairement à ses
« propres subgectz, et eulx, si elle vouldra, y
« feront serment de y rester fidelz. » (1).

Lorsque l'on connut cet infâme marché, l'indignation fut telle parmi les protestants eux-mêmes, que l'on en vit quelques-uns briser avec colère leur épée et rentrer dans leurs foyers en maudissant un parti qui se jouait ainsi de l'honneur et des intérêts de la France. Cependant, en même temps qu'il recevait son exécution, on voyait aussi d'Andelot promener ses bandes d'étrangers, par la Champagne, la Bourgogne, l'Orléanais, portant partout la mort, l'incendie, le pillage, jusqu'à ce que gorgés de butin, ces soldats à gages reprissent enfin le chemin de leur pays.

(1) M. le duc d'Aumale. — *Histoire des princes de Condé*, t. 1ᵉʳ, p. 152, et pièces justificatives, p. 380.

XVI. — Poursuites et jugements contre les révoltés de Châlon.

Pendant que la guerre se continuait en dehors de la province, Tavannes faisait poursuivre judiciairement les rebelles qui avaient pris part aux troubles. La *Chambre des vacations* venait d'être rendue permanente de temporaire qu'elle avait été jusque là, pour le jugement des révoltés. Ceux de Beaune, de Châlon, de Bar-sur-Seine et d'autres villes de Bourgogne, furent appelés devant cette cour souveraine. La cour eut à juger soixante-quinze inculpés, divisés en deux catégories, pour la seule ville de Châlon. A leur tête, se trouvent les échevins, le châtelain et le lieutenant de la chancellerie déjà nommés ; puis les ministres prédicants Antoine Papillon ; Bon du Prey, natif de Montdidier en Picardie ; Jean Grenier, de la Charité-sur-Loire : Enfin, parmi les autres, plus ou moins notables, on remarque deux femmes : Loyse Piget et la femme Naudet. Mais aucun d'eux n'était resté à son domicile : plusieurs même portaient encore les armes dans les rangs des rebelles. Après trois arrêts par défaut prononcés contre eux les 5, 8 et 12 septembre, et validation de ces arrêts le 16 octobre, la Cour rendit un jugement le 23 du même mois, par lequel elle déclara « les « défaillans, criminelz de lèze-majesté, divine et « humaine, séditieux et perturbateurs du repos et « tranquillité publique, rebelles, traistres et ennemis « de Dieu, dudit seigneur Roy et de ses subjectz :

« et pour réparation desdits cas a condamné et
« condamne lesdits Crestin, Lantin, Lecousturier
« et Penot, eschevins; Philibert Lantin, chastelain,
« et Guy Viard, lieutenant ; à estre cejourd'huy,
« par l'exécuteur de la haute justice, trainés sur
« une claie, au champ de Morimont de ceste ville
« de Dijon. (1). Et sur l'eschafault y estant, avoir
« les testes tranchées et leurs corps mis en quatre
« quartiers. Leurs dites testes estre portées sur la
« porte de ladite ville de Châlon, par laquelle on
« va à Mascon : et les quartiers de leurs corps
« penduz sur des potences qui seront érigées sur
« le grand chemin qui tire de Dijon à Châlon. »

« Et lesdits Anthoine Papillon, Bon Duprey,
« Jean Greniet, » ainsi que vingt-trois autres faisant
partie de cette première affaire, « à estre penduz
« et étranglez au signe patibulaire dudit Dijon, et
« ou (au cas) aucungs seroient mortz, a damné la
« mémoire d'iceulx. » Leurs biens furent confisqués
au profit du trésor et en restitution et « réparation
« des ruynes et démolitions des églises, couvents
« et monastères, » qu'ils avaient détruits. « Mais,
« pour aultant que lesdits défaillans et accusez
« n'ont peu estre apprehendez au corps, ladite
« chambre a ordonné et ordonne que le présent
« arrest sera exécuté par figure en un tableau qui
« sera attaché en une potence plantée devant le
« chastelet dudit Châlon. » Il fut fait défense à
toute personne de leur donner assistance et
refuge.

(1) Morimont est encore le lieu où se font aujourd'hui les exécutions.

Le jugement contre la seconde catégorie, composée de quarante accusés, ne fut prononcé que le 14 novembre. Ceux-ci furent également tous condamnés aux mêmes peines que les premiers, et exécutés... « en figure, en ung tableau. » (1).

Selon Dom Plancher, cependant, trois des plus violents auteurs des troubles de Châlon furent arrêtés et pendus ; on exposa leurs têtes sur des piques aux portes de la ville. Plusieurs arrêts avaient aussi été rendus contre les émeutiers de Beaune, à l'époque du premier de ces deux jugements. Nous avons aussi vu que déjà le principal agitateur de cette ville, Jacques Massol, d'une des bonnes familles de Bourgogne, s'était enfui à Paris pour éviter les poursuites dirigées contre lui. Il y fut arrêté « comme il descendoit de cheval » et enfermé « en la tour carrée du palais, où il » demeura longuement, » selon Théodore de Bèze. (2).

XVII. — Pourparlers de paix et opposition des Bourguignons.

Pendant que la cour rendait ses arrêts, il intervint une lettre du roi, datée du camp devant Rouen, le 19 octobre, suspendant le cours des procédures. C'est ce qui explique l'intervalle de plus d'un mois

---

(1) *Archives de la Côte d'Or et de l'ancienne Bourgogne.* — *Jugements du parlement de Dijon contre les séditieux de Châlon.*

(2) Théodore de Bèze, *Histoire ecclésiastique*, livre XVe,

écoulé entre les condamnations des accusés de la première catégorie et de ceux de la seconde.

Les lettres suspensives du roi avaient été motivées par des pourparlers de paix ouverts dans les plaines de la Beauce, entre la reine-mère et le roi de Navarre, d'un côté, le prince de Condé et l'amiral de Coligny, de l'autre. Le roi fit part de ces conférences à Tavannes ; assurant l'oubli du passé « à « tous ceulx qui avoient prins et pourté les armes « pour le faict de la religion, » pourvu qu'ils rentrassent dans le devoir.

Les élus des États ayant eu avis de cette lettre, se rendirent le 30 octobre chez le lieutenant-général pour en avoir communication plus directe, en conférer avec lui, et le prier de surseoir à la publication jusqu'à la rentrée de quelques membres en congé, sans l'avis desquels il ne pouvait être pris de décision valable. Tavannes répondit qu'il n'était pas en son pouvoir d'accorder cet ajournement et renvoya les élus au bailli de Dijon. Celui-ci suspendit la publication pour six jours, afin de donner aux absents le temps de rentrer.

Le 4 novembre, les élus étant tous réunis, l'opposition fut renouvelée d'une manière plus solennelle, « d'aultant, » est-il dit dans la délibération de ce jour, « qu'elles (les lettres du roi) sont de « très-pernicieuse conséquence, grandement dom- « mageables au dit seigneur (le roi) et empeschent « entièrement le repos et tranquillité de tout ce « païs de Bourgogne, tant ès villes fortes que au « plat pays. » Ils députèrent au roi, « en son « privé conseil, » Edme Chantepinot, avocat du roi au bailliage de Dijon, porteur de leurs remontrances sur ce sujet. (1).

Ces démarches furent superflues ; car, sur ces entrefaites, le prince de Condé, suivant les conseils de Théodore de Bèze, rompit les conférences. La guerre recommença avec plus d'acharnement, mais sur un terrain éloigné de la Bourgogne ; les lettres du roi furent regardées comme non advenues et les poursuites continuées.

XVIII. — Reprise des hostilités.

C'est après cette rupture qu'eurent lieu d'abord le siége de Rouen qui coûta la vie au roi de Navarre ; puis, dans le mois de décembre (le 19), la sanglante bataille de Dreux, où le connétable de Montmorency blessé fut fait prisonnier des huguenots, le maréchal de Saint-André tué par un ennemi personnel, et le prince de Condé pris par l'armée royale. Ces événements qui semblaient présager la fin de la guerre civile, ne calmèrent pas cependant les inquiétudes des Bourguignons. Leurs garnisons mal payées menaçaient de se débander, et les réclamations faites au roi à ce sujet restaient sans réponse satisfaisante. Le 17 janvier, les élus des États, alarmés de la situation et voyant « la gendarmerie » prête « à s'espancher « et tenir les champs, vivre et piller à faulte de « paie, ou délaisser son service, » députèrent leur

---

(1) *Archives de la Côte-d'Or et de l'ancienne Bourgogne.* — Délibération des États.

greffier en cour, pour obtenir de lever sur les deniers du taillon, la solde de la garde de la province. Cette garnison, disaient-ils « estant de présent
« aussi nécessaire que jamais, pour la conservation
« des villes et de tout le païs. » (1).

XIX. — Correspondance active de Tavannes avec les Avallonnais, pour ses opérations militaires.

Si les inquiétudes étaient vives, la vigilance de Tavannes ne s'endormait pas ; il avait l'œil à tout, et chaque ville ressentait les effets de sa sollicitude.

Dès le mois d'octobre précédent, lors du passage des Allemands sur les marches de la Bourgogne, quelques esprits turbulents d'Avallon, ayant à leur tête l'un des échevins nommé Jean Bouchu, avocat, avaient essayé de soulever la ville. A en juger par les termes d'une lettre que le gouverneur d'Avallon, Philippe de Chastellux, (2) écrivit à Tavannes le 30 octobre, leur échauffourée fut sans résultat sérieux. Cependant, après s'être excusé sur sa santé et sur les douleurs de la gravelle dont il était atteint, « de n'avoir pu mettre ordre à ceux de la ville qui
« avoient voulu faire les fous, » il trahit son embarras en demandant une garnison de cent arquebusiers pour contenir les mutins et les empêcher de livrer la ville à l'armée d'invasion dont on avait déjà vu passer les éclaireurs.

(1) *Archives de la Côte d'Or et de l'ancienne Bourgogne.* — Registre des États.

(2) Philippe de Chastellux, seigneur de Bazarne, chevalier et vicomte d'Avallon, nommé le 24 août 1562, gouverneur d'Avallon.

Nous ne voyons pas que cette garnison fut accordée; mais Tavannes ordonna l'expulsion de tous les séditieux, comme il avait fait à Beaune et à Dijon, et, dans leur exil, les faisait surveiller de près.

Quelques seigneurs des environs, comme les Jaucourt de Villarnoult, les Briquemault de Ruère, les Monceaux de Blannay, tenaient pour la Réforme. Dans le courant de janvier, certains d'entre eux avaient formé le projet de s'emparer d'Avallon ; et, pour favoriser leur entreprise, avaient fait rentrer en ville plusieurs des expulsés. Mais leurs démarches étaient épiées, et bientôt Tavannes fut informé de leurs desseins. Aussitôt il manda près de lui les échevins pour avoir de plus amples renseignements et leur donner ses instructions. Ceux-ci déléguèrent Jean Seguenot, surnommé de L'isle. Seguenot lui affirma que les échevins n'avaient pris aucune part à la réintégration des proscrits dans leur demeure et observa qu'ils n'avaient pas autorité suffisante pour les expulser de nouveau. Le lieutenant-général le chargea alors d'une lettre pour Étienne Filzjehan, lieutenant du roi au siége d'Avallon, par laquelle il donnait commission à celui-ci, ainsi qu'aux autres officiers du roi de faire sortir de nouveau de la ville, pour le temps que dureraient encore les troubles, tous ceux qui avaient été chassés au mois d'octobre, et ordonnait une enquête au sujet de leur rentrée. Il recommande d'ailleurs de monter nuit et jour la garde, en y contraignant au besoin tous les habitants. « Messieurs, dit-il, ayant esté par cy-devant
« adverty que l'on laissoit rentrer les séditieux de
« la nouvelle religion en la ville d'Avallon, j'ai

« escript aux échevins de me venir trouver pour
« me faire entendre l'occasion. Lezquelz m'ont
« dict qu'ilz ne les ont fait rentrer, et qu'ilz n'ont
« nulle auctorité dedans ladite ville, ny puissance
« d'y commander : Occasion que je ne me sçaurois
« prendre que à vous pour sçavoir de quelle aucto-
« rité ilz ont esté remys en ladite ville.

« Pourquoy je vous prye, incontinent la présente
« receue, me mander la vérité, et informer contre
« ceulx qui en sont cause, faisant sortir tous ceulx
« que trouverez y estre rentrez, pour quelque
« temps et jusques ces troubles soient apaisez;
« leur défendant de s'y retrouver : car j'ay entendu
« pour certain que certains gentilshommes, vos
« voisins, ont entrepris se saisir de votre ville ;
« choze qui ne se peult sans les dessusdictz qui
« sont rentrés. Vous ferez au demeurant faire
« bonne garde, tant de jour que de nuict, et don-
« nerez si bon ordre à la seurté de votre ville,
« pour le service du roy, que n'en advienne incon-
« vénient : et à ce, contraindrez tous les habitans
« d'icelle ville ; car si elle étoit tumbée entre les
« mains de noz ennemis, je serois contrainct y
« aller pour la reprendre. Je vous laisse à penser
« en quelle misère le peuple pourroit tumber. »

« En estimant que ne faudrez (manquerez) à
« faire le contenu cy-dessus, ne vous en diray
« d'avantage, sinon que je prie Dieu, messieurs,
« vous donner bonne et longue vye. »

« De Seurre, le 28° janvier 1562 (1563, nouveau
« style) votre bon amy Tavannes. » (1).

(1) *Archives d'Avallon.*

Le château de Pisy, à quatre ou cinq lieues d'Avallon, au sud-est, venait heureusement d'être repris sur les huguenots, par Jean Lallemand, lieutenant du maréchal de Saint-André.

XX. — Projets des huguenots contre Avallon.

Les huguenots ne renoncèrent pas pour cela à leur projet de se rendre maitres d'Avallon. A cet effet, ils s'étaient emparés, à six quarts de lieue de la ville, du château de Girolles, appartenant à l'abbaye de Saint-Martin d'Autun. De là, ils faisaient chaque jour des incursions, jusque sous les murs d'Avallon, détroussaient, maltraitaient et emmenaient à Girolles les habitants qui se hasardaient dans la campagne : Pierre Thibault, Bénigne Gaillard, Jean Destranchey, ainsi qu'un marchand de Paris, furent du nombre de leurs prisonniers, et n'obtinrent leur liberté, qu'au prix de très fortes rançons. (1).

Dans ces conditions, la garde bourgeoise ne parut plus à Tavannes une garantie suffisante pour la conservation de la cité, « à cause, dit-il, « du peu d'expérience que peult avoir ung peuple. » Il essaya de faire accepter aux habitants, une petite garnison commandée par un chef expérimenté. (2).

(1) M. Quantin, dans le *Bulletin des sciences historiques de l'Yonne*, t. 10.

(2) Lettre de Tavannes aux échevins d'Avallon. « Messieurs, « M. de Chevigny m'a fait entendre l'ordre que vous avez mis

Les échevins comprenant le danger auquel ils étaient exposés, cédèrent aux judicieuses observations du lieutenant-général de Bourgogne, et se déterminèrent à s'imposer cette charge. Le 8 mars, ils contractèrent un marché avec 29 soldats à gages, pour monter nuit et jour la garde sur les remparts ou « sortir ès environs d'icelle ville, si
« besoing fault, pour le service du roy ou de ladite
« ville, où il leur sera ordonné par les officiers du
« roy, et de ladite ville, leur capitaine ou son lieu-
« tenant, à peine de l'esmande et de tous dépens
« domaiges et intérêts. » Le marché fut conclu
« moyennant « la soulde de cent solz par mois, pour
« chascun desditz souldatz qui prêtèrent le serment
« au sainct évangile de Dieu, ès mains de noble et
« saige maître Étienne Filzjchan, docteur en droit,
« conseiller du roy et lieutenant au bailliage et
« ressort dudit Avallon. » (1).

Tavannes nomma M. de Vezannes, capitaine de cette compagnie. Il tenait autant que les Avallonnais à ce que cette ville ne tombât pas au pouvoir de l'ennemi qui occupait Girolles ; et comme il ne pouvait pas encore aller reprendre cette place,

---

« pour la garde de votre ville ; et pour ce qu'il est bien raison-
« nable qu'il y ayt un chef pour commander, je luy ay donné
« charge de vous en dire mon opinion. Vous le croirez de ce
« qu'il vous dira de ma part. Il est besoin que le chef soit accom-
« paigné de quelques gens, comme il vous dira. Si cela ne se
« faict, vous serez en dangier, pour le peu d'expérience que vous
« savez que peult avoir ung peuple. Qui est l'endroit où je prye
« Dieu, messieurs, que vous veuille garder. — De Dijon ce 16
« février 1562 (1563). Votre bien bon amy, Tavannes. » — (*Archives d'Avallon*).

(1) *Archives d'Avallon.*

pressé qu'il était d'opérations plus importantes, il mettait tous ses soins à préserver Avallon d'une surprise, jusqu'au jour où il pourrait chasser les huguenots de son voisinage. Dans la crainte que, malgré l'expulsion des plus séditieux, l'ennemi n'eût encore conservé quelques intelligences dans la ville, et averti par les échevins de démarches et de manœuvres fort suspectes de la part de quelques habitants, il rappelle par ce mot aux officiers du roi et au corps de l'échevinage, les ordres de sévère expulsion qu'il a déjà donnés. « Messieurs,
« J'escriptz au sieur de Vézannes aller en votre
« ville d'Avallon, pour commander aux soudartz
« qu'avez prins, pour la garde de votre ville et
« qu'ilz auront à faire : Vous priant, y faire si bon
« guet et garde, que ne soyez surprins. Et si vous
« doubtez de ceulx de la nouvelle religion qui sont
« en votre dite ville, vous en ferez ainsi que advi-
« serez pour votre seurté. Je vous ay envoyé cy
« devant, commission à cest effect. Quant au
« surplus du contenu en votre lettre, j'en adviseray
« le roy et y pourvoiray cependant (en attendant)
« le mieulx qui me sera possible, en priant, sur ce,
« le créateur, vous donner ce que désirez. » — A Dijon, ce 11 mars 1562 (1563) « Votre bien bon amy,
« Tavanes. » Et en post-scriptum. « J'espère en
« bref, vous mettre hors ces calamnitez. (1).

(1) *Archives d'Avallon.*

XXI. — Expéditions contre Entrains et Corbigny.

Les opérations plus importantes qui préoccupaient Tavannes, étaient la reprise d'Entrains et de Corbigny, dans la Nièvre. Entrains était tombé par surprise, le 12 décembre 1562, entre les mains de Louis de Blosset, qui en confia la garde au capitaine Beaumont. Corbigny avait été livré par un traître, le 29 janvier 1563, à René de Monceaux, seigneur de Blannay et à Louis de Blosset. Dans l'une et l'autre de ces deux villes, les huguenots commirent les mêmes excès, et les mêmes profanations qu'en Bourgogne.

Entrains était devenu l'un des quartiers généraux les plus importants des huguenots, et menaçait à la fois, le nord de la Bourgogne, le Nivernais et même les provinces environnantes : aussi les garnisons catholiques de Nevers, de Cône, d'Auxerre, de Gien et de Bourges s'étaient donné rendez-vous dans ses environs pour en faire le siége. Tavannes y dirigea 4000 hommes de troupes, pour lesquels il envoya des réquisitions de vivres à Avallon et à Sermizelles, le 19 et le 21 mars, avec invitation de faire conduire leurs munitions à Clamecy, à quatre lieues anciennes d'Entrains. (1).

(1) *Archives d'Avallon.* — On était alors en carême : Il n'est pas sans intérêt de noter en passant la stricte abstinence d'aliments gras que l'on faisait observer aux troupes, même en campagne. L'une des réquisitions se compose de cinq à six mille pains, de vingt queues de vin, de cinq à six cents carpes et de harengs. Les soldats n'en étaient pas moins forts et ne se battaient pas moins bien.

Tout en faisant marcher des troupes dans cette direction, il envoyait aussi quelques hommes sous la conduite du baron de Couches, de la maison de Choiseuil, contre le château de Girolles, (1) et faisait surveiller activement les manœuvres des rebelles à Entrains et à Corbigny. « Messieurs, » écrivait-il de Semur, le 20 mars, aux échevins d'Avallon, « incontinent la présente receue, envoyez la lettre « que j'escriptz à Auxerre, par ung homme à « cheval, en toute diligence ; et qu'il alle de jour et « de nuict. Au demeurant, envoyez gens d'heure à « autre, à Entrain et à Saint-Léonard (Corbigny) « pour sçavoir que font ceulx qui y sont ; et de ce « que vous en sçaurez, mandez-le-moi diligemment « et à toutes heures. (2). »

XXII. — Évacuation du château de Girolles.

Cependant, l'approche du baron de Couches, peut-être aussi le besoin d'aller au secours d'Entrains et de La Charité, avait déterminé le capitaine de Girolles d'entrer en composition avec les Avallonnais. Je ne sais quelles étaient ses propositions qui ne furent transmises que tardivement à Tavannes : le fait nous est simplement révélé par cette lettre que celui-ci écrivit encore aux échevins de la ville. « Messieurs, j'ay veu vos lettres et celles que « vous a escript le cappitaine de Girolles, du 19 « du présent mois ; et je m'esbahis que vous avez

(1) *Archives d'Avallon.*
(2) *Id. Id.*

« tant tardé à les m'envoyer, et par ung homme
« de pied : car au lieu d'espargner deux ou trois
« escuz, vous estes cause qu'il en coutera cinq
« cens. Une aultre foys faictes faire meilleure dilli-
« gence, et n'espargnez gens et chevaux en ce que
« M. de Couches nous commandera pour le service
« du roy : Aultrement, tout va tumber sur votre
« païs. Vous le croirez, au demeurant, de ce qu'il
« vous dira de ma part. Priant Dieu, messieurs,
« que vous veulle garder. — De Semur, ce 21 mars
« 1562 (1563), votre bien bon amy Tavanes. » (1).

Cette lettre était à peine parvenue aux Avallonnais, que les huguenots s'étaient décidés à abandonner Girolles. Mais les troupes qui les avaient forcés à la retraite n'en continuèrent pas moins à tenir la campagne autour d'Avallon, dans la crainte que les rebelles ne se jetassent sur d'autres châteaux des environs. Tavannes en confia la garde au capitaine Longecourt, et, par une nouvelle lettre du 23 mars, réitéra ses recommandations aux officiers du roi et aux échevins de la ville de n'ouvrir les portes à aucun de ceux qu'il avait bannis par mesure de sûreté, sans une autorisation expresse et signée de sa main. (2).

(1) *Archives d'Avallon.*
(2) Lettre de Tavannes aux officiers du roi et échevins d'Avallon. « Messieurs, encore que les ennemys se soyent retirez, et
« désemparé Girolles, toutefois, il est fort à craindre qu'ils ne se
« veuillent essaïer de se saisyr d'aultres chasteaulx, pour vous
« endommager. Pour à quoy obvier, j'ay advisé de ne laisser
« dépourvue votre frontière, de gens de cheval, et entre autres,
« j'y ay délaissé ceulx du cappitaine de Longecourt, que vous
« favoriserez de tout ce que luy sera possible : et si, pour quel-
« que bonne occasion, il estoit contrainct soy retirer en votre

Il fallait donc qu'Avallon fût bien sérieusement menacé, pour obliger à une correspondance aussi suivie, avec le lieutenant-général de la Bourgogne, et pour contraindre à toutes ces mesures de sûreté. Mais, grâce à la prudence et à la vigilance de celui-ci, grâce aux sentiments des échevins et de la population tout entière, cette ville put éviter les malheurs que tant d'autres cités eurent à déplorer.

XXIII. — Le duc de Guise assassiné sous les murs d'Orléans.

Sur ces entrefaites, le duc de Guise avait été assassiné sous les murs d'Orléans (21-24 février) par un gentilhomme de l'Angoumois. L'assassin, nommé Poltrot de Méré, avait dénoncé devant le parlement l'amiral de Coligny et Théodore de Bèze pour ses instigateurs. Poltrot fut condamné à mort ; mais Coligny et Bèze purent échapper l'un et l'autre

« ville, je vous prye de l'y recevoir et sa compaignie, avec asseu-
« rance que ce ne sera pour y faire long séjour, selon que la
« commodité et néce sité le requèrera. Et m'assurant de vos bon-
« nes voluntez et affections au service de sa majesté, je vous
« prye toujours veiller pour la garde et seurté de votre dite ville ;
« qui sera fin de ceste, me recommandant à vous de bien bon
« cuœur, priant le Créateur vous donner ce que désirez. — A
« Semur, ce 23 mars 1562 (1563). » En post-scriptum : « Je vous
« laisse toujours Vézannes qui vous servira de cappitaine, que
« vous obéirez. Ceste servira pour vous et pour luy.
« Advisez de ne recevoir ung seul des soupsonnez qui ont esté
« mis dehors ; car cela apporte la perdition de votre ville, que
« vous n'aîez ample commission de moy. — Votre bien bon amy,
« Tavanes. » — (*Archives d'Avallon.*)

aux jugements des tribunaux. Cependant le jeune Henri de Guise resta toujours persuadé de la participation de l'amiral au meurtre de son père ; et le désir de venger cette mort, fut, dit-on, pour quelque chose dans la part qu'il prit aux massacres de la Saint-Barthélemy. Quant au Vézelien de Bèze, les termes employés à son égard par l'ambassadeur d'Espagne, ne semblent pas laisser de doute sur sa complicité. Bèze avait fanatisé Poltrot au point de l'assurer, dit-il, « que s'il tuoit ledit sieur « de Guise, il gagnerait le paradis ; car il tueroit « de ce monde, le persécuteur des réformés. » (1).

Si nous ouvrons les écrits de Théodore de Bèze, nous n'y trouvons que l'apologie de Poltrot, sans mélange de blâme. Avant d'accomplir son crime, Poltrot, selon Bèze, s'était livré à de ferventes prières en demandant à Dieu « très ardemment, « qu'il lui fît la grâce de lui changer son vouloir, « si ce qu'il vouloit faire lui étoit désagréable ; ou « bien qu'il lui donnât constance et assez de force « pour tuer le tyran, et, par ce moyen, délivrer « Orléans de destruction et tout le royaume d'une « tyrannie. » (2) Ailleurs, il reconnait dans l'assassinat du duc de Guise « un juste châtiment de « Dieu, menaçant de semblable ou plus grande « punition, tous les ennemis jurés de son saint « Évangile. » Si ce ne sont point là des preuves de complicité, ce sont au moins de très graves présomptions contre lui.

---

(1) Capefigue. — *Histoire de Médicis.*
(2) Théodore de Bèze. — *Histoire ecclésiastique.*

XXIV. — Édit de paix du 19 mars 1563.

Antoine de Bourbon, quelles qu'aient été ses premières erreurs, était mort pour la défense de la foi catholique et du trône des Valois : le duc de Guise était tombé sous le fer d'un assassin ; il ne restait plus du *triumvirat* que le connétable de Montmorency, prisonnier des huguenots à Orléans. D'autre part, le prince de Condé était au pouvoir des catholiques. Les principaux d'entre les chefs des deux partis faisant défaut, on parlementa de nouveau et l'on finit par conclure une paix, dont les articles furent publiés à Amboise, le 19 mars 1563.

Les parlements n'enregistrèrent pas ce traité sans des difficultés plus ou moins prolongées et sans recevoir des lettres de jussion. Nous allons voir quelle fut la conduite de celui de Bourgogne et celle des États de la province, dans cette circonstance.

CHAPITRE VI

PAIX D'AMBOISE. — (1563—1566).

SOMMAIRE. — I. Clauses principales du traité d'Amboise. — II. Mécontentement des Bourguignons. — III. Opposition du Parlement et des États de Bourgogne à la publication de l'Édit. — IV. L'archevêque de Besançon joint ses remontrances à celles des Bourguignons présentées au Roi par Jean-Baptiste Bégat, au nom des États et du Parlement. — V. Enregistrement de l'Édit, avec restrictions consenties par le Roi. — VI. Le traité de paix mécontente les Réformés. — VII. Ravages des Allemands avant de quitter le territoire. — VIII, Entraves à la réintégration des amnistiés dans leurs propriétés saisies pour cause de révolte. — IX. Difficultés pour l'installation des prêches autorisés par l'Édit de la paix, à Châtillon-sur-Seine. — X. A Auxerre. — XI. A Avallon. — XII. — A Autun. — XIII. A Châlon-sur-Saône et Mâcon. — XIV. Voyage du Roi dans les provinces. — XV. Nouvelles alarmes. — XVI. Profanations occasionnant des rixes entre les catholiques et les protestants à Auxerre et à Lyon. — XVII. Retour de Charles IX par Auxerre, Joigny, Sens.

I. — Clauses principales du traité d'Amboise.

Par le traité d'Amboise, l'exercice libre du protestantisme était accordé à tous les gentilshommes protestants ayant haute-justice ou « fief de haubert, » dans l'étendue de leur seigneurie, et aux autres nobles, dans leurs maisons seulement, pourvu qu'ils ne relevassent point de seigneurs haut-justiciers auxquels il plairait de le défendre. Dans chaque bailliage et sénéchaussée, une ville était assignée aux huguenots, pour l'établissement de leurs prêches, indépendamment de celles qui leur étaient soumises avant les premiers pourparlers de paix, c'est-à-dire, avant le 7 mars 1563 (nouveau style).

Les jugements prononcés contre les hérétiques, depuis la mort de François II, furent déclarés cassés et annulés et les condamnés relevés de toutes les peines prononcées contre eux.

Les deniers levés par les révoltés leur furent alloués comme bien et dûment perçus.

II. — Mécontentement des Bourguignons.

Les clauses de l'édit soulevèrent, en Bourgogne, une réprobation générale. On le comprend sans effort. Les hérétiques avaient été vaincus par toute la province ; les plus séditieux avaient été bannis ou punis de mort, et leurs biens confisqués par arrêts de justice, étaient déjà vendus en partie. Et la victoire, les catholiques ne l'avaient pas obtenue sans sacrifices et sans souffrances. Les biens et l'argenterie des églises engagés ou vendus, les coffres du trésor vidés pour les frais de la guerre, étaient autant de raisons qui les faisaient tenir davantage au fruit de leur entreprise, à part le but plus noble qu'ils s'étaient proposé, qu'ils avaient atteint, et dont on leur imposait le sacrifice par le traité d'Amboise.

Nos aïeux n'étaient plus catholiques seulement par leur soumission aux lois de l'Église romaine, ils l'étaient devenus, en quelque sorte, par droit de conquête. Au baptême de l'eau, ils avaient ajouté le baptême du sang répandu pour la foi. Vainqueurs des hérétiques dans la province, ils étaient en droit de prétendre à n'être pas traités en vaincus, ni forcés de céder aux huguenots les villes qu'ils avaient reconquises sur eux, et desquelles ils les avaient chassés.

Le jour même de la signature du traité, l'ordre de l'entériner était envoyé au parlement de Bourgogne, en justifiant la mesure sur les émotions de la guerre civile que l'on venait d'avoir. « La malice
« du temps, » est-il dit comme préambule, a voullu
« et Nostre-Seigneur a aussi, par son jugement
« incongneu, provocqué, comme il fault croire de
« noz faultes et péchez, lasché la bride ausdits
« tumultes, de façon que l'on est venu à mectre la
« main aux armes si avant, qu'ilz en sont sortiz
« infiniz meurtres, vengeances, pilleries forcement
« et saccagements de villes, ruynes de temples et
« églises, batailles données et tant d'autres maulx,
« calamitez et désolations commises et exercées en
« divers endroictz. » (1).

Voyons l'accueil que firent les Bourguignons à cette sommation.

(1) *Archives de la Côte-d'Or et de l'ancienne Bourgogne.* — Chambre du parlement.

CHAPITRE VI. — (1563—1566)

III. — Opposition du parlement et des États de Bourgogne à la publication de l'édit.

Le 28 mars, pendant que le parlement de Paris cédait aux ordres exprès signifiés par le duc de Montpensier, et rendait ainsi le traité obligatoire pour le comté d'Auxerre qui était de son ressort, les élus des États de Bourgogne, après avoir invité le parlement de Dijon à surseoir à l'enregistrement de l'édit, adressèrent à la reine leurs remontrances, tout en protestant de leur soumission et de leur dévouement au roi.

Les États provinciaux étaient convoqués pour le 1ᵉʳ mai. Les élus ne demandaient l'ajournement de la publication du traité que jusqu'à l'époque de leur réunion, pour être tout au moins, déchargés de toute responsabilité. Ils donnèrent en même temps avis de leur démarche au duc d'Aumale, (Claude de Lorraine) gouverneur de la province, en le priant d'appuyer leur requête. Quelque pressantes que fussent leurs sollicitations, Catherine de Médicis y répondit par un refus, le 13 avril suivant. « Mes-
« sieurs, » leur écrivit-elle, « J'ai faict ouïr au
« conseil du Roy, monsieur mon fils, celluy qui
« estoit porteur de la lettre que vos m'avez escript,
« du 28 du mois passé, et veoir aussi laditte lettre
« et mémoire que lui aviez baillé, contenant vos
« remontrances, sur le faict des articles accordez
« pour la pacification des troubles de ce royaulme,
« qui ont esté bien considérées audit conseil, avec
« votre affection au bien du service du Roy,

« monsieur mon fils, et repos de son royaulmé.
« Comme de pieçà (déjà) toutes choses qui en
« dépendent y ont esté posées et bien particuliè-
« rement digérées, et finablement trouvées néces-
« saires (pour) y mettre fin, par le moyen des
« lettres patentes sur ce expédiées, lesquelles sont
« jà passées et publiées à la cour de parlement de
« Paris, comme il est besoing qu'elles soient par
« delà, et le contenu observé. A quoy je vous prye
« de votre part y tenir la main, et croire ce que sur
« ce, vous dira ou fera entendre de la part du Roy,
« mondit fils, et la myenne, tout ainsi que vous ferez
« de moy-mesme. » (1).

Cependant, les observations des élus ne laissèrent pas de donner quelques inquiétudes à la reine.
Dans la crainte d'un soulèvement populaire, elle
avait écrit au duc d'Aumale de se rendre dans son
gouvernement de Bourgogne. Mais celui-ci ne vint
pas et se contenta de donner à Tavannes des instructions dont nous ne connaissons pas la teneur,
parce qu'elles furent apportées et données verbale-
ment par un homme de confiance muni de lettre
de créance. Il ne semble pas avoir mis une bien
vive insistance pour la publication immédiate de
l'édit de pacification. Ayant moins de quinze jours
à attendre pour l'assemblée des États, on peut croire
qu'il laissa faire les élus. Voici d'ailleurs la lettre
qu'il leur écrivit le 17 avril.

« Messieurs, la Royne m'escript une lettre, qu'à
« ceste heure mesme je viens de recevoir, par

---

(1) *Archives de la Côte-d'Or et de l'ancienne Bourgogne.* —
Registre des États.

« laquelle elle me mande qu'elle a veu ce que vous
« lui aviez escript sur la difficulté que vous jugez
« encore avoir à faire recepvoir par de là, la décla-
« ration de ceste paix, et comme vous désirez
« remettre la publication à la tenue de vos estatz
« prochains. Et laditte dame craignant qu'il en
« advienne quelque désordre, me prye de me trans-
« porter au plustôt que je pourray à Dijon. Mais
« d'aultant que je n'y puis estre si promptement
« comme elle désire, j'ai advisé d'en escrire à
« Monsieur de Tavanes par ce porteur que je luy
« envoye et à vous exprès. Vous priant, Messieurs,
« de regarder et adviser par ensemble de vous
« conduire sur cest affaire, selon et ainsi que je
« luy mande : me semblant, qu'en ce faisant, nous
« ne pouvons faillir. » (1).

Le 1er mai, les États de Bourgogne étaient assemblés. Pour mettre chacun à l'aise et l'inviter à parler avec confiance, et aussi, sans doute, pour que le retentissement des débats n'occasionnât pas de tumulte au dehors, leur premier soin fut d'exiger de chacun des députés, le serment « de ne
« révéler aucune chose des affaires qui seroient
« proposées et mises en terme, ny des opinions
« particulières des délibérans. » (2) Les États approuvèrent ensuite la conduite et la résistance des élus ; et, après mûr examen, formèrent une nouvelle opposition à l'enregistrement du traité. Je ne puis me dispenser de reproduire les termes de

---

(1) *Archives de la Côte-d'Or*. — *Loco citato*.
(2) *Archives de la Côte-d'Or*. — *Loco citato*.

la délibération, dans ce qui est relatif à cette affaire.

« Les estatz délibérans des affaires dudit païs, et
« principalement du moïen de pouvoir apaiser et
« contenir les troubles meuz pour le faict de la reli-
« gion, ont unanimement conclu et délibéré estre
« très-nécessaire d'advertir le Roy et nos seigneurs
« de son conseil privé, que le traicté du mois de
« mars passé, contenant les moïens de pacifier les
« troubles, envoyé à la cour de parlement de Dijon,
« pour y estre publié ; que ladite cour a ordonné
« estre communiquée au procureur des estatz, ne
« peult estre receu, sans apporter de grands et
« pernicieux troubles, et division des subiectz,
« comme jà cy devant a faict, l'année précédente,
« l'édict du mois de janvier. Desquelz troubles,
« meuz pour l'occasion dudit édict de janvier, ledit
« païs est à peu près ruyné ; estant toute foys, par
« la bonté de Dieu, et la conduite du sieur de
« Tavanes, à présent uny et tranquille *en la religion*
« *ancienne, cy devant observée* (1) : Et ne pourroit,
« l'exercice de la nouvelle religion, permise par
« ledict traité de pacification, apporter aultre chose
« que nouveaux troubles, sans aucun repos des
« sujetz ny des circonvoisins, qui desjà s'en res-
« sentent et onct faict cas et proprosition ausdits
« estatz ; mesmement l'archevesque de Besançon.
« Au moïen de quoy, en seront, à diligence, faictes
« remonstrances à sa Majesté. Laquelle sera très
« instamment suppliée que en tout le gouvernement
« dudit païs de Bourgogne, ne se fasse ou permette

(1) Ainsi souligné au registre.

« aucung exercice d'icelle nouvelle religion : Mais
« que lesdits trois estatz soient maintenuz et con-
« servés en leur dite religion ancienne, sans inno-
« vation quelconque, pour l'obéissance et service
« du Roy et repos de tout le public. Et jusques à
« ce que lezdites remontrances soient ouyes, et que
« ladite Majesté ait ordonné sur icelles, ont aussy,
« lezdits trois estatz, délibéré que la cour de parle-
« ment de Dijon sera requise de leur part différer
« et supercedder la publication dudit traicté. A quoy
« de tant plus iceulx estatz sont meuz et excités,
« d'aultant que ce jourd'huy ils ont eu advertisse-
« ment que ceulx qui tiennent la ville de Lyon,
« sont sortiz par hostilité, aians deffaict quelques
« troupes du sieur de Nemours. » (1)

IV. — **L'archevêque de Besançon joint ses remontrances à celles des Bourguignons, présentées au roi par Jean-Baptiste Bégat, au nom des États et du Parlement.**

L'archevêque de Besançon profitant de la réunion des États de Bourgogne, voulut en effet joindre sa protestation à celle de la province. Il envoya à l'assemblée deux députés porteurs de son adhésion à l'opposition des Bourguignons ; et l'on joignit ses remontrances à celles du pays. On élut, pour les aller présenter au roi, savoir : pour le corps du clergé, Pierre Sayve, abbé de Sainte-Marguerite et doyen de la Sainte-Chapelle de Dijon et Odmet

(1) *Archives de la Côte-d'Or et de l'ancienne Bourgogne.* — Délibération des États.

Godran, chanoine de la Sainte-Chapelle ; pour la noblesse, les sieurs de Trémont et de Martigny ; pour le Tiers-État, Edme Chantepinot, avocat du roi, et Jean Legrand de Châtillon. Deux ecclésiastiques de chacun des évêchés de la Bourgogne, devaient se joindre à la députation.

Sur l'invitation des États, le parlement délégua également un de ses membres, Jean-Baptiste Bégat, qui avait déjà rempli la même mission l'année précédente, au sujet de l'édit de janvier. Orateur célèbre, ce fut lui qui porta la parole au nom de ses collègues et de toute la province.

Dans son discours, qui a été imprimé, il développe les raisons de la délibération qui précède, et présente l'édit comme contraire aux intérêts de la religion et de l'État. Si cet édit est impuissant, dit-il, à concilier ensemble « la vérité et l'erreur, » la discorde et la ruine en résulteront aussi bien au point de vue social qu'au point de vue religieux. Pour le prouver, il s'appuie sur les paroles mêmes des huguenots auxquels « on entendait dire chaque jour, qu'il fallait purger la république de trois espèces de vermine : les moines, les nobles et les gens de longues robes. (1) Enfin il conclut en suppliant le roi de ne point astreindre la Bourgogne aux conditions du traité.

Son discours produisit une sensation immense, à en juger par la réponse passionnée qu'y fit un protestant anonyme, sous le titre : *Apologie de*

---

(1) Dom Plancher. — *Histoire de Bourgogne*, t. IV.

l'*édit du Roy sur la pacification de son royaume,
contre les remontrances des États de Bourgogne.* (1)
Voici d'ailleurs quelques extraits de sa harangue.

« Sire, disait Bégat, vous accordez, pour l'exercice
« de leur prétendue religion, à ceux qui se sont
« séparés de nous, certains lieux et endroits dont
« les gens des trois États de ce pays sont fort
« troublés, et estiment que ce règlement emportera
« ruine entière de la république. Sur ce, ils ont
« fait de grandes exclamations et plaintes à votre
« parlement, vous suppliant de ne pas trouver
« mauvais s'ils ont requis votre cour de différer
« la publication de cette déclaration. Ils estiment
« ne devoir souffrir qu'une assemblée de peuple,
« séparée de l'Église, dont tous les chrétiens ont,
« à leur baptême, promis et juré l'union, soit en
« toute liberté devant leurs yeux... Quelle commu-
« nion vos sujets catholiques et autres pourront-ils
« en effet tenir ensemble ? Comment se pourront-
« ils recorder à l'obéissance d'un chef qui sera de
« l'une ou de l'autre et non des deux ? Car nul
« commandement ne peut être exécuté, si tous ceux
« qui ont à obéir ne sont d'un commun accord à
« l'obéissance ; et cet accord existera-t-il jamais
« avec la diversité de religion ?.. La religion est le
« lien le plus fort entre tous les hommes, dont
« tous ceux qui s'affranchissent, ne peuvent être
« amis. »

(1) L'abbé Papillon, *Bibliothèque de Bourgogne*. — Dom Plancher.

V. — Enregistrement de l'édit, avec restrictions consenties par le roi.

Bégat s'épuisa dans de vains efforts : les démarches des députés furent infructueuses et leur éloquence sans effet. Le 26 mai, le roi adressa au parlement de Dijon des lettres de jussion auxquelles on répondit par de nouvelles remontrances non plus heureuses que les précédentes. Néanmoins, il fallut encore des lettres interprétatives de l'édit de pacification, accordant [pied à pied quelques-unes des réclamations de la Bourgogne, pour que cet édit fût enfin enregistré, le 21 juin par le parlement et le 9 juillet par la cour des comptes ; mais dans des termes, acceptés par le roi, qui prononcent comme on va le voir, plutôt un ajournement motivé, qu'une ratification du traité.

« Au très-exprès commandement du roy et de la
« royne, sa mère, fait par plusieurs et réitérées
« foys, après les remonstrances faictes aussy par
« plusieurs foys à sa majesté, par les depputéz des
« trois estatz de ce pays de Bourgoingne, et par le
« conseiller de ladite cour expressément envoyé à
« sa majesté, et suyvant la volonté dudit seigneur
« Roy et de ladite Royne, sa mère, ladite cour a
« faict et faict inhibicions et deffences à tous les
« subiectz d'icelle majesté, de faire ny souffrir
« aulcung presche, ny exercice d'aultre religion
« que de la Catholique et Romaine, en tout le
« ressort d'iceux (pays de Bourgogne), jusqu'à ce

« que la ville de Lyon ayt esté remise en la pure
« obéissance de la majesté du Roy, et en tel estat
« qu'elle estoit auparavant les guerres. — Fait à
« Dijon, le lundy 21ᵉ jour de juin 1563, enregistré
« en la cour de parlement et en celle des comptes,
« le vendredi 9 juillet 1563. » (1).

VI. — Le traité de paix mécontente les Réformés.

Dans le parti des Réformés le mécontentement ne fut pas moindre. Plusieurs reconnaissant qu'ils n'avaient été, comme il arrive souvent dans les révolutions, que les agents d'ambitieux égoïstes, murmuraient hautement contre Condé. Le prince, rentré en grâce auprès du roi, se leurrait de l'espoir de remplacer bientôt, dans la lieutenance générale du royaume, son frère le roi de Navarre, tué au siége de Rouen, (2) et se montrait satisfait, comme si la conquête de ce titre avait été le seul but de la guerre et l'équivalent de tant de sang versé, de tant de familles ruinées et de villes saccagées, de tant d'églises et de couvents spoliés et brûlés. Dans une de ses lettres, Calvin s'exprime à l'égard du prince, dans des termes les plus virulents, et le traite de « misérable qui en trahissant Dieu, dans sa vanité, « a mis tout en confusion. » (3).

Coligny, dont la signature ne figure pas au

---

(1) *Archives de la Côte-d'Or et de l'ancienne Bourgogne.* — 3ᵈ carton B. — *Guerres de religion.*
(2) Théodore de Bèze, — *Histoire ecclésiastique*, t. 2, p. 202.
(3) J. de Croze,

traité, et que l'on croirait avoir retardé par calcul son retour de Normandie pour ne point y prendre part, abandonne le ton de réformateur religieux et prend celui d'un démagogue, observe M. le duc d'Aumale, pour blâmer l'édit d'Amboise. En plein conseil, le prince présent, « il remontra que l'on
« avait fait plus de tort aux églises par un trait de
« plume que les ennemis n'eussent pu faire en dix
« ans de guerre ; que les villes avaient été sacrifiées
« aux nobles, et cependant, que la noblesse devait
« confesser que les villes lui avaient donné l'exem-
« ple, et les pauvres montré le chemin aux riches ;
« ceux-ci ne songeaient qu'à piller et qu'à s'enrichir
« et ne parlaient que de s'en retourner quand les
« choses ne tournaient pas à leur fantaisie. » (1)
Ainsi le traité de paix ne contentait ni l'un ni l'autre des partis, et ne s'éxécuta pas sans de nombreuses difficultés.

VII. — Ravages des Allemands avant de quitter le territoire.

Passons les excès commis depuis la paix par les troupes de Coligny dans la Normandie, le pays Chartrain et la Beauce ; le ravage des soldats de Condé dans Orléans, et la continuation des hostilités à Lyon, pour nous restreindre à la Bourgogne.

Les troupes étrangères dont le licenciement était ordonné par l'édit, quittaient à regret et lentement le territoire. D'Andelot fit de nouveau passer par Tanlay celles qu'il avait amenées d'Allemagne,

---

(1) Th. de Bèze, t. II, p. 202. — Duc d'Aumale, t. I, p. 227.

et, sous son commandement, elles commirent des actes de barbarie que le père Fodéré raconte en ces termes : « Les hérétiques ayant faict la paix
« avec le roy, ledit Dandelot se retira en sondit
« château de Tanlay ; et au mesme instant, fit
« entendre au P. gardien, que nonobstant la paix,
« il ne pouvoit souffrir les religieux, ny l'exercice
« d'une religion contraire à la sienne, si près de
« son habitation. Et pour ce leur fit faire comman-
« dement de promptement vuider le couvent, et
« que la plus grand'grâce qu'il leur pouvoit faire,
« estoit de leur donner la vie et permettre de se
« retirer ailleurs. Je laisse à penser au lecteur en
« quel effroy telles nouvelles mirent ces pauvres
« pères; lesquels néanmoins cognoissans le pèlerin,
« et sa furie contre les catholiques, et notamment
« contre les ecclésiastiques, se mirent en devoir
« d'empaquetter les principaux meubles de l'église,
« pour les réfugier à la ville de Tonnerre, voisine
« de deux lieues : mais on précipita tellement et on
« pressa si violemment leur sortie, qu'à peine
« peurent-ils prendre leurs bréviaires : car le
« mesme Dandelot vint au couvent en personne,
« avec un bon nombre de ses spadacins, qui chassa
« nos frères à coups de baston, fit emporter à son
« chasteau tous les joyaux et ornements d'église,
« ensemble les meubles du couvent ; puis luy-
« mesme voulut donner le premier coup de sappe
« à la muraille de l'église ; et fit tant, qu'il en
« arracha une pierre, laquelle jettant contre terre
« avec une furie enflammée, détestoit les premiers
« fondateurs de ce couvent, maudissoit l'estat
« monastique et proféroit d'estranges blasphêmes

« contre la religion chrétienne. Dès lors il ne se
« peut dire de quelle rage ses satellites suivirent cest
« exemple et travaillèrent à desmolir ceste si dévote
« maison. Par commandement et par force, il fit
« venir tous ses sujets, lesquels avec soupirs et
« larmes, enlevèrent et emportèrent au chasteau
« les tuilles, les rameures des couverts, sommiers
« et autres matériaux, desquels il fit faire un
« moulin des plus superbes qui soit en France,
« tout auprès de la porte du chasteau, en quoy il
« employa particulièrement les autels et plus belles
« pierres de taille de ladite église, puis fit mettre
« le feu et brusla tout ce qu'il ne deigna faire
« desmolir ; si bien qu'il n'y resta marque d'aucun
« bastiment, sinon les trois chappelles qui avoient
« esté faictes les dernières, du long de la nef,
« lesquelles endurèrent le feu parce qu'elles estoient
« bien voutées en bonnes pierres. » (1).

Quatre mois après la signature de la paix, ses troupes occupaient encore le pays. Le 16 juillet, les Avallonnais inquiets sans doute des rapports qui existaient entre les Rothelin et les Coligny, envoyaient à Noyers pour « savoir si les bandes de « l'amiral et d'Andelot y estoient logiées. » (2) huit jours plus tard, le duc d'Aumale signalait ces bandes à Tavannes. Il lui écrivait « qu'à l'entour d'Auxerre
« plusieurs volleurs qui s'advouent à M. l'amiral,
« faisoyent excès aux habitants de ladite ville ; »
et il l'invitait d'envoyer contre elles, le prévôt

---

(1) Fodéré. — *Histoire de la province de Saint-Bonaventure*, p. 893.

(2) *Archives d'Avallon.*— Comptes des receveurs.

des maréchaux avec une compagnie de gens d'armes. (1).

C'est ainsi que les protestants exécutaient le traité de paix : voyons, comment de leur côté, les catholiques s'y soumirent, après qu'il eut été enregistré au parlement du Dijon.

VIII. — Entraves à la réintégration des amnistiés dans leurs propriétés saisies pour cause de révolte.

L'édit d'Amboise enregistré et publié, de graves difficultés d'application surgirent tant au sujet de la restitution aux amnistiés des biens confisqués sur eux par arrêts des tribunaux, qu'au rapport de l'établissement des prêches. Plusieurs de ces biens confisqués étaient déjà vendus et le prix en avait été affecté aux frais de la guerre, d'autres avaient, non seulement peut-être changé de maitres, mais même de nature. Il en résulta des procès qui se compliquèrent de conflits de juridiction entre le conseil privé, le lieutenant-général de la province, les élus des États et le parlement de Dijon. Témoin le fait suivant :

Dans le courant de juin 1563, les protestants avaient obtenu du conseil privé des lettres annulant, conformément au traité de paix, les jugements prononcés contre eux et ordonnant la radiation de ces arrêts sur les registres du parlement. Elles portaient « que les arrestz de la cour cy devant

(1) M. Challe. — *Histoire du Calvinisme et de la Ligue dans le département de l'Yonne.*

« renduz, sont cassez et annulez, qu'ils seront
« ostez hors des registres et ladite nullité publiée
« à son de trompe ; que les condempnés et exécutez
« à mort seront dépenduz et inhumez par leurs
« parens, selon la piété. » (1) Pour parer au désordre que cette mesure occasionnait, les élus intervinrent, et, le 13 juillet en firent « remonstrance à
« monseigneur de Tavannes, afin d'empescher
« l'effect de telles lettres. » (2) C'est que dans ce moment, l'un des insurgés de Châlon-sur-Saône, Pierre Arvenot, enquêteur au bailliage, poursuivait la reprise de ses propriétés ; et, sur les difficultés qu'il rencontra, porta l'affaire au conseil du roi. Le 6 décembre, deux conseillers, Recourt et Popon, furent nommés et chargés d'aller sur les lieux instruire ce procès et ordonner la restitution. Tavannes fit opposition à leur mission. L'année suivante, le 4 août, il y eut nouvelles lettres royales pour la reprise de la procédure et nouvelle opposition du lieutenant de Bourgogne. Plusieurs intéressés s'étaient joints à Arvenot, et avec lui faisaient cause commune. (3) Le 31 mars 1565, en réponse à la dernière opposition, l'ordonnance suivante fût envoyée au parlement de Dijon :

« CHARLES, par la grâce de Dieu roy de France,
« à nos amés et féaux MM... conseillers en notre
« cour de parlement de Dijon, salut.

---

(1) *Archives de la Côte-d'Or et de l'ancienne Bourgogne.* — Registre des États A. 3.

(2) *Archives de la Côte-d'Or et de l'ancienne Bourgogne.* — Registre des États A. 3.

(3) Dom Plancher, *Histoire de Bourgogne*, t. IV.

« Nous avons esté adverty, et de plainte faite
« que contre nos intentions et la teneur des com-
« missions à vous adressées, vous avez prins
« congnoissance des cas abolys par l'édict de
« pacification des troubles. A ces causes, et d'autant
« que par nos lettres, vous avions seullement
« commis l'instruction des pièces y mentionnées,
« laquelle peult et doibt estre parachevée, vous
« mandons et enjoignons par ces présentes, nous
« envoyer au plustôt en notre conseil privé, les
« procédures et pièces par vous instruites et
« parachevées. » (1)

A la date du 18 octobre de la même année, on trouve encore des traces de cette affaire dans Dom Plancher. Les commissaires déposèrent au conseil privé un rapport où sont consignés leurs dires et ceux de Tavannes ; mais on n'y voit pas la solution de ce procès qui durait depuis trente mois environ.

IX. — Difficultés pour l'installation des prêches autorisés par l'édit de paix, à Châtillon-sur-Seine.

Des commissaires avaient été envoyés dans les provinces, pour désigner, après enquête, la ville ou le bourg de chaque bailliage, où les protestants pourraient ouvrir un temple et s'y assembler. Mais sur ce point, on eut encore à compter plus d'une fois avec la résistance des peuples dans les localités

(1) *Archives de la Côte-d'Or.* — *Loco citato.*

choisies. Les difficultés, d'ailleurs, vinrent autant d'une part que de l'autre.

A Châtillon-sur-Seine, le faubourg de la Maladière avait été assigné pour les réunions des Réformés du bailliage de la Montagne : Comment se trouve-t-il un autre prêche au village de Buncey qui n'est éloigné de la ville que d'une petite lieue ancienne ? Dans ce dernier, un ministre de Giey-sur-Seine, nommé Jean Gravier, venait de temps à autre exposer les doctrines calvinistes. Le curé de Buncey, nommé Edme Migneret, dit M. Lapérouse, dans son *Histoire de Châtillon*, prenait part à ces conférences, et, sur les points controversés, réduisait le ministre au silence par la force de sa logique appuyée de l'autorité de l'Église. Jean Gravier, cependant, entretenait avec ses supérieurs de Genève des correspondances suivies, pour s'inspirer à chaque fois de nouveaux arguments. Nous ne voyons pas qu'il ait obtenu aucun succès durable.

Aux portes de Châtillon affluaient par fois trois à quatre cents huguenots venus de tout le bailliage. Ceux-ci pour se rendre au temple, suivaient la rue de Chaumont dans toute sa longueur, ce qui ne se passait pas toujours paisiblement. Des injures et des menaces échangées de part et d'autre on en venait aux effets. Pour faire cesser ces désordres, et prévenir de plus grands malheurs, le lieutenant de Bourgogne, sur l'ordre du gouverneur de la province, prescrivit aux protestants de passer désormais par les fossés de la ville et de ne plus suivre la rue de Chaumont, pour se rendre à leur prêche. Il menaça de peines sévères ceux qui contreviendraient à son ordonnance, qui provoqueraient quelque sédition ou qui se rendraient au prêche armés de pistolets, arquebuses ou autres armes. (1)

X. — A Auxerre.

Les calvinistes d'Auxerre se flattaient de pouvoir s'établir au faubourg Saint-Amatre de cette ville, où précédemment ils tenaient leurs réunions ; mais les magistrats de la cité, craignant que ces assemblées ne fussent de nouveau des sujets de troubles, exposèrent leur craintes et leurs observations aux commissaires chargés d'assurer l'exécution de l'édit de paix ; et obtinrent de faire désigner la petite ville de Cravant, à quatre ou cinq lieues de distance. (2) Les religionnaires réclamèrent contre cet éloignement et demandèrent le bourg de Saint-Bris, qui ne leur fut pas accordé. (3) Puis, par une pétition du 30 mars 1564 (nouveau style), qui ne paraît pas avoir été présentée, et où l'on trouve les noms d'une soixantaine d'entre eux, ils postulèrent le bourg de Saint-Georges, à une petite lieue de la ville, pour leur réunion, et le cimetière Saint-Amatre pour leur sépulture. Ils requéraient en même temps l'autorisation d'ouvrir une école pour leurs enfants et se plaignaient des insultes aux-

---

(1) M. Lapérouse. — *Histoire de Châtillon*, t. 2, p. 311-312.
(2) Lebeuf. — *Mémoires sur l'histoire d'Auxerre*.
(3) M. Challe.

quelles ils étaient, disaient-ils, en butte depuis la paix. (1)

En attendant le moment favorable pour présenter cette requête, ils se rendaient chaque dimanche à Cravant, dans un lieu nommé La Gravelle. Du reste, leur esprit turbulent ne se démentait pas, et fut bientôt tel que les magistrats se plaignirent à Tavannes « de l'insolence du maître d'école des « huguenots. » (2)

Leur attitude arrogante et belliqueuse provoqua contre eux une émeute à Cravant. Le dimanche 11 juin, ils se rendirent à leur prêche, « armés comme « un jour de bataille. » (3)

Les catholiques croyant qu'on venait les attaquer, se mirent en état de défense. On s'injuria récipro-

---

(1) Lebœuf, *Prise d'Auxerre*, pièces justificatives, p. VI. Cette requête est signée des noms suivants : Tribolé. — L. Girardin.— Lessoré. — C. Restif. — Guiard. — Jambe. — Noyer. — Verdot. — Coutenoyre. — Moreau. — Tielement. — Duru. — Chasneau. — De-la-Court. — Beluotte. — Brichelet. — Matthieu. — Nicolas Le Cœur. — Mamerot. — De Chaonnes. — Boucher. — Ragon. — Jean le Prévost. — Claude Tartarin. — Guyard. — Noyer. — Ducrot. — Regnard. — Leclerc. — Girardin. — Le Grand. — De-la-Vau. — Poullet. — De la Barre. — Guillaume Restif. — Thumereau.— P. Mamerot. — Folle-Ville. — Fremin. — Cochon. — De la Haye. — Jacques Bosset. — Guenin. — Nicolas du Sauge. — De la Faye. — Mignot. — Jean Munoys. — Le Roy. — Chacheré. — Terresau.— Hélie Genevoys.— J. Charmoy. — Guespier. — Cœur-de-Roy. — Dumont. — Berger. — François Bonneviste. — Lallement. — Edme Le-Rable. — Berthelemy Didier. — Didier Gortion.

(2) M. Challe, p. 102.

(3) Lebeuf, *Prise d'Auxerre*.

quement et bientôt « des paroles on en vint aux coups. » (1)

Le sang fut versé, et il y eut plusieurs morts de part et d'autre. D'Andelot porta plainte à la reine qui était à Lyon avec toute la cour et qui répondit aussitôt : « J'ai été bien marrie d'entendre ce qui
« est advenu à Cravant, et de voir que tant plus
« nous tâchons de pacifier et apaiser les choses,
« il y ait toujours quelqu'un mal disposé pour
« troubler le repos public ; chose que le roi, mon
« fils et moi avons tant à cœur, que rien ne nous
« déplait plus. On fait courir le bruit que nous
« voulons rompre l'édit de pacification ; or, nous
« sommes tant éloignés de cela, que nous tenons
« tous ceux qui y contreviendront et entreprendront
« quelque chose au contraire, pour rebelles et
« désobéissants ; résolus de les faire châtier comme
« perturbateurs du repos public. Nous voulons que
« tous vivent en liberté, sous le bénéfice d'icelui
« édit, sans ennuis ni offense, ni empêchement ; et
« il n'y a rien, je vous jure, dont j'aie plus de soin,
« ni à quoi, et tous les gens de mon conseil soient
« plus enclains, connaissant que de là dépend le
« bien du royaume... » Le lendemain, 19 juin, le roi annonça à Tavannes par une lettre des plus énergiques qu'il envoyait un conseiller du parlement de Paris et le prévôt de la connétablie pour faire une information et châtier les coupables. Il l'invitait de s'y rendre également avec sa compagnie, en même temps qu'il ordonnait au comte de

---

(1) Lebeuf, *Prise d'Auxerre*.

Charny d'y faire conduire aussi la sienne, pour donner main-forte à la justice. (1)

L'enquête de ces magistrats établit, selon Lebeuf, que les huguenots avaient été encore une fois les agresseurs.

XI. — A Avallon.

Les faubourgs de la villle d'Avallon avaient été désignés « par provision pour l'exercice de la reli-« gion réformée pour tout le bailliage de l'Auxois. » Il y venait des protestants depuis les environs de Viteaux, de Semur, de Flavigny, de Montbard. Ils

---

(1) Monsieur de Tavanues,
« Je ne fais doupte que vous n'ayez bien entendu le désordre
« qui est advenu à Cravant et les meurdres qui y ont été commis,
« dont la source et l'occasion se dit en plusieurs sortes. Néant-
« moins quoiqu'il en soit, c'est une très-mauvaise et perni-
« cieuse chose dont je veulx que la vérité soit sçue et la pugnition
« en estre faicte si roydde et si exemplaire, que chacun cognoisse
« combien elle me déplaist ; et quel ennuy j'ai de voir que toute
« la peyne que j'employe pour remettre et tenir mon royaume
« en paix, est en vain, par la malice et folye d'aulcuns que j'es-
« time comme ennemys de moy et de mondict royaume. Pour à
« quoy donner ordre, je dépesche présentement ung conseil-
« ler de ma cour de parlement de Paris qui estoit ici, et le
« prévost de la connétablie de France avec luy, pour vériffier
« leur faict, et procéder contre les coulpables en justice, et si
« vifvement que le cas requiert, afin que l'exemple serve à conte-
« nir les aultres, et pour estre chose que j'ai fort à cueur, pour la
« conséquence qu'elle traîne, n'y ayant guere moins de danger
« que de retourner à ceste occasion aux malheureux troubles
« dont nous somms à ceste heure sortiz, et que je veulx que la
« justice ayt la main forte, pour chastier ceulx qui l'auroient

s'y rendaient en armes et étaient loin de s'y comporter paisiblement. Les ecclésiastiques étaient insultés et la ville commençait à craindre pour sa sûreté. Les Avallonnais demandèrent à Tavannes, par la requête suivante, le désarmement général des habitants et l'autorisation de faire garder la ville par un piquet de garde bourgeoise, en lui laissant le soin d'en indiquer l'effectif.

« Les échevins, manans et habitans de la ville
« d'Avallon vous remonstrent que suivant l'édict de
« pacification, ledit lieu a esté esleu et ordonné par
« provision pour l'exercice de la religion prétendue
« réformée, pour tout le bailliage d'Auxois : et pour
« ce que ladite ville est petite, ayant en icelle une
« église collégiale et plusieurs gens ecclésiastiques
« et aussy en icelle y a plusieurs jeunes gens inso-

« mérité. Je vous prye vous transporter sur le lieu avec vostre
« compagnye, pour là y tenir telle et si roidde qu'il appartient, et
« donner audit prévost (moyen) de faire les captures et avoir en
« main les coulpables. Et néanmoins, mettons dedans ledit lieu la
« compagnie du comte de Charny, avec charge à son lieutenant qu'il
« n'en bouge, suivant ce que je lui escris, avec ladite compagnye,
« tant que l'entière exécution ayant été faicte, et que la force et
« auctorité en demoure à moy et à ma justice. Donnant, au de-
« meurant, ordre, par tous moyens dont vous pourrez adviser,
« pour empescher que telz désordres n'adviennent plus en votre
« gouvernement ; et recordant partout que mon intention est,
« que mon édict et déclaration faicte sur la pacification soit sin-
« cèrement gardé et observé, et faysant punir ceulx qui y con-
« treviendront si à bon escient, que l'on cognoisse combien cette
« contravention m'est désagréable, car plus grand service ne me
« sçauriez vous faire. Priant Dieu, Monsieur de Tavannes, vous
« avoir en sa sainte garde. »

Fonds Delamarre 9484, folio 38. — Cité par M. Challe.

« lents, faisant plusieurs insolences ausdictz gens
« ecclésiastiques, avecques port d'armes, ne pou-
« vant iceulx opposans obvyer ausdites insolences,
« combien qu'ilz ayent la garde et deffense d'icelle
« ville et qu'il y a edict sur le posement des armes
« publié, à quoy ne veullent lesdits jeunes gens
« et aultres leurs adhérans obéyr. Au moyen de
« quoy ladite ville est en grande esmotion et voie
« d'estre pillée, usurpée et sacagée, n'ayant moyen
« d'y obvyer, si par vous n'y est pourveu. Vostre
« plaisir sera ordonner aux officiers du roy, faire
« entretenir l'édict sur le posement des armes ; et
« qu'il soit deffendu à toutes personnes porter
« armes en ladite ville, soit de jour ou de nuict,
« sinon à ceulx ausquels la garde et deffense de
« ladite ville appartient. Au magistrat de laquelle
« ville, sera par vous permis et ordonné certain
« nombre de gens de ladite ville, embastonnez pour
« fer (faire) guet et garde, jour et nuict, garder les
« portes d'icelle ville, les tenir ou aucunes d'icelles
« fermées, et le tout ainsi que le cas le requerra,
« et ne laisser entrer gens en icelle, estrangiers
« ambastonnez (armés) les plus forts. Et ferez
« justice. » Signé : FILZJEHAN. (1).

Le lieutenant de Bourgogne fit droit à leur demande, par lettres datées de Dijon, 16 août 1563. Les armes furent enlevées aux habitants, déposées en lieu sûr et « enfermées soubz deux clefs, » confiées, l'une au premier magistrat, et l'autre aux échevins. Tavannes ordonna en même temps une garde de six hommes au choix du maire, pour faire

(1) *Archives d'Avallon.*

des patrouilles, veiller à la sûreté de la ville et en empêcher l'entrée à ceux qui s'y présenteraient en armes : mais il recommanda aussi de ne contrevenir en rien aux articles de l'édit de paix, qu'il importait, dit-il, de « faire inviolablement observer « et garder de poinct en poinct. » (1)

XII. — A Autun.

Le bourg de La Tannière, où il y avait « foire et « marché, » à six lieues d'Autun, avait été désigné aux protestants du bailliage pour y installer leur prêche. Mais c'était la ville même que ceux-ci voulaient avoir. Une requête signée de Jean Lallemant, ancien député d'Autun aux États d'Orléans, dont Bretagne, disait-on, était l'inspirateur, fut adressée le 20 juillet à Tavannes, pour le solliciter d'accorder aux Réformés au moins l'un des faubourgs de la ville. C'était avant la soumission absolue de Lyon, posée comme condition à l'acceptation de l'édit de paix dans la province. Tavannes ayant transmis cette requête à son frère Saulx de Villefrancon, en reçut cette réponse bien faite pour le faire persister dans ses sentiments contraires aux vues des huguenots : « Monsieur, quant à la « requête que vous ont présentée ceux d'Autun, « c'est de la menée de monsieur de Bretaigne, qui « ne cessera jamais qu'il n'ait mis cette ville là « en ruines. Vous ne pouvez leur accorder ce « qu'ils demandent, pour ce que Lyon n'est pas

(1) *Archives d'Avallon.* — Voir pièce justificative n° 4.

« encore réduit à la volonté du roy, aussi que les
« granges qu'ils demandent sont encloses dedans
« le circuit de la ville d'Autun, ce qui est défendu
« par l'édit de janvier, par lequel ils devoient
« prêcher aux faubourgs. Davantage que par le
« traité de paix dernier, où il est dit qu'ils ne
« prêcheront aucunement ès villes où l'exercice de
« la religion n'étoit exercée auparavant le mois de
« mars, et qu'il sera nommé par le roy, lieux
« certains pour faire leur prêche et exercice de
« religion en chacun bailliage et lieu qui leur a
« été désigné, et leur a esté baillé *La Tanière.* »
Puis revenant à Bretagne : « L'évêque eut bien
« agi, s'il eut fait prendre cet homme et La Coudrée,
« qui est cause de tout le mal, car il a force prises
« de corps contre lui. » (1)

Repoussés dans leur requête, les huguenots demandèrent alors à s'établir au hameau de La Barre, encore assez près de la ville quoique ne joignant pas les faubourgs. Des lettres patentes du premier décembre, leur en accordèrent l'autorisation, et, le 18 du même mois, Tavannes donna des ordres aux officiers du roi, au maire et aux échevins, pour qu'on les laissât jouir paisiblement et sans troubles de cette permission. Cependant l'année suivante, sur une requête « des évêque, doyen, chapitre et clergé d'Autun, » le prêche fut transféré à Bois-le-Duc, situé dans les bois, à une lieue de la ville, en vertu de nouvelles lettres patentes, datées de Roussillon le 12 août 1564. Enfin, en

---

(1) M. Abord — *Histoire de la Réforme et de la Ligue à Autun*, p. 213-221.

avril 1565, un arrêt du conseil privé du roi abolit les prêches dans Autun et ses environs. (1)

Un temple établi à Couches, malgré l'opposition de Villefrançon, paraît avoir été fermé par le même arrêt.

XIII. — A Châlon et Mâcon.

Les bailliages de Châlon et de Mâcon ne furent pas exempts d'émotions du même genre. Il fallut toute l'énergique activité des gouverneurs pour les préserver de tumulte. Un prêche avait été installé à Tournus pour toute la contrée circonvoisine. Les protestants de Mâcon s'y rendaient en armes et se livraient à toutes sortes de provocations inquiétantes en traversant la ville. Sur la plainte des catholiques de Mâcon, le duc d'Aumale rendit, le 2 juillet, une ordonnance portant défense de chanter publiquement les psaumes de Marot, de parler avec irrévérence contre l'une ou l'autre religion et de porter des armes pour aller au prêche. (2) Cette ordonnance ne fut guère efficace, comme le constate le passage suivant d'une lettre de Villefrançon, écrite quatre mois plus tard : « Je vous envoie des
« missives de Mâcon par où vous verrez un beau
« ménage ! Si vous trouvez bon d'y envoyer le
« prévôt des maréchaux d'Autun, Syagre de

(1) M. Abord. — *Loco citato*, p. 240.
(2) *Archives de la ville de Mâcon*, G. G. 122.

« Monnetoy, il faudra le lui mander au plus
« tôt. »

La persistance des huguenots dans leurs agitations motive l'empêchement que le lieutenant par intérim du gouverneur de Bourgogne mettait à la publication des lettres patentes données en faveur du culte réformé. Il écrivait de Châlon à la date du 1ᵉʳ novembre : « J'ai envoyé à Mâcon et à Autun
« pour empescher la publication des lettres, si jà
« elle n'est faite, ou si elle estoit faite, de la révo-
« quer : ce que j'ai exécuté en cette ville, (Chalon)
« où j'ai retiré lesdites lettres. Je crois que peu de
« gens s'y fieront, parce qu'elles ne sont que du
« cachet, et quant bien ils auroient satisfait à ce
« qui est contenu dans lesdites lettres, si est-il
« qu'ils ne sont pas prêts d'entrer dedans les villes.
« On m'a dit qu'il y a quelques-uns de ceux qui
« estoient allés avec Traves-Choiseuil, qui se sont
« retirés à Arnay-le-Duc. Il seroit bon de les saisir.
« J'ai mandé à ceux d'Autun de prendre ceux qui
« sont retournés audit Autun : je ne sais s'ils le
« feront. » (1)

C'est ainsi que dans toute la Bourgogne les protestants rencontraient la même opposition. Opposition de la part des États, opposition de la part du Parlement et de la chambre des comptes, opposition dans le peuple des villes et des campagnes. C'est à peine si l'on peut compter cinq ou six seigneurs un peu marquants qui les accueillent avec faveur ; comme Jacques de Jaucourt qui avait ouvert son château de Villarnoux en Auxois au

(1) M. H. Abord. — 219.

ministre Jacques Louet, auteur des controverses sur l'Eucharistie ; François de Briquemaut, seigneur de Ruères ; Lafin, seigneur de Beauvoir et de La Nocle, près de Bourbon-Lancy.

XIV. — Voyage du roi dans les provinces.

Le roi, dont la majorité avait été proclamée au mois d'août 1563, s'était mis à visiter les provinces avec toute sa cour. Son but était de s'assurer par lui-même de la situation des esprits, et d'apaiser les partis par sa présence. C'était partout, sur son passage, des fêtes où les peuples se pressaient en foule pour renouveler leurs protestations contre les idées subversives des novateurs, et demander au souverain sa protection et son appui contre leurs entreprises. Ni la misère causée par les tristes évènements qui venaient de s'écouler, ni la crainte des maladies contagieuses qui décimaient alors les populations, car la peste s'était depuis quelque temps déclarée dans plusieurs provinces, n'arrêtaient leur élan enthousiaste.

Après avoir parcouru la Champagne depuis Sens jusqu'à Nancy, (1) Charles IX se dirigea sur Dijon où il arriva le 15 mai 1564, salué par l'artillerie des forts et par les cloches des églises sonnant à toute volée. Un cortége officiel s'était porté à sa rencontre jusqu'à une lieue de la ville. Le roi fut reçu par Tavannes qui, pour toute harangue, porta la main à son cœur et ensuite à son épée en disant :

(1) Le cortége royal était à Sens, le 14 mars et à Pont-sur-Yonne le 15. — Jacques Taveau, dans le manuscrit de M. Quantin.

« Sire, ceci est à vous, et voilà de quoi je puis
« vous servir. »

Les échevins lui présentèrent les clefs de la ville
en prononçant les discours d'usage, puis on se mit
en marche, les échevins en tête comme pour faire
les honneurs de la cité. Après eux, marchaient les
autres officiers municipaux ; et ensuite dans l'ordre
suivant : les officiers du bailliage, ceux de la
chambre des comptes, les membres du parlement,
les pages du roi, les arquebusiers du sénéchal
d'Agennes, les cent gentilshommes, les enfants
d'honneur et les gentilshommes servants, les gentilshommes de la chambre, les Suisses du corps, les
trompettes, les chevaliers de l'ordre, les héraults,
les huissiers de la chambre avec les masses, le
grand écuyer, le connétable, puis le Roi sous un
dais entouré des écuyers de service.

Après le roi, les archers des gardes du corps à
pied, les capitaines des gardes écossaises à droite,
à la hauteur de la croupe du cheval du roi ; et à
la gauche le premier écuyer de la grande écurie,
tous hors du rang des princes.

Venaient ensuite monsieur d'Orléans, le cardinal
de Bourbon, M. de Montpensier, le prince Dauphin,
le prince de La Roche-Noyon, les ducs de Nemours
et d'Aumale, le sénéchal d'Agennes ; et enfin le
cortége était fermé par les gardes.

Arrivé à Dijon, Charles IX se rendit en grande
pompe à l'église Saint-Bénigne. A son entrée, le
clergé entonna le Te Deum, puis le roi jura solennellement la conservation et le respect des priviléges et des libertés de la province, comme avaient
fait avant lui, dans la même église, Louis XI en

1479, Louis XII, François 1er, Henri II, à son entrée à Dijon en 1548, et comme aussi firent plus tard, Henri IV en 1595, puis Louis XIII et Louis XIV.

Pendant tout le séjour du roi dans la capitale de la Bourgogne, la noblesse et les peuples des environs y affluèrent et témoignèrent par leurs acclamations de leur respect et de leur attachement au souverain. « Ils firent, dit Castelneau, ce qu'ils « purent pour donner plaisir à leur majesté, soit à « courir la bague, et autres joustes et tournois, « et parties qu'ils firent, pour rompre en lice. » (1)

Le roi quitta Dijon, le 27 mai pour aller dîner au château de Longecourt, et coucher ensuite à celui de Pagny, appartenant au comte de Charny. Après deux jours consacrés à des fêtes splendides, il continua son voyage jusqu'à Seurre. Le 31 il était à Beaune, et le lendemain à Châlon. La peste avait fait fuir de cette dernière ville une partie des habitants : mais l'arrivée du roi les fit revenir pour lui marquer leur soumission, comme l'avaient fait les Dijonnais.

Charles IX envoya des officiers du génie visiter les fortifications dans tous leurs détails, et, sur le rapport qu'ils lui firent de l'insuffisance de la défense, il ordonna la construction d'un fort capable de mettre la ville à l'abri d'un coup de main, et de l'empêcher de tomber à nouveau au pouvoir des huguenots, comme il en avait été l'année précédente. Cette citadelle fut élevée dans l'emplacement de l'abbaye de Saint-Pierre, ruinée par Montbrun.

(1) *Mémoires de Gaspard de Saulx*, — Castelnau.

L'État voulut faire supporter la dépense par toute la province : quelques villes éloignées, comme celles d'Avallon protestèrent, et par suite, ne paraissent pas y avoir contribué. (1)

La Cour prit ensuite la route de Mâcon, où elle arriva le samedi 3 juin. Tavannes, dans l'un des tournois qu'il avait donné à Dijon pour fêter la présence du roi, ayant été blessé à la jambe par un éclat d'épée, (2) ne put accompagner son souverain à Mâcon. Ainsi tombe de lui-même ce récit de Fodéré reproduit par l'abbé Agut, dans son *Histoire des Révolutions de Mâcon* : « Le roy « Charles IX faisant son entrée à Mascon, ledict « sieur de Tavanes donna, en la présence de sa « majesté, un soufflet au gardien (du couvent des « Cordeliers,) nommé le P. Emot, qui en pleine « rue, s'estoit mis à genoux devant madame sa « femme, criant tout haut qu'il failloit honorer « ceste vertugale que ladicte dame portait, faicte « d'une chappe qui avoit tant de fois esté employée « à faire le service de Dieu. » (3) On disait que les les ornements sacerdotaux repris sur les huguenots par Tavannes, étaient passés en grande partie dans la garde-robe de sa femme.

Mâcon est la dernière ville de la Bourgogne que le roi visita : Il se rendit à Lyon et dans les provinces méridionales. A son retour par Bourges et La Charité, nous le verrons s'arrêter à Auxerre et à Régennes.

(1) *Archives d'Avallon*. — Comptes des receveurs.
(2) *Mémoires de Gaspard de Saulx*.
(3) Fodéré, p 423. — Agut, p. 75.

XV. — Nouvelles alarmes.

Après le départ de la cour, la préoccupation des peuples se reporta sur les maladies contagieuses qui n'avaient point cessé de régner par toute la province ; mais que l'on avait en quelque sorte bravées pour se livrer aux fêtes. L'épidémie fut générale. Les citadins avaient beau s'enfuir dans les campagnes avec l'espoir d'y respirer un air plus pur qu'au milieu des populations agglomérées, ils apportaient avec eux les germes de la contagion et périssaient comme ceux qui restaient au centre des lieux infectés. En même temps que ces calamités décimaient les habitants, de nouvelles agitations politiques se manifestaient au nord de la province.

Au mépris des conditions de l'édit de paix, les Réformés s'assemblaient en armes, parcouraient les champs et jetaient le trouble dans les villes.

Dès le mois d'avril ou de mai 1565, les villes de Cravan, Vézelay et plusieurs autres, à la vue de ces démonstrations belliqueuses, avaient obtenu de monter la garde nuit et jour, à leurs portes et sur leurs remparts. Dans la même région, l'inquiétude gagnait aussi les Avallonnais. Ceux-ci s'adressèrent au lieutenant de Bourgogne pour obtenir la même autorisation. Il ne s'agissait point d'entraves à la pratique des idées nouvelles, mais de la nécessité d'une défense contre des entreprises ennemies qui paraissaient imminentes.

« Monseigneur, porte leur requête, en toute humi-
« lité, les eschevins et procureur de la ville d'Aval-

« lon, bailliage d'Auxois, vous remontrent que les
« villes de Cravant, Vézelay et aultres, proches
« dudit Avallon, font guayt et garde de jour et de
« nuict, à raison de quelques amatz de gens
« d'armes qu'ilz se font aux environs. Et pour ce
« que les supplians craignant ladite ville d'Avallon
« estre surprinse, comme ont estées aulcunes de ce
« royaulme pendant les troubles passez, et qu'ilz
« désirent la garder et conserver comme bons
« subjectz et serviteurs du Roy, ilz vous supplient
« leur permectre faire la garde aux portes, et par
« mesme moyen, par toute ladite ville d'Avallon,
« tant de jour que de nuict, selon qu'ilz verront la
« nécessité, avec port de toutes armes, son du
« tambourin, et aultrement, par l'advis et comman-
« dement du lieutenant audit bailliage d'Avallon,
« qu'il vous plaira commectre à cest effect : et au
« surplus déclarer si votre intention est, que ceulx
« de la nouvelle religion soient audit guayt et
« garde, ou bien seulement ceulx de l'ancienne
« religion catholique et romaine. Et ce faisant,
« ferez bien. » (1)

           FILZJEHAN

 Quelques jours plus tard, le lieutenant du bailliage reçut l'autorisation demandée, avec recommandation d'en user prudemment, et invitation d'envoyer immédiatement un rapport détaillé sur les attroupements qu'il découvrirait autour de la ville.

 « Nous ordonnons au lieutenant du bailly
« d'Auxois au siége d'Avalon, de pourvoir à la
« garde de ladite ville selon les nécessitéz occuren-
« tes, de sorte qu'il nous responde d'icelle ville et la

(1) *Archives d'Avallon.*

« retienne en l'obéissance du Roy, sans tumultet e
« en la plus grande tranquillité que faire se pourra.
« Et nous advertira, ledit lieutenant, à toute dili-
« gence, par certains et suffisans enseignements,
« procès-verbaulx ou aultrement, des assemblées
« qui se descouvrent à l'entour de ladite ville, pour
« y pourveoir par nous, ainsi que cognoistrons le
« cas le réquérir. »

« Fait à Dijon, ce xviii may 1565. » (1)

De Saulx.

Nous n'avons pas connaissance, cependant, de sédition à main armée à cette date ; mais ce qui est à noter, c'est la coïncidence de ces mouvements avec les levées de soldats que Wolfgand et son cousin George-Jean faisaient en Allemagne. Le cardinal de Granvelle exprimait à ce sujet ses craintes pour la partie de la Franche-Comté que ces troupes auraient à traverser. Le 18 juin 1565, quoiqu'il fût informé du contre ordre donné à ces levées, il écrivait encore au baron de Polviller :
« S'il y a assemblée de gens de guerre qui passent
« deçà du Rhin, il m'importeroit de le savoir...
« Vous pourrez entendre quelque chose, et en ce cas
« vous prie m'en advertir. » (2)

XVI. — Profanations occasionnant des rixes entre catholiques et protestants à Auxerre et à Lyon.

Si les huguenots n'avaient pas encore osé prendre plus ostensiblement les armes, ils ne se montraient

(1) *Archives d'Avallon.*
(2) Dom Grappin. — *Mémoires historiques.*

pas moins turbulents et s'efforçaient en toutes circonstances, de troubler les cérémonies religieuses des catholiques. Mais c'est particulièrement contre la Sainte Eucharistie qu'ils manifestaient leur haine et leur colère satanique. Ces sentiments sont le propre des révolutionnaires. Dejà pendant une procession à Dijon, ils avaient lancé des pierres au clergé et aux clercs qui portaient les croix : (1) puis, comme obéissant à un mot d'ordre, à un même jour et à peu près à la même heure, et par des actes identiques, ils se livrèrent, à Auxerre et à Lyon, à la plus abominable des profanations. C'était à l'occasion des processions de la Fête-Dieu.

A Lyon, une grosse pierre et des projectiles enflammés furent lancés contre la Sainte-hostie, du haut d'une maison près de laquelle la procession passait. « La pierre, dit l'historien Sévert, frappa la tête du pontife qui portait le Saint-Sacrement, et, chose admirable ! le coup ne fit aucune blessure, et le feu des projectiles ne fit de mal à personne. L'intrépide archevêque ne voulut pas que la procession fût interrompue par cet attentat, il donna ordre de continuer la marche, laissant à la justice le soin d'arrêter et de punir les coupables. » (2)

A Auxerre, le même « jour de la Fête-Dieu, 21 « juin 1565, » (3) les huguenots provoquèrent d'abord un tumulte en coupant les cordes des tapisseries

---

(1) Dom Plancher. — *Histoire de Bourgogne*, t. IV.
(2) M. l'abbé Cattet. — *Les guerres des protestants à Lyon*.
(3) Lebeuf. — *Mémoires sur l'histoire civile d'Auxerre*.

dont les rues étaient tendues pour le passage de la procession, et en faisant entendre quelques coups de feu. Selon le récit d'Edme Panier, « tesmoing oculaire, » les huguenots poursuivis par la foule, s'assemblèrent « en armes dans une « maison, secrètement, par devant laquelle la pro-
« cession passant, ils tirèrent un coup d'arquebuse
« au Saint Ciboire où estoit le Saint Sacrement
« que l'on continuoit de porter. La balle passa par-
« devant la barbe de M. le maréchal des logis de
« M. le comte de Charny, et alla frapper ung
« nommé Prix Soufflot, bourgeois de cette ville,
« qui portoit l'un des bastons du ciel ou dais
« du Saint-Sacrement, dont il fut fort blessé. » (1)

Les suites de cette profanation eussent eu des conséquences terribles sans l'intervention de la compagnie du comte de Charny qui accompagnait la procession et qui parvint à apaiser le tumulte.

On voit encore les hérétiques suivre le même système en 1567, plusieurs mois avant la prise d'Auxerre. C'est alors le capitaine la Borde qui donne lui-même l'exemple de ces excitations scan-

(1) *Mémoires d'Edme Panier*, produit en pièces justificatives, par M. Challe.

L'abbé Lebeuf a rectifié sur le vu du procès-verbal du lieutenant criminel, Guillaume du Broc, ce qu'il avait écrit vingt ans avant dans son *Histoire de la prise d'Auxerre*. Il a tiré de ce procès-verbal la constatation que Soufflot aurait été blessé en voulant pénétrer dans la maison où le premier auteur de l'émeute s'était retiré. Quant à la date, celle de « la Fête-Dieu 21 juin, » qu'il donne dans ses *Mémoires de l'histoire civile d'Auxerre*, concorde exactement avec l'année 1565, et ne peut s'appliquer à l'année 1567, où cette fête tombait le 29 mai.

daleuses, au passage d'une procession, le jour de l'Ascension. Mais les provocations n'allèrent pas cette fois jusqu'à des voies de fait. (1)

XVII. — Retour de Charles IX par Auxerre, Joigny, Sens.

Pendant ce temps, Charles IX continuait son voyage dans le Dauphiné, la Provence, le Languedoc : ici, faisant relever les autels abattus par les huguenots, là réintégrant les religieux dans leurs monastères, et partout, s'efforçant de calmer les esprits et de rétablir la paix par ses discours et ses actes conciliants. Au bout de plus de deux années employées à cette œuvre de pacification, Charles IX reprit enfin la route de la capitale. Le 18 avril 1566, il remettait le pied dans la Bourgogne en passant par l'Auxerrois. Il dîna à Ouanne, et arriva dans la soirée à Auxerre, accompagné de la reine-mère, du duc d'Orléans, son frère, du roi de Navarre, du duc de Nevers et de plusieurs autres seigneurs de la cour.

A son entrée, les huguenots voulurent se distinguer. Peut-être pour exprimer qu'on les avait noircis dans l'esprit du prince, quoiqu'ils n'eussent jamais cessé d'être ses fidèles serviteurs, ils eurent la bizarre idée de représenter le roi assis sur un char de triomphe, et d'escorter ce char, le visage noirci et un coutelas à la main. Dans cet accoutrement, ils voulurent prendre le pas sur les catholi-

---

(1) Lebeuf. — *Histoire de la prise d'Auxerre.*

CHAPITRE VI. — (1563—1566) 333

ques ; mais le roi peu charmé de ce genre d'amusement, les fit retirer en leur disant : « derrière, derrière les machurés. »

Le lendemain Charles IX alla entendre la messe à la cathédrale et dîner au château de Régennes ; puis il se remit en chemin pour rentrer à Paris. Il coucha le 20 à Joigny et le 21 à Sens. (1)

(1) *Mémoires de Joseph Panier*, cité par l'abbé Lebeuf. — *Prise d'Auxerre*. — *Mémoires sur l'histoire civile d'Auxerre*.

CHAPITRE VII

DEUXIÈME GUERRE CIVILE. — (1566—1568).

SOMMAIRE. — D'Andelot visite les fortifications d'Auxerre. — II. Conciliabules des protestants. — III. Soulèvement général du 25 septembre 1567. — IV. Surprise d'Auxerre. — V. Surprise de Mâcon. — VI. Traitement inhumain infligé par les huguenots au père Divolé, d'Auxerre. — VII. Martyre de Jean Bossu, gardien des Cordeliers de Mâcon. — VIII. Profanations sacrilèges dans les églises. — IX. Dévastation d'églises, de maisons religieuses et de châteaux dans l'Auxois, le Châtillonnais, le bailliage de Bourbon-Lancy, le baillage d'Avallon. — X. Insurgés expulsés de Dijon, Châlon, Beaune. — XI. Mesures préventives à Autun. — XII. Accord pacifique entre les Clunisiens des deux religions. — XIII. La ville d'Avallon se préserve des troubles par des précautions de prudence. — XIV. Mesures prises par Tavannes, de concert avec les Avallonnais. — XV. Levée et enrôlement de soldats catholiques. — XVI. Enrôlement de soldats protestants pour Condé, prise de Marcigny, siége de Cluny et de Saint-Gengoux. — XVII. Poncenac est chassé de Bourgogne, par Sault de Ventoux. — XVIII. Le duc de Nevers s'unit à Saulx de Ventoux, pour reprendre Mâcon sur les protestants, puis va rejoindre le duc d'Anjou dans la Champagne. — XIX. Marche de Condé et siége de Sens. — XX. Jonction de Condé avec les Allemands. — XXI. Dispositions stratégiques pour arrêter les confédérés aux passages de la Marne et de la Seine. — XXII. Condé franchit les lignes de l'armée royale. — Engagement d'arrière-garde. — XXIII. Capitulation de Tonnerre et marche de Condé jusqu'à Auxerre. — XXIV Complot contre Avallon, mesures pour le déjouer. — XXV. Prise de Vézelay et ruine de la Cordelle. — XXVI. Siége de Cravan par les huguenots d'Auxerre, puis par l'armée de Condé et sac d'Irancy. — XXVII. Soldats huguenots tués à Coulanges-la-Vineuse ; le bourg racheté du pillage moyennant rançon ; départ des protestants. — XXVIII. Escarmouche qui coûte la vie à 400 huguenots, à Cudot, dans le Gâtinais. — XXIX. Saulx de Ventoux met Avallon à l'abri d'un coup de

CHAPITRE VII. — (1566—1568)   335

main, et expulse les Réformés de la ville. — XXX. Emprunt forcé pour
la guerre et épisode à ce sujet à Avallon. — XXXI. Paix de
Lonjumeau.

I. — D'Andelot visite les fortifications d'Auxerre.

Les huguenots se préparaient encore une fois à la guerre, et dressaient les plans d'une nouvelle invasion étrangère. Il entrait dans leurs desseins de s'assurer des places qui commandaient les passages sur les fleuves et sur les rivières jusqu'au centre de la France. Auxerre était du nombre des villes qu'ils convoitaient en Bourgogne. D'Andelot vint lui même pour en étudier la position et combiner ses moyens d'attaque, s'il ne pouvait s'en emparer par d'autres voies. Selon Edme Panier, les Auxerrois pressentant ses intentions, lui avaient déjà plusieurs fois refusé l'entrée de la ville ; mais le lieutenant du bailliage, Jacques Chalmeaux lui fit ouvrir les portes, le 29 septembre 1566. Le premier acte de d'Andelot, à son arrivée, fut de pénétrer dans l'église des Jacobins, près de laquelle il était logé, au moment où l'on célébrait le salut de la fête de Saint-Michel. A sa vue, les religieux effrayés, cessèrent l'office et prirent la fuite. L'un d'eux, le célèbre prédicateur Divolé, dans sa course précipitée, fit une chute et en fut grièvement blessé. D'Andelot accompagné du capitaine La Borde, de Chalmeaux, de Couroy, lieutenant criminel, et des avocats Jambe et Fernier, parcourut ensuite la ville dans tous les sens, visita avec soin les remparts, puis monta au clocher Notre-Dame-là-Dehors qui dominait en partie la cité, pour considérer l'ensemble et se rendre compte des accès. Cette visite causa un émoi général parmi les habitants qui ne se dissimulèrent pas le but de l'inspection faite par l'un des plus ardents généraux de Condé. La participation qu'y avaient prise des officiers de la ville et du roi, excitait surtout leur défiance. Le père Divolé ne cessa, du haut de la chaire, d'avertir ses compatriotes du péril où étaient et l'Église et la cité, s'ils n'obtenaient du roi le changement des magistrats compromis et même engagés dans le parti de la révolte. (1)

II. — Conciliabules des protestants.

Les hérétiques se réunissaient en conférence chez La Borde, et d'autres dans un cabaret du faubourg Saint-Amatre, où se tenait une sorte de club, pour les moins considérables du parti, et dont un écorcheur de chevaux, appelé le Gros Colas, était le principal orateur.

(1) « Tous les bons catholiques furent émeuz quand ils virent
« par dedans la ville le sieur Dandelot se pourmener, venir, aller
« par toutes les rues, sur les remparts autour de la ville, et
« même monter dans le clocher de Notre-Dame-là-Dehors, pour
« de là considérer la ville plus à son aise, assisté qu'il estoit
« des sieurs Chalmeaux, lieutenant-général, Fernier advocat,
« Jambe advocat, du sieur lieutenant criminel Couroy et plusieurs
« autres, et consulter plusieurs et diverses fois entre eux et
« secrettement, comme ils mettroient à chef leur entreprise. »
Mémoires d'Edme Panier, dans M. Challe.

Il n'y eût eu rien de bien sérieusement inquiétant dans ces réunions si l'on eût pu les considérer seulement comme locales : on aurait fait fermer le cabaret du faubourg Saint-Amatre et surveiller La Borde. Mais elles étaient les ramifications de conciliabules autrement graves qui se tenaient au château de Coligny, à Châtillon-sur-Loing et à celui de Vallery, chez le prince de Condé. La conspiration était conduite de telle sorte que si le gouvernement venait à en découvrir la trame, il n'eût point la preuve de sa concentration et que la police ne pût trouver au château de Châtillon, comme il est arrivé, qu'un paisible « ménagier occupé de ses vendanges. » Aussitôt que les affiliés y avaient reçu leur mot d'ordre, il se séparaient en se donnant rendez-vous à Tanlay, où les huguenots rassemblaient des forces qui devaient de là, marcher sur Monceaux pour se saisir du roi. Castelnau assure avoir vu s'y diriger plus de six cents chevaux en un jour et une nuit. D'autres troupes étaient réparties par petites bandes dans les châteaux environnant les villes dont la prise avait été résolue. Pendant que les uns devaient s'employer à soulever les provinces, à soumettre par la force des armes ou par la trahison les villes fidèles et à les empêcher de se secourir mutuellement, et enfin à s'emparer des meilleures positions, les autres devaient marcher contre le roi pour le faire prisonnier, si même ils n'avaient pas, comme ils s'en sont défendus depuis, de plus criminelles intentions.

III. — Soulèvement général du 25 septembre 1567.

Il était temps que le gouvernement prît des mesures de précaution : il le pressentait sans avoir des preuves précises de la conspiration.

Sous le prétexte de protéger les provinces contre l'armée espagnole, que l'on avait permis à Philippe II de faire passer sur le territoire français pour aller réduire les révoltés des Pays-Bas, on fit venir une armée de six mille Suisses qui furent casernés aussi près que possible de la résidence du roi. Cependant le mot d'ordre est donné pour la révolte. Les protestants « secrètement advertis de se remuer « à mesme jour, » dit Lanoue, leur historien, lèvent les armes le 25 septembre 1567. Sur les informations peu précises qu'elle avait reçues de la conspiration, la cour ne se trouvant pas en sûreté au château de Monceaux, s'était retirée à Meaux, où elle fit venir à marche forcée les six mille Suisses casernés à Château-Thierry. Le dévouement des Suisses sauva le roi qui rentra dans Paris le 29 septembre avec toute sa cour : mais sur divers points de la France, cinquante villes tombèrent par surprise au pouvoir des hérétiques. De ce nombre sont celles de Mâcon et d'Auxerre, aux deux extrémités de la Bourgogne, et quelques autres moins importantes, comme Marcigny et Saint-Gengoux.

IV. — Surprise d'Auxerre.

Ce fut par la connivence criminelle des premiers magistrats, ce fut par la lâche et exécrable trahison d'un Chalmeaux, lieutenant-général du bailliage, d'un La-Maison-Fort, gouverneur de la ville, d'un La Borde, capitaine et de plusieurs autres, qu'Auxerre se réveilla un matin sous la domination des huguenots et y resta pendant six à sept mois. Il faut lire cet épisode émouvant dans l'histoire impartiale de l'abbé Lebeuf, dans celle du président Chardon, pour se faire une idée des honteuses machinations de ces hommes dont on a trop atténué la perfidie dans ces derniers temps.

Nous ne nous arrêterons pas à reproduire des détails maintenant bien connus ; rappelons simplement les manœuvres principales de la trahison dont les Auxerrois furent victimes, étant restés sourds aux avertissements que le Père Divolé n'avait cessé de leur donner. En rapprochant ces manœuvres de celles qui, à l'autre extrémité de la Bourgogne, livrèrent également Mâcon aux huguenots, on reconnaît qu'un même commandement dirigeait l'action. Or, nous savons déjà que cette direction était donnée par les Châtillon et les Condé.

A Auxerre, Jacques de Loron, seigneur de La Maison-Blanche, à la tête de quatre-vingts gens-d'armes des environs de Coulanges-sur-Yonne, Marafin de Guerchy, avec soixante-dix chevaux, un cordelier apostat nommé Baron, ainsi que plusieurs Jacobins renégats comme lui, ayant avec eux une troupe de paysans de Fleury et des villes environnantes, tous en correspondance avec le capitaine La Borde qui commandait en ville, s'approchèrent des portes d'Églény et du Temple, dans la nuit du 27 au 28 septembre.

Les Auxerrois, désarmés depuis trois jours par ordre de Chalmeaux, étaient dans l'impuissance de leur opposer une résistance utile : cependant, ils montèrent encore la garde, n'ayant d'autres armes que des dagues, des épées et des bâtons à deux bouts. Quelques-uns avaient bien retiré de terre, où ils les tenaient cachées, des armes à feu ; mais elles étaient rouillées par l'humidité, et ils manquaient de poudre, défense ayant été faite aux marchands d'en livrer. Les huguenots au contraire, étaient abondamment fournis d'armes et de munitions. Entre neuf et dix heures du soir, Chalmeaux et La Maison-Fort à cheval, font un semblant de patrouille et d'inspection, où se dévoile surtout leur perfidie. Ils arrivent à la porte du Pont qu'ils savaient ne pas devoir être attaquée, encouragent les hommes à y faire bonne garde et à ne point l'abandonner pour porter secours ailleurs, quelque bruit qu'ils entendissent dans la ville ; ils s'assurent de l'état de l'armement, et remontent chez le capitaine Laborde, où est le rendez-vous général des conjurés. (1) La Borde, prenant avec lui une cinquantaine d'hommes, monte à la porte

---

(1) Edme Panier et Joseph Panier, dans M. Challe. — Pièces justificatives.

d'Églény, la fait ouvrir par force aux assaillants, chasse le poste catholique et le remplace par une garde ennemie. (1)

De là il va à la porte du Temple où la garde reconnaissant la trahison, essaye de résister : il fait tirer contre elle quelques coups d'arquebuse qui tuent ou blessent quinze à seize personnes « tant hommes, femmes, enfants que prestres reli- « gieux, » et se rend encore maître de ce point. Avertis du danger, quelques habitants s'étaient précipités à la cathédrale, où le tocsin sonnait à la grosse cloche indiquant par le signal ordinaire le lieu du combat. Une partie de la garde du Pont allait s'y rendre, lorsque Chalmeaux apparait de nouveau, fait croire à une fausse alerte, et contient encore l'ardeur des défenseurs catholiques. Il en est de même à la porte Saint-Siméon.

Pendant ce temps, Marafin de Guerchy avec ses cavaliers, le cordelier apostat Baron, avec sa bande de pillards, les capitaines Raval et Sarrasin et plusieurs autres, étaient entrés en ville, et y avaient pris leurs quartiers assignés d'avance.

Nous n'entreprendrons pas de dépeindre l'effroi, la désolation des habitants, lorsqu'au point du jour, ils virent la ville livrée aux révoltés par les magistrats mêmes sur lesquels ils avaient compté pour la défendre. On pressent quels malheurs furent la

---

(1) *Mémoires de Joseph Félix*, dans l'abbé Lebeuf, p. VIII, IX et X.

suite de cette trahison, pendant les six à sept mois
que dura la servitude. (1)

V. — Surprise de Mâcon.

Des scènes semblables à celles d'Auxerre se
passèrent à Mâcon, surpris dans cette même nuit
du 27 au 28 septembre. Les hommes qui en 1562
s'étaient emparés de la ville, étaient à la tête du
complot. Leurs noms sont conservés dans les
archives de la ville et dans celles du département.
Ce sont les quatre frères Dagonneau, Touillon,
Brunet, Rochette, Bernard, Chenoux, tous comptant
parmi les plus notables, et avec eux un grand
nombre d'habitants. Ils veillaient dans l'intérieur
pendant qu'au dehors un « gentilhomme du pays,
nommé de Loyse, » s'approchait de nuit sous les
murs de la cité avec trois ou quatre cents « laboureurs » armés, recrutés dans les paroisses de
Bussières, Pierreclos, Vergisson, Solutré, Davayé.
Vers quatre heures du matin, un nommé Grégoire,
portier du cloitre de Saint-Vincent, allant sonner
Matines, fut assassiné vers la porte de Feurs, au
moment où il en fit l'ouverture. Les gens de Loyse
se précipitèrent et se répandirent dans la ville.
Devant le grand portail de la cathédrale ils égorgèrent les premières personnes qu'ils rencontrèrent,
savoir : le chanoine Pierre Le Noble, dit le Grossa

(1) Voir Lebeuf. — *Prise d'Auxerre par les huguenots.* —
M. Challe. — *Histoire du Calvinisme et de la Ligue dans le département de l'Yonne.*

et messire Philibert Bourgeon. Plus loin, ce fut Jean Bossu, « le gardien des Cordeliers, » dont nous parlerons plus loin. » Deux autres chanoines, Monthandre et Descreuv..... furent blessés à mort. (1)

Un ancien chanoine défroqué devenu le capitaine Chaintré, pénétra aussi dans la cité avec « une grande troupe de soldats » qu'il conduisit directement à l'église Saint-Vincent. Il fit briser les portes « des trésors, » s'empara de ce qui restait des papiers et les brûla devant le grand autel. Quant à l'argenterie, aux reliquaires et autres objets précieux, il ne put qu'en constater la disparution, tout ayant été « prins et enlevé » dès les premiers troubles de 1562.

D'autres se portèrent à l'église Saint-Pierre. Après y avoir massacré deux ou trois *tournistes* qu'ils rencontrèrent, enlevé les vases sacrés et brisé les cloches pour s'en approprier le métal, ils la démolirent en partie. L'hôpital Saint-Jacques, l'église de Saint-Étienne et celle des Jacobins eurent le même sort.

Chez les Jacobins, ils se saisirent du prieur du couvent, Michel Sarbery ou Sarberin, homme distingué par ses vertus et son savoir, l'entraînèrent de force sur la tour du clocher et le précipitèrent en bas. Comme il n'était pas mort de la chute, ils l'étranglèrent avec un licol. Les autres religieux

---

(1) *Archives de la ville de Mâcon*, G. G. 122. — Un document des archives départementales, G. 230, désigne les deux premiers sous les noms de Pierre Grosiaud et Borgeon; et Agut, sous ceux de Groisson et Catherin.

avaient pris la fuite ; mais un jeune novice appelé le frère Jean, qui n'avait pu se sauver à temps, fut pris et percé à coups de pertuisane. Après ces exploits, ils rasèrent entièrement le couvent.

Vers le même temps, ils résolurent de détruire la cathédrale : la démolition en fut adjugée à des particuliers au prix de 560 livres. Les échafaudages étaient déjà dressés pour cette œuvre de destruction, lorsque les huguenots changèrent de résolution. Soit qu'ils voulussent faire de cette église un vaste magasin ou une halle, ou bien qu'ils eussent l'intention d'y établir leur prêche, ils arrêtèrent les travaux et le monument fut conservé. (1)

Après les lieux sacrés, les réformateurs s'en prirent aux édifices civils. Ils démolirent et rasèrent l'auditoire royal, les prisons et les écoles publiques.

Dans les campagnes, ils démolirent, sur la route de Charolles, l'église de Charnay, et emportèrent les cloches au château de Yernù qui leur servait de retraite. A Flacé et à Sennecé-les-Mâcon, ils mirent tout à feu et à sang. L'abbaye et l'église de Saint-Clément, à la porte méridionale de Mâcon, où de saints évêques du pays avaient eu leur sépulture, furent ruinées et détruites. (2)

---

(1) Voir pièces justificatives n°⁵ V et VI.
Archives du département de Saône-et-Loire, G. 230.— *Archives de la ville de Mâcon*, G. G. 122.
(2) Agut. — *Histoire des révolutions de Mâcon*.

CHAPITRE VII. — (1566—1568). 345

VI. — Traitement inhumain infligé par les huguenots au Père Divolé, prédicateur d'Auxerre.

Est-il dans les décrets de la Providence que partout où la révolte contre Dieu et son Église est triomphante, il surgisse des martyrs, ou tout au moins d'héroïques confesseurs qui, par leurs paroles et leurs exemples, vengent leur foi et par leur constance encouragent et raffermissent les faibles ? L'effusion d'un sang pur doit-il être toujours le prix de rachat des peuples condamnés à de grands maux ? Deux faits semblables entre eux, l'un à Mâcon, l'autre à Auxerre, l'affirment une fois de plus.

Dans la dernière de ces deux villes, le Père Divolé, ce prédicateur Dominicain que nous avons déjà vu dénonçant du haut de la chaire les projets des huguenots, et qui avait pu échapper au massacre de tous les religieux, fut découvert au logis abbatial de Saint-Père avec l'ancien abbé, Hugues de Boulangers, vieillard nonagénaire, selon les uns, ou Laurent Petitfou également fort âgé, selon d'autres, (1) et deux autres ecclésiastiques. De ces deux derniers, l'un fut tué, dépouillé de ses habits et jeté nu quoique palpitant encore, par dessus les murailles, dans les fossés de la ville ; l'autre par-

(1) Voir Lebeuf, *Prise d'Auxerre*, p. *126*. — Lebeuf, *Mémoires* t. *1er*, p. *838*. — M. Leclerc de Fourolles, dans *l'Annuaire de l'Yonne*, *1843*, p. *161*. — *Mémoires d'Edme Panier*, dans *Le Calvinisme et la Ligue*, p. *326*, par M. Challe.

vint à tromper la vigilance de ses gardiens et à
s'échapper. Quant au Père Divolé et à son compagnon, ils furent conduits devant le capitaine
Musnier. Divolé était particulièrement l'objet de
leur fureur. Musnier, ne voulant pas prendre sur
lui de prononcer sur le sort des deux prisonniers,
ordonna de les conduire au capitaine La Borde.
Avant d'exécuter cet ordre, les soldats arrachèrent
les vêtements à Divolé, ne lui laissant que « son
« pourpoint haut et bas : ils lui posèrent sur les
« épaules un viel et bien chétif manteau, et sur la
« tête un ancien chapeau fort gras et hault d'une
« coudée, avec de petits rebords, et en cet équipage,
« ils le font sortir par la rue, le pourmenant comme
« un fol, lui lèvent la queue de ce manteau par
« derrière, criant les uns aux aultres, — Voilà
« Monsieur notre maistre Divolé ! — Hélas,
« commença-t-il à leur dire, je ne mérite pas tant
« d'honneur que d'estre traité à la mode de Jésus
« mon maistre ; et si vous désirez me faire mourir,
« rendez-moi mes habits religieux, et puis faites
« de moi à votre volonté. — Marche, seulement,
« lui disoient-ils, et, le poussant fort rudement et
« le faisant marcher par force, en le traisnant
« quelques fois, quand il se pensoit arrester ou
« reposer. » Arrivé devant la Borde, les mêmes
scènes que chez le capitaine Musnier se renouvelèrent. Divolé apercevant parmi ceux qui l'injuriaient ainsi, d'anciens religieux de son couvent,
chercha à les remettre dans la bonne voie en leur
reprochant leur apostasie : il exhorta le capitaine

La Borde lui-même à rentrer dans le giron de l'Église ; mais le tout en vain. (1)

La Borde fit conduire les deux religieux en prison. Une forte rançon, à laquelle tous les gens de bien contribuèrent, les tira enfin de la main des huguenots. (2) Divolé quitta Auxerre les larmes aux yeux en embrassant ses anciens amis, pour aller finir ses jours à Paris. Le vénérable abbé de Boulangers ou Petitfou, ne paraît pas s'être éloigné d'Auxerre. (3)

VII. — Martyre de Jean Bossu, gardien des Cordeliers de Mâcon.

Jean Bossu, religieux profès de Beaune, et pour lors gardien des Cordeliers de Mâcon, avait, comme Divolé, par son mérite, ses exhortations et sa vie exemplaire, retenu plusieurs catholiques ébranlés et les avait confirmés dans la religion. Les calvi-

(1) *Mémoires d'Edme Panier*, dans M. Challe. — *Histoire du Calvinisme.*

(2) *Mémoires sur l'histoire civile d'Auxerre.* — *Histoire de la prise d'Auxerre par les huguenots.*

(3) « Pierre Divolé, célèbre Dominicain, appelé le Jérémie de
« son temps, » dit M. l'abbé Doret, dans son *Histoire manuscrite
du protestantisme au diocèse d'Autun,* « prêcha l'Avant à Autun
« en 1566. La véhémence avec laquelle il s'éleva contre les
« erreurs de son temps, lui attira la haine des huguenots. A son
« départ, on fut obligé de lui donner une escorte de six hommes
« pour l'accompagner jusqu'à Saulieu et le garantir contre les
« outrages. » Sa célébrité était telle en effet, que son passage se
trouve encore consigné dans les cartons d'archives de la ville de
Saulieu.

nistes le regardaient comme un des principaux obstacles à la propagation de leurs fausses doctrines. Aussi, dit le Père Fodéré, dans son *Histoire de la province de Saint-Bonaventure*, à laquelle nous empruntons ce récit, dès leur entrée dans Mâcon, c'est-à-dire le dimanche 28 septembre, ils tirèrent Bossu du couvent, et « le mirent dans un cachot,
« les fers aux mains et aux pieds : et le mercredy
« suivant, premier jour d'octobre, ils le sortirent
« de prison, la corde au col, et le conduirent ainsi
« par toute la ville, l'un d'iceux le tirant par
« ladicte corde, et les autres le poussant par derrière
« à coups de pied : estant près la porte Sainct-
« Antoine, ils lui couppèrent l'oreille droite ; de là
« revenant près la porte de la Barre, luy couppèrent
« l'oreille sénestre ; descendus à la place nommée
« la cour du prévost, ils luy couppèrent le nez ;
« puis venant près la porte de Bourgneuf, tout au
« devant du couvent, ils luy couppèrent les bouts
« des doigts : De là, ils le ramenèrent à la place
« qui est au bout du pont, où ils firent un grand
« feu, et luy ayant attaché une corde à chasque
« main, deux de ces bourreaux le tenoient estendu
« en croix, le tirant en telle posture de rudesse, et
« d'autres le poussant par derrière, le firent passer
« et repasser au travers du feu, jusques à ce qu'il
« eut les jambes tellement rôties, qu'il ne se pouvoit
« plus supporter sur pied. Et est chose incroyable
« de la constance avec laquelle il supportoit tous
« ces supplices pour l'amour de Jésus-Christ et
« pour la deffence de la religion chrestienne,
« exhortant d'un grand zèle les catholiques qu'il
« voyoit assemblés aux carrefours des rues, à

« demeurer fermes et constants en la vraye foy et
« religion apostolique. » Ma plume se refuse à
écrire la suite des mutilations qu'on lui fit encore
subir avant de lui donner le coup de la mort.
Traîné au pont de la Saône, il fut jeté du haut en
bas dans la rivière. Le courant le porta sur le
sable à cent pas plus bas sur la rive gauche. Alors
un de ces bourreaux y étant descendu et l'ayant
trouvé respirant et palpitant encore, l'acheva d'un
coup de pertuisane et le repoussa dans l'eau. Quant
au malheureux qui l'avait mutilé, il fut pris instan-
tanément d'accès de rage, se déchirant lui-même
et mordant ceux qu'il pouvait atteindre. Devenu
dangereux, on le fit étouffer entre deux matelats. (1)

On croirait à un récit imaginaire, tant ces
cruautés inspirent d'horreur et paraissent invraisemblables. Fodéré écrivant près d'un demi siècle
après les évènements, (2) on pourrait penser qu'il
a admis trop légèrement une tradition populaire
qui aurait exagéré à plaisir ces actes de barbarie ;
mais voici les termes d'un document authentique
déjà cité, qui confirment au moins implicitement ce
qu'il raconte :

« Sera remontré... les creaultez, barbaries et
« inhumanitez que lors de ladite surprinse, ils (les
« huguenots) auroient commis et perpétrés... la
« FORME QU'ILZ AUROIENT USÉE *es meurtres perpétrés*

---

(1) Fodéré. — *Histoire de la province de Saint-Bonaventure.*
Voir aussi Agut. — *Histoire des révolutions de Mâcon.*

(²) *L'Histoire de la province de Saint-Bonaventure* formant
avec la *Description du monastère Sainte Claire*, un volume in-4°
de plus de 1300 pages, fut « achevé d'imprimer le dernier jour
de février 1619. »

« et commis es personnes des prieur, jeunes moines
« des Jacobins, gardien des Cordeliers etc., tués le
« dit jour de la prinse. » (1)

VIII. — Profanations sacrilèges dans les églises.

Dans l'une et l'autre des deux villes de Mâcon
et d'Auxerre, la Très-Sainte Eucharistie fut foulée
aux pieds, les crucifix traînés par terre, les croix
abattues, les autels renversés. A Mâcon, les tombeaux des saints évêques Mommule, Nicet, Just et
Eusèbe, furent ouverts et les ossements jetés à la
voirie. (2) A Auxerre, ce sont les reliques de Saint
Vigile, de Saint Pallade, de Saint Tétrice, de Saint
Renobert, de Saint Germain, que les protestants
dispersèrent. Des restes de Saint Vigile et de Saint
Germain furent cependant ramassés par quelques
fidèles qui les rendirent plus tard aux églises d'où
elles provenaient. Ceux de Saint Germain, entre
autres, objet particulier de la vénération des catholiques Auxerrois furent conservés par une circonstance qui mérite d'être rapportée. La châsse qui
les contenait était d'or garnie d'émeraudes et
d'autres pierreries. La cupidité des pillards fut
excitée à la vue des bijoux qui scintillaient aux
yeux. Ils vidèrent la châsse pour l'emporter. Des
huguenots, dit Dom Fournier, jetèrent les ossements
au feu ; mais une panique les ayant surpris pendant

(1) Pièce justificative n° VI.
Archives de la ville de Mâcon, G. G. 122.
Mémoire présenté au maréchal de Vielleville.
(2). Agut.

cette action, ils les abandonnèrent et prirent la fuite. Quelques fidèles ramassèrent avec le plus grand soin toutes les cendres avec quelques ossements qui n'étaient pas consumés et les rendirent l'année suivante à la vénération publique, lorsque la ville fut délivrée du joug des hérétiques.

Selon une autre version appuyée sur de solides probabilités, les reliques de Saint Germain éparses dans sa chapelle, n'auraient été ni jetées au feu, ni confondues avec les autres. Des personnes pieuses, les ayant ramassées après le départ des huguenots, les auraient rapportées plus tard au monastère de Saint-Marien. L'abbé les enferma honorablement dans une boite avec un écrit qui constatait ce fait ; mais, pour des raisons inconnues, la boite déposée dans la bibliothèque du monastère, ne fut jamais rendue aux bénédictins de Saint Germain. (1)

Jacques de Loron s'appropria une bonne partie des vases d'or et d'argent pillés dans les églises et les couvents. Selon un procès-verbal d'information dressé en 1610 par le juge de Donzy, Loron aurait fait conduire à son château de La Maison-Blanche, près de Crain, dix ou douze charrettes contenant ce riche butin, y compris la châsse de Saint Germain, enfermé dans des coffres et des bahuts. Les objets, les uns intacts, les autres convertis en lingots, auraient été enfouis de nuit, à une grande profondeur, dans le jardin du château, par Loron lui-même aidé d'un maçon qu'il fit assassiner presque aussitôt, pour que son secret ne fût pas divulgué.

(1) Voir Lebeuf. — *Mémoires sur l'histoire ecclésiastique d'Auxerre*, p. 78 et suivantes.

Loron ne jouit pas de ses larcins ; il fut peu après repris de justice et mourut sur l'échafaud. (1)

Le trésor n'a jamais été retrouvé, et dans le pays on le croit toujours enfoui quelque part.

IX. — Dévastations d'églises, de maisons religieuses et de châteaux dans l'Auxois, le Châtillonnais, le bailliage de Bourbon-Lancy, le bailliage d'Avallon.

L'histoire des prises d'Auxerre et de Mâcon, est à peu près la même pour les autres villes. La trahison et la perfidie conquirent plus de places aux Réformés que la force des armes ; et partout leurs victoires furent accompagnées de déprédations et d'incendies. Si nous tournons les regards du côté des abbayes et des monastères isolés et sans défenses nous ne verrons que fumer des ruines, comme à Moutier-Saint-Jean, dans l'Auxois, où les rebelles se firent ouvrir les portes en se disant envoyés par Tavannes pour protéger le couvent et le bourg ; à l'abbaye d'Auberive dans le Châtillonnais, au prieuré d'Hauterive et à Saint-Jean-de-la-Prée, dans le bailliage de Bourbon-Lancy ; à Bois-Sainte-Marie, dans le Brionnais, etc., etc.

Dans le seul bailliage d'Avallon, les églises de Girolles, de Tharot, de Magny, de Menades, d'Angely et plusieurs autres, vaguement désignées après avoir été dépouillées de tout ce qu'elles avaient

---

(1) Lebeuf, *Prise d'Auxerre*, p. XII = XXIII. — *Mémoires sur l'histoire civile d'Auxerre.*

de plus précieux, furent livrées aux flammes et réduites en un tel état de ruine, que quelque temps après, les Avallonnais, dans un mémoire adressé au maréchal de Vieilleville, les signalaient comme abandonnées et ne pouvant plus être rendues au culte. (1)

X. — Insurgés expulsés de Dijon, Châlon, Beaune.

L'active vigilance du lieutenant de Bourgogne, secondée par des magistrats plus intègres que ceux d'Auxerre et de Mâcon, sauva la plupart des autres villes de la province. A Dijon et à Châlon, Tavannes avait fait expulser une foule de turbulents tout prêts à livrer ces villes au pillage. A Beaune, les protestants avaient secrètement amassé des armes dans les campagnes environnantes et formé des compagnies d'insurgés. Deux jours avant l'heure fixée pour le soulèvement général le 25 septembre, ils étaient partis pour les prendre et donner le mot d'ordre aux conjurés du dehors. Pierre de Damas de Saint-Riran, commandant du château, eut vent de leur projet, et se mit aussitôt sur ses gardes, en faisant fermer sur eux les portes de la ville. Il donna en même temps avis de leur sortie à Tavannes, pour les faire poursuivre et tailler en pièces. Tavannes, dans ses rapports au roi, écrivit à leur sujet : « Ces jours passés, ceux de Beaune, « de la nouvelle religion, sortirent de la ville, prin- « cipalement les gens de cheval, et allèrent prendre

(1) *Archives d'Avallon*, chapitre 52, *Guerres de religion*.

« les armes qui étaient aux champs. » (1) Ces mesures épargnèrent à la ville de plus grands malheurs. Les huguenots de Beaune, comme ceux de Dijon et de Châlon, portèrent ailleurs leurs entreprises. Les uns se réfugièrent à Auxerre, devenu leur quartier général, d'autres se répandirent dans l'Auxois où ils commirent les désordres que nous venons de signaler, et que nous verrons plus loin se reproduire encore.

XI. — Mesures préventives à Autun.

Autun se ressentit peu de l'agitation générale ; mais dut particulièrement son repos à la vigilance du chapitre, qui avait à sa charge la plus grande partie de l'entretien et de la défense du château. Dès le 26 septembre, dit M. Abord, dans son *Histoire de la Réforme et de la Ligue dans la ville d'Autun*, un *comité des troubles*, chargé de veiller au salut public, avait été élu par les chanoines. Ce comité se composait du doyen Philippe de Marcilly, du grand archidiacre Guy Languet, du syndic André Ferrand, et des chanoines Cortelot, Humbelot, Voillot, Anatole Ailleboust et Delafosse. Ces délégués se réunissaient les lundi et jeudi de chaque semaine et arrêtaient en conseil les mesures à prendre pour la défense commune.

« Afin d'obvier aux dangers que l'on pourroit
« encourir par le moyen des guerres subitement
« émues et survenues par les protestants et sédi-

(1) Dom Plancher, t. IV.

« tieux au fait de la Religion, s'assemblant en force
« d'armes hors des villes, aux fins d'une rébellion
« grande contre la volonté royale, une commission
« extraordinaire contre les troubles est créée et
« instituée : laquelle, composée des gens de l'église
« les plus vigilans et affectionnés serviteurs du roi
« et amateurs du salut public, s'occupera, avec
« plein pouvoir, de resserrer les titres, reliquaires,
« joyaux, meubles, argenterie et autres objets pré-
« cieux. Elle aura aussi pour charge d'exécuter les
« réparations et fortifications et de disposer de
« toutes affaires pour la tuition et conservation du
« châtel, contre les incursions, violences et efforts
« de tel tas de désespérés et de gens à leur
« solde. »

« Les registres capitulaires, dit M. Abord, res-
sembleraient presque à un journal militaire tenu par
le commandant d'une place assiégée, si de pieux
souvenirs et des exhortations religieuses ne venaient
de temps à autre rappeler que les défenseurs du
château portaient tour à tour la soutane et la
cuirasse, l'épée et la croix, » Les délibérations
sont presque toutes des ordonnances pour le *guet
et garde*, pour la fermeture des portes, pour la
réparation et l'entretien des remparts, la démolition
des bâtiments adossés aux murailles du château,
l'approvisionnement des vivres et des munitions de
guerre, « afin de n'être surpris... en cas d'assauts
« et téméraires entreprises, si aucuns (que Dieu
« ne veuille !) survenoient. » On y lit l'acquisition
d'une grande quantité de piques et de hallebardes,
de vingt arquebuses à mèche, de douze *corselets*,

de *morions* et de *bourguignotes*. (1) Chaque chanoine fut tenu de posséder un corselet bien garni avec quelques armes telles que pistolets, arquebuses et pertuisanes.

Les proportions que prenait partout la révolte, firent considérer ces mesures comme encore insuffisantes. Sur la demande du chapitre, Tavannes envoya une garnison de quatre compagnies, formant un effectif de quatre-vingt-dix hommes choisis par l'un de ses officiers, Jean d'Epinac. Ils étaient commandés par le capitaine Burat, auquel on donna pour lieutenant le chanoine André Ferrand. (2)

Mais c'étaient des troupes indisciplinées qui commettaient « infinis excès, pilleries, et direptions « de biens, et ne montoient pas la garde. » On se vit bientôt contraint de les congédier en partie et de ne garder que quarante hommes des meilleurs.

Ces préoccupations guerrières ne détournèrent pas les chanoines de pensées plus élevées et plus en rapport avec leur ministère. Confessant la vanité de leurs efforts s'ils n'obtenaient de Dieu pour le

---

(1) *Corselet*, petite cuirasse qui ne couvrait que la poitrine.
Morion, sorte de casque léger.
Bourguignote, casque de bataille à visière et bardé de fer.

(2) Il ne faut pas oublier que les chanoines n'étaient pas tous dans les ordres sacrés. Il y avait les chanoines laïques ou séculiers. Le canonicat était quelquefois un titre honorifique, comme celui dont jouissait le chef de la maison de Chastellux qui avait le droit de s'asseoir en surplis pardessus ses habits guerriers dans le chœur de la cathédrale d'Auxerre, en souvenir de la restitution de la seigneurie de Cravant, que Claude de Chastellux fit faire au chapitre, en 1423.

peuple et pour eux-mêmes, pardon et miséricorde, ils annoncèrent des prières publiques et des processions. On lit sur les registres capitulaires : « Consi-
« dérant que pour néant l'on fait garde, si Dieu
« n'est protecteur et défenseur contre les insultes
« et rébellions des ennemis de son Église et de ses
« ministres ; afin par prières et supplications de le
« rendre propice, on veillera à ce que le service divin
« soit célébré par gens connus idoines à ce faire, en
« choisissant les moins habiles à porter les armes,
« lesquels, moyennant ce, seront déchargés de la
« garde. De plus, chaque jour, on fera processions
« dans l'intérieur de l'église ou ailleurs, avec les
« hymnes et cantiques convenans au sujet du
« temps, afin de mieux implorer la grâce de Dieu
« pour la défense de la Sainte Église. » Une autre fois « des prières de *quarante heures* sont ordonnées
« pour la prospérité du royaume. »

L'évêque Pierre de Marcilly, retenu depuis le mois de juillet dans son château de Lucenay, par des douleurs de goutte, semble n'avoir pas participé à l'organisation de la défense ; il n'aurait même contribué à l'entretien de la garnison et aux dépenses des fortifications, que sur un ordre exprès du lieutenant de la province. (1)

---

(1) M. Hippolyte Abord. — *Histoire de la Réforme et de la Ligue dans la ville d'Autun*, p. 354-374.

XII. — Accord pacifique entre les Clunisiens des deux religions.

Les Clunisiens se préservèrent d'émotions intestines par un acte qui mérite une mention spéciale.

Dans la journée du 28 septembre, à la nouvelle des évènements de Mâcon, Guillaume de Sautel, juge-mage des terres et impositions de Cluny, avait, à la requête des échevins et du syndic de la ville, convoqué les habitants en assemblée générale au petit palais de l'abbaye, pour délibérer sur les moyens de prévenir les troubles.

Quatre ou cinq religieux de l'abbaye et une soixantaine d'habitants de la ville se rendirent à la convocation. Le syndic, Claude de Châtillon, leur annonça officiellement ce qu'ils connaissaient déjà par la rumeur publique, et les exhorta à aviser « au dangier d'un semblable évènement. » De Sautel, tout en disant que la nouvelle était encore incertaine et les raisons de l'émotion inconnues, conclut en « priant les sires vénérables et tous les
« habitans en général et en particulier de se pro-
« mectre et jurer entre eux la foy et asseurance
« de paix, amitié, concorde et unyon, sans entre-
« prendre aulcune chose les ungs contre les aultres ;
« ains se garder et deffendre fraternellement l'ung
« l'autre, envers et contre tous. » Messire Jean Boyer, procureur-général de l'abbé, proposa qu'en tous cas les portes de la ville et de l'abbaye fussent

fermées, et que l'on montât la garde nuit et jour sur les remparts. Après de longs et animés débats auxquels prirent part un grand nombre de personnes, on arrêta le règlement suivant, qui fut lu et publié par les rues, et les carrefours de la ville, « assavoir :

« Que bonne paix, amitié, société et unyon demeu« reroyent entre lesdits vénérables et habitans, « et entre lesdits habitans d'une et d'autre religion, « les ungs avec les autres. »

« Que aulcune chose nouvelle ne seroyt entreprise « ny faicte par lesditz habitants de l'une ou l'autre « religion, ny par lesditz vénérables religieux, au « préjudice l'ung de l'autre ; ains demeureroyent « chacung d'eux en l'estat auquel ilz sont de pré« sent, soubz le bon plaisir toutesfoys et en l'obéis« sance du Roy N° Sire. »

« Que si aulcunes lettres, mandement, commis« sion ou advertissement estoyent envoyez, de « quelque part que ce fust, aux ungs ou aux « aultres, qui concernât l'estat publicq ou particulier « de ladite *ville*, et intérestz desditz habitans, en « général ou en *particulier*, il ne seroyt délibéré « *ny pris de résolution*, que communication n'en « fust faicte à tous *ceux de* ladite ville, en publique « assemblée. » (1)

« Qu'il ne demeureroyt que deux portes de ladite « ville, assavoir, celle de Mascon et celle du Merle, « qui ne fussent closes et fermées, et seroyent « lesdites deux portes gardées de jour par ceux « qui seroyent commis à la garde d'icelles, par

(1) Les mots soulignés ont été rétablis par l'auteur, le document étant déchiré en cet endroit.

« lesdits eschevins, scindicq et capitaine. Que aussi
« seroyt faict de nuict guet et garde, à la mesme
« diligence, et comme il a esté cy devant observé
« en cas de éminent péril. » (1)

« Que lesdits vénérables religieux feront sem-
« blable garde et guet en le clos de ladite abbaye,
« en bonne paix, accord et intelligence avec lesdits
« habitans : et ne souffriront entrer en ladite
« abbaye par la porte des prez, ny aultre... mesme
« compaignie de gens de cheval ou à pied, sans en
« avoir communiqué avec lesdits habitans de ladite
« ville, en publique assemblée. »

« Que défenses seront faictes à cry publicq, à
« tous habitans de ladite ville et abbaye, qui soyt
« bourgeois de quelque religion qu'ils fussent, de
« user de propos *sédicieux*, scandaleux et tendant
« à sédition ; et aussi de n'aller de nuyt avec armes
« et sans lumière, excepté ceulx qui seroyent
« commis au guet et à la garde de ladite ville. »

« Lesquelz articles furent tous accordez, promys
« et jurés par lesdits vénérables religieux, au nom
« que dessus, et par tous les habitans présents et
« qui, en signe de foy donnée l'ung à l'autre, et
« dudit serment, se donnèrent tous la main ; dont
« acte fust octroyé. » (2)

Les fédérés, sans distinction de secte, restèrent
fidèles à leur engagement, même lorsque Ponçenac
se présenta sous les murs de Cluny, un mois plus
tard, comme nous le verrons plus loin.

---

(1) Ici sont quelques lignes intercalées et en marge, à peu près illisibles.

(2) *Archives de la ville de Cluny*, E. E. 1.

XIII. — **La ville d'Avallon se préserve des troubles par des précautions de prudence.**

Les Avallonnais se sauvegardèrent aussi de leur propre mouvement. La nouvelle de l'occupation d'Auxerre par les révoltés, la présence de ces bandes qui tenaient la campagne, pillant les maisons des riches, brûlant les châteaux, portant la désolation et la honte dans les familles, l'esprit de nouveauté, la cupidité, une ambition jalouse, avaient échauffé l'ardeur révolutionnaire de quarante-cinq Avallonnais qui déjà se croyaient les maîtres de la cité. Un rôle dressé le 4 novembre 1567, pour la répartition d'un emprunt forcé nous a conservé leurs noms. Ce sont : Jacques Couet, Claude Simon, Jeanne Martenot, Pierre Courtois, Jean Simon, Antoine Pyrot, Lazard Lefoul, Pierre Legueux, Guillaume Gaffey, Yves Legueux, Hugues Caillat, Pierre Arbaleste, Simon Tripier, Guillaume Cueur-de-Roy, Jehan Gautherot, Vorle Morel, Philippe Girard, Pierre Maret, Sébastien Germinot, Estienne Fornier, Estienne Lescuier, Joseph Bierry, Jean Veras, Richard Lenoir, Pierre Filzjehan jeune, Jean Darmes, Simon Courtois, Jean Courtois, Jean Margeret, Lazard Druet, Georges Filzjehan, François Dujardin, Veuve Germain Aubery, Jean-Laurent de Bastien, Nicolas Langlois, Jean Rondeau, Nicolas Belin, Antoine Courtois, George Préjein, Lazare Caillat, Jean

Brossier, L. Billet, Jean Chambenoist, Nicolas Darcy. (1)

Un jour, les échevins, et à leur tête l'honnête Étienne Filzjehan, lieutenant du bailliage, se présentèrent à eux au milieu de leur réunion et après de verts reproches sur leurs séditieuses agitations, « Sortez, leur dirent-ils, allez rejoindre vos affidés d'Auxerre. Quittez la ville, si vous ne voulez pas que nous fassions peser sur vous un châtiment exemplaire en vous dénonçant tous au lieutenant de Bourgogne. Les portes vous sont ouvertes, sortez. »

La plupart, profitant de la faculté qui leur était offerte, quittèrent la ville et prirent la route d'Auxerre, se promettant bien de revenir faire ouvrir par la force les portes que l'on ferma sur eux. (2) Aussitôt leur départ, on arma la milice bourgeoise: mais quel armement! On délivra à chacun des échevins une « hallebarde dorée. » C'étaient sans doute les armes distinctives des officiers et sous-officiers; car, à d'autres qui ne sont qualifiés d'aucun titre dans l'administration, on remit des hallebardes simples, des « arquebuses à rouet, » et d'autres à mèche. Chacun donna sur un registre le récépissé de l'arme qui lui était confiée. (3)

Cependant, les nouvelles que l'on recevait chaque jour d'Auxerre et d'ailleurs, donnaient de plus en plus de sérieuses inquiétudes. Les magistrats,

---

(1) *Archives d'Avallon.* — Compte des receveurs.
(2) *Archives d'Avallon.* — Guerres de religion.
(3) Id. — Chapitre 102, n° 22

selon ce que l'on pourrait induire de quelques termes de la lettre que nous allons citer, auraient donné leur parole aux expulsés de ne point prendre de garnison étrangère. Ils commençaient à regretter leur engagement. Un biais semble avoir été imaginé pour l'éluder. Le chapitre de la collégiale qui n'avait pas paru dans cette sorte de compromis, agissant, soit de son chef, soit de concert avec quelques habitants, fit venir une garde à ses propres frais. La colère qu'en ressentirent les huguenots, qui n'avaient point prévu cette mesure des catholiques, justifie l'allégation formulée plus haut, savoir : qu'en quittant leurs demeures les Réformés nourrissaient dans leur cœur l'espoir d'avoir un jour bon marché de la milice bourgeoise, pour rentrer dans la ville et la soumettre à leur parti.

Le 8 octobre, huit jours après la prise d'Auxerre, l'un d'eux écrit de cette dernière ville aux échevins d'Avallon la lettre que voici :

« Messieurs, parceque depuis le partement de
« toute notre compagnie, voz concitoyens, nous
« avons esté advertiz que vous avez, au préjudice
« de la Société et foy donnée, faict choses qui
« contreviennent entièrement à l'assurance qui a
« esté promise mutuelle, en les dénunçant par
« nom et surnom à M. de Tavannes, et ayans
« receu soldatz estrangers, prenant la paye du
« chapitre, en quoy est à considérer une indeue
« auctorité qu'ilz veulent entreprendre sur le gou-
« vernement de la ville; s'offrant l'occasion du sire
« Jehan de Lisle, présent porteur, je vous ay bien
« voulu advertir du mescontentement que chacung

« particulièrement en peult recevoir et tous les
« gentilzhommes noz voisins, qui ne peuvent
« trouver d'une bonne digestion, une foy solennel-
« lement donnée estre violée par la témérité de
« quelzques trois ou quatre espritz turbulents qui
« veulent ambitieusement entreprendre sur ce qu'ilz
« ne peuvent et ne doivent exécuter. Or pour vous
« faire entendre la bonne volunté que lesditz
« gentilz-hommes et chascun de nous a, de pourveoir
« à ce qui touche et regarde la conservation et
« repoz de la ville, je vous ay bien voulu dire qu'ilz
« n'ont moindre volunté que lors de notre parte-
« ment ; et serons marry qu'il nous fût imputé
« d'estre autheurs de la ruyne du lieu de notre
« naissance et origine : mais je vous puis bien
« dire que ces bons factieux entreprenans oultre
« leur debvoir, pourront bien sentir la peine de
« leur témérité : et ferez beaucoup pour eulx de
« leur faire entendre qu'ils ayent à estre plus sobres.
« Aussi bien la sobriété est une vertu singulière
« entre toutes et feroient bien d'aller à son escolle.
« Particulièrement je vous diray, que si j'entendois
« quelque entreprinse qui se dressât contre la ville,
« je monteray moi-mesme à cheval pour vous en
« advertir, et vous supplie vous reposer sur
« moy. »

« En cest endroit, je prye Dieu, après ma recom-
« mandation, Messieurs, vous avoir en sa saincte et
« digne garde. »

« D'Aucerre, ce huitiesme jour d'octobre 1567,
« vostre plus assuré amy et concitoyen à vous
« servir. »

LEGUEULX.

En post-scriptum : « Vous sçaurez que le rapport
« que faict Hubert Filzjehan, de prestres tués en
« ce lieu est faulx ; et que tant s'en fault qu'il ne
« s'en trouve ung seul blessé ny frappé. » (1)

Cette assertion était loin d'être exacte ; on sait comment furent arrêtés et traités, entre autres le Père Divolé, l'abbé de Saint-Julien et les deux religieux Deschamps et Nicolas Crespin ou Cressin. Nous aurons d'ailleurs bientôt à parler, d'après des documents officiels, du meurtre du curé de Provency et de plusieurs autres personnes tuées de sang-froid, et, sur la foi du chroniqueur de Vézelay, de celui du curé d'Asquins.

XIV. — Mesures prises par Tavannes, de concert avec les Avallonnais.

Sur le rapport qui lui avait été fait, Tavannes craignant de voir Avallon tomber au pouvoir des huguenots, avait désigné une compagnie de cent arquebusiers, commandée par le capitaine de Vesannes, pour y tenir garnison à la charge de la ville. C'étaient des frais lourds à supporter. Confiants dans leur propre force, et assurés d'ailleurs qu'il ne restait point d'ennemis dangereux dans leurs murs, les Avallonnais refusèrent ce renfort et par une délibération du 18 octobre, « de « la plus grande et saine partie » de la population, ils députèrent à Dijon pour obtenir qu'il ne leur fût pas imposé, répondant de la conservation de la

(1) *Archives d'Avallon*, fonds. — *Guerres de religion*.

cité à l'obéissance du roi, sans secours étranger. Comme garantie, ils lui firent part de l'élection qu'ils venaient de faire, de M⁰ Etienne Filzjehan, lieutenant du bailliage, pour commander la milice bourgeoise et gouverner la ville; soumettant du reste cette élection à son approbation. (1)

Depuis onze ans, Étienne Filzjehan était lieutenant du gouverneur de la ville : il avait succédé, par voie d'élection, à son père Georges Filzjehan qui avait décliné l'honneur de cette fonction après l'avoir exercée pendant vingt-sept années consécutives. Le lieutenant de Bourgogne portait à cette famille la même estime et la même confiance que les Avallonnais. Rassuré par le choix d'un homme dont il connaissait les sentiments, il fit droit à leur requête. Étienne Filzjehan remplit gratuitement la charge qui lui était confiée et la ville fut ainsi gardée « sans gaiges ni entretenement de soldatz,
« ne qu'il ayt esté faict cucillette ny levée de deniers
« pour ledict gouvernement. » (2) C'est au moment du danger que se montrent les hommes de cœur et de dévouement. La ville n'eût à sa charge que les munitions de guerre exigées par la prudence et tenues en réserve dans ses magasins. Le 24 octobre, les échevins avaient acheté de Pierre Monnot, poudrier à Foissy, quatre cents livres de poudre à canon que ce dernier devait livrer avant « la Chandeleur, » (1ᵉʳ février), au prix de 40 francs le cent de livres. (3)

---

(1) *Archives d'Avallon*. — Voir pièce justificative, n° VII.
(2) *Archives d'Avallon*, chapitre 52, n° 14.
(3) *Archives d'Avallon*.

XV. — Levées et enrôlements de soldats catholiques.

Les troupes qui étaient sur pied dans la province ne pouvaient suffire à la garde du territoire et encore moins à la répression des saccagements commis par les huguenots; d'ailleurs, la plupart des meilleurs capitaines catholiques étaient allés à la défense de la capitale que menaçait l'armée de Condé. Il fallut faire de nouvelles levées pour marcher contre les révoltés, pendant que les villes qui n'avaient point été surprises faisaient elles-mêmes des enrôlements pour leur sûreté particulière. Le 12 octobre, le lieutenant de Bourgogne avait ordonné à Guy de Rabutin, baron de Chantal et de Bourbilly, de lever « une cornette des plus « vaillants, agguerris et expérimentés hommes « qu'il pourroit trouver. » Il lui donna en même temps le commandement d'une compagnie de cent arquebusiers à cheval. (1) La publication de cette commission fut faite trois jours après dans la ville d'Autun.

Ce n'étaient pas de vaines précautions.

XVI. — Enrôlement de soldats protestants pour Condé. — Prise de Marcigny, siège de Cluny et de Saint-Gengoux.

Le gentilhomme bourbonnais, Poncenac, que l'on a déjà vu, en 1562, ravager les couvents et les

(1) *Archives particulières* : Papiers de M. le général de G.

églises autour de Mâcon, avait aussi, de son côté, reçu l'ordre d'enrôler des partisans, autant qu'il le pourrait, et de les lui conduire. Avec Verbelais, gentilhomme auvergnat, Poncenac avait, dès le mois de septembre, recruté dans le Bourbonnais, l'Auvergne, le Forez et le Beaujolais, environ 3,000 fantassins et 500 chevaux. Son quartier-général était la Pacaudière, à trois ou quatre lieues au sud-ouest de Marcigny, dans le Bourbonnais. Vers la fin d'octobre, réuni à Mouvans, il cherche avec 7,000 hommes de troupes, à se frayer un passage à travers la Bourgogne. (1). Sur sa route, il s'empare de Marcigny, et tente de soumettre Cluny. Dans la nuit du 29 au 30, ses troupes postées par détachements dans les moulins et les fermes d'alentour, investissent la ville et pendant plusieurs jours se présentent à l'assaut. Les Clunisiens les repoussent avec bonheur à chaque fois ; mais bientôt, ne se sentant plus en force de résister plus longtemps, et menacés de carnage et d'incendie s'ils continuent la lutte, ils se voient dans la nécessité de capituler. Poncenac exige 6000 livres qui lui sont accordées, et moyennant la promesse de les lui verser à bref délai, il lève le siége le 1er novembre, emmenant avec lui en caution et garantie, Antoine de la Bretonnière, le chanoine Bridet et Daniel Grisard. L'abbaye devait contribuer pour moitié dans le prix de la rançon ; mais pas plus que la ville elle n'était en état de payer comptant : il fallait avoir recours aux emprunts. Dom Antoine

---

(1) *Mémoires de Gaspard de Saulx.* — « Poncenac et Mouvans, « avec 7000 hommes, entrent en Bourgogne. »

CHAPITRE VII. — (1566—1568) 369

de Laval dit de Lombrerye. (1) Jean Félix Passot et Verdet, notaire de l'abbaye, offrirent au nom des autres religieux qui s'étaient retirés au château de Lourdon et dans d'autres places fortes de la contrée, d'engager « telle maison que l'on voudroit, » mais néanmoins, ne trouvèrent pas de prêteur : on fut obligé d'en aller chercher à Mâcon et à Pont-de-Veyle. Enfin, après bien des démarches, le 8 novembre, ils parvinrent à se libérer. (2)

De Cluny, Poncenac était allé mettre le siége devant Saint-Gengoux, gardé seulement par les habitants et quelques troupes de paysans sous le commandement de Champrongeroux, frère de Monconis, gouverneur de Châlon. Malgré leur petit nombre, les assiégés se défendirent avec vigueur, et quoiqu'ils eussent perdu vingt-cinq ou trente des leurs, Poncenac ne put les réduire qu'en mettant le feu aux portes de la ville et en escaladant les murailles, pendant que les défenseurs de la place s'efforçaient de l'éteindre. (3)

XVII. — Poncenac est chassé de Bourgogne par Saulx de Ventoux.

Gaspard de Tavannes, appelé auprès du duc d'Anjou pour combattre les Allemands que le prince de Condé faisait venir à son service, avait remis le commandement de la province à Saulx de

(1) *Alias* Delombergie de Lanbrairie.
(2) *Archives de la ville de Cluny*, E. E. 1.
(3) Le Frère de Laval.

Ventoux, son cousin. Celui-ci s'était mis aussitôt en marche à la rencontre de l'armée huguenote du Bourbonnais. Arrivé à Saint-Gengoux « avec les « compagnies de M. de Savoye, du comte de Beine « et autres, » (1) avant que l'ennemi ait eu le temps de s'y fortifier, il le chassa de la ville, le combattit et le défit à une lieue et demie plus loin, sur le pont de Joncy. Le général huguenot interdit et affaibli par cet échec, battit en retraite jusqu'à la Pacaudière pour refaire ses troupes et prendre une autre direction.

Le vendredi 7 novembre, Poncenac, regagnant le Bourbonnais, passa de nouveau par Cluny qu'il frappa de réquisitions en « pain, vin, chair de « mouton, perdrix, poules, » sans compter les mets servis à ses officiers « en la maison de *la Belle hôtesse*. » (2)

Saulx de Ventoux poursuivit l'armée huguenote jusqu'à Marcigny, délivra encore cette ville, puis revint au devant du duc de Nevers qui arrivait en Bourgogne, avec 3,000 Italiens, par Grenoble et Lyon.

Dans sa marche en avant vers le Châlonnais, Poncenac avait essayé de grossir ses compagnies, de celles qui occupaient Mâcon. De Loyse s'était opposé à son projet, ne voulant point, comme à la dernière occupation, dégarnir la ville et l'exposer à être reprise par les catholiques. Ce qui, d'ailleurs, ne fut que de très-peu retardé.

Poncenac fut tué, peu après son retour à la

---

(1) *Mémoires de Guillaume de Saulx.*
(2) *Archives de Cluny.* — *Loco citato.*

Pacaudière, dans une escarmouche entre deux bandes de son parti qui s'étaient chargées mutellement sans se reconnaitre.

XVIII. — **Le duc de Nevers s'unit à Saulx de Ventoux pour reprendre Mâcon sur les protestants, puis va rejoindre le duc d'Anjou dans la Champagne.**

Le 21 novembre, les armées catholiques se rencontrèrent à Tournus que les protestants avaient évacué, soit pour aller renforcer la garnison de Mâcon, soit par conscience de l'inutilité d'une résistance contre les forces supérieures du duc de Nevers et de Ventoux. Les chefs catholiques combinèrent à Tournus le plan du siége de Mâcon et Louis de Gonzague, plein de confiance, en écrivit au roi dès le lendemain, lui faisant part de son ferme espoir d'avoir, dans peu de jours, raison de la ville rebelle.

Le mardi 23, sans attendre les six mille Suisses amenés au service des catholiques par Charles de Birague et Maugiron, et qui ne pouvaient arriver avant huit ou dix jours, le duc de Nevers fit partir ses premiers détachements. L'attaque se fit « par le côté du pont de Saône. » (1) Le 4 décembre, après neuf jours de résistance, la place entra en composition. Moyennant trente mille écus payés comptant, et l'engagement de ne plus porter les armes contre le roi, les huguenots de Mâcon obtinrent de

---

(1) Guillaume de Saulx. — *Mémoires.*

sortir avec armes et bagages ; ceux de Tournus, avec la dague et l'épée seulement. (1)

La partie méridionale de la Bourgogne pacifiée, les catholiques s'empressèrent de remercier Dieu d'un si grand bienfait. On lit sur les registres capitulaires d'Autun : « Il sera ordonné, vendredi
« prochain, de faire prières à Dieu et chanter le
« *Te Deum* à l'église Saint-Lazare, pour la prise
« de la ville de Mâcon réduite à l'obéissance du
« roi ; encore pour la prospérité de Sa Majesté, à
« ce de lui bailler force et victoire sur les rebelles
« et perturbateurs du repos en son royaume. » (2)

Le duc de Nevers poursuivit ensuite le but de son expédition et conduisit au duc d'Anjou, sur les marches de la Champagne, son armée d'Italiens et de Suisses forte d'environ 10,000 hommes. Il laissa cependant quelques compagnies à Mâcon et dans les places que les protestants auraient pu encore menacer. Le château de Lucenay, à trois lieues au nord d'Autun, reçut une garnison dont les habitants eurent quelquefois à se plaindre ; mais qui, néanmoins, maintint les esprits turbulents et préserva de tumulte le centre de la province.

XIX. — Marche de Condé et siége de Sens.

Pendant ce temps, Condé marchait, sans de grandes difficultés, au devant des alliés qui lui

(1) Le Frère de Laval. — *La vraye et entière histoire*.
Agut. — *Les révolutions de Mâcon.*
(2) M. Abord. — *Histoire de la Réforme dans la ville d'Autun*, p. 376.

arrivaient d'Allemagne. Dès le 13 novembre, trois jours après la bataille de Saint-Denis, il avait remonté la Seine jusqu'à Montereau, ville tombée au pouvoir des huguenots en même temps qu'Auxerre, et qu'il avait assignée pour rendez-vous aux troupes rebelles de la Guienne et du Poitou, comme il avait désigné Orléans pour celles qu'il attendait de la Provence, du Dauphiné et de Gascogne. Puis, par une heureuse diversion ayant pour but de dérouter le duc de Guise qui l'attendait à Troyes, il se saisit de Pont-sur-Yonne, et vint mettre le siége devant Sens. Guise accourut en effet au secours de la place, et Condé en profita pour diriger vers la Lorraine le gros de son armée, tout en affectant une ardeur particulière au siége commencé.

Le duc de Guise ne fut pas longtemps dupe de cette feinte : laissant le gouverneur de Sens, Villegagnon, résister seul avec les habitants aux efforts des assiégeants, il se hâta, peu après son arrivée, de remonter par Troyes au devant de l'armée protestante; Condé ne fit pas moins continuer le siége jusqu'au 30 novembre. « Le seigneur de Villegagnon...
« avait un bon nombre de gens de guerre. Les
« habitans prirent une ferme résolution de plustost
« mourir sur la brèche que de se rendre, quoyque,
« depuis peu, se fût retiré le duc de Guise qui
« avoit emmené avec lui un bon nombre de soldatz.
« Après que le prince de Condé eut été assuré de
« la ferme résolution des habitants et de la garnison,
« et avoir éprouvé leur bravoure dans une sortie
« qu'ils firent à sept heures du matin, il leva le
« siége, le jour de la sortie, jour de Saint-Andrié

« (30 novembre). Jean de Lignerot, escuyer, seigneur
« de Bonhutin, y fut tué et fut enterré aux Corde-
« liers. Il y eut quantité d'assiégeants de tués,
« plusieurs faits prisonniers et beaucoup d'assomés
« par les paysans qui les poursuivoient. L'église
« de Saint-Remi fut détruite, et une petite église
« qui estoit restée dans le clos des Cordeliers,
« proche les murs de la ville, dans laquelle il y
« avait d'anciens sépulchres des notables bourgeois
« de la ville. » (1)

XX. — Jonction de Condé avec les Allemands.

L'Électeur Palatin, Frédéric III, avait marqué une certaine hésitation à envoyer ses soldats contre le roi de France, et ne s'était rendu aux pressantes sollicitations des Condé et des Châtillon, que sur l'assurance donnée par ceux-ci que l'entreprise était toute religieuse et nullement politique. Il avait alors confié à son second fils, Jean Casimir, général de vingt-six ans, la conduite de sept mille reîtres et de six mille lansquenets. Casimir prit sa marche à travers la Lorraine, et passa la Moselle à Pont-à-Mousson, malgré les Lorrains et les Franc-Comtois qui tous, même les prêtres et les moines, avaient pris les armes pour les arrêter. (2)

C'est là, que le prince de Condé, après avoir franchi la Meuse à Saint-Mihiel, le rejoignit, le

(1) *Manuscrit de Gressier.*— Actes des délibérations de l'Hôtel-de-Ville de Sens, Mss. appartenant à M. Quantin.
(2) D. Grappin.— *Mémoires sur les guerres du* XVIe *siècle.*

11 janvier 1568, pendant que la cour et les généraux catholiques délibéraient encore à Vitry-le-François.

XXI. — Dispositions stratégiques pour arrêter les confédérés aux passages de la Marne et de la Seine.

L'armée royale renforcée des dix mille hommes que le duc de Nevers avait amenés, après avoir soumis Mâcon et chassé Poncenac et Mouvans de la Bourgogne, se porta à Troyes pour y garder les passages de la Seine. Le duc d'Anjou vint camper dans les environs, et le duc de Nevers fut envoyé à Châtillon-sur-Seine.

Nevers espérait, non-seulement arrêter l'armée protestante ; mais peut-être même la refouler en Allemagne : Mais il arriva que de dix-sept cents chevaux qui lui étaient promis, il ne lui fut envoyé, dit-il, « que environ 150 chevaulx légiers et quelques « argolletz (1) qu'il vouldroit qu'ilz n'y fussent « poinct, pour ne servir que de nombre, sans « espérer rien d'eulx. » (2) Dès le 11 janvier, il avait écrit à Saulx de Ventoux de presser l'expédition des troupes qui devaient venir le rejoindre à Châtillon. Ce sont les compagnies de « M. de « Terride, du maréchal de la Foys, de M. de « Vaudemont, du chevalier de Montluc, et de

---

(1) Argoulet. — Arquebusier à cheval.
(2) Plaintes du duc de Nevers au duc d'Anjou et à la reine. — Mss. Bethune, 3159. — Voir pièces justificatives, n° VIII.

« M. de Savoye. » Le 15, la réponse de Ventoux ne lui en donne encore aucune nouvelle ; et pour comble de défection, quatre enseignes du Piémont, spécifiées dans ses pouvoirs, lui font aussi défaut : de telle sorte qu'à cette date, il ne compte « de bon « pour combattre, que cinq cents chevaulx de lance. »

Cependant, l'ennemi s'approche.

Enfin, cinq compagnies de M. de Brissac lui sont arrivées ; et il a pu jeter deux mille hommes dans Châtillon. C'est une garnison bien insuffisante, dit-il, car la ville étant séparée par la Seine en deux places distinctes, ces deux places ne pourraient se porter mutuellement secours en cas d'attaque, à cause des difficultés de communication. Il s'en charge néanmoins, ainsi que de Mussy-l'Évêque.

A défaut d'hommes, tout ce qu'il a pu faire pour ncommoder l'ennemi, a été d'affamer le pays, en faisant retirer dans les villes fermées les provisions alimentaires des campagnes. Mais il craint que les pauvres paysans, dont quelques-uns ont « d'eulx « mesmes tout caché et enterré, » n'aient fort à en souffrir et que les ennemis ne cherchent « à intimider « le peuple, le menassant de brusler leurs maisons, « en cas qu'ilz ne trouvent de quoy vivre. »

Pour compléter son organisation stratégique, le général catholique qui paraît avoir reçu de nouveaux renforts, établit des postes d'avant-garde sur les passages de la Marne et de l'Aube. M. de Lignières occupe Chaumont-en-Bassigny, M. de Thou est à Langres ; entre les deux, le capitaine Foissy est envoyé avec deux compagnies à Crénay-sur-

Suize. (1) Mais il néglige Montsaugeon, entre Langres et Dijon, malgré la recommandation du duc d'Anjou, ayant trop peu de soldats pour garder ce lieu qui « ne vault rien », et vers lequel l'ennemi ne paraît pas vouloir s'engager. Il en est de même de Bagneux (Bagneux les Juifs) et de Chanceau, aux sources de la Seine.

Sur l'Aube, Fervagues est à Crance (Créancey) près de Château-Vilain et le sieur de La Roche, à Bar-sur-Aube et dans le château de Jaucourt.

« Cent bons chevaulx-légiers » sont envoyés à Arc-en-Barrois pour faire un service d'éclaireurs ; mais Beauregard, capitaine de la ville, n'ayant pas voulu les recevoir, ils quittèrent la place.

Dans une direction opposée, où les huguenots de l'intérieur se sont emparés de Noyers et de Nitry, (2) et d'où l'on peut craindre une surprise sur les derrières de l'armée catholique, il dépêche encore jusqu'à Avallon une ou deux compagnies du capitaine Foissy, qui doivent aussi garder Saulieu et Vézelay. Cette dernière ville étant

---

(1) Crénay est ortographié au folio 164 du Mss Béthune, Crenay, et au folio 165, Crean, avec la même mention des deux compagnies du capitaine Foissy, envoyées pour occuper cette localité. Il est difficile de s'expliquer comment certains historiens ont pu traduire Crenay et Créan par Cravant, qui est un petit bourg au confluent de la Cure et de l'Yonne, alors qu'il s'agissait de barrer le passage de l'ennemi sur la Marne.

(2) *Archives d'Avallon.*

menacée sans doute, par la garnison protestante d'Auxerre ou de Corbigny. (1)

Le capitaine La Perrière, avec une enseigne d'infanterie, et le capitaine Bellegarde, avec une compagnie d'argoulets, ont la garde de Semur, Espoisses, Grignon, Viteaux, sous le commandement de M. de Missery, lieutenant de M. de Barbezieux. Montbard et Montfort sont occupés par les capitaines Chantal et Mussy.

Ces mesures paraissent avoir été toutes prises vers le 20 janvier, comme nous l'apprend la sommation suivante faite aux habitants de Montbard, de recevoir dans leurs murs le capitaine Chantal.

« Ludovics, duc de Nyvernois, prince de Man-
« thoue, paire de France etc.

« Aux lieutenant, maire, eschevins, manants et
« habitans de la ville de Montbar, salut.

« Sçavoir faisons, comme est besoin et nécessaire
« pour le service de Sa Majesté, de mectre des
« gens de guerre dans votredicte ville, pour sa
« défense contre les ennemis et rebelles ; A ces
« causes vous mandons et enjoignons que vous
« aiez à recevoir incontinent, et sans aucune
« difficulté, le capitaine de Chantal, avec sa compa-
« gnie et lui accorder des logis, vivres et autres
« choses nécessaires. Et à ce ne faicte faulte, sy
« craignez désobéyr à sa majesté et à nous. En

---

(1) La ville de Corbigny, dans le Nivernais, avait été surprise en 1563, par Réné de Monceau, seigneur de Blannay, et Louis de Blosset, seigneur de Pressy, et resta au pouvoir des Calvinistes jusqu'en 1585. — M. l'abbé Baudiau. — *Histoire du Morvand.*

« tesmoing de quoy nous avons signé les présentes
« de notre main, soubz le cachet de nos armes.
« A Châtillon, le 20 janvier 1568.

« Ludovics de Gonzague. » (1)

Tout semble disposé pour de sérieux engagements : cependant, les instructions du duc d'Anjou au duc de Nevers, sont parfois ou inexécutables ou obscures. A l'une d'elles, Nevers répond sur un ton d'amère ironie qu'il chercha à expliquer quelques semaines plus tard, dans une nouvelle lettre. Louis de Gonzague, dans ses rapports avec Monsieur, se montre plus bourru que courtisan : on pourrait le croire, comme quelques-uns l'ont dit, jaloux de la confiance accordée par le prince aux conseils de Brissac et de Tavannes.

« A ce que mondict seigneur, » écrit-il vers le
20 janvier, « lui dict de partir ès autres villes qui
« sont cy-devant, tout aussy tost que les ennemys
« seront passez, ne sçayt pas comme celà se peult
« faire : car, estant derrière des ennemys comme
« il fault qu'il soit s'il les veult laisser passer oultre
« et s'asseuré qu'ilz ne retourneront arrière, ne
« sçayt comme possible seroit de les faire plus
« avancer aux aultres villes devant ceste-cy, sinon
« que l'infanterie eust des ailes, et qu'elle vollast
« par dessus les ennemys, lesquels tiennent de large
« une infinité de pays.

« Que de luy, il ne manquera, maintenant qu'ilz
« se approchent et ont passé l'eaue, et les fera
« resserrer plus qu'il pourra, et fera tout son

(1) Papiers de famille de M. le général de G.

« possible pour bien et fidellement s'acquicter de
« sa charge, qui n'est aultre que d'estre à leur
« flanc toujours, ausquelz il a mis desjà deux
« compaignies de chevaulx-légiers du capitaine
« Chevenoy et Bions. » (1)

Plus tard, après le passage des confédérés, le duc de Nevers revient encore sur les instructions d'une exécution impossible qu'il avait reçues du duc d'Anjou, comme « spécialement suyvre ung autre
« mémoire que mondict seigneur lui envoya avec
« une sienne lettre, qui contenoit, que après que les
« ennemys seroient passez il assemblast les forces
« qui seroient derrière luy, et qu'il pourveust aux
« places et lieux qui seroient à la teste des ennemys :
« A quoy faire, il eust fallu voller par dessus le
« camp des ennemys. » (2)

XXII. — Condé franchit les lignes de l'armée royale. — Engagement d'arrière-garde.

Malgré toutes ces dispositions, les protestants franchirent sans grandes résistances les lignes gardées par l'armée royale. Les voyant se diriger vers la partie haute de la Seine, le duc d'Anjou remonta le fleuve jusqu'à Mussy-l'Évêque, où il paraît être encore au commencement de février. (3) Sa présence n'empêcha pas la ville d'être prise et

(1) *Bibliothèque nationale.*— Mss. Bethune, 3159, folio 164, 165. Pièce justificative, n° VIII.
(2) Id. — Folio 169.
(3) Lettre du duc de Nevers du 6 février. — *Loco citato.*

saccagée. (1) En même temps, une partie de l'armée ennemie passait l'eau au-dessus de Châtillon, s'inquiétant à peine des pertes que lui faisaient éprouver des chausse-trappes semées dans les gués. Ces piéges leur occasionnèrent néanmoins un retard, dont les défenseurs catholiques profitèrent pour charger l'arrière garde. Condé était déjà établi à Ancy-le-Franc. Averti de cet engagement, il envoya l'allemand Schomberg et quelques cornettes de reitres pour le dégager. Celui-ci revint peu de temps après, apportant deux enseignes qu'il avait enlevées aux catholiques. « Pour le récompenser, et encourager ses compatriotes, le prince lui mit au cou la seule chaine d'or qu'il eût conservée et qu'il portait comme insigne de son rang. » (2)

Qui pourra désormais arrêter les confédérés ? Ils ont franchi les lignes gardées par l'armée royale, et déjà les voilà dans le Tonnerrois. Ils sont presque dans un pays ami. Ancy-le-Franc leur est soumis, Noyers et Tanlay, appartenant l'un à Condé, l'autre à d'Andelot, sont sur leur passage et protègent leur marche : Tonnerre, rendu depuis quelque temps aux catholiques, n'est pas en force pour résister.

L'armée royale elle-même semble abandonner la partie : car tandis que Condé s'avance dans la direction d'Auxerre et de La Charité, la garnison de Châtillon reçoit l'ordre de se diriger sur Chaource et Saint-Florentin ; celles de Chaumont-

(1) Castelnau, dans le Panthéon littéraire, p. 220.
(2) M. le duc d'Aumale, *Hist. des princes de Condé.*

en-Bassigny, de Langres et de Bar-sur-Aube, sont envoyées à Sens. Foissy, qui paraît être encore à Créancey, après le passage de l'ennemi, a reçu l'ordre de se rendre à Bar-sur-Seine et de là à Troyes. Il doit être dans cette dernière ville, le 6 février, pendant le siége de Cravant.

Le duc de Nevers doit suivre la même voie : Cependant, le 6 février, il est à une lieue plus loin, et date sa correspondance de « Collomiers-le-Sec.»(1) par où sans doute doivent arriver les « compagnies « de cavallerie légière de Monsieur de Savoie, » qui sont vers Semur. (2)

XXIII.— Capitulation de Tonnerre et marche de Condé jusqu'à Auxerre.

Pendant ce temps, l'armée de Condé investit la ville de Tonnerre, pénètre dans les faubourgs et, par ses hérauts, somme les habitants de lui ouvrir les portes qui avaient été murées par ordre du duc de Nevers. Les échevins cherchent à capituler : le 6 février, ils se rendent à Tanlay et à Ancy-le-Franc, où ils traitent de la rançon de la ville, moyennant la lourde somme de cinq mille livres. Cette rançon fut payée comptant, en dehors des murs, dans l'une des salles de l'abbaye Saint-Michel. Elle était le produit de cotisations volontaires augmentées d'un prêt usuraire fait par un

---

(1) Coulmier-le-Sec, entre Châtillon et Montbard.
(2) Mss Bethune, 3159, folio 170.
Pièce justificative, n° IX.

banquier lucquois, agent et bailli du duc d'Uzès, seigneur de Tonnerre. (1) M. Le Maistre de Tonnerre, en même temps qu'il flétrit la cupidité du prêteur dans des circonstances aussi malheureuses, cite les noms de quelques uns des habitants généreux qui rédimèrent la ville du sac et du pillage. Ce sont, le doyen de Notre-Dame, Jehan Brasley, Pierre Garnier le jeune, Guillaume Cerveau, marchand, et la veuve de Guillaume Grognet.

Indépendamment du prix de la rançon, il fallut encore donner à d'Andelot, en pot-de-vin peut-on croire, et conduire à son château de Tanlay, dix feuillettes de vin, avec d'autres présents pour Madame d'Andelot. Déjà onze feuillettes de vin, dont sept de clairet, deux brochets, deux grosses carpes, une truite et une douzaine d'oranges avaient été offerts à Madame et Mademoiselle de Vézinnes, au duc et à la duchesse d'Uzès, pour obtenir leur puissante protection.

Le défilé de l'armée protestante devant Tonnerre ne dura pas moins de six jours, pendant lesquels le capitaine de Rochevert « avec ses gens et ses serviteurs, » monta la garde aux portes et sous les murs, et fit garder particulièrement l'entrée du faubourg Bourberault par deux cavaliers.

Pour garantie du traité, un capitaine ét deux gentilshommes de Condé étaient retenus en otage, hébergés aux frais de la ville.

Les habitants furent encore requis de fournir

---

(1) M. Challe.— *Le Calvinisme et la Ligue dans le département de l'Yonne.*

les chevaux et voitures pour le transport des bagages jusqu'à Auxerre ; et il fallut de plus payer cent quarante-deux livres pour le rachat de ces équipages saisis, contre tout droit, par les protestants Auxerrois. (1)

Plus loin, sur la route de Tonnerre à Auxerre, des traîtres ouvrirent à Condé les portes de Chablis. Des lettres-royaux du 27 mars 1570, ordonnant de poursuivre criminellement les auteurs de cette prévarication, désignent quelques-uns d'entre eux : notamment, Savinien Mauroy, Pierre de Lautenant, et Bonvilliers, dit Bezancourt, seigneur de Courgis. (2)

XXIV. — Complot contre Avallon ; mesures pour le déjouer.

Pour éclairer l'ennemi dans sa marche, lui assurer des refuges ou des points d'appui, les huguenots Auxerrois tenaient la campagne devant son armée. Dès la fin de décembre 1567, ou le commencement de janvier suivant, le bourg de Nitry, et un peu plus tard, (le 17 janvier) la ville de Noyers avaient été surpris par eux et étaient tombés en leur pouvoir. Le château de Girolles et plusieurs autres maisons fortes de l'Avallonnais,

(1) M. L. Lemaistre. — *Un épisode du siège de Noyers*, dans le Bulletin de la Société des Sciences de l'Yonne, t. IV.

Comptes de la ville de Tonnerre, dans M. Challe. — *Histoire du Calvinisme.*

(2) M. Quantin, dans le Bulletin de la Société des Sciences de l'Yonne, t. II.

Documents manquants (pages, cahiers...)
NF Z 43-120-13

Pages 385 à 400

créance signées de Saulx de Ventoux, arrive à Avallon, le 6 janvier 1568. Il expose aux officiers municipaux et aux notables de la ville, convoqués à ce sujet, l'objet de son voyage, et les invite à se libérer. Il n'y avait là que des catholiques, les protestants étant tous en campagne dans les rangs des rebelles.

Les catholiques s'excusent d'abord de ne pouvoir satisfaire à la requête qui leur est présentée, par la raison qu'ils ont épuisé toutes leurs ressources publiques et privées à se prémunir contre les entreprises des révoltés, ayant employé, disent-ils, jusqu'à trois cents personnes par jour, soit de la ville, soit de la campagne, à réparer leurs fortifications. Ils ont dépensé des sommes considérables en acquisition de « piques, arquebuses, hallebardes, « et autres bastons pour le menu peuple, » sans compter ce que leur a coûté un convoi d'arquebuses à crocs et d'autres pièces d'artillerie qu'ils faisaient venir de Troyes, et qui fut pris par l'ennemi et perdu pour eux. Dans la crainte d'un blocus, ils ont encore construit dans la ville « des moulins à cheval et à bras. »

Quant à la fortune des habitants, elle n'est pas plus prospère que celle de la ville. L'ennemi a brûlé leurs fermes, saisi leurs troupeaux, enlevé leurs récoltes ; le commerce est interrompu, les recouvrements sont nuls. Un très grand nombre des habitants sont dans un tel état de misère, qu'ils sont contraints pour subsister de mettre en vente leur mobilier qui ne trouve point d'acheteurs, ou se donne à vil prix. Enfin les Avallonnais portent à dix mille livres l'estimation des pertes qu'ils ont éprouvées depuis les trois mois que dure la guerre civile. Cette évaluation qui, au prix et au pouvoir actuel de l'argent, représenterait plus de cent mille de nos francs, ne devait certes pas être exagérée, les choses étant telles qu'ils les exposent. On sait ce que coûte au commerce une révolution ; et si l'on y ajoute les pillages et les déprédations de la guerre, on peut même s'étonner que leurs pertes soient représentées par un chiffre si faible.

Les catholiques déclarent donc qu'ils ne peuvent contribuer pour les huit cent cinquante livres qu'on leur demande, bien qu'à titre d'emprunt, et supplient Messieurs de Tavannes et de Ventoux de les en exempter, s'offrant toujours, « personnes et biens, « pour le service du Roy. »

A l'égard des protestants, les officiers du ro répondent qu'ils ont fait sur eux la répartition de l'emprunt ; mais que les rôles qu'ils en avaient dressés n'ont pu être mis en recouvrement, par la raison qu'il n'était pas possible d'aller les présenter aux rebelles hors de la ville, dans les camps des ennemis. Restait peut-être à exercer contre eux des saisies mobilières ; mais ils avaient eu soin, pour s'en garantir, d'emporter avec eux leurs meubles les plus précieux ou de les détourner en lieux sûrs. Pour preuve de l'impuissance où ils sont, d'opérer ce recouvrement, les échevins invitent les messagers du gouverneur à le tenter eux-mêmes, par toutes les poursuites qu'ils sont autorisés à faire en vertu de leurs mandats.

Ceux-ci munis des rôles, et accompagnés du procureur du roi, d'un échevin, du receveur de la ville, de neuf sergents royaux et d'un serrurier pour ouvrir les portes des absents, procèdent alors à des saisies dont les procès-verbaux nous donnent d'assez curieux détails. On ne se transporta qu'aux domiciles des fugitifs.

Chez un nommé Claude Symon, avocat, cotisé à deux cents livres, on ne trouva que dame Anne Gonselier, sa femme, qui déclara ne pouvoir satisfaire au paiement. On fit alors, dans cette maison, saisie de vingt-cinq muids de vin, tant blanc que rouge, soixante bichets de froment, seize bichets d'orge, quinze d'avoine et différents meubles vides.

Pierre Legueux, marchand, sans doute le même dont nous avons vu la lettre précédemment, était cotisé à cent livres. On trouva sa maison fermée et sans meubles. Alors il fut fait saisie de la maison et des biens.

Nicolas Langlois, cordonnier, était imposé à cent sous ;

Hugues Caillat, apothicaire, à vingt-cinq livres ;
François Jardey, mercier, à cent sous ;
Georges Filzjehan, clerc, à dix-huit livres ;
Lazare Lefoul, avocat, a soixante-dix livres ;
Symon Courtois, de Cousin-le-Pont, à deux cent vingt-cinq livres.

Sébastien Germinot, de Cousin-le-Pont, à cinquante livres ;

Pierre Courtois, au même lieu, à cent livres.

Chez tous, moins François Jardey, qui s'engagea à satisfaire au paiement dans un bref délai, il y eut saisie de meubles et d'immeubles qui furent mis en vente le samedi, 10 janvier. Mais tant par pénurie réelle d'argent, que par crainte de vengeances de la part des huguenots, bien qu'il vint beaucoup de monde à la vente, il n'y eut aucune enchère ni mise à prix. (1)

Les biens restèrent sous le coup de la saisie, et l'on accorda aux échevins et officiers de la ville, huit jours pour en faire la vente et pour effectuer le paiement des deux mille huit cent cinquante livres imposées aux deux partis, « à peine de « rendre leurs personnes en la maison du roy, « en la ville de Dijon, pour y tenir prison. » Le 27 février, rien n'était encore exécuté : les échevins reçurent la mission plus pacifique de percevoir les cotisations.

Cependant, il paraît qu'en 1574, ils n'avaient pas encore satisfait à cet engagement, attendu qu'ils reçurent du gouverneur, les 14 et 15 janvier, sommation de produire les rôles et quittances relatifs à cette affaire.

---

(1) « Quoy faict, le lendemain (de la saisie) sabmedy, 10° jour
« du dict moys, à l'heure du marchef publicque dudict Avallon,
« où estoient assemblez grand nombre de gens, tant de ladicte
« ville, que des villaiges circonvoisins, avons mis, criez, exposez
« en vanté par plusieurs et réitérées fois tous et chacungs desdicts
« biens, meubles, grains et vings cy devant prins et inventoriez,
« à quoy ne s'est porté aulcunes appréciations, et nous a esté
« dict par lesdits sieurs lieutenant, avocat, procureur du roy,
« eschevins et procureur de ladic'e ville, que jà par plusieurs
« fois, ilz avoient faict exposer en vente lesdicts biens, à quoy
« ne s'estoit présenté aulcunes appréciations, tant pour la pau-
« vreté en laquelle sont constituez et vus les personnes, que la
« crainete qu'ilz ont de ceulx de ladicte religion »
Archives d'Avallon. — Chapitre 52.

XXXI. — Paix de Lonjumeau.

Pendant ce temps, les huguenots faisaient des progrès dans l'Orléanais : ils avaient entrepris le siége de Chartres et étaient sur le point de réussir. Les voyant si près de Paris, la cour effrayée proposa encore une fois la paix. Le traité fut conclu à Lonjumeau, le 23 mars 1568 ; mais dans des conditions qui blessèrent profondément les catholiques.

Par son nouvel édit, le roi rétablit dans toute sa vigueur le traité de pacification de 1563, qui avait souffert tant de difficultés pour l'enregistrement au parlement de Dijon. Le prince de Condé et tous ceux qui avaient pris les armes contre le roi, furent déclarés « bons et loyaux subjectz. » Par l'article VI, tous les deniers levés par les révoltés sur les communautés, villes ou établissements religieux, furent alloués comme bien et dûment perçus. Il fut fait défense de ne se rien reprocher entre catholiques et protestants, des faits passés relatifs à la guerre civile, à peine d'être considérés et poursuivis comme « infracteur » de l'édit de paix et perturbateur du repos public. Les places occupées par les huguenots durent être évacuées et les armées étrangères des deux partis licenciées en même temps

CHAPITRE VIII

PROTESTATIONS TUMULTUEUSES CONTRE L'ÉDIT DE PAIX,
ET PREMIÈRES LIGUES CATHOLIQUES — (1568).

SOMMAIRE. — I. L'édit de paix mécontente les deux partis. — II. Evacuation d'Auxerre, explosion et ruine de la maison du capitaine La Borde. — III. Edme de Prie, nommé gouverneur et lieutenant-général pour le comté d'Auxerre : Dio de Montpérou intérimaire, en attendant l'arrivée du gouverneur. — IV. Réintégration des révoltés à Beaune.— V. Emotions dans le Mâconnais et le Charollais. — VI. Le chapitre d'Autun a particulièrement recours à des actes de piété. — VII. Les Allemands congédiés du royaume, s'arrêtent à Époisses, et ne quittent la province qu'après de longs débats. — VIII. Les huguenots sont pourchassés par les populations. — IX. Tentatives d'arrestation des principaux chefs huguenots accusés de nouvelles intentions d'insurrection. — X. Condé et les deux Coligny, s'échappent de Noyers. — XI. Partout on se prépare à la guerre. — XII. Ligue : Confrérie du Saint-Esprit à Dijon. — XIII. Association à Semur sous l'invocation de la Sainte-Trinité des catholiques de l'Auxois. — XIV. Établissement de la fraternité des catholiques de Châlon-sur-Saône, érigée en l'honneur du Benoist-Saint-Esprit. — XV. Confrérie de l'Autunois, sous l'invocation de la Sainte-Croix.— XVI. Ligue de Beaune. — XVII. Société catholique de Cravant, et résumé des ligues en Bourgogne. — XVIII. Ligues de quelques autres provinces.

I. — **L'édit de paix mécontente les deux partis.**

La paix de Lonjumeau peut à peine être regardée comme une suspension d'armes. Le traité provoqua de part et d'autre les mêmes rumeurs que l'édit d'Amboise, et les conditions en furent aussi mal observées.

Le père Divolé, ce même Dominicain que nous avons vu à Auxerre, poursuivi et maltraité par les huguenots, et qui ne dut son salut qu'à la forte rançon payée pour lui par les catholiques Auxerrois, prêchait le carême à Saint-Étienne-du-Mont. Il protesta du haut de la chaire contre « cette paix si « pernicieuse à l'honneur de Dieu et de son Église. » Appelé, ainsi que plusieurs autres prédicateurs, devant le roi, Divolé répéta les mêmes avertissements sinistres qu'il avait donnés aux habitants d'Auxerre avant les évènements de septembre. Là, au nom de tous ses confrères, il sollicite avec instance « Sa Majesté de n'accorder la paix aux « huguenotz en la forme qu'ilz la demandent par « leurs articles qui sont du tout directement contre « l'honneur de Dieu, le salut de son Église, les « bonnes mœurs et le repos publicq du royaume ; « et au cas qu'elle fust jà accordée, de la rompre... » Le roi répondit « que la paix estoit conclue et « qu'elle ne seroit rompue, affin que personne ne « lui en parlast plus, s'il ne s'en vouloit mal « trouver. » L'émotion, le chagrin de voir le roi entouré de huguenots se lancer dans cette voie et y entraîner la France, furent-ils la cause de la mort de Divolé ? Au sortir de cette audience, « il se jeta « sur son lit et mourut avant qu'il fust vingt-quatre « heures après, au grand regret du Roy, quand il « le sceut, et de toute la ville de Paris. » (1)

---

(1) Claude Haton, cité par M. Challe.

Tavannes ne dépeignit pas les sentiments des Bourguignons sur l'édit avec plus de ménagements. Le 27 avril, il écrivait à la reine : « Pour ne vous « rien cacher, tout exclame contre la paix, contre « le roi et contre vous. Ce pays (de Bourgogne) qui « est de frontière, et où il y a gens de tête et de « cervelle, veut être traité un peu plus doucement. « Même que vous n'en avez point qui soit demeuré « tant, en son entier, en l'obéissance, aux autres « troubles et à celui-ci. Et il est nécessaire de se « garder de retourner souvent à de telles rudesses, « pour la conservation de votre Estat. » (1)

Les Mâconnais, pour ne parler que de ceux-ci, se montrèrent bien, en effet, « gens de tête et de cervelle. » Indignés de voir, aux termes de l'édit, les rebelles et les spoliateurs de la fortune tant publique que privée, appelés au même degré d'estime et de considération que les défenseurs de la Religion et de la Société, ils ne dissimulèrent pas leur mécontentement. Faisant particulièrement allusion aux articles qui proclamaient « bons et « loyaux subjectz » les auteurs des massacres et de la révolte, et déclaraient comme bien perçus les deniers levés de vive force par eux sur les villes et les communautés, ils protestèrent contre le traité dans ces termes énergiques :

« Plaise à Sa Majesté, ne vouloir advouer que « les sacriléges, homicides, démolitions, voleries, « pillages, saccagements et aultres délictz commis « par les rebelles, ayent esté faictz pour son service,

(1) M. L. Pingaud.

« et ne leur quitter le bien tollu à autruy : ce que
« l'on n'eust jamais pensé, ny le sçauroit-on
croire. » (1)

Dans le parti opposé, l'amiral de Coligny, et avec lui la plupart des chefs protestants, se plaignaient amèrement de la facilité avec laquelle Condé avait accepté la cessation des hostilités, au moment où Chartres allait succomber, et la capitale se trouver sérieusement menacée. Il était impardonnable disaient-ils, d'avoir abandonné de tels avantages.

Les ravages des Allemands vivant sur le pays faute de paye, la désertion progressive des bandes Françaises, la crainte d'une complète et prochaine défection de l'armée protestante, toutes ces causes réunies l'avaient emporté sur les raisons de Coligny : le 23 mars la paix avait été signée.

Il se passa encore néanmoins plus de quinze jours avant l'évacuation des places occupées par les huguenots. Le 7 avril, Condé annonçait au roi, pour le lendemain, le départ de ses alliés. « Le
« sieur de Verdun, » écrivait-il d'Orléans, « portera
« à Vostre Majesté les nouvelles du partement des
« reistres, qui sera demain, et comme j'ay faict
« sortir des villes de Blois et de Beaugency les gens
« de guerre que je y avois, dont voz officiers
« aujourd'huy en font telle garde que bon leur
« semble, et dépesche les gentilshommes vers
« la Rochelle, Auxerre et autres villes, pour
« en faire de mesme...... (2) L'arrivée des

(1) *Archives de la ville de Mâcon*, G.G. 122, n° 30.
(2) Mss. de la Bibliothèque nationale, fonds Colbert, cité par M. le duc d'Aumale, dans *l'Histoire des princes de Condé*.

messagers prit encore une semaine : la paix ne fut publiée à Auxerre, que le mercredi, 14 avril.

II. — Évacuation d'Auxerre ; — explosion et ruine de la maison du capitaine Laborde.

Une partie de la garnison protestante se retira avec ses chefs : toutefois, les huguenots « ne
« laissèrent à gendarmer et commander en cette
« ville, (d'Auxerre) jusqu'au jour de Quasimodo
« ensuivant. » (1)

Les protestants avaient rétabli leur prêche au faubourg Saint-Amatre. Ils s'y rendaient avec leurs armes, ayant soin cependant de les déposer sous la garde de quelques-uns d'entre eux, à la porte d'Églény, la seule qui fut ouverte et par laquelle ils étaient, par conséquent, forcés de passer. Le ton, la contenance des huguenots, même depuis la paix, avaient obligé les magistrats à des mesures de précaution qui consistaient à ne laisser ouverts que les guichets indispensables. C'est, disaient les échevins, « qu'il y avoit des menasses et entreprinses
« faictes par ceux de la prétendue religion, de eulx
« emparer de rechef de ladicte ville, désarmer ceulx
« qu'ils appellent papistes, et leur faire un rude
« traictement. Tant il y a, que, de leur auctorité
« ont voulu renforcer les postes de leur religion et
« commencer à *tuer* et à tirer des coups de pistollet,

---

(1) Lebeuf. — *Prise d'Auxerre.* — Pièces justificatives XXXI.
— *Mémoires de Joseph Panier.*

« les premiers ayant commencé, et de nouvel à
« faire presches et seyne ès faubourgs où il y avoit
« apport de plusieurs estrangers. » (1) Déjà, selon
ce que rapporte Lebeuf, sur la foi de Dom Viole,
« un des gardes catholique de la porte d'Églény
avait été assassiné par un huguenot. » (2)

Les catholiques virent dans cet assassinat un commencement d'exécution des menaces proférées par les protestants et résolurent d'en finir avec leurs ennemis, en les chassant définitivement de la cité. Le dimanche 25 avril, jour de Quasimodo, les protestants étant au prêche de Saint-Amatre, deux capitaines catholiques de la milice bourgeoise, Nicolas Thuillant et Jacques Creux, surprirent par ruse le corps de garde des huguenots : se jetèrent sur les hommes du poste et leur imposèrent silence en leur présentant le pistolet sur la poitrine. D'autres catholiques qui les suivaient de près, et au nombre desquels on signale un jeune Italien nommé Charles Thiot, lequel entra plus tard dans les ordres et devint chanoine de la cathédrale, accoururent à l'aide des deux intrépides capitaines, s'emparèrent des armes suspendues aux râteliers et fermèrent toutes les issues par où les protestants pouvaient rentrer en ville. En un instant, une cloche qui avait été sauvée du pillage, fut remontée au beffroi de l'église Saint-Loup.

On la sonna, cette fois non plus en signe d'alarme, mais à toute volée en témoignage d'allégresse. A ce

---

(1) Lettre des échevins d'Auxerre, au lieutenant de Bourgogne, produite par M. Challe.

(2) Lebeuf. — *Prise d'Auxerre.*

son inattendu, les huguenots quittèrent le prêche ; mais ils trouvèrent les portes de la ville fermées et leurs armes entre les mains des catholiques, qui faisaient retentir les rues de ces cris joyeux : « liberté ! liberté ! les huguenots ne sont plus dans « Auxerre. » (1),

En même temps, ajoute Lebeuf, les catholiques faisaient la recherche « des armes que les huguenots « avoient laissées dans leurs maisons afin « que, si par malheur ils rentroient dans la « ville, ils n'y trouvassent plus de quoi se « défendre. »

Les perquisitions amenèrent la découverte d'un dépôt de munitions de guerre, dans la maison du capitaine La Borde, rentré à Auxerre, depuis la paix : circonstance qui donne à conjecturer que les craintes, les soupçons et les plaintes des catholiques énoncés plus haut, dans la lettre des échevins à Tavannes, n'étaient pas sans fondement. La découverte de poudre causa la ruine de la maison et la mort d'un certain nombre de personnes qui l'avaient envahie. Selon la déposition de plusieurs témoins, dans une enquête faite en 1604, à l'occasion de droits féodaux dûs aux seigneurs de Serin, les catholiques « s'en allèrent saisir de « ladicte maison de Saint-Sixte, où ledict capitaine « La Borde faisait sa demeurance : laquelle « maison, au mesme instant, fortuitement, fust « bouleversée et mise en feu. Par lequel feu, fust « brûlé plusieurs habitants de la ville d'Auxerre,

---

(1) Lebeuf. — *Prise d'Auxerre.* M. Challe.— *Le Calvinisme et la Ligue.*

« et aultres soldatz, et ladicte maison mise en
« cendres ; en laquelle ne demeura que les mu-
« railles. » Cette déposition est celle d'un boucher
nommé Jean Simon de Laroche. Un autre témoin,
Edme Taingy, marchand cordonnier, donne des
détails plus précis : « Quelques-uns dezdits habitants, » dit-il, « fortuitement furent tués et bruslés à
« cause d'un accident qui advint lors, qui estoit que
« le feu fut mys dans quelques caques de pouldres,
« qui feit bouleverser ladite maison et brusla
« partye d'icelle, et grande partye des soldatz qui
« estoient en ladite maison. » Enfin, un troisième
témoin, Jean Papon, lieutenant de maréchaussée,
confirme ces dépositions. (1)

Les huguenots se plaignirent au roi de la manière
dont ils avaient été expulsés de la ville : Sa Majesté
leur répondit « qu'aiant ci-devant surpris sa bonne
« ville d'Auxerre, sur les catholiques, ilz ne devoient
« pas être étonnez si les catholiques leur rendoient
« le réciproque. »

En souvenir de la délivrance d'Auxerre, une
procession annuelle, dans laquelle on portoit le
Saint-Sacrement, fut instituée pour être faite à
perpétuité, le jour de Quasimodo : elle se faisait
encore à la fin du siècle dernier.

(1) *Archives du département de l'Yonne,* document produit par M. Challe.

III. — **Edme de Prie, nommé gouverneur et lieutenant général pour le comté d'Auxerre. Dio de Montpérou intérimaire en attendant l'arrivée du gouverneur.**

Condé, lors du passage de son armée dans l'Auxerrois, au mois de février, avait ôté au capitaine La Borde le gouvernement de la ville, et l'avait confié à Marafin de Guerchy. La Borde, selon le procès-verbal d'enquête déjà cité, se retira à Saint-Léonard, (Corbigny), ville du Nivernais occupée par les huguenots, et y resta jusqu'à la paix, époque où il revint habiter sa maison de Saint-Sixte, dans la rue de Saint-Germain. La paix conclue, Marafin s'était retiré à son tour, et le roi avait nommé à sa place Edme de Prie. Ce dernier, connaissant les difficultés qu'il aurait à vaincre, ne voulut accepter la charge qui lui était offerte, qu'autant qu'on lui donnerait les forces et les moyens suffisants pour tenir les rebelles en respect, ou les combattre au besoin. Il demanda « trois enseignes de gens de pied, » l'augmentation de sa compagnie qui ne comptait que « trente hommes d'armes et vingt archers, » le titre de gouverneur et de lieutenant du roi pour tout le comté d'Auxerre, en l'absence du duc d'Aumale ; de la poudre, des munitions, de l'artillerie ; un traitement de quatre mille livres par an, et un don de mille écus pour frais de déplacement et d'installation. Le roi voulut prendre le temps d'examiner ses prétentions et n'y répondit

que le 15 mai, en accordant à de Prie deux enseignes de celles destinées à la Bourgogne, le commandement de tout l'Auxerrois en l'absence du duc d'Aumale et de Tavannes, un crédit auprès de ce dernier pour les munitions de guerre, un don de mille écus ; mais il ajourna la question du traitement jusqu'à ce qu'on eût « l'état des pensionnaires. » En attendant, Sa Majesté donna mission à Tavannes d'envoyer à Auxerre un gouverneur de son choix, « pour tenir la ville en observance, et y mettre
« telles compagnies de gens de pied qu'il cognoistroit
« estre nécessaires pour la garde et seurté d'icelle,
« jusqu'à ce qu'aultrement y ait esté pourveu. »
Tavannes confia cette garde à Dio de Montpérou, l'un de ses officiers, qui n'arriva malheureusement que dans les derniers jours d'avril, après les évènements dont nous avons déjà parlé.

Pendant l'intérim, des bandes insoumises, reliques de l'armée des révoltés, semaient la terreur dans l'Auxerrois, l'Auxois et la partie de la Champagne avoisinante. Elles pillaient les marchands que leurs affaires appelaient à la campagne et les collecteurs des deniers publics. Le fermier général des aides de l'élection de Tonnerre entre autres, dit M. Challe, fit dresser, le 25 avril, un procès verbal portant « qu'il est impossible de recouvrer
« deniers, attendu qu'il fait dangereux ès villages,
« au moyen des troubles qui sont de présent en
« ladite ville ; et mesme depuis le jour d'hier, 25 du
« présent mois, et que le sergent royal s'estant
« transporté esdits villages, y avoit trouvé empes-
« chement pour cause de guerre ; tellement
« qu'il avoit esté contrainct se retirer sans pouvoir

« faire aucune diligence, touchant le recouvrement
« desdits deniers. » (1)

IV. — Réintégration des révoltés de Beaune.

Ceux des réformés de Beaune ayant fait partie de l'armée de Condé, ne purent rentrer dans leurs demeures qu'après avoir prêté serment au gouverneur d'y vivre désormais en paix, déposé et porté leurs armes dans l'arsenal de la ville et quitté leurs « casaques blanches » que l'on considérait comme un signe de ralliement. Défense leur fut faite de se revêtir de telles « casaques, » jusqu'à la levée de cette interdiction, « sous peine de la vye. »

Deux portes seulement leur furent ouvertes pour les laisser rentrer en ville, et, à leur passage, un échevin inscrivait sur un registre leurs noms et surnoms. Les « artisans estrangiers » du parti, qui n'avoient point eu de résidence à Beaune avant les troubles, ainsi que les « valetz et goujatz » des officiers réformés, furent exclus de l'autorisation et chassés du pays. Défense expresse fut faite au nom du gouverneur, à tous les réintégrés, « sur peine de
« la hart, » de chanter en ville, « en lieu publicq, ny
« en lieu d'où ils pourroient estre ouyz du publicq,
« les psalmes ou chansons de Marot, pour éviter
« les émotions et scandalles, jusques aultrement
« en soyt ordonné. » Il fut prescrit au maire et aux échevins de dresser un inventaire des armes

---

(1) M. Challe, d'après une Minute des *Archives de l'Yonne*.

que les marchands avaient en magasin, et signifié à ces derniers de tenir exactement état des personnes qui leur en achèteraient, pour répondre à toute réquisition. (1)

Cette ordonnance est du 10 avril 1568. Le maire avait sévèrement tenu la main à son exécution ; et cependant, un mois n'était pas écoulé, que de nouvelles rumeurs obligèrent les catholiques à demander l'autorisation de reprendre les armes. Tavannes répondit le 6 mai : « nuit et jour faites « bonne garde aux portes, ne quittez pas les « murailles. »

Quinze jours plus tard, il fut interdit aux religionnaires de sortir de la ville ; nouveau rôle de ceux d'entre eux qui l'habitaient encore fut dressé ; et, le 18 juin, on fit la recherche des étrangers pour les expulser, tant le danger paraissait pressant. (2)

Les mesures énergiques des magistrats firent prendre à un certain nombre de Réformés la détermination de changer de voie. Du mois de mai, au mois de novembre, on compte sur les registres de Beaune, trente à trente-deux abjurations d'hérésie. (3)

---

(1) *Archives de la ville de Beaune.* — Registre coté 4 p. 15.— Voir pièce justificative, n° XIV.
(2) *Archives de la ville de Beaune.* Reg. C. 4.
(3) Id.

V. — Émotions dans le Mâconnais et le Charollais.

Au sud de la Bourgogne, les émotions sont plus vives encore. Bien que désarmés en exécution du traité de paix, les protestants, disent les Mâconnais dans une opposition à la publication de l'édit, « n'ont cessé de se fortifier secrettement, par tous « les moiens à eux possibles. Ils ont même faict, « dans ladite ville (de Mâcon), prescher publi- « quement, puis les derniers troubles, que Dieu « commandoit de mettre non seullement en proie « les biens des idolâtres, mais aussi à mort, voire « leur roy : et à ce propos, alléguoient le lieu à ce « *commandement* du Deutéronome, accommodant « ledict lieu contre les catholicques, les appelant « idolâtres...., et contre le roi. »

Les opposants se plaignent de « rançonnements, « voleries et assassinats publics, perpétrés par « lesdits Réformez, de guet à pendz, non seullement « contre les ecclésiastiques, mais aussi contre les « autres catholicques leurs concitoyens, parcequ'ilz « ne vouloyent, comme encores ne veullent, estre « de leur parti. » (1)

C'étaient les hommes que le duc de Nevers avait généreusement laissé sortir de Mâcon avec armes et bagages sous la promesse solennelle qu'ils ne participeraient désormais à aucune rébellion, et qui avaient plus tard échappé au désarmement général. Parjures à leurs serments, les partisans réformés s'étaient constitués en bandes de

(1) *Archives de la ville de Mâcon*, G G. 122, pièce n° 29.

pillards qui jetaient la terreur dans les villes même.

Montceaux de Blannay que le prévôt de la maréchaussée, Syagre de Monnetoy, était parvenu à éloigner d'Autun, vint se joindre à eux. Vers la fin de mai, ils prirent ensemble, « par escalade, » la ville de Charolles et la mirent au pillage. L'église de Saint-Nizier fut ravagée, et les livres d'office brûlés. (1)

VI. — Le chapitre d'Autun a particulièrement recours à des actes de piété.

Aux mesures de coercition, les Autunois joignirent le recours au Dieu de paix et de miséricorde. Ils avaient dans leurs murs et dans le château, dit M. Abord, bon nombre d'hérétiques et de gens suspects qui continuaient à entretenir avec les anciens chefs de leur parti des relations inquiétantes pour les catholiques. Parmi les suspects, se trouvaient des notaires et des procureurs du chapitre. Les chanoines prononcèrent leur révocation par deux délibérations des mois de mai et de juillet 1568.

Plusieurs ecclésiastiques indignes s'étaient déjà fait expulser du château ; mais ce fut une mesure insuffisante : il fallut en venir contre eux à l'excommunication, en raison « du mépris et dédain » qu'ils affectaient « à l'endroit du service divin et « autres dévotes prières, » et aussi de leurs « blasphèmes contre la religion. »

(2) *Archives de Mâcon.*
Voir aussi M. Abord, p. 378.

Malgré ces actes d'une juste sévérité, la fermentation des esprits allant toujours croissant, c'est à la prière, plus encore qu'aux armes, que le chapitre d'Autun eut recours. Des processions et des jeûnes furent ordonnés dans tout le diocèse.

Cependant, on essayait encore de ramener les égarés par la persuasion et la clémence. Le 10 septembre, le vierg Venot convoquait ceux des huguenots qui étaient restés en ville, recevait leur soumission et leur serment de ne plus agir contre les catholiques, et enfin leur faisait déposer leurs armes dans la salle du conseil. (1)

VII.— Les Allemands congédiés du royaume s'arrêtent à Époisses et ne quittent la province qu'après de longs débats.

En ce qui concerne le licenciement des armées étrangères, les Allemands n'avaient pas voulu quitter le territoire avant que leur compte fût arrêté, ce qui prolongea leur séjour jusqu'au delà du 7 avril ; mais enfin le 9 de ce mois, Condé annonça au roi leur départ en ces termes : « Sire,
« Vostre Majesté entendra par le sieur de Verdun,
« intendant de vos finances, présent porteur, ce
« qui a esté arresté avec les reistres, et la peine
« que nous avons eue à les faire condescendre à
« raison, pour estre gens de difficile convention et

---

(1) M. H. Abord. *La Réforme et la Ligue dans la ville d'Autun.*
— M. l'abbé Doret. *Histoire manuscrite.*

« fort malaisez à contenter : comme des autres
« particularitez il vous sçaura plus amplement
« rendre compte... Tant y a, Sire, que finalement
« nous en sommes venus à bout, et deslogent
« cejourd'huy, pour s'acheminer à leur retour. » (1)

Le roi avait pris à sa charge le paiement de l'armée étrangère levée par Condé ; mais, parait-il, simplement à titre d'avance. En tout cas, Charles IX entra directement en relation avec Casimir, comme si celui-ci eut agi en allié du roi. Castelnau fut envoyé en négociation auprès des reîtres au moment où ils pénétraient dans l'Auxerrois. Il arrivait sans argent et il fallait les faire consentir à poursuivre leur retraite jusqu'à Langres, avant de rien toucher. Cependant Condé avait reçu du roi l'invitation de leur verser un à compte de cinquante mille francs, dès leur arrivée à Auxerre. Ce versement fut sans doute effectué, car l'armée Allemande continua sa marche encore quelque temps. (2) Mais arrivés à

(1) *Archives du département du Nord* : document produit par M. le duc d'Aumale dans son *Histoire des princes de Condé*.

(2) Le 24 avril le prince écrivait de son château de Vallery au roi : « Sire j'ay receu la lettre qu'il a pleu à Vostre Majesté
« m'escripre, pour me commander de faire tenir pretz les
« cinquante mil livres que nous devons fournir aux reystres,
« aussitozt qu'ilz seront à Auxerre, à ce que à faulte de cela, ils
« ne séjournent ny arrestent rien davantage dans vostre
« royaulme. Sur quoy, Sire, j'advertiray vostre dicte Majesté que
« je y ay donné tel ordre que vous serez satisfaict en cest
« endroit, comme je désire de le faire en tous aultres : car j'ay
« accordé avec lesdictz reistres, qu'ilz se contenteront d'avoir
« ladicte somme sur la frontière d'Allemagne et de n'arrester
« aucunement pour cela, jusques à ce qu'ilz y soient parvenuz. »

Époisses, les reitres refusèrent formellement d'aller plus loin. On leur envoya encore cent mille livres. C'était moins du dixième de leur compte, aussi persistèrent-ils à ne pas faire un pas de plus, malgré leur promesse au prince de Condé, d'attendre leur solde « sur la frontière d'Allemagne, et de « n'arrester aucunement pour cela jusques à ce « qu'ilz y soient parvenuz. » (1)

Casimir, qui se trouvait bien, sans doute, dans le riche pays d'Époisses, prétextait l'opposition de ses « *retmeistres* » pour revenir sur certaines conditions des conventions d'Orléans, qu'il prétendait inobservées. « C'est à Vostre-Majesté à « nous faire tenir ce qui nous a esté promis à « Orléans, » écrivait-il d'Époisses au roi, le « 22 avril, « autrement il nous sera impossible de « mener nos gens plus avant. » (2)

Lettre en original aux archives de département du Nord, « produite par M. le duc d'Aumale, dans l'*Histoire des princes de Condé*.

(1) On trouve dans les archives d'Avallon des réquisitions de vivres « pour les étapes de reistres quittant le royaume sous la conduite « du duc Casimir. » La ville fournit en une fois 1965 pains d'une livre, quatre muids de vin clairet, 52 bichets d'avoine, envoyés à Époisses, mais qui furent en partie volés au lieu de *Coulomble* (Corombles) où les charretiers furent dévalisés. D'autres charretiers arrivèrent jusqu'à Époisses et n'eurent pas un meilleur sort, malgré la présence du procureur du roi Boursault et de M. de Saint-Germain, commissaire des vivres pour les reitres. Ce dernier, deux jours avant l'arrivée de l'armée Allemande, avait déjà exigé un guide pour l'accompagner à Époisses et même à Semur, au besoin.

(*Archives d'Avallon*).

(2) Bibliothèque nationale. Mss Saint-Germain-des-Prés. — Pièce justificative, n° XV.

Selon Castelnau, ses menaces sont encore plus accentuées : Il se dit « contrainct par ses colonels « et reit-maistres de retourner vers Paris, ou aller « chercher l'admiral ou le prince de Condé. » Cette bravade, ainsi l'appelle Castelnau, fut reçue à la cour avec une explosion de colère. On entra en pourparlers avec le duc de Saxe qui accepta avec empressement cette occasion de manifester son affection au roi de France, même contre son beau-frère : On donna l'ordre à Tavannes de faire sortir « de gré ou de force, » le duc Casimir du royaume. Mais le premier mouvement passé, on revint à des voies plus pacifiques, par crainte de voir les deux beaux-frères s'allier au lieu de se combattre, et la guerre recommencer avec un nouvel acharnement. Les négociations interrompues furent reprises pendant que le roi pressait Condé de satisfaire à ses engagements. Il exigeait du prince le remboursement d'avances qui s'élevaient déjà à « cent mil « escuz. » (1) Enfin, après de longs débats, et à la faveur « d'un présent de quinze mille écus » fait au duc Casimir, les négociateurs finirent par s'entendre.

Sur la fin de juillet, les Allemands consentirent à quitter Époisses, moyennant qu'il leur serait tenu compte de six mois de paie, depuis leur entrée en France. Castelnau s'engagea au nom du roi à les satisfaire à Francfort, dans le délai de deux mois. L'invasion étrangère appelée par Condé, coûtait à

---

(1) Bibliothèque nationale. Mss Colbert 24, folio 153. — Lettre du 11 juin. — Document produit par M. le duc d'Aumale.

la France, rien qu'en indemnité de guerre, plus d'un million de livres.

Le départ des Allemands fut encore marqué par de nouveaux désordres. Ils avaient pris leur retraite par les environs de Dijon ; et « conduits par des François » dit Tavannes dans un rapport au roi, quelques détachements vinrent pour piller, jusque dans les faubourgs de la ville. Les habitants sortirent pour les repousser, et il y eut un engagement qui coûta la vie à cinq ou six reîtres et à autant d'habitants. Deux huguenots furent encore tués hors la ville, après cet engagement. Sans l'intervention de Tavannes cette « escarmouche » eût pris de plus grandes proportions, « à cause de la furie du peuple.... ému de voir tuer les leurs. » (1)

VIII. — Les huguenots sont pourchassés par les populations.

Ces déprédations incessantes, le souvenir des massacres de populations entières, comme celle d'Irancy, la vue des ruines accumulées par les huguenots dans les églises, les monastères et même les maisons particulières, exaspéraient les populations contre les Réformés. Les peuples manifestaient hautement leur colère et se promettaient une revanche, prédisant aux huguenots qu'ils n'avoient plus qu'un mois au ventre. » La cour elle-même semblait ressentir l'influence de l'indignation

---

(1) M. L. Pingaud, p. 70.

CHAPITRE VIII. — (1568)

populaire : N'avait-elle pas, en effet, à dévorer dans son intérieur, l'affront de ses honteuses capitulations ? Les plaintes des Condé et des Coligny restaient à peu près sans réponses et les actes appelés par les uns assassinats, par les autres représailles étaient impunis. Peuples, soldats, officiers, rivalisaient de zèle pour enfreindre le traité de paix que les Réformés ne respectaient pas davantage.

Pendant « la tresve, » c'est-à-dire avant la publication de l'édit de paix, Foissy, revenu de Crénay, à la suite du duc d'Anjou, avait fait brûler dans le Sénonais, le château de « Lamothe » appartenant à d'Esternay, l'un des chefs protestants de la contrée. (1)

Un peu plus tard, le 19 mai, Coligny avait expédié sous bonne garde, de son château de Châtillon-sur-Loing, cinquante mille francs représentant l'un des termes que les protestants s'étaient engagés à payer pour la retraite des reitres.

Arrivée au village de Chevannes, à deux lieues

---

(1) Sire, écrit Condé à la date du 5 avril, « la juste occazion
« que le sieur d'Esternay a de se complaindre et douloir des torts
« que Foissy lui a faitz, ayant contre le droict de la trezve que
« Vostre Majesté avoit donnée, au mépris de vostre exprès
« commandement et de celui de Monseigneur vostre frère, faict
« brusler sa maison de La Mothe, et commis d'excécrables
« indignitez, que les barbares ne sçauroient pis faire. Et non
« content de ce, depuis la paix publiée, il y est retourné pour
« parachever ce qui restoit à ruiner, tenant, comme il en a eu
« advertissement, ses serviteurs assiégez. » (Extrait d'une lettre de Condé au roi, écrite d'Orléans, le 5 avril 1568, produite par M. le duc d'Aumale, dans l'*Histoire des princes de Condé*.

d'Auxerre, l'escorte prit ses dispositions pour y passer la nuit. Mais elle fut assaillie par un détachement de la garnison d'Auxerre, qui croyait peut-être avoir affaire aux maraudeurs dont le pays était infesté, et fit main basse sur le convoi dans un engagement où plusieurs personnes furent tuées et d'autres blessées. Des prisonniers furent emmenés à Auxerre et les chevaux et bagages, appartenant à d'Andelot et à Coligny, capturés. Sur la plainte de l'amiral, un maître des requêtes fut envoyé avec de Prie, le nouveau gouverneur, pour faire une enquête : mais « qu'en est-il advenu, » dit Condé dans une de ses lettres, « ou qu'y ont-ils
« avancé ? a-t-il esté fait une seule punition ni
« recherche, non seulement de tous les meurtres
« et insolences susdites, mais au contraire, l'audace
« et l'insolence desdits meurtriers est-elle pas
« accrue ? » (1) L'impunité dont Condé se plaint, si elle n'était pas un parti pris, peut faire conjecturer que l'instruction n'eut pas un résultat favorable aux huguenots.

Sept semaines n'étaient pas écoulées, qu'un nouvel attentat se renouvela contre l'un des hommes de Coligny. Le 10 ou le 11 juillet, l'amiral envoya un gentilhomme de sa maison inviter le lieutenant général de la justice, Chalmeaux, de venir le trouver à Tanlay pour conférer avec lui d'intérêt particulier, disait-il. On ne vit pas en ville, sans une vive inquiétude et sans murmurer, l'émissaire de Coligny se présenter chez l'un des traitres qui, l'année précédente, avaient ouvert les

---

(1) Lebeuf. — *Prise d'Auxerre.* — Appendice non paginé.

portes aux révoltés. Des attroupements hostiles se formaient sur son passage. Que ce soit par peur ou par prudence, Chalmeaux eut le bon esprit de s'excuser. De Prie répondit pour lui « qu'il ne
« pouvoit bonnement satisfaire à cela, tant par la
« crainte qu'il avoit que ledit lieutenant tombast
« en quelque inconvénient par les chemins, à cause
« des dangers et peu de seureté qui est maintenant,
« qu'aussi le peuple pouroit murmurer s'il s'absan-
« toit de la ville, pour ce que l'on estoit après la
« recherche sur le faict de sa charge, dont il falloit
« qu'il respondist par devant le maitre des requêtes..
« envoyé au dit lieu. »

Le gouverneur donna une escorte de deux arquebusiers au messager de Coligny pour le reconduire jusqu'à la porte (sans doute la porte du Pont.) « Incontinant après qu'ils l'eurent laissé
« et auparavant qu'il feust hors des faulxbourgs de
« ladite ville, il fut chargé de guet apend et
« poursuivy furieusement par dix-huict ou vingt
« harquebousiers, qui tous tirèrent contre luy,
« dont il y a eu un coup qui fut porté de telle façon
« que s'il n'est mort, il ne vault gueres mieulx :
« la plupart desquels assassinateurs s'estoient
« débandés du corps de garde qui estoit posé à la
« porte de ladite ville. » (1)

Coligny s'adressa de nouveau au roi qui promit de faire châtier les coupables.

Cependant, le 22 août, l'amiral n'ayant pas encore

---

(1) Bibliothèque nationale. Mss Colbert, 24 folio 164. — Document produit par M. Jules Tessier, dans une étude sur l'amiral de Coligny.

obtenu satisfaction, écrivit de nouveau à la reine, dans des termes aussi aigres que légers : « Je « demanderois volontiers où est la première justice « qui s'est encore faicte, d'infinis meurtres et « contraventions à l'édict, et dont l'on s'est tant de « fois plaint : de sorte qu'il faut avouer que « si vous avez bonne volonté, vous n'avez nulle « puissance. » (1)

IX. — Tentatives d'arrestation des principaux chefs huguenots, accusés de nouvelles intentions d'insurrection.

Les confédérés étaient dans une situation analogue à celle où s'étaient trouvés, huit ans avant, les premiers fauteurs de la conjuration d'Amboise. Mais alors le gouvernement s'était senti assez fort pour faire leur procès. Huit ans plus tard, autant les rebelles devenus plus nombreux avaient gagné en puissance, autant l'autorité royale avait perdu de sa force et de son énergie. Ne pouvant les appréhender au corps, on chercha à les surprendre ; et les peuples y prêtaient chaleureusement la main. Les Condé, les Châtillon, auteurs de la guerre civile, et de l'invasion étrangère, étaient traqués partout par les populations et par la cour. Ils n'étaient même pas en sûreté chez eux.

Une triple arrestation avait été résolue pour les premiers jours de juin. Condé devait être surpris

(2) Bibliot. nat. f. f. 3177, folio 28.

par La Valette dans son château de Muret, en Picardie ; l'amiral dans son château de Châtillon par Chavigny ; d'Andelot dans celui de Tanlay par Tavannes et Barbézieux. Ce projet ayant été révélé par quelques subalternes secrètement affiliés aux huguenots, l'entreprise n'eut pas de suite, et ne fut même pas tentée. (1) Condé crut prudent, néanmoins, d'aller s'abriter dans son château de Noyers, plus en état de résister à un coup de main, selon ce qu'en écrivait Norreys à la reine Elisabeth.

« Le prince de Condé, dit-il, est à présent dans
« une ville de la princesse sa femme, en Bourgogne,
« appelée Noyers, à 54 lieues de Paris. La ville
« est forte et entourée d'une belle rivière, et il y a
« un fort château que l'on fortifie tous les jours.
« Le prince a deux cent soldats pour garder la
« ville, outre plusieurs gentilshommes et capitaines
« bien payés, et, à trente milles alentour, les
« gentilshommes du pays, étant pour la plupart de
« la religion, tiennent leurs maisons bien gardées
« et sont prêts à se rendre auprès du prince, quand
« il le leur ordonnera.

« M. d'Andelot est à un sien château appelé
« Tanlay, à quatre lieues du prince, où il
« est aussi bien accompagné de plusieurs capi-
« taines. » (2)

On travaillait encore aux fortifications de Noyers lorsqu'un espion, « nommé Jacques de l'Escolle,

---

(1) Lettre du 7 juin, de l'ambassadeur d'Angleterre à sa souveraine, dans l'*Histoire des princes de Condé*, par M. le duc d'Aumale.

(2) *State paper office*, de Londres. — Texte et traduction dans l'*Histoire des princes de Condé*, par M. le duc d'Aumale.

serviteur du caporal Cagnard, de la compagnie du capitaine La Verrière » en garnison à Courson, fut arrêté le 27 juin mesurant la hauteur des murs, cherchant à reconnaitre la ville et prenant des notes sur le nombre des défenseurs de la place. Condé en écrivit au roi qui donna ostensiblement au premier président du parlement de Dijon, l'ordre d'instruire.

Cependant, au bout d'un mois, l'affaire paraissant assoupie, Condé, dans une nouvelle lettre du 22 juillet, dénonce encore le capitaine Laguette, de la garnison d'Auxerre, comme ayant voulu lui « faire une estrette. » On a, dit-il, juré sa mort (1) et celle des Chatillons. Déjà, non loin de Tanlay, des coups d'arquebuse ont été tirés contre l'amiral. (2) Le sieur Damansay (3) ou d'Amanzé, seigneur de leur parti, a été assassiné à la porte de sa maison par six hommes masqués : trois des gentilshommes du prince ont été tués depuis la paix ; et justice n'a pas encore été faite de ces crimes, malgré les promesses de la reine et du roi.

« Le désordre, » écrit le prince, « qui se commect
« tous les jours contre nous qui, soubz vostre
« obbéissance, vivons selon la religion, nous donne
« ce subject de vous escripre nos doléances, et moy
« particulièrement, qui à ceste heure est plus
« recherché que les autres, sans sçavoir pourquoy ;
« car on ne me peult mettre assus que je fasse
« rien contre voz édictz et ne faiz que vivre en ma

---

(1) Lettre du 29 juin.
(2) M. Jules Tessier.
(3) M. L. Pingaud.

« maison, soubz la foy publicque qu'il a pleu à
« Vostre Majesté donner à voz subjectz et promis
« en la présence des princes estrangers. Nonobstant
« cela, nous nous voions tuez, pillez, saccagez;
« les femmes forcées, les filles ravies des mains de
« leurs pères et mères, les grands mis hors de
« leurs charges, les officiers hors de leurs estatz,
« et tous en général, nommés ennemys de vous,
« Sire, et de Vostre royaume. Et tout cela se faict
« sans veoir une seulle justice. » (1)

Cependant, le 20 juillet, l'invitation avait été donnée à Tavannes de faire cesser les courses des garnisons placées sous ses ordres : « Mais je
« m'asseure, dit Condé, qu'il ne sçait rien de ceulx
« qui contre moy veullent quelque chose entre-
« prendre. »

Malheureusement, les protestations pacifiques exprimées par Condé, étaient loin d'être sincères. Bien qu'il désavouât les entreprises de Cocqueville sur la Picardie, on connaissait le nouvel accord qu'il avait fait avec le prince d'Orange et l'engagement donné par celui-ci, de lui fournir des troupes six mois durant, et sans argent comptant ; à la seule condition que la reine d'Angleterre lui garantirait une somme de deux cent mille écus.

D'Andelot était parti pour la Bretagne, on ne savait « pour quelle fin ; » mais il était soupçonné de préparer une nouvelle prise d'armes. Faut-il

(1) *Archives du département du Nord.* — Lettre datée de Noyers, 29 juillet 1568, produite par M. le duc d'Aumale.

parler aussi du « bruit répandu que des assassins étaient en route pour frapper le roi et le duc d'Anjou, et ouvrir à Condé l'accès du trône ? » (1)

Bien qu'à la conclusion de la paix les troupes protestantes eussent évacué La Rochelle, Condé s'était ménagé dans cette ville des partisans, et lorsque le roi voulut y envoyer une garnison catholique, les Rochelais la repoussèrent, chassèrent de nouveau Jarnac, leur gouverneur, le remplacèrent par La Rochefoucauld, et envoyèrent leur soumission à Condé. De plus, les huguenots détenaient encore et refusaient de rendre Sancerre, Vézelay, Montauban, Cahors. Tous leurs actes enfin, dévoilaient l'intention de reprendre les armes ; et les catholiques n'étaient pas animés d'un autre désir.

X. — Condé et les deux Coligny s'échappent de Noyers.

Des troupes envoyées pour soumettre La Rochelle et y rétablir l'autorité du roi, avaient trouvé la place si bien gardée, qu'elles avaient été forcées de rétrograder sans rien entreprendre. Le gouvernement changeant alors de tactique, résolut d'enlever aux rebelles leurs chefs, pensant éviter de la sorte les malheurs d'une nouvelle guerre.

Quatorze compagnies de gendarmes et dix compagnies d'infanterie furent en conséquence dirigées

---

(1) M. L. Pingaud. — *Les Saulx-Tavannes*, p. 79.

sur la Bourgogne pour investir les châteaux de Noyers et de Tanlay et s'assurer des Condé et des Châtillon.

En même temps, un envoyé secret de la cour, Gontery, secrétaire de Réné de Birague, abbé de Flavigny et conseiller au parlement de Paris, apportait à Tavannes l'ordre verbal de se saisir de Condé par surprise, au milieu des siens. Le lieutenant de Bourgogne, comme il en convient lui-même, craignant d'être désavoué ou accusé d'avoir enfreint le traité de paix, si l'entreprise venait à manquer, répondit qu'on lui envoyât un capitaine de crédit. Du Pasquier revint alors avec la même mission. Mais Tavannes voulait au moins être couvert par un ordre signé du roi, pour une entreprise aussi périlleuse, « conseillée, dit-il, plus « de passion que de raison. » Cependant, n'osant ni désobéir aux ordres de la cour, ni s'attaquer à d'aussi puissants seigneurs que les Condé et les Châtillon qui deviendraient ses « mortels ennemis, » il eut recours à un stratagème sauvegardant, croyait-il, son honneur et sa fidélité. Il fit partir, comme pour cette expédition et en éclaireurs, quelques hommes porteurs de lettres ne contenant que ces mots : « Le cerf est aux toiles, la chasse est préparée. »

Les messagers furent arrêtés comme l'avait espéré Tavannes. On les fouilla et l'on saisit les papiers qu'ils avaient sur eux. (1)

Coligny était dans ce moment seul avec Condé. Ils comprennent l'avis qui leur est donné par ces

---

(1) Jean de Saulx. — *Mémoires de Gaspard de Saulx.*

quelques mots, se consultent sur les moyens d'échapper et de se rejoindre, puis, leur plan dressé, se séparent en se donnant rendez-vous à La Rochelle. Condé se dirige vers la Loire avec sa femme enceinte et Coligny se hâte d'aller prévenir son frère à Tanlay. Serait-ce pour dramatiser le récit de leur fuite que M. Chaillou des Barres aurait écrit dans sa monographie du château de Tanlay : « On montre encore, sur les collines au Nord-Ouest en avant du château, la vigne où se cachèrent, la pioche à la main, l'amiral et d'Andelot, déguisés en paysans? » Nous ne connaissons aucune circonstance qui ait pu les obliger à cet expédient. Le lendemain, ils prirent la route que suivait déjà Condé escorté de cent chevaux de la garnison de Noyers et accompagné de quelques gentilshommes dont Louis de Blosset et le capitaine La Borde faisaient partie. Le capitaine Le Bois de Mérilles était venu au devant des fugitifs avec deux cents chevaux et les avait guidés à travers la Puisaie jusqu'à un gué, au-dessous de Sancerre, où ils traversèrent la Loire. Les serviteurs du prince, avec ses bagages, suivaient par une autre route, sous l'escorte du capitaine Boas. (1) Enfin le 9 septembre, Condé arrivait sain et sauf à La Rochelle. (2) Nous verrons plus tard comment d'Andelot lui amena trois mille hommes levés en Bretagne, malgré les efforts de Martigues,

---

(1) M. le duc d'Aumale. — *Histoire des princes de Condé.*
(2) Bibliothèque nationale. — Mss Colbert 24, folio 182. — M. Challe, p. 19⁴.

gouverneur de cette province, pour empêcher l'enrôlement.

Déjà prévenu, avant même l'avis mystérieux de Tavannes, que des troupes se dirigeaient vers Noyers pour investir sa demeure, Condé avait envoyé, le 21 août, la marquise de Rothelin, sa belle-mère, pour le disculper auprès du roi ; puis, au moment de partir, il expédia de nouveau Téligny avec une lettre où il protestait de son innocence et de sa fidélité, quoiqu'en Bourgogne, le mot d'ordre fût déjà donné aux protestants pour aller le rejoindre. De tous côtés, dit M. Abord, les protestants se préparaient « pour suivre les principaux « chefs avec leurs forces. » (1)

XI. — Partout on se prépare à la guerre.

Ces évènements jetèrent de nouveau la consternation dans la province : partout on courut aux armes, on mura les portes des villes, on approvisionna les arsenaux, car la révolte levait encore une fois audacieusement la tête et agitait dans l'air son drapeau sanglant.

Déjà le roi avait écrit au gouverneur d'Auxerre de conserver dans le château de Régennes, sur la rivière d'Yonne, la garnison qui y avait été mise, et « de regarder à avoir raison de ceulx qui, « contrevenant aux édits, tenoient les champs et « ne vouloient rentrer en leurs maisons. » (2) Dans

(1) M. Abord. — *Reg. cap. d'Autun*, 14 juillet. — *Reg. de l'Hôtel de Ville*, 26 août 1568.
(2) Lebeuf. — *Prise d'Auxerre*. — Pièces justifi. LX.

l'Autunois, selon M. Abord, « les châteaux étaient pleins de conventicules armés, et l'on voyait les confédérés aller et venir comme des gens qui méditent un grave projet. » A Autun, les principaux chefs habitaient la partie haute de la ville, enceinte fortifiée appelée le château, d'où ils dirigeaient le mouvement. Les portes, notamment celle des Bancs, communiquant avec la cité, étaient, parait-il, assez mal gardées.

Le 25 août, les rebelles en profitèrent pour sortir, dans le but d'aller sous la conduite des lieutenants Bretagne et Ladone « au camp et service « des ennemis du roi. » Le Vierg, Georges Venot se mit à leur poursuite avec quelques volontaires et des soldats du chapitre, et parvint à leur enlever trois chevaux qui furent déclarés de bonne prise par Tavannes, et vendus pour subvenir aux frais de la nouvelle expédition que cet évènement annonçait. C'était le surlendemain du jour où Condé s'échappait de Noyers pour aller se mettre à la tête de l'insurrection, à La Rochelle.

Les deux enceintes fortifiées d'Autun, le château et le fort Marchaux furent aussitôt garnis de défenseurs, et l'on y fit des approvisionnements de vivres et de munitions de guerre, comme pour soutenir un siége. (1)

---

(1) M. Abord. — *Histoire de la Réforme et de la Ligue dans la ville d'Autun.*

Cependant, plusieurs semaines seront encore employées de part et d'autre en préparatifs de guerre, avant la reprise ouverte des hostilités.

XII. — Ligue : Confrérie du Saint-Esprit à Dijon.

Les prétendus Réformés étaient organisés en véritable pouvoir dans l'État, ayant pour chef un prince du sang entouré de ministres et de conseillers grands seigneurs. Ils entretenaient des armées sur le pied de guerre, levaient des impôts sur leurs partisans et avaient leurs mots d'ordre et leurs signes de ralliement. Leur association trouve son analogie dans les Sociétés secrètes de nos jours, avec lesquelles elle a de commun l'esprit de révolte, la haine de l'Église, l'insubordination vis-à-vis de l'autorité légitime, et la violence contre les catholiques fidèles à la foi et à la tradition.

Nous avons vu dans tout ce qui précède, les huguenots, sur un ordre, on peut dire émané de l'enfer, briser partout, à jour donné, les croix et les statues des saints, renverser les autels, fouiller les tombeaux et les châsses, martyriser les prêtres et les religieux, violer et spolier les saints Tabernacles et, dans leur fureur satanique, fouler aux pieds le corps et le sang du Sauveur des hommes !

Sous la direction du cardinal de Lorraine qui, assure-t-on, avait étudié avec les prélats assemblés au concile de Trente, les bases d'une ligue catholique, des chrétiens parmi les plus éminents résolurent de mettre l'idée en pratique. Ils formèrent une confédération sous le titre de « Fraternité des catholiques, » en dehors de toute participation du gouvernement trop souvent incertain et hésitant. A l'association redoutable des huguenots, ils voulurent opposer une association d'esprit contraire; c'est-à-dire basée sur la religion et la foi, cherchant sa force et son appui dans la prière, et, à un point de vue purement matériel, ne marchandant point les sacrifices pécuniaires.

Les remontrances populaires contre les édits défavorables aux catholiques étant vaines et mal reçues, les peuples reprirent en main le soin de leur défense et se liguèrent entre eux contre l'ennemi commun. C'était malheureusement un commencement d'insurrection, juste et louable sans doute dans son but ; mais qui devait avoir un jour les plus funestes conséquences et servir de prétexte et de marche-pied à de coupables ambitions.

Dès 1567, Tavannes avait établi à Dijon la « confrérie du Saint-Esprit ; » mais l'édit du 23 mars 1568 l'ayant dissoute en même temps que toutes les confréries protestantes, il s'agissait de la reconstituer sur des bases indissolubles et affranchies de l'entrave gouvernementale. Partout on entrait avec ardeur en ligue. L'unité de la mesure dénote un centre de direction dont, croit-on généralement, le cardinal de Lorraine était l'âme. Le roi, lui-même, recommanda d'abord la formation des ligues, ne pressentant pas sans doute la portée politique qu'elles allaient avoir.

Le 14 juin, en effet, Charles IX terminait dans les termes suivants de très longues instructions envoyées à Tavannes, pour l'observation de son édit, le désarmement des populations et le traitement pacifique à observer à l'égard des protestants.

« Et s'il advenoit d'aventure, par cy après, que
« aulcuns de ladite religion se voulussent tant
« oblier que de reprendre les armes, et pour cest
« effect s'assembler en ung instant, comme ils ont
« faict autrefois, ledit sieur de Tavanes regardera
« promptement de l'empescher avec toutes les
« forces, tant de pied que de cheval, qu'il mettra
« soudaynement ensemble. Et pour ce que peult
« estre, il ne pourroit lors, si promptement que
« besoing seroit, assembler la gendarmerie, Sadite
« Majesté désire que doiz à présent, il face la
« description par le menu, de toute la noblesse
« dudit pays de Bourgogne : et pour cest effect se
« pourra ayder des rooles qui sont ès bailliages et
« sénéchaussées, pour sçavoir ceulx qui sont
« subjectz au ban et arrière-ban, et fera le semblable
« de tous aultres bons subjectz dudit pays, dont il
« se pourra servir et prévaloir, pour empescher
« que ceulx de ladite religion ne puissent reprendre
« les armes, ne sortir hors dudit pays, pour se
« joindre avec leurs chefs... Et après avoir faict
« ladite description, en advertira Sadite Majesté,
« affin qu'elle voye et cognoisse de quelles forces
« dudict pays, oultre celles qui sont à sa solde en
« icelui, elle pourra faire estat en ung besoing. »

« Fait à Paris, le 14° jour de juin, l'an 1568.

Signé CHARLES et plus bas FIZES. (1)

(1) *Archives de Semur*. Voir pièce justificative, n° XVI.

Cet ordre paraît avoir été presque aussitôt retiré que donné. C'est ce qui explique la réserve prudente et presque mystérieuse du lieutenant de Bourgogne, dans ses rapports avec les organisateurs apparents de la Ligue. Moins de deux mois plus tard, Tavannes demandant une ampliation, ou tout au moins des lettres interprétatives de celle qu'il avait entre mains et d'après laquelle il agissait, son correspondant, Abel Guérin, lui répondit le 13 août :
« Monsieur de Fizes m'a dit que, si je vous voulois
« écrire, qu'il vous dépêchoit un chevaucheur pour
« le fait des monstres (revues) ; je l'étois aller
« trouver pour avoir la missive que demandez,
« touchant la description, laquelle *pour être brûlée*,
« ainsi que je vous ai mandé, j'ai dressée suivant
« le thème que m'en avez écrit.
 ...Je la baillai à Monsieur (le duc d'Anjou) lequel
« ainsi que je lui en conférai à son dîner, l'a retenue
« pour en parler lui-même. »
On était loin en tout cas de blâmer son zèle ; car Guérin ajoute en terminant : « Vous avez acquis
« une grande réputation de la description qu'avez
« fait faire. » (1)
Jean-Baptiste Bégat, conseiller au parlement de Bourgogne, que nous avons déjà vu s'opposer avec tant de succès à l'enregistrement de l'édit de 1563, était allé à Paris prendre les instructions nécessaires. Il était de retour dans le commencement de juillet 1568 et il convoqua à la *maison du roi*, au 8 du même mois, « les ecclésiastiques, la noblesse de

---

(1) Note de M. L. Pingaud, p. 74, portefeuille Fontette, 40, folio 38.

Bourgogne, et les riches habitants des villes. » Tavannes, quoique reconnu pour le premier instigateur de la proposition, s'abstint prudemment de se rendre à l'assemblée ; mais y envoya ses deux jeunes fils, Guillaume et Jean de Saulx. (1)

Dans un long discours, Bégat s'appliqua à remontrer « combien il était requis et nécessaire
« qu'on se préparât et qu'un chascun se montast
« de chevaux de service et de corps de cuirasses,
« et ceulx de moyen estat, de harquebuses et de
« bons moryons, (2) ayant un tel ennemy voisin,
« qui est à Noyers, afin qu'ils ne fussent pas
« surpris par un tas de petits princes bastards
« et estrangers, qui avoient voulu faire la part
« du roy. »

Quelques timides, cependant, voulaient avant de s'engager, avoir l'assurance que l'association ne serait pas désavouée par le roi. Les réponses, disent les protestants, furent un peu évasives : Bégat parla d'une lettre qu'il ne put produire, mais qui était, disait-il entre les mains du lieutenant général. C'est celle datée du 14 juin, dont nous venons de voir un extrait. Les plus hésitants envoyèrent auprès de Tavannes lui demander la conduite à suivre dans la circonstance. Le lieutenant de Bourgogne, tout en laissant entrevoir ses sentiments, répondit sans se compromettre, et sans compromettre le roi : « que c'est d'eux de qui il la vouloit

---

(1) *Mémoires de Gaspard de Saulx*.
(2) Armure de tête plus légère que le casque.

« apprendre. Que la justice se peint tenant deux
« balances : (il veut dire une balance à deux
« plateaux) s'ils en voyent une pleine de monopoles,
« hérésies et rebellion, l'autre de l'honneur de
« Dieu, du service du roy, extinction d'hérésie et
« rebellion, il remettoit à leur prudence, celle qui
« devoit emporter le poids. » Les asssistants
comprirent ces paroles discrètes, et adhérèrent tous
à l'association. Chacun s'engagea, selon ses
« puissances et facultés, tant pour servir en
« personnes... que pour fournir armes et chevaux,
« et de ses biens, toutes et quantes fois
« que l'entreprise sera faicte pour ladicte manu-
« tention. »

Indépendamment des souscriptions personnelles, les confédérés promirent au nom de la ville de Dijon « deux cens chevaux et deux cens cinquante « hommes de pied, » payés par les paroisses pendant trois mois. (1)

XIII. — Association à Semur, sous l'invocation de la Sainte-Trinité, des catholiques de l'Auxois.

Quelques jours plus tard, le 20 juillet, Tavannes écrivait aux échevins de Semur, pour les inviter à entrer dans l'association, en leur communiquant la lettre royale précitée.

« Messieurs, disait-il, Le Roy,, par une expé-

---

(1) *Mémoires de Gaspard de Saulx*, dans le Panthéon littéraire, 317-320. — Voir aussi M. L. Pingaud, *Les Saulx-Tavanes*, 72.

« dition qu'il m'a faicte le 14ᵉ jour de juing
« dernier, me mande qu'il veult que l'on mecte
« toutes les peines qu'il sera possible à tenir la
« tranquillité, en observant l'édict de pacification,
« et maintenir ceulx de la religion qui se dict
« réformée, avec toute doulceur, les faisant jouir
« du fruict dudict édict :

« Et néanmoins où ils viendroient à recommencer
« les troubles et s'assembler soit par le menu ou
« en gros, veult et entend qu'ilz soient empeschez
« et que l'on leur courre sus, tant avec les forces
« de sa gendarmerie que aultres.

« Laquelle gendarmerie ne se trouvant estre
« soudain preste, veult et entend s'aider de sa no-
« blesse et aultres, ses bons et loiaux subjectz. »

« Pour à quoy parvenir, m'ordonne à en faire
« faire la description, affin que puisse congnoistre
« les forces qui à ce besoing lui pourront aider
« pour l'exécution de ce que dessus. Partant, aiant
« congneu de quel pied et bonne volunté vous
« avez usé, tant à l'endroict de Sadite Majesté que
« manutention de Sa couronne, me faict croyr
« qu'il pourra tirer quelque bon et notable secours
« de votre ville. A cette cause, vous adviserez de
« faire faire la description de tous ses bons
« subjectz et élisez certains bons personnaiges
« pour cest effect, par lesquelz se décriront les
« forces qui en pourront réunir et moïens d'iceux,
« et ce pour éviter la confusion.

« Le tout, toutefois, par l'advis du sieur de
« Missery, auquel j'ay ordonné assister et avoir
« l'œil, tant à l'ordre cy-dessus, comme à vous
« commander de la part de Sa Majesté à prendre

« les armes si l'occasion se présente et qu'il n'y
« eust temps pour m'advertir. Le tout, suyvant
« l'intention de Sadite Majesté.

« Vous me ferez donner en toute diligence
« la suzdite description et estat dont l'on se
« pourra servir, et dont vous m'advertirez
« incontinent.

« Estimant que le ferez ainsy, ne vous la feray
« plus longue, priant Notre-Seigneur, Messieurs,
« vous avoir en Sa Sainte garde. »

« De Dijon, ce 20° juillet 1568.

« Votre meilleur amy, Tavannes.

Cette lettre fut remise le 27 juillet, aux échevins de Semur, par M. de Verchisy.

Un avis semblable avait été envoyé à M. de Missery, gouverneur de l'Auxois. Missery convoqua à Semur les notables du bailliage, et le dimanche 8 août, leur fit signer la déclaration suivante.

« Au nom de Dieu éternel, Père, Fils et Saint-Esprit, Amen. »

« Nostre Seigneur et Rédempteur Jésus-Christ,
« congnoissant l'infirmité de notre nature humaine,
« prompte à décliner du bien et suyvre le mal,
« cupide de nouveaultez et affectionnée aux
« changements et mutations, ad ce mesmement
« poussée et incitée par le diable, son ancien
« ennemy, qui, comme dit l'apostre, circuit et
« environne chacun de nous, cherchant quelcun
« pour dévorer, nous a délaissé ung remède certain
« et moyen infaillible pour résister à telles
« tentations et ne tomber dans les lacz et filletz que
« Satan nous prépare : assavoir, que nous

« demeurions en son Église fermes et stables, sans
« nous en séparer ny diviser aulcunement.

« Et pour nous plus assurer qu'en celà consistoit
« la vraye voie de notre Salut et que demeurans
« fermes en son Église, nous serions du nombre
« de ses éleuz, Saint-Paul nous témoigne par le
« Saint-Esprit que Dieu le père a constitué Notre
« Seigneur Jésus-Christ, chef de l'Église, laquelle
« est le corps d'icelluy, et l'accomplissement de
« celluy qui accomplit tout en toutes choses. Plus
« donc que Notre Seigneur Jésus-Christ est le vray
« chef de l'Église, ce seroit grand blasphême d'y
« penser ny imaginer aucune erreur ; car le chef a
« telle puissance, autorité et prééminence sur le
« corps, qu'il ne peult opérer que par le moyen
« d'icelluy. Et si nous confessons qu'il y a quelque
« vice en ce corps, comme en exempterons nous le
« chef qui est la partie principale ? Ce seroit ung
« blasphême le plus détestable qui jamais fut ny
« sera, depuis la création du monde jusqu'à la
« consommation d'icelluy.

« Mais, par la grâce de Dieu, et inspiration du
« Saint-Esprit, nous sommes aultrement enseignez ;
« car nous croions fermement que ce corps
« universel qui est l'Église, ne peult errer. Comme
« aussi, il est indubitable que son chef Jésus-
« Christ, qui est la vraye voye, vérité et vie, pour
« nostre salvation a souffert toutes les infirmitez
« humaines, fors le péché. Et non seullement
« Nostre-Seigneur Jésus-Christ, pour monstrer
« l'autorité et dignité de l'Église, s'est institué chef
« d'icelle, mais aussi la nomme son espouze chère
« et bien aimée, sans rides ni macules, à

« laquelle pour conducteur et gouverneur il a
« donné son Saint-Esprit qui luy enseigneroit
« toutes choses.

« Partant, l'Église estant l'épouze d'un si puissant
« Seigneur, et qu'elle a le Saint-Esprit pour
« conducteur, il n'y a homme qui ozast penser
« qu'elle fust subjecte à aulcune faulte ni erreur :
« car l'époux qui peult, sçayt et congnoist toutes
« choses ne vouldroit permettre et endurer une
« faulte et erreur en son espouze, et le Saint-Esprit,
« conducteur d'icelle, égal à l'époux, ne laisseroit
« tumber en la fosse sa bien aymée qu'il conduict
« et accompaigne partout. Finalement, puisque
« l'Église est la colonne, fermeté de vérité et la
« maison de Dieu, nous ne debvons penser que
« Nostre Seigneur voulust permectre ung désordre
« en sa maison, ce que ung homme subject à vice
« et infirmité ne souffriroit pas. Par quoy nous
« sommes asseurez que celuy qui demeure ferme
« en icelle et chemine selon ses saints comman-
« dements qui sont les mesmes commandements du
« chef, est en la vraye et droite voye de son salut.

« Ce que par nous considéré, nous, soubzsignés,
« après avoir receu lettres de Monseigneur de
« Tavannes, lieutenant général pour le Roy au
« duché de Bourgogne, que la volunté dudit sieur
« Roy estoit d'avoir une description de ses bons et
« loyaulx subjectz de l'ancienne et catholique
« religion, obtempérans à son commandement, a
« esté par nous procédé à ladite description, à
« Semur en Auxois, au nom de Dieu Père, Filz et
« Saint-Esprit, le tout soubz le bon vouloir et
« plaisir de Sa Majesté. »

« Premièrement : Nous promectons par serment
« de vivre en toute intégrité de conscience,
« moyennant la grâce de Dieu qui nous en donnera
« le pouvoir; selon ses commandements et (ceux)
« de son Église Catholique et Romaine en laquelle
« désirons vivre et perpétuer jusqu'à la fin de nous
« jours. »

« Promectons aussi que nous presterons tout
« debvoir et obéissance au Roy très-chrestien,
« nostre Souverain Seigneur, et à tous noz supé-
« rieurs et gouverneurs, selon qu'il nous est
« commandé par les saintes Écritures. »

« Et pour ce que cy devant se sont émeues en
« ce royaulme, guerres civiles, troubles et séditions
« pour le faict de la religion, nous promectons, où
« cy après aulcunes s'élèveront, en aulcune manière
« que ce soit contre notre foy et religion catholicque,
« que à nostre pouvoir y résisterons pour la manu-
« tention d'icelle, et conservation de la couronne
« ancienne et illustre famille des Valois. »

« En oultre, promectons d'obéir à tous ceulx
« qu'il plaira à Sa Majesté de nous constituer et
« nommer chefz et gouverneurs, en ce qui par eulx
» nous sera commandé. »

« Semblablement promectons que nous rendrons
« réciproquement, les ungs aux aultres, tous
« debvoirs et offices de fraternitez. Que si ceulx du
« party contraire font quelque entreprinse, machi-
« nation ou conspiration contre aulcuns de nous,
« de quelque estat, qualité ou condition qu'ilz
« soient, nous presterons mutuellement tout aide
« et faveur, le tout toutesfois, soubz l'auctorité et
« bon vouloir dudit sieur Roy.

« Et affin de mieulx garder et entretenir entre
« nous telle fraternité, nous promectons d'assister,
« à chacung jour de dimanche, à la messe parro-
« chiale qui se célèbre en l'église Notre-Dame dudit
« Semur, fors en cas de maladie, ou légitime
« empeschement, affin de prier Dieu pour le repos
« de son Église, prospérité et santé dudit sieur Roy,
« luy suppliant dresser et conduire tellement ses
« actions, que nous puissions vivre en toute paix,
« union et tranquillité, selon les lois de Dieu et
« de son Église Chrestienne et Catholicque.

« Et où aulcun de nous, desdits soubzsignés
« décèdera, promectons d'assister à ses funérailles,
« affin de faire prières à Dieu pour le remède de
« son âme : et oultre, de noz fraiz supporter
« lesdites funérailles, où il ne laissera des biens
« pour y satisfaire, le survenant charitablement à
« ses nécessitez. »

« Comme aussy, pour mieulx effectuer les
« debvoirs de fraternité, nous déclairons voulloir
« entretenir la confédération mutuelle, accordée et
« jurée entre nous et les habitans ès aultres villes
« et bourgs du bailliage d'Auxois, affin que de tant,
« soyons assourés et fortiffiés contre les pertur-
« bateurs du repos publicq.

« Promectons, soubz notre dite foy et religion, de
« garder et observer ce que dessus, et tenir à
« secret la présente description, conclue et arrestée
« audit Semur, soubz noz signetz, le dimanche
« huictiesme jour du mois d'aoust, mil cinq cens
« soixante huict. » (1)

(1) *Archives de Semur.*

CHAPITRE VIII. — (1568)

Les adhésions furent sans doute recueillies sur un registre spécial ou sur des feuilles qui ne sont point venues jusqu'à nous. Le document que nous citons ne contient aucune signature. Ce fut peut-être une mesure de prudence pour ne point exposer les adhérents à la haine et à la colère des dissidents.

XIV.— Établissement de la Fraternité des Catholiques de Châlon-sur-Saône, érigée en l'honneur du « benoist » Saint-Esprit.

Le même entraînement se manifestait à Châlon-sur-Saône. La formule du serment est toujours la même quant au fond, il n'y a pas lieu de s'y arrêter. Mais son préambule, plus concis dans la forme, faisant voir, d'un point à un autre de la Bourgogne, les mêmes sentiments de la partie saine des populations en faveur des anciennes institutions religieuses et politiques, sera lu avec intérêt. Ici, les Châlonnais invoquent en faveur du catholicisme, et contre les idées nouvelles, une prescription de plus de quinze siècles et le sang des confesseurs de la foi. Ce document, un peu antérieur à celui de l'Auxois, fut imprimé et envoyé en divers lieux. Les catholiques de Lyon y répondirent le 22 juin en s'unissant à ceux de Châlon; « car, disent-ils, nous prévoyons bien que le temps s'approche pour recevoir notre plus grande part de l'injure du temps et de la malignité de nos ennemis. » (1)

(1) Dom Plancher. — *Hist. de Bourgogne*, t. IV, 569.

Les Châlonnais exposent en ces termes les considérations de leur association.

« Establissement de la fraternité des catholiques
« de Chaalon-sur-Saône, érigée à l'honneur du
« benoist Saint-Esprit, en l'an 1568.

« Au nom de Dieu, amen :
« Nous soubscritz, bien acertenez que la Sainte
« Église Catholique ne peut faillir, errer ni vaciller
« en l'observance de la pure, sincère et vraye
« volonté de Jésus-Christ, nostre Souverain Dieu,
« comme estant columne de fermeté et vérité, qui
« est et doit estre de conséquent fondée et establie
« sur la doctrine des prophètes, des évangélistes et
« des apôtres, dont Jésus-Christ mesme est la
« maîtresse pierre angulaire, qui a voulu le Sainct-
« Esprit demeurer à jamais, tant que le monde
« sera monde, éternellement, avec sadite Église
« Catholique. Dont n'est à croyre, comme nous
« ne croyons que Dieu ayt permis son peuple
« chrestien, vivant soubz ladite Église, estre par
« aveuglement en erreur et idolatrie par l'espace
« de mil cinq cens et plus d'ans, soit par la célé-
« bration de la Saincte Messe, assistance du peuple
« et cérémonie d'icelle, entretenue par tant de
« saincts et grandz personnages en sçavoir,
« religion, saincte vie, martyrisés pour le nom de
« Dieu ; confesseurs vivans austèrement en toute
« parfaite doctrine, vierges que autres bons fidèles
« d'icelle Église Catholique.

« Par l'approbation de laquelle, (non aultrement)
« nous avons pure crédence des Sainctes Écritures,
« du viel et nouveau testament. Donc d'icelle l'on
« ne doit dévoyer, retirer ny démentir en manière

« que ce soit, sans blasphême, erreur et damna-
« tion. Mais doit l'on, par l'ayde, supplication et
« prières à Dieu, et illumination de son Sainct-
« Esprit, estre fermes et stables, rejectant tous
« flots des persuasions de nouvelle doctrine,
« soubz quelconque prétexte qu'elle puisse estre
« suggérée. » (1)

Les statuts arrêtés et signés, l'organisation de la Société se compléta par l'élection de ses officiers. Le choix des personnes présente à l'esprit une idée politique et la dénomination de leur qualité une idée religieuse. Selon le P. Perry, le capitaine de la citadelle, Philibert de Monconis, fut élu *prieur*; l'ancien maire, lieutenant de la chancellerie, Jean Renaudin, fut nommé *sous-prieur*; les secrétaires furent Palamède, Bélie et Charles Lambert. Les Sociétaires allaient, chaque dimanche dans l'église des Carmes entendre une messe particulière, où se faisait une exhortation au peuple. Toujours, selon l'historien de Châlon, ils voulurent, par un zèle mal compris, interdire aussi bien aux huguenots qu'aux catholiques, de sortir le dimanche de la ville, pour aller faire leurs affaires à la campagne. Les protestants préférèrent quitter leur domicile plutôt que de se soumettre à cette obligation ; et il fallut modifier les ordonnances pour les faire rentrer dans la cité.

(1) Règlement imprimé. — *Archives de Semur*.

XV. — Confrérie de l'Autunois sous l'invocation de la Sainte-Croix.

Dans son *Histoire de la Réforme et de la Ligue dans la ville d'Autun*, M. Abord a donné les détails de l'organisation de l'association Autunoise. L'avocat Étienne Dechevannes qui en fut le fondateur, avait convoqué à la ville quelques catholiques de la cité, des bourgs, des villages et des châteaux voisins. Après avoir communiqué à l'assemblée les lettres de Tavannes et, comme à Semur sans doute, aussi celles du roi, il proposa de « s'inscrire et s'obliger tant envers le roi, que « les uns envers les autres, par un serment « solennel. » Ce n'était pas une proposition nouvelle de la part de Dechevannes. Dès le mois de mai, il avait adressé au chapitre une requête qui fait voir combien l'esprit d'association était déjà populaire. Le 21 mai, il fut admis au chapitre à faire la proposition suivante :

« Au nom de la plus grande part des catholiques
« de cette ville, qui, mus du zèle de l'honneur de
« Dieu et amplification de son service, désirent et
« prétendent ériger une fraternité et Société entre
« eux, sous le titre : *du sacrifice et oblation du*
« *précieux corps et sang de Nostre Seigneur Jésus-*
« *Christ*, ou tel autre titre de dévotion, Étienne
« Dechevannes supplie le chapitre permettre aux
« membres de cette confrérie faire prières à Dieu,
« chaque premier dimanche du mois en l'église
« Saint-Nazaire, à l'autel de Sainte-Croix, spécia-
« lement pour la manutention et conservation de la

« foi, la prospérité du royaume et de la personne
« du roi notre Sire, contre les hérétiques rebelles à
« Sa Majesté. »

Les chanoines s'empressèrent d'acquiescer à la demande de Dechevannes et désignèrent quatre d'entre eux « pour avoir l'œil et superintendance, « avec ceux des laïques élus par les catholiques, « aux choses concernant l'état de la religion et le « repos du peuple et aux affaires de la fraternité et « Société entre eux érigée. » Ce furent les plus notables du chapitre : Le doyen Philippe de Marcilly, frère de l'évêque, le grand chantre Charvot, le syndic Ferrand et le chanoine prédicateur, Jean Delafosse. La confrérie naissante, continue M. Abord, fut placée, en souvenir des anciennes croisades contre les infidèles, sous l'invocation de la Sainte-Croix, du nom de l'autel antique devant lequel elle se réunissait.

La proposition de Tavannes fut donc reçue avec faveur et chacun s'empressa d'y souscrire.

Les statuts de la nouvelle Société sont à peu près dans les mêmes termes que ceux des confréries voisines, et comme on les trouve dans les *Mémoires de Tavannes*. (1)

XVI. — Ligue de Beaune.

Il en fut pour la ville de Beaune comme pour celles que nous venons de mentionner. Les confé-

---

(1) M. Abord. — *Histoire de la Réforme et de la Ligue dans la ville d'Autun.*

dérés se lièrent par serment, à peu près dans les termes de la formule donnée par Tavannes dans ses *Mémoires*.

Nous « jurons et promettons en la présente
« description, rendre toute amitié et fraternité les
« uns aux autres, pour nous secourir récipro-
« quement contre tous ceux du party contraire, s'ils
« font aucune entreprise contre aucuns des soubs-
« signés, à cause dudict party. Et pour ledict
« secours, promettons respectivement les uns
« aux autres, employer tant nos personnes
« que nos crédits et faveurs, sans rien y
« espargner... —

« ...Jurons et promettons comme dessus, tenir
« secrette la présente description, et ne la révéler à
« quelque personne que ce soit, quelque lien
« d'amitié que nous puissions avoir, soit femme,
« frère ou autre. »

Le secret ne fut pas si fidèlement gardé qu'il n'en transpirât quelque chose. Ce qui en perça au dehors, paraît avoir jeté l'alarme parmi les protestants et excité quelques murmures. Ce fut l'occasion d'une déclaration énergique que l'on trouve inscrite sur un registre des délibérations municipales de la ville de Beaune, à la date du 2 juillet 1568.

Le maire avait appelé à l'assemblée des échevins plusieurs habitants qui étaient sans doute du nombre des mécontents. Là, il leur fit publiquement « entendre le vouloir des catholicques estre, de
« vivre en paix et tranquillité, gardant les édictz et
« et ordonnances du Roy. »

Il menaça des rigueurs de la justice, « ceulx qui

« contreviendroient (aux édits), tant par aggressions,
« injures publicques ou particulières, pouvant
« tendre à sédition, » et avertit les Réformés
présents à l'assemblée, « de tenir la main à ceulx
« de leur relligion, de faire obéire les magistratz,
« comme il a esté conclud et délibéré faire le
« semblable à l'endroit des catholicques, sans
« distinction ou exemption de personnes. » (1)

Nous verrons, six mois plus tard, les Beaunois fidèles à leurs engagements, prendre soudainement les armes, au nombre de cent ou cent vingt combattants, pour repousser une invasion de rebelles qui, déjà, s'étaient emparés de Cuisery, sur la rive gauche de la Saône et s'approchaient de Châlon et de Beaune. (2)

XVII. — Société catholique de Cravant, et résumé des ligues en Bourgogne.

Nous ne connaissons de la ligue de Cravant que ce qu'en écrivit au roi le prince de Condé, pendant qu'il était encore à Noyers. « On sçait que le sieur
« de T... (Tavannes) a écrit une lettre aux habitants
« de Cravant, qu'ils receurent le 22 du mois de
« juillet dernier, par laquelle il leur mande qu'ils
« ayent à faire entre eux une confrérie ou asso-
« ciation, laquelle il leur promet faire ratifier par
« Sa Majesté. » Et un peu avant ces lignes : « Vostre
« Majesté n'a jamais approuvé ou trouvé bon la

---

(1) *Archives de la ville de Beaune*, registre coté 2.
(2) *Archives de Beaune*.

« ligue ou confrérie du Saint-Esprit, faite par ceux
« de la Religion romaine, comme étant vrayes
« entreprises contre Vostre authorité et contre
« vos édits. » (1)

L'ensemble des associations catholiques de
Bourgogne procurait à la province, en sus des
troupes régulières, un effectif de quinze cents
chevaux et quatre mille hommes d'infanterie,
entretenus pendant trois mois, aux frais des
fédérés. (2)

C'était une garantie pour la sécurité du pays ;
mais garantie encore inefficace, comme le prouveront
les évènements ultérieurs.

Les huguenots émus de ces mesures, « copiées
« dit Jean de Saulx, dans les *Mémoires* de son père,
« sur leurs propres inventions de fraternité, »
s'inscrivirent contre elles et se pourvurent devant
le parlement de Bourgogne qui se récusa et renvoya
le pourvoi devant le conseil privé. Là elles furent,
dit-on, désavouées ; mais on ne les voit pas moins
se perpétuer un certain temps.

XVIII. — Ligues de quelques autres provinces.

L'alliance des catholiques n'était pas exclusivement particulière à la Bourgogne. Sans parler
de Lyon qui avait adopté les statuts de Châlon-sur-Saône, dès le temps où Dechevannes faisait à
Autun sa première proposition d'union catholique,

---

(1) Lebeuf. — *Prise d'Auxerre*, supplément non paginé, et
Mémoires sur l'histoire civile d'Auxerre, p. 394.

(2) *Mémoires de Gaspard de Saulx*.

CHAPITRE VIII. — (1568)

« deux cent trente-huit notables de Bourges, dit M. Pingaud, réunis le 18 mai, dans la grande salle de l'archevêché, s'unissaient par un serment solennel : l'acte constitutif de la ligue de Champagne était signé le 24 juin : la noblesse, le clergé et le Tiers-État du Maine et de l'Anjou établissaient leur confédération le 11 juillet. »

Dans le Languedoc, la ligue, bénie d'avance par le pape, enrôlée dans les églises, et s'inspirant de la croisade Albigeoise, prenait le titre de « sainte « armée de la foi. » (1)

Devant cet élan général, les huguenots eurent dû au moins réfléchir et hésiter. Cependant leurs chefs réfugiés à La Rochelle firent un nouvel appel aux passions révolutionnaires du pays et aux forces étrangères, et la troisième guerre civile commença.

(1) M. L. Pingaud. — *Les Saulx-Tavanes*, p. 72.

PIÈCES JUSTIFICATIVES

I. — Remontrances du bailliage d'Auxois au siège d'Avallon, pour les états de Pontoise. — 1561.

Puis qu'il plaist à la Majesté du Roy convocquer et assembler les trois ordres et estats de son royaume pour estre ouys sur leurs plaintes et doléances, seront mémoriez les députés pour le tiers-estat au bailliage d'Auxois, siége d'Avallon, de mettre en avant les articles compris au présent cayer, qu'ils supplient ladite Majesté prendre et gouster de bonne part, comme estant présentés pour le rétablissement et splendeur de Son Royaume.

Articles consernant le général.

Supplient en premier lieu, que les députez du tiers-estat ayent c'est heur et honneur de comparoir devant Sadite Majesté, pour proposer et faire entendre leurs plaintes, doléances et humbles remonstrances, luy séant en son lict de justice.

Que le conseil et assemblée desdictz estats généraux soit remis en sa première splendeur, liberté et aucthorité.

Que conformément à l'antienne et première institution du conseil desdictz estatz, il plaise à Sadite Majesté résouldre et arrester les humbles prières et remonstrances qui luy seront faictes à ladite assemblée et convocation, par l'advis des princes et des eslus et députés desdicts estatz, et non aultres.

Que ce qui sera par Sadite Majesté et advis desdits

estatz ordonné et déterminé en ladite assemblée, pour la conservation, grandeur et tuition de la couronne, repos et tranquillité de Son Royaulme, soit ferme, stable et tenu pour édict irrévocable, sans ce qu'il y soit desrogé par déclaration, limitation ou ampliation, si ce n'est par aultre assemblée et conseil dezditz estats.

Et d'aultant que le tems, avec succession, apporte le mespris et retournement de toutes ordonnances, décisions des plus sainctes et proffitables, si elles n'y sont réitérées et point renouvellées; ainssy que par la malice et corruption des vicieux, naissent plusieurs abus en tous estats, signament en l'administration des affaires plus importantes de son royaulme, sera Sadite Majesté suppliée d'ordonner que les estats généraux de sondit royaulme seront convocqués et tenus de trois en trois ans, pour pourvoir au bien et utilité d'iceluy, et que par ledit moyen, comme on verra le bien y croistre et régner plus promptement, et avec plus facile moyen, l'on puisse y pourvoir et remédier.

Sera aussi remonstré que le pauvre peuple de ce royaulme présume que les troubles, callamitez et afflictions desquelles il a, jusques à présent, esté affligé, proviennent par le moyen et conseil des estrangiers, pour avoir été admis au maniement des affaires de sondit royaulme, contre les anciens privilèges d'iceluy : Supplient Sadite Majesté de rejeter de sondit conseil et affaires tous lesdictz estrangiers, et n'y admettre ni recevoir que les Fransois ses naturels obéissans et subjects.

Est aussy notoire audit peuple, que l'invention des nouvelles daces et subsides desquelles le pauvre peuple est chargé et ruiné, proviennent de l'invention et praticque desdictz estrangiers qui s'en sont enrichis, et d'aultant appauvry ce royaulme, du tout exténué et désert, par le moyen des deniers qui en ont esté extorqués sur les subjects de Sadite Majesté. Le bon plaisir sera, de Sadite Majesté, ordonner que lesdictz estrangiers ne seront receus ny ouys aux fermes et admodiations de son domaine, ny de choses qui en dépendent; ains y seront admis seulement lesdicts naturels Fransois.

Plaira aussy à ladite Majesté, pour le soulaigement et sincère volunté qu'elle a à l'endroict de sesdictz vrais et naturels subjectz, ordonner par édict perpétuel et irrévocable que lesdictz estrangiers ne tiendront ny possèderont aulcun office ny bénéfice en sondit royaulme ; ains seront tenus dès ladite tenue d'Estas, les remettre es mains et disposition du Roy, pour en pourvoir sesdits naturels subjectz.

Et d'aultant que son pauvre peuple du tiers estat, habitant audit bailliage, est onéreusement chargé de nouveaux subsides, empruns, tailles et aultres charges, contre leurs anciens priviléges, libertés et franchises, supplient Sadite Majesté de jecter son œil de pitié et de miséricorde sur sesditz subjectz du tiers estat, et les réduire en telle forme, franchises et liberté qu'ils estoient du tems du duc Charles, suivant les sermens prestés par les prédécesseurs de Sadite Majesté.

Qu'il plaise encore à Sadite Majesté, faire cesser toutes daces et gabelles qui sont imposées et mises sur toutes danrées et marchandises, signament sur les blez, vins, sel, bois, charbon et aultres danrées servant à la nourriture et entretenement des hommes de sondit royaulme.

Et d'aultant que sesdictz subjectz ne peuvent jouyr ny user d'aulcun bonheur ni félicité, si ce n'est par le moyen de l'entretenement d'une bonne pais, le supplient affectueusement, tenir et conserver en paix, union et tranquillité le peuple de sondit royaulme, et par ung bon et tranquille moyen, moyenner ung saint Consille, pour réunir tout son peuple en une mesme foy et religion.

DE L'ÉGLISE.

Pour entretenir le peuple de ce royaulme en l'union et dévotion de l'Église Catholicque, en la nomination, élection et restablissement des pasteurs en icelle, supplient la Majesté du Roy que l'ordonnance d'Orléans, saincte et louable à cest effect, soit expressément gardée et observée à l'advenir.

Et pour ce qu'il se treuve que plusieurs laïcs tiennent des bénéfices par personnes interposées, notamment bénéfices ayans charge d'âmes, comme aussy y a des ecclésiastiques qui, par mesmes personnes interposées en possèdent plusieurs, dont naissent et proviennent une infinité d'abus et pertes d'âmes, le peuple n'estant presché ny admonesté en la parole de Dieu, plaira à Sadite Majesté ordonner que lesdictz curés résideront en personnes sur leursdictz bénéfices, pour iceulx déservir, et y prescher et admonester leurs parrochiens en la crainte et parole de Dieu.

Que suivant ladite ordonnance d'Orléans, lesdictz bénéfices soient électifs, et à cest effect soient choisis gens de bonne vie et conversation, loyalité et suffisance pour les tenir et posséder ; et, à faulte de résidence sur iceux bénéfices, que leur temporel soit saisy et adjugé à ceux qui sont commis à la déserte, par les officiers royaulx.

Plaise aussy à Sadite Majesté déclarer lesdictz bénéfices-cures tenus et possédés par personnes interposées et incognues, vacans et impétrables nonobstant toute protestation d'une pacifique possession et liens de triennalité.

Que celuy qui sera proveu de bénéfice-cure, soit tenu deans l'an et jour après la prinse de possession d'iceluy, (s'il n'est prestre) de se faire pourvoir audit ordre : aultrement, et à faulte de ce, sera ledit bénéfice, vacant et impétrable.

Et affin que lesdictz curés soient congnus à leurs parrochiens, supplient lesdits dudit tiers estat, qu'ils ayent à faire et célébrer le divin service en leursdites cures, ès festes plus sollennelles de l'année, sur peine d'annotation du temporel dudit bénéfice, sinon en cas d'excuse pertinente et légitime.

Que tous bénéficiers et gens d'église, soient tenus se comporter modestement selon leur voccation, tant en leurs actions et comportemens, qu'en l'usaige de leurs habis et vestemens ordinaires, en la forme et façon desquels ils usent de plusieurs superfluités et indécenses, qui leur seront à l'advenir prohibées et deffendues ; ains reprendront leurs habis de leur première institution.

Que tous bénéficiers ayans justice, à cause de leurs bénéfices, soient tenus de faire élection de gens de lettres idoines et suffisans pour l'exercice d'iceux, qu'ilz se présenteront au baillif ou son lieutenant au siège d'où seront ressortissans, pour prester le serment en tel cas requis et pertinent ; sans que lesdictz bénéficiers puissent mettre en taxe lesdictz offices, ny en prendre aulcun proffit ny émolument.

Que suivant ladite ordonnance d'Orléans, deux prébendes soyent ordonnées pour ung théologue et précepteur en chacune ville, et qu'il suffise que ledit théologue, soit régulier ou séculier, docteur ou bachelier en théologie, selon la commodité qui se présentera, de gens idoines et suffisans, nonobstant les arrestz intervenans ou contraires.

Que tous hospitaulx et léproseries fondez et destinés pour la nourriture et entretenement des pauvres, soient déclarés exempts de décimes et de tous austres subsides.

Que les décimes grandes et immodérées qui se lèvent sur les ecclésiastiques soient abolies, et iceux remis en leur premier etat ; du moins, qu'elles soient modérées à quelque somme légitime.

Que les gentilshommes ne puissent usurper aulcunes terres, chevanse, redevances ny aultres droitz appartenans à l'Église ; ains qu'ilz soient contrains remectre celles qu'ilz se trouveront avoir usurpées jusques à présent.

DE LA NOBLESSE.

Sera remontré de la part dudit tiers état qu'à la noblesse, à cause de ses... grades et prérogatives, appartient plusieurs chevansos et grandes possessions dont résulte plusieurs droictz et debvoirs sur ceux dudit tiers estat, oultre lesquels ils tirent et exigent plusieurs redevances, corvées et aultres debvoirs, par force, violence et contrainte, qui tourne à grand interest, si par Sa Majesté n'y est pourveu. A cest'occasion, supplient humblement Sadite Majesté que lesdictz seigneurs et gentilshommes ne puissent par eux ny aultres, leurs facteurs et domesticques, contraindre ny forcer leurs dictz subjectz ny aultres, ayans et possédans biens en leursdites seigneuries, à leur payer aulcune redevance, corvées, tailles ny autres debvoirs, sinon que par la voye de justice ordinaire, à peine de perdition du droict, redevance ou corvée qui leur porroit compéter et appartenir.

Que lesditz seigneurs et gentilshommes feront tenir et exercer leurs justices par gens idoines et suffisans et à la forme qui sera ordonnée pour ceux de l'Église.

Et d'aultant que la chasse leur est permise à cause de leur noblesse, terres et seigneuries, laquelle bien souvent ils exercent en toutes saisons, par terres emblavées, vignes et aultres héritaiges fructueux, sans avoir esgard à tems ny saisons, plaira à ladite Majesté ordonner, pour la conservation des biens de la terre, que lesdictz gentilshommes seront tenus garder les ordonnances au faict de ladicte chasse, à peine de contravention à icelles, et de tous interrests envers les particuliers, soit leurs subjectz ou aultres.

Plaise aussy à ladite Majesté, pour le bien et soulagement de ses subjectz, que tous gentilshommes seront tenus d'élire et constituer domicile en une maison de la ville du bailliage vers lequel ils tiennent et possèdent biens, et seront bons et vaillables tous adjournemens donnés audit domicille, tant en action civile que criminelle. A faulte de laquelle élection de domicille, suffira de les adjourner et publier par les carrefours d'icelle ville.

Soit remontré que plusieurs gentilshommes et cappitaines de sondict royaulme, soubz prétexte de quelque droict de guet et garde qu'ilz prétendent sur quelques villaiges, commettent plusieurs exactions et levées de deniers qu'ilz liévent sous prétexte et coleur de quelques menus emparremens de leurs chasteaulx, sans aulcunes lettres ny commissions de Sadite Majesté. A quoy sera proveu par ladite Majesté, et par se moyen, interdire telles exactions, tant es cappitaines de ses villes et places fortes, qu'à tous aultres gentilshommes et seigneurs.

DU TIERS-ÉTAT.

D'aultant que la corruption des meurs les plus perverties que nous aions en ce royaulme provient du mespris et contournement des loys establies et ordonnées en iceluy, plaira à la Majesté du Roy ordonner que les ordonnanses de ses prédécesseurs sur le faict de l'abréviation des procès, forme d'exercer la justice, institution, nomination des magistrats, officiers et administrateurs d'icelle, seront entretenues, notamment la délibération et résolution desdictz estas d'Orléans.

Que lesdictz offices de magistrature et judicature

ne seront vénaulx; ains électifs, en la première forme et antienne institution.

Et d'aultant que la multitude effrénée des officiers, n'apporte que folle (foule) et oppression ès subjectz de ce royaulme, sera suppliée humblement ladite Majesté, que toutes accrues, augmentation, érection de nouveaulx offices, tant ès cour de parlement, chambre des comptes, finances, bailliages que séneschaussées de son royaulme, seront supprimés et réduicts au mesme et semblable estat et nombre qu'ilz estoient au paravant lesdites ordonnances d'Orléans.

DES TAILLES ET SUBSIDES.

D'aultant qu'entre toutes les provinces subjectes à la coronne de ladite Majesté, sa duché de Bourgongne se treuve d'ancienneté avoir été des plus immunes et franches, ce néanmoins aujourd'huy, pour les urgentes affaires de ladite Majesté, elle est chargée de graves subsides, empruns et nouveaux impostz insuportables, plaira à ladite Majesté la faire ressentir du bien et utilité de la paix, et la remettre en ses anciens droictz, immunités, franchises et libertés, comme l'ont conservés ses devanciers et prédécesseurs roys. Du moins, se contenter à l'octroy que ladite duché lui a octroyé.

NOTA. — La plus grande playe aussi que rescente ledit tiers-estat, signament le païsant et pauvre laboreur, provient de l'immodérée façon et manière de vivre des gens de guerre, tant estrangiers que François, notamment de l'infanterie qu'ilz ont ordinairement sur les bras, lesquelz ils sont contrains norrir superflument, excessivement et à discrétion ; et, au party de leurs logis et maisons, sont ransonnés de grandes sommes de deniers, vollés et pillés, tant leurs meubles, bestiaux qu'aultres choses ; et pour le comble de leurs oppressions, sont grandement battus, oultragés et bien souvent tués ; des femmes et filles viollées : cause que tous les villages de ce royaulme sont ruinés et habandonnez ; le reste des habitans desquels ne peuvent payer les tailles et impostz de ladite Majesté, ny les droictz seigneuriaulx qu'ilz donnent à leurs seigneurs. Plaira à ladite Majesté du Roy, pour prévenir une plus grande dépopulation de son royaulme, et relever son pauvre peuple de telle anxiétude et oppression, faire estroictement garder et observer les ordonnances faictes sur le règlement des gens de guerre, les infracteurs desquelles soient punis de mort, et les chefs de guerre et cappitaines tenus et responsables des faultes de ses soldatz.

NOTA. — Que lesdicts gens de guerre allans ou venans de leurs garnisons ne puissent faire séjour en ung logis, plus d'ung jour et une nuict, pour le plus, et que les capitênes soient tenus eux présenter avec leurs commissions par devers les baillifz ou leurs lieutenants, plus proches des lieux où ilz logent, pour estre recognus, et laisser coppie de leursdites commissions, qu'à faulte de ce faire, qu'il soit permis aus communaultez s'assembler avec armes et leur courir sus.

DES MONNOYES.

Rescent aussy le pauvre peuple, une inestimable perte et dommaige sur le cours et accruës des monnoyes sur lesquelles ils perdent infiniment, payant leurs tailles et subsides, comme aussy payant les fermes et dommaines de ladite Majesté. Partant, plaira à icelle réduire et arrester le coins et vailleur desdites monnoyes, et suivant l'arrest qui en sera faict et délibéré es présens estas, qu'elles ayent cours indifféramment et à mesme pris tant en ses receptes générales et particulières qu'ès commerce et trafficques particuliers avec deffence de n'extreder, ne qui en soit résolu et arresté, soit par lezdits trésoriers et receveurs du domaine de Sadite Majesté qu'aultre de ses subjectz, à peine de perdition de vie.

DES HABIS

Nota. — Aussi pour prévenir l'immense et immodérée superfluité d'habis, bagues d'or et jouyaulx dont usent trop prodigalement les subjectz de ladite Majesté, cause d'une grande consommation de biens indistinction des personnes, grades et qualités, tant de gens d'Église, noblesse que tiers-estat, plaira à ladite Majesté faire entretenir le réglement qui donne, sur lesdictz habis, affin que par le moyen d'iceluy, l'on puisse cognoistre l'homme d'Église et le noble dans ceux du tiers-estat. Comme aussy les magistras et gens de justice, les marchans et bourgeois, d'ans les artisans et gens de labeur.

(*Archives d'Avallon.*)

N° II.

Lettre de Charles IX au duc d'Aumale, gouverneur de Bourgogne, pour faire observer l'édit de paix. — 2 avril 1561 (nouveau style.)

Mon couzin,

Je voy par tout mon royaulme le faict de la religion estre en telle combustion pour la diversité des opinions dont les peuples sont aujourd'huy divisés les ungs des autres, et tous si oppiniatrés, qu'il y a danger que de là s'engendre telle aigreur et altercation entre eux, que finablement ils soient pour venir aux armes, comme en plusieurs lieux il s'est desjà veu... Dont aiant, avec la royne, Madame ma mère, mon oncle le Roy de Navarre, les premiers de mon sang et autres princes et seigneurs de mon conseil, longuement consulté et cherché les moiens pour guérir ceste maladie et arrester son cours, il n'a esté trouvé un pluseur moien pour le présent, que de faire par tous les gouvernemens de mon royaulme, bien soigneusement garder et entretenir les ordonnances qui ont esté faictes par moy, depuis mon advènement à la couronne, tendantes à l'union et repos les ungs des autres : et où il subviendroit quelque sédition, ou élévation pour ce fait, avoir recours à l'édit de Romorantin fait par le feu roy, mon très-cher seigneur et frère...

Et pour ce que je vous prie, mon cousin, sur tout le service que me désirez jamais faire, faire en votre gouvernement publier et réitérer s'il est besoing, lesdites ordonnances, les bien et soigneusement observer par tous mes officiers, chacun en son regard, tenant la main que le premier qui fera sédition, assemblée illicite, et pour quelque occasion que ce soit, esmouvera le peuple à prendre les armes et faire quelque mutinerie et élévation, *de quelque religion qu'il soit*, que la pugnition promptement en soit faicte sans renvoyer devers nous, si exemplaire, qu'elle serve à contenir les mutins et préserver les gens de bien de l'injure et violence des meschans. Ayans, pour vous donner plus de moien d'éxécuter ceste mon intention, commandé et enjoinct bien expressément à Tavanes, bailly et seneschaux, de aller résider en leurs charges, et là tenir la main à l'observation de mesdites ordonnances...

(*Archives de la Côte-d'Or et de l'ancienne Bourgogne*, délibérations des États. — Registre A. 3.)

N° III.

Procès-verbal de la prise de Paray-le-Monial, par les huguenots, en 1562. (*Copie moderne dans les Archives de la ville*)

Soit notoire à tous que, l'année 1562, le 3ᵉ jour de juin, les huguenots, j'entens hérétiques, sentant mal de la religion ancienne et catholique, entrèrent en ceste ville, environ 9 heures du soir, par trahison d'un nommé Pierre Jacquand, lieutenant de Monseigneur et de ses terres, qui leur ouvrit la porte : et étant au nombre de trois ou quatre vingts, entrèrent au couvent, brisèrent les images de pierres, brûlèrent celles de bois, livres de la librairie qui étaient en grand nombre, et ceux de l'église ; emportèrent un crucifix couvert d'argent, pendu au matin de l'église, châsses de saint Gil, de saint Germain, saint Blaise et autres reliquaires ; un grand nombre d'ornements de velours, de satin, de damas, de taffetas et autres : tout le linge de l'église et autres ornements, deux grands gonfanons, tous les meubles du château et du couvent, tous les tapisseries, ustensiles, bans, treillis et gonds, etc. Et le tout fut fait par les gens d'armes avec ceux de la ville.

Et certifié comme étant religieux de céant, signé noble dom Jean de Lugny, curé de Paray.

N° IV.

Ordonnance du lieutenant général de Bourgogne pour le désarmement des habitants d'Avallon, en réponse à une requête des échevins.

16 août 1563.

Veu la présente requeste, et affin de oster tous moyens d'entreprendre ne attenter aucune chose qui peust empescher et altérer l'entière exécution de l'éedit de paciffication, nous ordonnons que suyvant l'éedict du roy, toutes les armes généralement des habitans de la ville et fauxbourg d'Avallon, de quelque qualité qu'ils soient, seront mises et consignées dedans la maison de ladite ville, ou autre lieu d'icelle, le plus fort et seur que l'on pourra choisir, et les enfermer soubz deux clefs diverses dont le premier magistrat aura l'une et les eschevins l'autre. Et pour pourveoir aux insolences qui se font la nuict, dont mention est faicte à ladite requeste, comme aussy à la garde des portes, et obvyer aux inconvéniens qui pourroient survenir, nous permettons audit magistrat choisir pour la police de ladite ville, six hommes qui porteront telles armes qu'ilz verront estre nécessaires, comme aussy feront ceulx commis à la garde desdites portes, qui seront habitans de ladite ville, et au moindre nombre que faire se pourra, afin de les soulager : Parmy lesquels y aura deux chefs de maison à chacune d'icelles portes, qui ne permettront à quelque personne que ce soyt, porter harquebuses et pistolles dedans ladite ville, sinon à ceux qui sont exceptés par ledit édict.

Lequel édict nous enjoignons au lieutenant du bailly d'Auxoys, siège dudit Avalon, faire inviolablement observer et garder de poinct en poinct, selon sa forme et teneur, mesme pour le port d'armes, tant au presche qui se fera aux fauxbourgs de ladite ville, pendant qu'il y sera continué, comme au dedans d'icelle, et pugnir les contrevenans et désobéyssans, suivant la forme dudit édict.

Faict à Dijon, le xvi° jour d'aoust 1563.

DE SAULX.

Archives d'Avallon.

N° V.

Extrait de l'enquête faite le 14 juin 1605, par Philibert Barjot, seigneur de Layne et la Vernette, au sujet de la spoliation des églises de Mâcon, en 1562 et 1567, à la requête de l'évêque et du chapitre.

Dépositions :

M° Nicolas Noblet, notaire à Mâcon, âgé de « soixante dix ans ou environ. » Il a « fort bonne souvenance des troubles... Au mois de may 1562, ceux de ladicte religion se saisirent, surprindrent et s'emparèrent de la ville de Mascon, en laquelle ilz entrèrent aux églizes qui furent despouillées, vollées et saccagées... tant de l'église cathédrale Saint-Vincent, que du sieur révérend évesque de Mascon. Firent le semblable en l'esglise collégiale... comme aussi ès églizes des frères prescheurs et frères mineurs, Sainct-Dominique et Sainct-François, le tout avec une telle véhémence, et crainte en laquelle estoient réduictz le reste des habitans, qu'il n'y avoit personne qui s'i osât opposer... » (1)

« ...... Entre lesquelz chefz et principaux conducteurs desdictes élévations, estoient les quatre frères Dagonneau, tenant rang en la ville ; l'un receveur du Roy, les autres tenanciers et admodiateurs des sieurs abbés de Cluny et de Tournus ; les sieurs esleus Touillon, Brunet, Rochette, Bernard, Che... et autres, lesquelz possédoient de grands biens tant dans la ville de Mascon que dehors.

Mais en l'année 1567, aux troubles qui survindrent que l'on appelloit à la Sainct Michel, ladite ville de Mascon ayant esté pour la seconde fois surprise par les susnommez qui avoient appellé et introduict le

(1) *Analyse* : Ils s'emparèrent des titres contenant les redevances de la plupart d'entre eux au chapitre et à l'Église.

sieur de Loyse, gentilhomme du païs pour leur chef et gouverneur, comme ils avoient faict du cappitaine d'Antrague aux premiers troubles, ceux de ladicte religion entrèrent encore en plus grande insolence qu'ilz n'avoient faict aux premiers troubles, car ilz voullurent faire abattre les esglises, comme celle des Jacobins qu'ilz mirent à bas jusques aux fondemens, ravageantz les esglises et trésors de la cathédrale Saint-Vincent. Est souvenant le déposant, qu'un certain jour qu'il ne sçauroit désigner, un nommé le capitaine de Chaintré, qui auparavant, en son jeune eage, avoit esté chanoine en ladite esglise Saint-Vincent, conduisoit une grande trouppe de soldatz qui allèrent en ladicte esglise Saint-Vincent, en laquelle, après avoir brisé les portes des trésors, ils s'emparèrent des titres et les brûlèrent devant le grand autel.

L'argenterie, reliques et autres choses précieuses composées d'or, d'argent et de pierreries, avoient esté enlevées de leurdit trésor aux premiers troubles 1562, et comme les chefz les faisoient conduire à Lyon par eaue, à deux lieues ou environ au dessoubz la ville de Mascon, ils furent prins et enlevés par des cappitaines et soldats tenans le party du Roy, et néanmoings entièrement perdus pour les sieurs de ladite église... »

Benoît Guillon, âgé de 71 ans ajoute aux frères Dagonneau et aux élus, « partie des eschevins et grand nombre d'habitans » et dépose à peu près les mêmes faits.

Pierre Arnoud, marchand teinturier, âgé de 70 ans, dit : « Il y avoit une extrême quantité de terriers, papiers anciens, vielles chartes, et autres papiers qui furent brûlés devant la croix Saint-Girard. »

André Bourgeois, portefaix, âgé de 66 ans, fait une déposition à peu près semblable.

Michel Roux, praticien, âgé de 52 ans, dépose sur la prise de 1567 : « Que plusieurs habitans et bourgeois de cette ville, entre lesquels il reconnut les quatre frères Dagonneau et les trois frères d'*Entrocher* (?)

lesquels armés... appelèrent à eux les laboureurs des paroisses de Bussières, Pierrecloux, Vergisson, Solutré, d'Augé (Davagé) et autres.

Suivent d'autres dépositions analogues.

Plusieurs disent avoir vu brûler les archives et entendu la foule, à ce spectacle, s'écrier avec joie : « On a fait fricassée des papiers et des titres ; nous ne devons plus rien. »

Enfin Jean Thomas, âgé de 66 ans s'exprime en ces termes : « Comme l'on vouloit sonner mathines en l'église cathédrale, un nommé Grégoire, portier dudit cloître, faisant ouverture de la porte de fer (de Feurs) fut tué, comme aussi un nommé Messire Pierre Grostaud, l'un des chanoines de ladite église, au devant le grand portail d'icelle, comme aussi un autre prêtre appelé Messire Borgeon. Par la mort desquelz estans réduits en extrême crainte et frayeur, tout le reste des chanoines et prêtres, non seulement du cloistre, mais de toute la ville, rentrèrent dans leurs maisons » et s'y barricadèrent.

(*Archives du département de Saône-et-Loire*, G. 230.)

N° VI.

Extrait d'un mémoire présenté au maréchal de Vieilleville et autres commissaires, envoyés pour faire observer l'édit, dans le Mâconnais.

...Auquel sera adjoucté à ladicte surprinze dernière, et contrairement à leur foy, les creaultez, barbaries et inhumanitez que, lors de ladite surprinze, ilz auroient commis et perpétrez, environ les quatre heures du matin dudit jour, ès mazelliers Saint-Vincent et Saint-Pierre de Mascon, la forme qu'ilz auroient usée ès meurtres perpétrés et commis ès personnes des prieur, jeunes moines des Jacopins, gardien des Cordeliers, (Jean Bossu), Messire Pierre

Le Noble dict Le Grossa, Messire Philibert Bourjon, prebtres, tués ledit jour de ladite prinse ; et les chanoynes Monthandre et *Descreuv...*, blessés jusques à la mort en après ; et ceux qui auroient estez pillés, tuez et ransonnez, l'espace de dix sepmaines qu'ils auroient occupés ladite ville... oultre la charge insupportable que lesditz de la prétendue relligion faisoient endurer aux pauvres catholiques...
(*Archives de la ville de Mâcon*, G. G. 122, n° 31.)

N° VII.

Procès-verbal d'élection d'Étienne Filzjehan, gouverneur d'Avallon, afin d'éviter les frais d'un gouverneur étranger.

24 octobre 1567.

Le 24 octobre 1567, en la chambre de ville d'Avalon, suyvant l'assemblée faicte en icelle chambre le 18 du présent moys et dit an, pour délibérer sur les lettres missives envoyées de la part de Monseigneur de Tavannes, contenant commandement aux habitans dudit Avalon de recepvoir le sieur de Vezanne capitaine, avec cent arquebusiers, pour commander en ladite ville, pour la garde d'icelle. Pour obvier et empescher les fraiz et impenses que pourroient advenir à ladite ville par le moyen des gens de guerre, seroient esté les plus apparentz d'icelle ville, appelés en ladite chambre, et sur toutes aultres choses concernant ledit commandement. Et sur ce, lesdits habitans, auroient nommé et délégué M⁰ˢ Sébastien Filzjehan, Jacques Symon, eschevins, M⁰ˢ Jean Morot, procureur sindicq, Guil. Gauchon, receveur de ladite ville, Hubert Filzjehan et Claude Garnier, contrerolleur au magasin dudit Avalon, pour aller présenter requeste audit sieur de Tavannes, affin d'empescher ledit sieur de Vezannes et arquebusiers d'estre receuz pour la garde de ladite ville, et que lesdits habitans entendront prendre ladite charge et garde d'icelle ville. Suyvant laquelle eslection les susdits se seroient transportés au lieu de Dijon par devers ledit sieur de Tavanne, lieutenant au gouvernement dudit pays de Bourgogne :

Lesquels, après avoir présenté requeste auroient esté d'(avis) que lesdits habitans, en la plus grande et saine partie d'iceux, advoroient lesdits déléguez pour le faict de la requeste et garde d'icelle. Lesquelz après avoir faict ledit rapport en ladite chambre, ont estez appelez les soubsignés, lesquels unanimement assemblez ont advohé et aggréé lesdits délégués en ce que les habitans de ladite ville avoient supplié ledict sieur de Tavanes, et député pour la charge et garde, conduitte et gouvernement, noble et saige Mᵉ Estienne Filzjehan, docteur ès droicts, lieutenant de M. le bailly d'Auxois au siège d'Avallon. Auquel iceux habitans ont promis et par ceste promettent rendre toute obéissance pour icelle garde, aux peines qui seront par luy indictes et ordonnées. Et n'entendent, lesdits habitans et soubsignés, que Monseigneur de Basarne (1) aye la garde et charge de ladite ville. Ains seullement consentent que ledit sieur de Basarne, selon le vouloyr et commandement de Monseigneur de Tavannes, puisse visiter ladite ville, affin de la proveoir par conseil de toutes choses nécessaires.

Suivent les seize signatures.

(*Archives d'Avallon*, chapitre 52, n° 12 de l'ancien inventaire.

Nota. — Sous le numéro 3159 des Mss Bethune, folios 162-167, et sous ce titre unique : *Coppie d'instruction baillée au capitaine La Baratte*,

(1) Alias Vezanne.

Monseigneur estant à Jugny, deux pièces distinctes ont été réunies en une seule.

La première est relative à des dispositions stratégiques prises par le duc de Nevers, alors à Châtillon-sur-Seine, avant le passage des confédérés. Elle est sans date ; mais en la rapprochant d'une sommation faite aux habitants de Montbard, pour l'exécution des ordres du général, on reconnaît que ce premier document n'est pas postérieur au 20 janvier 1568.

La seconde pièce, qui porte au dos la date du 14 février, est un rapport sur une escarmouche dans le Gâtinais, alors que les protestants avaient déjà franchi Auxerre.

Nous croyons devoir en faire ici deux articles avec des titres indiquant l'objet de chacune d'elles, comme il suit, n°ˢ VIII et IX.

N° VIII.

Mécontentement du duc de Nevers auquel la reine et Monseigneur n'ont pas tenu les promesses faites. Dispositions stratégiques, pour s'opposer au passage des confédérés, — vers le 20 janvier 1568.

Dira comme Monseigneur de Nevers s'en estoit venu de par deça par le commandement de la Royne et de Monseigneur, avec promesse d'avoir les compagnies de Monsʳ de Terride et maréchal de La Foys, celle de Monsʳ de Vaudemont ; les quatre enseignes vieilles et celles du chevalier de Montluc, avec toute la cavallerie de Monsieur de Savoye, pour travailler à ce passaige les ennemis de Sa Majesté et leur courir sus, et que par leur commandement il s'estoit achemyné sans cerymonie ny trouver rien impossible qui fust pour leur service. Espérant aussy qu'il luy seroit tint promesse de tout ce que l'on luy avoit promis : mais il n'est pas si tost party, que non seulement il se trouve dénué des deux compaignies de Monsr de Terride et maréchal de La Foys, mais aussy de celle de Monsr de Vaudemont et de celles du chevalier de Montluc, comme aussy de celles de Monsieur de Savoye, ormis que environ 150 chevaulx-légiers et quelques argolletz qu'il vouldroit qu'ils ny fussent poinct, pour ne servir que de nombre sans espérer rien d'eulx ; et n'a oy dire qu'il n'en vienne poinct d'aultres, ayant cy-devant escript, dès le 11 (janvier) à Monsr de Vantou, pour les addresser en ces quartiers de deça à mesure qu'elles viendront. Et a eu response dudit sieur de Vantou, du 15, qui ne luy en mande rien. De sorte que de 17 cents chevaulx que l'on lui faisoit estat, il ne s'en trouve que 150. De façon que tout ce qu'il peult avoir de bon pour combatre, n'est que (*environ*) 500 chevaulx de lance. Mais ce qu'il luy porte le plus, oultre ce que dessus, est de la promesse que la Royne et Monseigneur luy ont faicte de luy bailler les quatre enseignes de Piedmond, comme il est spéciallement porté par son pouvoir, et qu'il veoyt que pour son occasion le comte de Brissac ne les a voullu envoyer, et que Monseigneur, non seulement ayt voullu plustost complaire luy, que mondit sieur de Nevers ; mais lui a osté une chose qu'il luy avoit promise, et commandé à Monsr de Mus de le dire audit sieur comte de Brissac. De sorte qu'il cognoist bien par là estre peu estimé ny tenu pour affectionné serviteur de mondit seigneur, qui luy déplaist infiniment, comme ce n'est poinct la récompense de l'affection qu'il luy a monstrée à luy faire service, et qu'il l'a faict avancer cy devant tant qu'il a faict à luy dire librement ce qu'il cognoissoit pour son service. Au moien de quoy, désirant de ne perdre poinct du tout sa grâce, ayns de la conserver au mieulx qu'il luy sera possible, il vous a voullu envoyer par devers mondict seigneur pour le supplier très humblement, que, passé que seront les ennemys de ce costé, luy révocque la charge qu'il luy a pleu luy donner, et le laisser tout seul, avec sa compaignie, soubz le régiment de quelque autre, affin qu'il n'aye occasion de recevoir tous les jours pareilles escornes, et dès maintenant, supplira mondit seigneur de le faire, si ce n'estoit qu'il luy a pleu luy commander de luy continuer : et aussy qu'il veoyt que les ennemys s'approchent voullant bien en (ceste) occasion, continuer puys qu'elle est si pressée, peu honnorable et non sans hazard. Voullant bien faire son debvoir, il ne laissera d'estre tousjours de plus en plus affectionné au service de leurs Majestez et de mondit seigneur, pour essayer, avec ses services, se faire cognoistre pour tel qu'il leur a tousjours dict et asseuré, et surmonter par là le dire de tous ceulx qui ayment hors sa présence, parler de luy, plus par malveillance et envye que vérité.

Fera en oultre entendre à mondit seigneur l'estat de ce pays et spéciallement de ceste ville (Chatillon-sur-Seine) qui est divisée en deux villes distantes l'une de l'aultre, grandes et fort faibles. Ausquelles il ne fault moins de troys mil hommes pour la garde, comme il luy a faict cy-devant entendre. Lequel nombre tant s'en fault qu'il passe, qu'il ne peult estre que environ deux mil hommes, avec les cinq compaignies de monsieur de Brissac que mondit sieur de Nevers a faict entrer en la ville, puys que telle a esté l'intention de mondit seigneur, et son commandement : voullant en ce faict postposer le service de leurs majestez et de mondit seigneur, à toutes ses passions, de façon que n'estant ledit nombre plus grand, monsieur de Bellegarde le trouve bien petit, espérant avoir avec les aultres, celles du chevalier de Montluc, pour faire le nombre de 3,000 hommes.

Si bien que de penser d'envoyer quelques forces de celles-cy ailleurs, il ne se trouverroit assez fort à garder cette ville, comme véritablement il est impossible pour estre distante et séparée en deux villes, que de longtemps l'une ne peult secourir l'aultre; et est veue par courtine et à plomb dedans.

En sorte que à coups de pierres l'on peult offencer ceulx qui la déffenderont; n'y estant aussy nul rampar, et la muraille sans flan en d'aucuns lieux, et sans rampars. Au moien de quoy, supplira monditl seigneur luy commander de faire tout ce qu'il luy plaira, luy ayant bien voullu remonstrer cy-devant pour ce que de séparer aucune de ses forces de ce lieu, qu'il estime plus important que nul autre lieu pour estre en ces quartiers et passaige prest des ennemys : lequel ne se peult deffendre nullement, comme ledit sieur Camille lui dira.

Aussy fera entendre à mondit seigneur, puys qu'il luy plaist qu'il rende raison de sa charge et de ce qu'il a faict jusques à présent, luy dira que tout aussy tost qu'il fust party du camp de mondit seigneur, il feit commandement à toutes ces villes d'icy au tour, de retirer le bled, foing et avoine des villaiges aux villes, ce qui a esté faict en d'aucuns endroictz, et en d'aultres qui ne l'ont voullu faire, les a faict manger par la cavallerie qu'il a auprès de luy : de sorte qu'il se trouve bien peu de vivres, tant pour ce faict, que aussy pour ce que les païsans, d'eulx-mesmes, l'ont caché et enterré. Et pense que les ennemys auront bien de la peine à vivre en ces quartiers, et sans qu'ils envoyent tousjours devant quelques ungs à intimider le peuple, le menassant de brusler leurs maisons, en cas qu'ilz ne trouvent de quoy vivre, dont les pauvres gens en vont achapter et trouver pour saulver leurs maisons. Ilz en auront bien encores plus grande faculté touteffois, icy autour de Chastillon ; ilz n'y trouvent rien du tout, car la cavallerie a tout mangé.

Quant à ce qu'il plaist à mondit seigneur sçavoir de l'ordre qu'il a donné à retirer les compaignies de gens de pied qui sont derrière, fera entendre à mondit seigneur qu'il a desjà escript à tous pour leur faire sçavoir qu'ilz ayent à se retirer en ces quartiers de deça tout aussy tost que les ennemys auront passé, pour se joindre tous ensemble et aller trouver mondit seigneur, la part qu'il sera.

Mais à ce que mondit seigneur luy dict, de partir ès autres villes qui sont cy-devant, tout aussy tost que les ennemys seront passez, ne scayt pas comme cela se peult faire, car, estant derrière les ennemys, comme il fault qu'il soit, s'il les veult laisser passer oultre et s'asseuré qu'ilz ne retourneront arrière, ne sçayt comme possible seroit de les faire plus advancer aux aultres villes devant ceste-cy, sinon que l'infanterie eust des ailles et qu'elle vollast par dessus les ennemys, lesquels tiennent de large une infinité de pays.

Au moien de quoy cognoist bien que cela a esté dict seullement à mondict seigneur, plus pour le charger de choses impossibles, qu'ilz cognoissent estre impossible de faire. Au moien de quoy suppliera très humblement mondit seigneur, de voulloir penser qu'il ne peult garder que ce lieu, le voullant asseurément garder, et qu'il luy plaise luy faire sçavoir sa volonté, laquelle, cependant, il a à suivre. Ayant ordonné au capitaine Foissy de se retirer avec deux de ses compaignées dans Crénay estant d'environ cinquante de ses soldatz dans le *Chasteau d'Avallon* que mons^r de Tavanes luy a dict estre d'importance.

Et quant à envoyer cinq enseignes à Bagneux et à Chanseau, pour les retirer comme l'on verra que les ennemys prendront leur chemyn, dira que ce sont deux villages ouvertz et que là auprès sont des huguenotz qui ne faulderont d'avertir les ennemys et leur faire faire une bonne calvacade, de sorte que l'on les endommageroit, n'y estant lieu fort pour se retirer. Et aussy qu'il veoyt bien que les ennemys ne tirent pas de ce costé-là de Dijon, ayns de cestuy-cy. Aussy quant il vouldroit le faire, il ne le pourroit, pour n'avoir gens pour y envoyer. Et pense que cela seroit superflu, d'aultant que Monsr de Vantou luy-mesme avoit envoyé près de ceste ville Nance avec deux enseignes et une cornette d'Argolletz, pour pourveoir à la garde de ce lieu, dont il failloit bien dire qu'il en a davantaige pour garder le reste; et attend d'heure à aultre de ses nouvelles sur ce faict.

Quant à envoyer au chasteau de Monsauson soldatz dedans, pareillement ne le peult faire, n'en ayant pas encore assez à garder ceste ville, et a entendu par un gentilhomme que Monsr de Tavanes luy a envoyé, qu'il n'est nullement fort et ne vault rien. Aussy luy a dict que Fervaque s'est mis dedans Crance (Créancey) et le garde pour le Roy, s'estant retiré de Chasteau-villain. Que dedans Fontaine-Françoise y est un brave gentilhomme qui est à Monsr d'Aumale, nommé Viloneu. Si bien que voilà l'estat des affaires de deçà jusques à présent et attend d'heure à aultre les huict quaques de pouldre, et douze arquebuses à croc, avec les cinq enseignes du chevalier de Montluc. Lesquelles, si elles ne viennent bien tost, et devant que les ennemys soient approchez, ne serviront plus de rien. Dira pour ceste occasion à mondit seigneur qu'il luy est impossible de garder toute ceste lisière avec si peu de gens, contre toute la cavalerie qu'ilz ont et que les Reustres amènent, et qu'il ne peult garder que ceste ville et Mussy-l'Evesque, comme celles plus importantes et parmy lesquelles il pense les ennemys debvoir passer, ou bien un peu au-dessus de Chastillon, où la rivière se gaye partout. Que de luy, il ne manquera maintenant qu'ilz se approchent et ont passé l'eaue et les fera resserrer plus qu'il pourra, et fera tout son possible pour bien et fidellement s'aquicter de sa charge, qui n'est aultre que d'estre à leur flan tousjours; ausquelz il a mis déjà deux compaignées de chevaulx-légiers du capitaine Chevenoy et Bions. Et supplie très humblement mondict seigneur de croire qu'il luy est aultant affectionné serviteur que nul aultre qui soit, et espère ung jour le luy faire paroistre.

Aussy dira à mondit seigneur que, avec si peu de forces qu'il a, qu'il a donné charge au sieur de Missery, lieutenant de Monsr de Barbezieux, de garder Semur, Espoisse, Grignon et Viteaulx. Pour la garde desquelz il a de mandé à mondit sieur de Nevers une compaignée d'argolletz et une enseigne de gens de pied qui est le capitaine Laperrière, de gens de pied, et le capitaine Bellegarde, d'argolletz ; et en oultre a baillé la garde de Montbard et Montfort aux capitaines Chantal et Mussy, avec leurs compaignées et a ordonné que les aultres deux compaignées de Foissy, oultre celles qui sont à Mussy et qui iront à Créan (Crénay ?) soient départies par luy avec sa compaignée d'argolletz, dans Avallon, Vézelay et Saulieu. Qui est tout ce qu'il a peu faire : Et avoit laissé cent bons chevaulx-légiers dedans Arc, à son partement, affin qu'ilz eussent à garder la ville et estre tous les jours du monde auprès dez ennemys ; mais il ne fut pas si tost party, que Beauregard, capitaine dudit lieu, ne les voullut pas recevoir dans le chasteau. Au moien de quoy ilz se sont retirez. Et en oultre a escript au capitaine La Roche d'envoyer cinquante hommes de ses soldatz qui sont dans Bar-sur-Aube, dans le chasteau de Jaucourt, proche dudit lieu, et que si les ennemys se remparoient, pourroient grandement incommoder ladite ville. Si mondit sieur de Nevers eust peu faire davantage que cela, il l'eust faict.

Parlera aussy à mondit seigneur de la sauvegarde des villages de Monsieur de Ruffe ; du passage de ses ennemys sur ceste rivière ; le suppliera de faire rendre la compaignée du capitaine Risle au capitaine La Robine, son lieutenant.

Suppliera aussy mondit seigneur de faire satisfaire la compaignée du capitaine Chantal, de sa compaignée de soixante arquebusiers à cheval, laquelle demeure dans Montbar.

Bibliothèque nationale, Mss Béthune 3159, folios 162-165.

N° IX.
Coppie de l'instruction baillée au sieur Bonnet, Monseigneur estant à Collomiers-le-Secq.

6 février 1568.

Dira à Monseigneur que pour responce de la lettre que Monsieur le duc de Nyvernois luy escrivit dernièrement à Mussy-l'Évesque, le suppliant de luy commander ce qu'il auroit à faire après le passaige de ses ennemys, il luy pleust le remectre à sa volonté et faire ce qu'il cognoistroit estre le meilleur pour le service de Sa Majesté ; ce que mondit seigneur de Nevers ne voullant accepter, encores qu'il estime celà à faveur, de veoir la fiance qu'il plaist à mondict seigneur avoir en luy, pour ce que sa coustume a tousjours esté d'obéyr et servir le mieulx qu'il luy a esté possible, et non d'eslire soy-mesme ce qu'il a à faire, sachant bien de quel poix cela est, et combien cela va loing, en cas qu'il advienne quelque peu d'inconvénient à ce que l'on a esleu de soy-mesme faire, sans recevoir exprès commandement de celluy qui doibt commander : car l'on peult tousjours dire après, qu'il n'avoit tel commandement et que ce qu'il a faict, il l'a faict de son conseil, au moien de quoy, il retourna de nouveau à son partement de Mussy, à supplier mondict seigneur de luy commander librement sa volonté, sans rien remetre à luy, pour ne se voulloir charger de rien, que d'exécuter les commandemens qu'il recevra de mondict seigneur, et en attendoit la réponse, laquelle n'estant venue ny arrivée jusques à l'heure présente de midy (6) de février, il a estimé que mondict seigneur entend qu'il exécute ce qu'il luy a pleu luy escripre par sa lettre du 4, partie par Le Parc, qui est, en conclusion, après plusieurs commandemens faictz en icelle, qu'il envoya 5 compaignies de celles qui sont dedans Chastillon à Chaource et Saint-Florentin et qu'il s'achemyne au plustost avec tout le reste des forces qu'il pourra assembler de ce costé-là, ausditz lieux de Saint-Florentin. Ce qu'il fera tout aussy tost qu'il aura receu nouvelles de Monsieur de Lignières qui est à Chaumont-en-Bassigny, auquel, dès le 3 de ce moys, il a escript qu'il ayt, en toute diligence, à se rendre avec ses forces à Chastillon-sur-Seine ; comme aussy à M. de Thou, à Langres, ayant pareillement escript au sieur de La Roche, à Bar-sur-Aube, d'aller incontinent retrouver mondit seigneur à Troyes, où estant plus près que mondict seigneur de Nevers, sans luy faire allonger encores davantage le chemyn, à venir dudit Bar à Mussy, pour retourner à Troyes : et pense que tous auront faict ce qu'il leur aura escript, comme ont faict aussy les capitaines de la cavallerie de Monsieur de Savoye, quy doibvent ce jourd'huy estre en ce lieu, et pense dans demain, tous seront arrivez, et, ne l'estant, il se délibère se achemyner tousjours à petites journées, les attendant; veu qu'il n'y a aucun danger pour eux, et seront mieulx logez estant séparez que nous. Monsieur de Vantou escript à mondict seigneur de Nevers, de bien pourveoir à tout ce qui est de ce costé vers Avallon, et que depuys, il se retire vers Chaalons-sur-la-Saune.

Quant aux deux compaignies de Bourgongne que mondict seigneur commande de laisser dans Chastillon, mondict seigneur de Nevers dict qu'il n'y en eust jamais comme desjà il a cy-devant adverty mondict seigneur. Au moien de quoy, il ne luy en peult laisser aucune d'icelles et ne sçait desquelles il plaist à mondict seigneur qu'il laisse audict Chastillon : dont il le supplie très-humblement au plustost, de luy en mander sa volonté, pour ce qu'il sçayt bien que ceulx quy y demeureront, s'ilz ne sont du pays, qu'ilz en seront bien marriz : mesmes qu'il fault qu'ilz payent tout ce qu'ilz prennent; et s'ilz ne sont payez eulx-mesmes, ilz y mourront de faim, et en viendra désordre.

Au demeurant, son advis qu'il plaist à mondict seigneur luy demander pour la garde de la rivière de

Loire, mondict seigneur de Nevers pense que Monseigneur ayt si bon conseil auprès de luy, qu'il ne soit ja besoingt qu'il luy en dye rien : mesmes qu'il n'est pas si expérimenté de ses quartiers-là, comme tant d'aultres qui ont commandé et mieulx recogneu ces pays de là, que luy ; et qui sont vieulx serviteurs de Sa Majesté et ont beaucoup pratiqué ces chemyns de là. Au lieu que mondict seigneur de Nevers n'a jamais été à Auxerre, ni sur ces chemyns d'icelle à Orléans ; et pense aussy que mondict seigneur ayt si bien pourveu à tout, qu'il lui seroit superflu de luy en dire rien : mesmes que si les provisions nécessaires pour ledict pays n'ont esté faictes maintenant, il seroit impossible de les plus faire, attendu que les ennemys sont trop advancez pour pouvoir plus leur gaigner le devant, comme il estoit d'avis que l'on feist, et pour tel effect escrivit à mondit seigneur, dès le 11 de janvier, qu'il estoit d'opinion l'on essayast de prendre Auxerre, comme aysément l'on eust faict, et se fortifier sur la rivière de Loyre, à ce que les ennemys ne peussent aller à Orléans, pour plus aysément le prendre si l'on eust voullu. A quoy mondict seigneur luy feyt réponse, qu'il feroit en ce, ce que l'on verroit et seroit conseillé. Dont mondict seigneur de Nevers estime que l'on avoit pourveu à tout, et que ne luy falloit penser à aultre chose que de garder ce pays, comme mesmes le feyt sçavoir à mondict seigneur, par le sieur Camille qu'il luy estoit impossible faire aultre chose, et spécialement, suyvre ung aultre mémoire que mondict seigneur lui envoya avec une sienne lettre, qui contenoit que après que les ennemys seroient passez il assemblast les forces qui seroient derrière luy et qu'il pourveust aux places et lieux qui seroient à la teste des ennemys. A quoy faire, il eust fallu voller par dessus le camp des ennemys. Dont en estant de longtemps escript par ledit sieur Camille, de ce faire, il a pensé toujours que mondict seigneur y aye trés-bien pourveu, comme il veult penser qu'il aura esté faict. Et mesmes par le voyage que Monsieur le comte de Brissac a dernièrement faict vers Auxerre, auquel il pense qu'il aura pourveu et mis des forces dans La Charité, Cosne et aultres villettes de Donziois, qui sont faciles à estre prises, n'y estant garde dedans, et mesmes à grosses ransons pour les ennemys, oultre que pour reprendre tous ces lieux, il faudroit mener le canon, qui seroit une dépense grande et incommodité pour le service du Roy, et spécialement pour le passage de la Loyre, sur le pont de La Charité, en cas que les ennemys y allassent, comme est à craindre qu'ilz y aillent, n'y estant à la garde, que les hommes du pays.

Partant, Monseigneur de Nevers ne sçayt quel aultre advis à donner à mondict seigneur estimant qu'il aura esté pourveu à tout ce que dessus, ce qui ayant esté faict, les ennemys ne pourront faire autre mal que de saccager le plat pays et le destruire, comme ils pourront faire à leur ayse, se veyans eslongnez de l'armée de mondict seigneur, à laquelle mondict sieur de Nevers désirant de longtemps se rendre, comme mesme Camille luy a supplié de sa part, a délibéré de s'avancer le plus qu'il pourra pour se rendre à icelle, et là, avec sa compagnie d'hommes d'armes seule, faire tel service au Roy et à mondict seigneur qu'il luy sera commandé, ayant cogneu luy estre plus expédient d'estre auprès de mondict seigneur sans charge, que absent avec charge telle qu'il ne puisse faire le service fidelle qu'il voudroit et désire, comme de très-humble et très-fidelle serviteur et subject qu'il est de leurs Majestés, et particulièrement affectionné au service de mondict seigneur, comme de longtemps il se lui est voué pour serviteur très-humble.

Supplie mondict seigneur d'avoir pitié de ses pauvres compaignons de chevaulx-légers de Monsieur de Morette, dit Saint Addes, et des arquebusiers à cheval des sieurs de Baudisse et Chantal, à ce que de bien servir ne soient mal récompensez.

Dira en oultre que depuis avoir achevé la présente

instruction et n'estant encores party, est arrivé le courrier qu'il a pleu à monseigneur luy envoyer, par lequel il a receu la lettre qu'il luy a pleu luy escrire, du jourd'huy, par laquelle il luy mande qu'il ait à s'en aller avec les gens de pied et de cheval qu'il a auprès de luy, droit à Chaource, et de là à Sens, ce que mondict sieur de Nevers ne fauldra à faire en toute diligence, laissant à part les aultres trouppes de chevaulx-légiers qui sont du costé de Monsieur de Vantou, lesquelles monseigneur de Nevers advertira de ce qu'ilz auront à faire, lesquelles sachant son partement, le sont venuz trouver pour sçavoir de luy ce qu'ilz auroient à faire. Et pour ce qu'ilz luy ont dict n'avoir aucun advertissement et ne sachant la part où ilz auroient à marcher, l'ayant prié de les voulloir amener avec luy, n'a sceu leur reffuser sa compaignée pour ne les laisser égarer et sans conduicte. Au moien de quoy, il les a pris en sa compaignie et supplie mondict seigneur luy commander d'envoyer vers Troyes à Monsieur de Barbesieux. Il plaira à mondict seigneur se souvenir que par la lettre que mondict sieur de Nevers luy escrivit dernièrement il advertist mondict seigneur du commandement qu'il avoit faict audict Foissy de s'en aller à Bar-sur-Seine et à Troyes; au moien de quoi, si ledict Foissy aura exécuté le commandement de mondict sieur de Nevers, la volonté de mondict seigneur sera en tout accomply.

Dira aussy comme il a esté adverty que d'autres compaignies de cavallerie légière de Monsieur de Savoie doibvent en brief estre vers Semur, et le sieur Dom Alphonse aussy voullant bien par la présente supplier très humblement mondict seigneur ne trouver point mauvais si il luy remonstre comme il a esté un peu estonné de veoir ce qu'il luy a pleu escripre cy-devant qu'il eut à se rallier avec toutes les forces quy seront derrière luy, pour de là, tirer son chemyn droict à Sens : Ce que mondict sieur de Nèvers pensant faire, auroit desjà escript aux sieurs de Lignières et de Tou, à ce qu'ilz eussent à venir le trouver en ces quartiers, pour de là, suivre le commandement de mondict seigneur ; mais il a trouvé que les susdictz sieurs ont receu commandement au contraire de mondict seigneur, qui est de s'en aller à la queue de ses ennemys et depuis aller droict à Mer-sur-Seine : Chose qui luy est de peu de réputation parmy le monde, ayant la charge qu'il a pleu a mondict seigneur luy baillier en ces quartiers, et l'expres commandement qu'il luy plaist luy faire par sa lettre susdite, se veyant après contrarié par autres nouveaux commandemens, dont il vauldroit beaucoup mieux que on ne luy en aist point escrit.

A Collomiers-le-Sec, le 6° jour de février 1568.

(*Bibliothèque nationale.* Mss Béthune 3157).

N° X.

Délibération des échevins et notables d'Avallon pour la démolition de quelques maisons joignant les remparts, et dont les huguenots pensaient s'emparer pour forcer la garde et surprendre la ville.

19 janvier 1568.

Aujourd'huy, 19 janvier 1568, en la maison du Roy, à Avalon, de l'ordonnance et pardevant nous, Estienne Filzjehan, docteur en droictz, lieutenant ordinaire au ressort dudict Avalon, capitaine éleu par le gouvernement de ladicte ville, se sont présentés M° Sébastien Filzjehan l'esnel, avocat pour le Roy audit ressort, Pierre Menestrey, juge pour ledict sieur Roy en la prévosté dudit lieu ; M° Sébastien Filzjehan le jeune, licencié en droictz ; Hubert Filzjehan ; M° Philipe Regnard, notaire royal ; Jehan Villain, eschevins ; François Darin, procureur scindicq de ladite ville ; M° Jacques Odebert ; Jehan Gaigneaulx ; Pierre Picard ; Germain de Denesvre ; M° Charles de Clugny, enquesteur ; Guillaume Pirot ; Michel de Denesvre ; M. François Guyot ; Jehan Seguenot dict de Lisle, receveur d'icelle ville ; Jehan Lenoye l'esnel ; Jehan Bouchard ; Guillaume Rollot : Mayeul Segaux ; Antoine Pieu et plusieurs autres, manans et habitans d'icelle ville, appelés par Hubert de la Porte, présens ; ausquels nous, ledict Filzjehan avons dict et remonstré que, ces jours derniers, avons heu advertissements de Jehan Chambenoist, fils de Jehan Chambenoist, qui se dict de la religion prétendue réformée, estant de présent prisonnier ès prisons dudict Avalon, que Estienne Fournyer, Jehan Potin et aultres, de ladicte religion, estant au lieu de Montjaloing, avoient entreprins de surprendre ladite ville. Et pour ce faict, délibéroient surprendre et s'emparer de nuict des maisons de la vesve Guillaume Robert, Martin Robert son voisin, Antoine Lardery et François Longuemaut, qui sont au dedans des barrières de ladite ville, approchant la porte de vingt passées, au plus loing : et que ayant secours de ceux de ladite religion, qui estoient lhors assiégeans devant la ville de Crevant, ils pourroient facillement forcer les gardes de la porte et entrer dedans ladite ville. Davantage, nous avons remonstré ausdictz habitans assistans, que depuys deulx jours la ville de Noyers a esté suprinse et est de présent en l'obbéissance des ennemys, comme certainement il nous a esté rapporté par aulcungs de ladicte ville de Noyers qui se sont retirés de ce lieu. Et pour ce que l'ennemy estant près de ceste ville, laquelle en tous temps et tous les jours, lesdictz ennemys menassent de surprendre, nous avons advertiz lesdictz assistans d'arrester et donner l'advis s'il est nécessaire démolir lesdictes maisons, pour empescher lesdictz ennemys de leur desseings.

Sur ce, ledict Filzjehan, avocat du Roy, tant en ceste qualité que en son propre nom, a dict que lesdictes maisons estoient fort dangereuses et que les *habitans* (on a voulu dire les ennemis) aprochans de ceste ville, s'en estant emparés facilement, endommageroient ceux de dedans ladicte ville, de sorte qu'il est bien nécessaire y pourveoire, puisque la nécessité y est, ayant lesdictz ennemys surprins ladite ville de Noyers distans seullement de quatre à cinq lieues dudict Avalon, qui peuvent approcher en deulx ou troys heures de jour ou de nuict, n'ayant force pour le roy qui les puisse empescher, quant à présent. A ceste raison, est son advis que monseigneur de Tavannes, lieutenant général pour le roy en Bourgogne, et, en son absence, monseigneur de Ventoux, lieutenant dudit sieur de Tavannes, ordonnent que lesdictes maisons, granges et estables et aultres édiffices qui approchent ladicte ville de cent passées au moings, ou plus, selon qu'ils trouveront estre requis et nécessaire, soient abatues et démolyes, pour empescher que l'ennemy ne s'y puisse fortiffier. Et jusques à ce, voyant par eux les ennemys approcher ladicte ville, que lesdicts édiffices soyent démantelés ès endroistz qui regardent devers ladicte ville. Qu'il soyt ordonné aux propriétaires incontinent rentrer et mettre au dedans icelle ville, les meubles qu'ils peuvent avoir ès dicts édiffices, et les faire descouvrir.

Ledict Menestrey a dict, que puisque l'on void à l'œil la surprinse dudict Noyers, il est raisonnable que l'on fasse commandement aux propriétaires desdictes maisons, de les abandonner, et faire abattre les pignons et goutterots qui regardent ladite ville, jusques ledict sieur de Ventoux y ayt aultrement pourveu, selon son bon plaisir.

Lesdicts eschevins ont donné advis que l'on face bresche esdicts pignons et goutterots desdictes maisons regardant ladicte ville, affin d'empescher les ennemys, en attendant la volonté dudict sieur de Ventoux.

Et pareillement, les aultres manans et habitans de ladite ville, présens, ont donné advis semblables que lesdicts officiers du roy et eschevins.

Sur quoy, nous avons ordonné que diligeamment, à la diligence du procureur du roy, procureur syndicq et eschevins d'icelle ville, lesdictes murailles seront démentelées ès endroictz ci dessus déclarés : et que au plustot que faire se pourra, mondict sieur de Ventoux sera advertiz de ladicte délibération, pour y ordonner son plaisir.

Archives d'Avallon. — Chapitre 52 de l'ancien inventaire.

Nota. — On trouve dans les mêmes archives, l'autorisation donnée par Ventoux pour les démolitions ; et dans les comptes des receveurs, les indemnités payées aux propriétaires dépossédés.

N° XI.

Lettre du duc d'Anjou au duc de Nemours, du camp de Nogent-sur-Seine.

9 février 1568.

Mon cousin,

J'ay receu votre lettre du viii de ce mois et veu ce que vous avez mandé au chevalier de Montluc, suivant ce que je vous avois escrit, et la cause pour laquelle vous n'avez faict partir si tost les deux cens mil livres ; ce que j'ay trouvé très-bon, et vous ay bien voulu advertir qu'il me semble que vous debvez actendre là où vous estes, pour favoriser Joigny et Villeneuve-le-Roy, jusques à tant que l'on voye quelle chemin prendra l'armée de nos ennemys : vous priant que, n'estant plus mon cousin monseigneur de Nevers, en lieu dont il me puisse mander nouvelles de noz ennemys, que vous me tenez adverty, le plus souvent que vous pourrez, de ce que vous en sçaurez, et si leur armée prend le chemin au dessus de Chastillon, laissant ladicte ville à main droicte, vous pourrez faire coustoyer leur armée par noz chevaulx leigers françois et italiens ; et envoyerez quérir ceulx de monseigneur de Savoye qui sont avec ledit sieur de Nevers : et voirez pour le regard de vostre personne, et ce que vous admenerez avec vous, pourrez prendre vostre chemin par Nemoux et la cavalerie par Pizeaulx, Lorris, Boiscommun, Pluviers et Beaulne, pour y temporiser seullement aultant qu'il en sera de besoing, et bien prendre garde qu'ilz ne se laissent pas enclorre dedans lesdites villes, comme vous entendez trop mieulx et leur sçaurez bien faire entendre ce qu'ils auront à faire, pour garder d'estre surpris.

Priant le Créateur, mon cousin, qu'il vous ayt en sa garde.

Escript au camp de Nogent-sur-Seyne, le ixe jour de février 1568.

Mon cousin, j'ay advizé despuis, de vous mander que vous me venyés trouver avec toutes vos trouppes par tel chemyn que vous adviserés estre le plus commode et le plus seur. J'ay aussy receu vostre lettre du jourd'huy, à laquelle je ne vous feray pour le présent aultre responce. Vostre bon cousyn,
HENRY.

Au dos : A mon cousin, monseigneur le duc de Nemoux.

N° XII.
Lettre du duc d'Anjou au duc de Nemours.

Du camp de Provins, 12 février 1568.

Mon cousin, j'ay veu ce que m'avez mandé par vostre lettre du xie jour de ce moys, et comme vous avez pourveu pour favoriser Joigny et Villeneuve-le-Roy, selon que vous avez cogneu estre nécessaire. Ce qui, à mon advis, a esté cause que noz ennemys ne se sont point arrestés ; et ay trouvé fort bon que vous ayés envoyé à Villeneuve-le-Roy le sieur de la Vallette avec les chevaulx-légiers, et qu'ilz ne bougent point jusques à ce qu'ilz voient ledit lieu hors de danger. Je n'ay poinct eu advertissementz plus certains que les vostres, et m'aves faict bien grand plaisir de m'avoir mandé si particulièrement ce que vous en avez sçeu, comme je vous prie de continuer encores le plus souvent que vous pourrés. Je pense que vous aurés esté adverty comme hier je receus lettres, tant du Roy que de mons^r le mareschal de Vieille-ville, par lesquelles ilz m'advertissent que le duc Jehan Guillaume de Saxe estoit dès lors de la datte de leur lettre, à six lieues près de Metz. Je y ay renvoyé pour les haster, et espère que pour le plus tard, nous les aurons dedans douze ou quinze jours avec ceulx de Bassompierre. De quoy je m'asseure que nous serés bien ayse, afin que nous puissions combattre noz ennemys. Et sur ce, mon cousin, je prieray le Créateur vous avoir en sa Très-Saincte et digne garde.

Escript au camp de Provins, ce XII jour de février 1568.

Votre bon cousin,
HENRY.

Au dos : A mon cousin monseigneur le duc de Nemoux.

N° XIII.

Rapport du duc de Nevers sur un engagement à Cudot, dans le Gâtinais.

14 février 1568.

Dira que monseigneur de Nevers ayant baillé le soir du jeudy, le rendez-vous à la cavallerie qu'il avoit auprès de luy, à estre à Jugny la nuict, troys heures devant jour, affin d'aller à ung village à troys lieues dudit Jugny, et partit à deux heures après la my nuict, avec les compaignées de Monsieur le prince de Piedmont et Monsieur de Maugiron et la syenne, qui en tout, pouvoit faire 200 chevaux, et s'en allant le petit pas pour attendre les aultres, alla à deux lieues d'icy ; là où il avoit donné le rendez-vous aux compaignées de chevaulx-légiers de Messieurs de Morette, Adde et comte Baltazar Rangoy. Lesquelles ne venant, il s'y arresta tant, que le poinct du jour vint, et lors lesdites compaignées arrivèrent, dont il pouvoit bien avoir lors environ 400 chevaulx. Avec lesquelz passant plus oultre, il arriva à Persin, où il eut nouvelles, que à Qudor y avoit force cavallerie, y estant encores une lieue de là. Qui fut cause, ayant délibéré d'aller à la Ferté, et ayant mis Monsieur de Maugiron devant, avec les coureurs, il le contremanda pour s'en retourner audit Qudor, là où il s'y achemyna au grand trot, d'autant que l'heure estoit fort tarde, et il craignoit qu'ilz ne fussent partiz. De façon que allant bien avant, et tant, que de toutes partz il y avoit de leur cavallerie plus de sept à huict cornettes logées à cinq cens pas distantes des unes aux aultres. Ilz furent si bien chargez, que Lescure tomba sur les compaignées de Renegon nommé le jeune Borde, et de la Rochenard et Saint-Martin. Elles furent toutes deffaictes, grand nombre de mortz et plus de 80 ou 100 ; et bien 50 de prisonniers, avec 300 chevaux, tant de hardes et bagaiges pris que merveille. Et ung cheval-légier du jeune Morette, prist la cornette dudit Gonegon, qui estoit une fort belle compaignée et bien montée. Le capitaine Launay et Roquelaure, d'un aultre costé, firent une aultre cargue avec 20 chevaulx, et en deffirent 40, qui furent bien mal traictez, et eussent faict grand butin, sans que l'alarme se print fort en leur camp ; de façon que tous montèrent à cheval. Ce que voeyant, mondit sieur de Nevers, délibéra de se retirer, n'ayant que le nombre de 400 chevaux, et estant loing, cinq grandes lieues de sa retraicte, avec lesdictz chevaulx las et harassez ; et se trouvant tout au meillieu des ennemys et à deux lieues du logis de Monsieur le prince de Condé, et fit retirer tous devant luy. En sorte qu'il ne se perdit gens, que ung homme d'armes de Monsieur de Morette et ung cheval-légier de jeune Morette au combat, D'un aultre costé, le sieur Carlo qui le suyvoit, avec bien 800 chevaulx qui le perdit, se rencontra parmy des gens de pied et quelques chevaulx, dont la compaignée de Monsieur de Montrond en tua une infinité, et y en eut des siens qui tuèrent jusques à sept et huict; et est fort bien suivy et faict fort bien son debvoir. Le lieutenant aussy de Monsieur de Mogiron se trouva d'un autre costé avec le fils du baron des Adretz, et en tuèrent bon nombre aussy.

De façon qu'il est estimé que de gens de pied et de cheval il en a esté bien de tué environ 400; et tant de chevaulx pris et de gentilzhommes, que l'on n'en peult sçavoir le nombre aultre.

Quant à l'entreprise d'Auxerre, luy pourra dire que si les hommes eussent esté bien tost prestz, et que l'on eust trouvé des abbis, que tout estoit faict comme il avoit esté guydé, et secrètement, de façon que luy veoyoit bien la chose véritable, sans doubte, ny perte aucune d'un homme.

Bibliothèque nationale. — Mss Béthune 3159, folio 166.

N° XIV.
Règlement pour l'exécution de l'édit de pacification, 10 avril 1568.

Claude de Saulx, seigneur de Ventoux, chevalier de l'ordre du Roy, cappitaine de cinquante hommes d'armes des ordonnances de Sa Majesté, et son lieutenant général en Bourgogne, en absence de Monsieur le duc d'Aumalle et Monsieur de Tavanes, aux maire et eschevins de la ville de Beaulne, cappitaines et gardes des pourtes dudit, et tous aultres qu'il appartiendra, Salut.

Comme puys la publication de l'eédit de passiffication sur les secondz troubles de ladite ville nous ayant esté adverty que ceulx de la prétendue religion refformée venant, tant du camp de Monsieur le prince de Condé que d'aillieurs, voulant entrer en ladicte ville et en leurs maisons et biens, suivant icelui eédict, venoient se présenter à la pourte avec armes, soyt de corselletz, arquebuses, pistoles et aultres, pourtant les casaques blanches et de guerre qu'ilz pourtoient audict camp, dont le peuple se esmouvant grandement, et pourroit la chose tourner à grand' sédition et scandal, sy sur ce n'y estoit pourveu : A cette cause de grand' conséquence, la volonté et interets du Roy étant faire ung chacung tenir et tellement compourter en paix et union les ungs avec les aultres, que l'obéissance en puisse demeurer à Sa Majesté, et la chose en puisse demeurer au repos du publicq, avons, par meure délibération du conseil et pour le service de Sa Majesté, dict et ordonné, disons et ordonnons et très-expressément enjoignons observer ce qui s'ensuyt :

Assavoir, que tous habitans de la ville et de ladite religion, rentreront sans armes, et seront rapportées lesdites armes dont ilz seront trouvez saisys, en l'hostel de ladite ville.

Seront les noms et surnoms registrez en ung livre quisera en puissance de l'eschevin qui commandera.

Que tous ceulx de ladite religion entreront par une pourte de ladite ville, assavoir celle de (*en blanc*) quand elle sera ouverte, et par celle de (*en blanc*) quant elle sera ouverte.

Qu'il n'y aura que deux desdictes pourtes ouvertes, jusques aultrement en soyt ordonné et *alternativement*, ainsy qu'il a esté cy devant faict.

Que la garde desdictes portes et le guet sur la muraille sera pareillement continué, jusques aultrement soyt ordonné.

Que tous les artisans estrangiers de ladite religion susdicte ne rentreront en ladite ville, encores qu'ilz soyent habitans d'icelle puys certain temps, s'ilz ne sont habitans audit avant les premiers troubles, suyvant l'eédict sur ce faict, comme ne feront les valetz et goujatz qu'ilz admeneront avec eulx, ceulx de ladite religion réformée.

Pour ce que plusieurs marchands se sont fornys d'armes à vendre, inventaire en sera faict par les maire et eschevins, et seront tenuz lesdits marchans, faire registre de ceulx qui en achepteront, pour en faire apparoir sy besoing est.

Pour ce que les casaques blanches ont esté pour signal, que le Roy veult le peuple estre my à sa dévotion, ceulx de la prétendue religion qui vouldront rentrer en ladicte ville, n'appourteront lesdites casaques blanches, et ne seront pourtées par iceux aulcune casaque blanche, à peine de la vye, jusques aultrement soyt ordonné.

Ceulx de la prétendue religion qui rentreront en ladicte ville, se contiendront douzement sans faire aulcune exercisse de prétendue religion; mesmement ne seront chantés en ladicte ville, en lieu publicq, ny en lieu où ilz puissent estre ouyz du publicq, les psalmes ou chansons de Marot, pour éviter les émotions et scandalles, jusques aultrement en soyt ordonné, sur la peine de la hart aux contrevenans.

Délibéré à Dijon, le dixiesme apvril, mil cinq cens soixante-huit.

(*Archives de la ville de Beaune.* — Registre coté 4, p. 14).

N° XV

Lettre du duc Casimir au Roy, 22 avril 1568.

Sire, j'ay receu la lettre qu'il a pleu à votre Majesté m'escrire, et veu ce qu'elle m'escript par icelle : Semblablement entendu de son vallet de chambre ce qu'il avoyt charge me dire de sa part. Sur quoy je ne veulx faillir luy dire, comme je luy ay souvent déclaré et faict entendre tant de bouche que par lettre, que moy, mes colonnelz et ritmeistres ne désirons rien de plus que de sortir avecques noz reistres hors vostre royaume, en la plus grande diligence qu'il nous est possible, à la descharge de voz subjectz; ainsi que depuis la résolution prinse à Orléans, nous nous y sommes diligentement employez, faisans les plus grandes journées que nous avons peu pour gaigner Auxerre, où il avoit esté résolu que nous serions dépeschéz. Toutes fois, nous avons entendu par ce porteur comme pour le présent l'on ne peult satisfaire à ce qui nous a esté accordé à Orléans; et que pour la totalité du premier payement, l'on nous veult assigner à Langres, n'ayant cedict porteur pour le présent, que cent mil livres; et que audict Langres, le reste luy sera fourny. Et d'aultant que je n'obtiendray jamais de mesdictz reistres de passer plus oultre, estant tout ce qu'il m'a esté possible de faire envers eulx que de les amener jusques icy, et d'en obtenir ce qui a esté accordé, je prie très-humblement vostre dicte majesté, sire, vouloir donner ordre que ce qui nous a esté promis nous soit tenu, et que je luy promets que nous ne tarderons guerres sur les chemins.

Davantaige, je ne veulx faillir à dire à vostre Majesté que ayant mis en considération avec mesdictz collonnelz et ritmeistres la promesse qu'elle nous a envoyée, nous trouvons qu'elle n'est que pour trois mois, lesquelz sont écheuz le quatorziesme de ce mois d'avril.

Or il est expressément porté par la capitulation, comme à Orléans nous le dismes à voz déléguez et commissaires : Et ne advenant que nous ne fussions avant lesdictz trois mois écheuz conduictz et renduz sur la frontière d'Allemaigne et que nous vinssions à entrer quatre ou cinq jours dedans le quatriesme, cedict quatriesme moys nous seroit payé comme les autres. Ce point est commy en toutes capitulations.

A ceste cause, sire, il est besoing que nous soyons semblablement asseurez pour cedict quatriesme, auquel nous sommes desjà entrez jusques à l'onziesme jour. Suppliant très humblement que ce soyt au plus tost : car tant plus nous seront retenuz par ces lettres, allées et venues, tant plus de dommaige en adviendra à voz subjectz et à vostre royaume, et pourrons légièrement parvenir au cinquiesme. Ce que nous désirons, mais pricipallement moy, pour l'affection que je porte au bien de vostre service. C'est à vostre Majesté à nous faire tenir ce qui nous a esté promis à Orléans. Autrement, il nous sera impossible de mener noz gens plus avant.

En l'asseurance que nous a baillée vostre dicte Majesté, le poinct des fraiz et despences que nous ferons pour aller quérir l'argent sur les lieux, n'est point comprins, ce que je vous supplie mectre en considération et en cela ne désirer nostre incommodité.

Au reste, qu'il vous plaise donner ordre que nous puissions au plus tost recouvrer les promesses de monsieur le duc de Loraine et des trois marchans.

Oultre ce, estant les choses tenues en telle longueur, il fauldra que vostre dicte Majesté face semblablement payer et satisfaire les lansquenetz, pour le regard des jours qu'ilz serviront après le xxve de ce moys d'apvril.

Ce que moy, mesdictz colonnelz et ritmeistres n'avons voulu faillir de faire entendre à vostre dicte Majesté ; à laquelle nous sommes très-promptz et très-affectionnez de faire service, l'occasion s'offrant.

Escript à Espoisse, le xxiie avril 1568.

(*Bibliothèque nationale.* — Mss Saint-Germain-des-Prés, t. 15,608).

N° XVI

Instructions envoyées à Tavannes pour l'exécution de l'édit de paix et pour « la description de la noblesse et de tous aultres bons subjectz » de Bourgogne. — 14 juin 1568.

Encoires que bien souvent, par les dépesches ordinaires que sa majesté faict en Bourgogne, monsieur de Tavanes, lieutenant général dudict païs en l'absence de monseigneur le duc d'Aumale, soit adverty de l'intention de sa dicte majesté, si est-ce que pour l'en rendre plus capable, il luy a semblé qu'il ne seroit que très à propos de l'éclaircir et advertir bien amplement de ce qu'il a affaire pour le contenu en ce présent mémoire et instruction.

Or sçachant ledict sieur de Tavanes combien sa dicte majesté désire et entend que ses subjectz vivent en repos et puissent jouir de l'eédict de passiffication, elle s'assure qu'il y tient de son cousté la main, suyvant plusieurs lettres et dépesches à luy pour cest effect addressées depuis deux mois en ça : dont et de l'ordre qu'il y a donné, sa dicte majesté désire que ledict sieur de Tavanes l'advertisse souvent.

Et comme l'un des moïens qui ayt semblé pouvoir aultant servir à faire cesser tous troubles et remuementz par les provinces, soit de laisser rentrer ceulx de la religion prétendue réformée dans leurs maisons, biens et possessions, leur levant par ce moïen toute couleur, argument et excuse de tenir les champs et s'assembler, sa dicte Majesté ne faict doubte que ledict sieur de Tavanes n'ayt en cest endroit entièrement satisfaict à son intention, assez déclarée et exprimée par ledict eédict de passification, et par lesdictes dépesches sur ce faictes, en quoy s'il y restoit aulcunes choses à faire, sa dicte Majesté désire y estre par ledict sieur de Tavanes pourveu, faisant comme dict est, rentrer ceulx de ladicte religion en leurs dictes maisons, avec toutesfois la *précaution* requise en tel cas, tant pour se rendre, ledit sieur de Tavanes bien asseuré qu'ils ne pourroient rien attenter ny entreprendre, que pour les bien rendre semblablement asseurez de pouvoir en toutte seureté et soubz l'observation des eédictz de sa dicte Majesté vivre et demeurer paisiblement en leurs dictes maisons.

Et pour le regard de ce dernier point, estant l'intention de sa dicte Majesté très-bonne et très-seurre, bien congnue à tous les lieutenans généraux des provinces qui la sçauroient très-bien ensuyvre, suyvant le commandement qu'ilz en ont de sa dicte Majesté, elle veult croire que ceulx de ladicte religion se confiant du tout en icelui et en la naturelle clémence et bonté de leur prince, assez déclarée et tesmoignée par les infinys effects et par la diligence dont useront les lieutenans généraux et gouverneurs à les faire jouyr du bénéfice de l'eédict, n'auront aucunement différé à se retirer en leurs dictes maisons, avec intention d'y demeurer et se contenir en toute modestye et repos, où comme dict est, ils seront en ce faisant garder et maintenir.

Mais quant à l'aultre point, y ayant beaucoup plus à craindre pour les estranges effects, cy devant advenuz, il faut que ledit sieur de Tavanes y regarde de près : empeschant de tout son pouvoir par tout le gouvernement de Bourgogne, les soudaynes eslévations, reprinses d'armes, saisissement de villes et places fortes que l'on a veu par cy devant faire à ceulx de ladite religion, avec telle dextérité et soudayneté qu'il a esté mal aysé de s'en pouvoir garder. Et c'est à quoi maintenant, il fault obvier et pourvoir.

Et pour faire entendre audit sieur de Tavanes les

choses qui ont semblé à sa dite Majesté les plus nécessaires en cest endroict, et qu'elle veult et entend que l'eédict se fasse exécuter, c'est que tout ainsi, comme il fera entretenir et observer ledict eédict de passification, aussy fera-il exactement exécuter le désarmement de ceulx qui rentrent dans les villes, comme sa dite Majesté luy a cy devant escript et mandé de faire, par le réglement donné pour ce faict, et regardera souvant de descouvrir et apprendre ce que ceulx de ladite religion traicteront par ensemble, empeschant de tout son pouvoir les allées et venues par les champs qu'ilz font ordinairement avec armes : les advertissant de s'en abstenir et de se contenir et vivre doulcement; mesmement ceulx de la noblesse dudit pays, leur faisant entendre la charge qu'il a de les consvier pourveu qu'ilz vivent doulcement et n'entreprennent telles choses : voulant semblablement et entendant sa dite Majesté que ledit sieur de Tavanes leur fera de sa part, très exprès commandement et deffence de ne s'armer ny partir dudit pays, ny s'assembler en iceluy par quelque commandement que puisse estre, si ce n'est pas l'exprès commandement du Roy, qu'ilz recevront de luy ou de son lieutenant général qu'il leur fera aparoistre par lettres de sa dite Majesté, sur peyne à ceux qui y contreviendront, d'estre déclarez rebelles, et de la confiscation de leurs biens.

Et s'il advenoit d'adventure par cy après que aulcuns de ladite religion se voulussent tant obler que de reprendre les armes, et pour cest effect s'assembler en ung instant, comme ilz ont faict autrefois, ledit sieur de Tavanes regardera promptement de l'empescher avec toutes les forces tant de pied que de cheval qu'il mettra soudaynement ensemble. Et pour ce que, peut estre, il ne pourroit lors si promptement que besoing seroit, assembler la gendarmerie, sa dite Majesté désire que doiz à présent, il face la description par le menu de toute la noblesse dudit pays de Bourgogne, et pour cest effect, se pourra ayder des rolles qui sont ès baillages et séneschaussées pour sçavoir ceulx qui sont subjectz au ban et arrière ban : et fera le semblable de tous aultres bons subjectz dudit pays, dont il se pourra servir et prévaloir pour empescher que ceulx de ladite religion ne puissent reprendre les armes, ne sortir hors dudict pays, pour se joindre avec leurs chefz. Et soudain que ledit sieur de Tavanes en verroit aulcungs assemblés en armes pour cest effect, sa dite Majesté entend qu'il leur courre sus, en quelque petit nombre qu'ilz soient et puissent estre, et les taille en pièces, sans leur donner le loisir de se fortifier aulcunement, s'aidant à ceste fin de tous moïens, soit de son du tocsin, assemblées de communes et aultres bonnes provisions et remède, dont sa dite Majesté s'asseure que ledit sieur de Tavanes sçaura très-bien user : et se souviendra comme les gardes et gens de guerre que sa dite Majesté a faict mettre ces jours passez aux ponts et passages des rivières de son gouvernement, pourront grandement servir à empescher les assemblées, allées et venues de ceulx de ladite religion.

Et comme ledit sieur de Tavanes sera prévoyant à tenir net tout le plat pays de sondict gouvernement, aussi pour le regard des villes et places fortes dudit, se gardera de toute surprinse. Et après avoir faict ladite description, en advertira sa dite Majesté affin qu'elle voye et congnoisse de quelles forces dudict pays, oultre celles qui sont à sa solde en icelui, elle pourra faire estat en ung besoing.

Faict à Paris, le quatorzième jour de juin, l'an 1568.

Signé CHARLES et plus bas FIZES.

(*Archives de Semur-en-Auxois*)

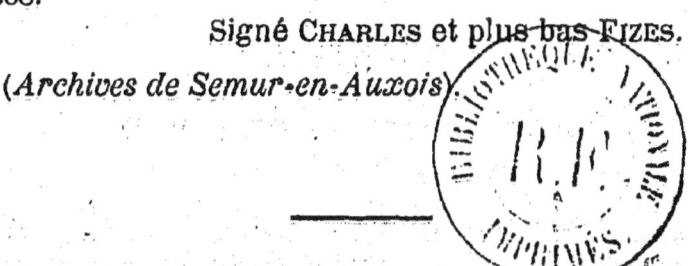

TABLE DES MATIÈRES

INTRODUCTION. — Page. . . . . 1.

CHAPITRE PREMIER

PREMIÈRE APPARITION DU PROTESTANTISME EN BOURGOGNE. (1525—1560)

SOMMAIRE. — I. Invasion de l'hérésie en Bourgogne. — II. Conciles provinciaux de Lyon et de Sens. — III. Précautions et mesures de rigueur contre les hérétiques dans les diocèses d'Auxerre, d'Autun, de Mâcon. — IV. — Profanation dans une église d'Autun. — V. Colportage de livres hérétiques. — VI. Prêtres apostats. — VII. Inquiétudes du Gouvernement. — VIII. Henri II, succède à François I*r*. — IX. Tribunal d'inquisition. — X. Condamnation à Auxerre et à Autun, de prêtres apostats et mariés. — XI. Poursuites contre les colporteurs de livres hérétiques. — XII. — Gaspard de Saulx-Tavannes, lieutenant-général de Bourgogne. — XIII. Fortification des places de la province. — XIV. Ban et arrière-ban. — XV. Avènement de François II. — XVI Tumulte d'Amboise. — XVII. Fuite de Ferrières-Maligny, après la dispersion des révoltés. — XVIII. Progrès de la Réforme en Bourgogne.

Page. . . . . 87.

CHAPITRE II

ÉTATS D'ORLÉANS. — (1560—1561)

SOMMAIRE. — I. Amnistie aux conjurés d'Amboise. — II. Assemblée de Fontainebleau. — III. Convocation des États Généraux et d'une Assemblée de Prélats. — IV. Note sur les États Généraux et les États

Provinciaux. — V. Nouvelle conspiration, arrestation et condamnation du Prince de Condé. — VI. Fuite des Ferrières-Maligny. — VII. Élection et rédaction des cahiers pour les États. — VIII. Mort de François II. Avènement de Charles IX et vote d'une adresse à la Reine régente par le Clergé de Bourgogne. — IX. Députés de Bourgogne aux États Généraux d'Orléans. — X. Ouverture des États et discussions. — XI. Discours de l'Autunois Quintin. — XII. Le discours de Quintin soulève les rumeurs des protestants, néanmoins le Clergé déclare les paroles de l'orateur conformes aux vœux de ce corps. — XIII. Requête de Bretagne et de Lalamant ou Lallemand d'Autun, en faveur de la Réforme et clôture des États. — XIV. Réponse aux remontrances.

Page. . . . . 118.

CHAPITRE III

ÉTATS DE PONTOISE ET COLLOQUE DE POISSY. — (1561)

SOMMAIRE. — I. Nouveaux États convoqués à Melun et transférés à Pontoise. — II. Cahiers de remontrances des Bailliages et particulièrement du Bailliage d'Auxois, Siège d'Avallon. — III. Remontrances du Tiers-État de Bourgogne. — IV. Votes du Clergé. — V. — Votes de la Noblesse et élection de Députés. — VI. Les États-Généraux sont ajournés au mois d'août. — Assemblée des États, à Pontoise. — VII. Harangue de Bretagne, au nom du Tiers-État. — VIII. Bretagne s'adresse à la Reine et demande des Temples pour les Protestants. — IX. — Le Clergé prend à sa charge une partie de la dette publique. — X. Beaufremont de Sennecey porte la parole pour la Noblesse. — XI. Le Tiers-État et la Noblesse votent l'examen des doctrines religieuses. — XII. Colloque de Poissy. — Théodore de Bèze. — XIII. Ouverture des débats. — L'Hospital investit le colloque des pouvoirs d'un Concile national. — XIV. Discours de Théodore de Bèze. — XV. Réplique de l'Archevêque métropolitain de Bourgogne. — Protestation du Clergé catholique. — Clôture des débats. — XVI. — Blâmes infligés à Bretagne par les Bourguigons.

Page. . . . . 156.

CHAPITRE IV

DÉSORDRES PRÉCURSEURS DE LA GUERRE CIVILE. (1561—1562).

SOMMAIRE. — I. Agitations par suite desquelles il est ordonné aux Gouverneurs des provinces de faire publier de nouveau les ordonnances contre les assemblées secrètes des protestants. — II. Arrêt du Parlement de Bourgogne interdisant le culte réformé. — III. Édit de juillet 1561;

contre les réunions des protestants. — IV. — Tumulte à Auxerre. — V. Prêches à Mâcon. — VI. À Tournus et autres lieux. — VII. Édit de tolérance du 15 janvier 1562. — VIII. Le Parlement de Dijon refuse avec persistance d'entériner l'Édit de janvier qui devient une lettre-morte pour la Bourgogne. — IX. La Réforme pénètre dans le chapitre d'Autun. — X. Fermentation croissante dans toute la province. — Beaune, Châlon, Tournus, Noyers. — XI. —Massacre de catholiques à Paris et de protestants à Vassy. — XII. Massacre de Sens.

Page. . . . . 193.

CHAPITRE V

PREMIÈRE GUERRE CIVILE. — (1562—1563).

SOMMAIRE. — I. Prise de Mâcon pour les Huguenots, par d'Entragues.— II. Montbrun s'empare de Châlon-sur-Saône. — III. Il se rend maître également de Tournus. — IV. Tavannes chasse Montbrun de Châlon et de Tournus et le poursuit jusqu'à Mâcon. — V. Forcé de suspendre le siége de Mâcon, Tavannes rentre à Châlon. et pendant qu'il sévit contre les séditieux. Tournus est pris une seconde fois, et Louhans est assiegé par Poncenac. — VI. Saulx de Ventoux prévient l'émeute à Beaune. — VII. Douze cents prétendus ouvriers chassés de Dijon, par Tavannes. — VIII. Agitations dans le Brionnais, le Charolais. l'Autunois, le Barois. — IX. Le Gouvernement bat monnaie et s'attaque aux biens et aux trésors des églises pour continuer la guerre. — X. Tavannes reprend Mâcon sur les Huguenots.— XI. Nouvelle tentative des Huguenots de Lyon contre Mâcon. — XII. Arrêts du Parlement de Paris contre les Huguenots et tumulte à Auxerre. — XIII. Passage de l'armée Allemande conduite par d'Andelot. — XIV. Combinaisons stratégiques des révoltés pour favoriser la marche de l'armée d'invasion. — XV. Ferrières-Maligny livre le Hâvre aux Anglais, au nom de Condé et des Châtillons. — XVI. Poursuites et jugements contre les révoltés de Châlon. — XVII. Pourparlers de paix et opposition des Bourguignons. — XVIII. Reprise des hostilités. — XIX. Correspondance active de Tavannes avec les Avallonnais, pour ses opérations militaires.— XX. Projets des Huguenots contre Avallon. — XXI. Expéditions contre Entrains et Corbigny. — XXII. Évacuation du château de Girolles. — XXIII. Le duc de Guise, assassiné sous les murs d'Orléans. — XXIV. Édit de paix du 19 mars 1563.

Page. . . . . 231.

CHAPITRE VI

PAIX D'AMBOISE. — (1563—1566).

SOMMAIRE. — I. Clauses principales du traité d'Amboise.— II. Mécontentement des Bourguignons. — III. — Opposition du Parlement et des

États de Bourgogne à la publication de l'Édit. — IV. L'archevêque de Besançon joint ses remontrances à celles des Bourguignons presentées au Roi par Jean-Baptiste Bégat, au nom des États et du Parlement. — V. Enregistrement de l'Édit, avec restrictions consenties par le Roi. — VI. Le traité de paix mécontente les Réformés. — VII. Ravages des Allemands avant de quitter le territoire. — VIII. Entraves à la réintégration des amnistiés dans leurs propriétés saisies pour cause de révolte. — IX. Difficultés pour l'installation des prêches autorisés par l'Édit de la paix, à Châtillon-sur-Seine. — X. A Auxerre. — XI. A Avallon. — XII. A Autun. — XIII. A Châlon-sur-Saône et Mâcon. — XIV. Voyage du Roi dans les provinces. — XV. Nouvelles alarmes. — XVI. Profanations occasionnant des rixes entre les catholiques et les protestants à Auxerre et à Lyon. — XVII. Retour de Charles IX par Auxerre, Joigny, Sens.

Page. . . . . 291.

CHAPITRE VII

DEUXIÈME GUERRE CIVILE. — (1566—1568).

SOMMAIRE. — D'Andelot visite les fortifications d'Auxerre. — II. Conciliabules des protestants. — III. Soulèvement général du 25 septembre 1567. — IV. Surprise d'Auxerre. — V. Surprise de Mâcon. — VI. Traitement inhumain infligé par les huguenots au père Divolé, d'Auxerre. — VII. Martyre de Jean Bossu, gardien des Cordeliers de Mâcon. — VIII. Profanations sacriléges dans les églises. — IX. Dévastations d'églises, de maisons religieuses et de châteaux dans l'Auxois, le Châtillonnais, le bailliage de Bourbon-Lancy, le bailliage d'Avallon. — X. Insurgés expulsés de Dijon, Châlon, Beaune. — XI. Mesures préventives à Autun. — XII. Accord pacifique entre les Clunisiens des deux religions. — XIII. La ville d'Avallon se préserve des troubles par des précautions de prudence. — XIV. Mesures prises par Tavannes, de concert avec les Avallonnais — XV. Levée et enrôlement de soldats catholiques. — XVI. Enrôlement de soldats protestants pour Condé, prise de Marcigny, siége de Cluny et de Saint-Gengoux. — XVII. Ponconac est chassé de Bourgogne, par Saulx de Ventoux — XVIII. Le duc de Nevers s'unit à Saulx de Ventoux pour reprendre Mâcon sur les protestants, puis va rejoindre le duc d'Anjou dans la Champagne. — XIX. Marche de Condé et siége de Sens. — XX. Jonction de Condé avec les Allemands. — XXI. Dispositions stratégiques pour arrêter les confédérés aux passages de la Marne et de la Seine. — XXII. Condé franchit les lignes de l'armée royale. — Engagement d'arrière-garde. — XXIII. Capitulation de Tonnerre et marche de Condé jusqu'à Auxerre. — XXIV. Complot contre Avallon, mesures pour le déjouer. — XXV. Prise de Vézelay et ruine de la Cordelle. — XXVI. Siége de Cravant par les huguenots d'Auxerre, puis par l'armée de Condé et sac d'Irancy. — XXVII. Soldats huguenots tués à Coulanges-la-Vineuse ; le bourg rachete du pillage moyennant rançon ; départ des protestants — XXVIII. Escarmouche qui coûte la vie à 400 huguenots, à Cudot, dans le Gâtinais. — XXIX. Saulx de Ventoux met Avallon à l'abri d'un coup de main, et expulse les Réformés de la ville. — XXX. Emprunt forcé pour la guerre et épisode à ce sujet à Avallon. — XXXI. Paix de Lonjumeau.

Page. . . . . 331.

CHAPITRE VIII

PROTESTATIONS TUMULTUEUSES CONTRE L'ÉDIT DE PAIX, ET PREMIÈRES LIGUES CATHOLIQUES. — (1568).

SOMMAIRE. — I. L'édit de paix mécontente les deux partis. — II. Évacuation d'Auxerre, explosion et ruine de la maison du capitaine La Borde. — III. Edme de Prie, nommé gouverneur et lieutenant-général pour le comté d'Auxerre : Dio de Montpérou intérimaire, en attendant l'arrivée du gouverneur. — IV. Réintégration des revoltés à Beaune. — V. Émotions dans le Mâconnais et le Charollais. — VI. Le chapitre d'Autun a particulièrement recours à des actes de piété. — VII. Les Allemands congédiés du royaume, s'arrêtent à Époisses, et ne quittent la province qu'après de longs débats. — VIII. Les huguenots sont pourchassés par les populations. — IX. Tentatives d'arrestation des principaux chefs huguenots accusés de nouvelles intentions d'insurrection. — X. Condé et les deux Coligny, s'échappent de Noyers. — XI. Partout on se prépare à la guerre. — XII. Ligue : Confrérie du Saint-Esprit à Dijon. — XIII. Association à Semur sous l'invocation de la Sainte-Trinité des catholiques de l'Auxois.. — XIV. Établissement de la fraternité des catholiques de Châlon-sur-Saône, érigée en l'honneur du Benoist-Saint-Esprit. — XV. Confrérie de l'Autunois, sous l'invocation de la Sainte-Croix. — XVI. Ligue de Beaune. — XVII Société catholique de Cravant, et résumé des ligues en Bourgogne. — XVIII. Ligues de quelques autres provinces.

Page. . . . . 406.

PIÈCES JUSTIFICATIVES

I. — Remontrances du bailliage d'Auxois, siège d'Avallon, pour les états de Pontoise. — 1561.

Page. . . . . 459.

TABLE DES MATIÈRES

II. — Lettre de Charles IX au duc d'Aumâle, gouverneur de Bourgogne pour faire observer l'édit de paix. — 2 avril 1561 (nouveau style.)

Page. . . . . 468.

III. — Procès-verbal de la prise de Paray-le-Monial, par les huguenots, en 1562. *(Copie moderne dans les Archives de la ville).*

Page. . . . . 470.

IV. — Ordonnance du lieutenant général de Bourgogne pour le désarmement des habitants d'Avallon, en réponse à une requête des échevins.

Page. . . . . 470.

V. — Extrait de l'enquête faite le 14 juin 1605, par Philibert Barjot, seigneur de Layne et la Vernette, au sujet de la spoliation des églises de Mâcon, en 1562 et 1567, à la requête de l'évêque et du chapitre.

Page. . . . . 472.

VI. — Extrait d'un mémoire présenté au maréchal de Vieilleville et autres commissaires envoyés pour faire observer l'édit, dans le Mâconnais.

Page. . . . . 474.

VII. — Procès-verbal d'élection d'Étienne Filzjehan, gouverneur d'Avallon, afin d'éviter les frais d'un gouverneur étranger.

Page. . . . . 475.

VIII. — Mécontentement du duc de Nevers auquel la reine et Monseigneur n'ont pas tenu les promesses faites. Dispositions stratégiques, pour s'opposer au passage des confédérés, — vers le 20 janvier 1568.

Page. . . . . 477.

IX. — Coppie de l'instruction baillée au sieur Bonnet, Monseigneur estant à Collomiers-le-Secq.

Page. 484

X. — Délibération des échevins et notables d'Avallon pour la démolition de quelques maisons joignant les remparts, et dont les huguenots pensaient s'emparer pour forcer la garde et surprendre la ville.

Page. 489

XI. — Lettre du duc d'Anjou au duc de Nemours, du camp de Nogent-sur-Seine.

Page. . . . . 492.

XII. — Lettre du duc d'Anjou au duc de Nemours.

Page. . . . . 493.

TABLE DES MATIÈRES

XIII. — Rapport du duc de Nevers sur un engagement à Cudot, dans le Gâtinais.

Page. . . . . 494.

XIV. — Règlement pour l'exécution de l'édit de pacification, 10 avril 1568.

Page. . . . . 496.

XV. — Lettre de duc Casimir au Roy, 22 avril 1568.

Page 498

XVI. — Instructions envoyées à Tavannes pour l'exécution de l'Édit de paix et pour « la description de la noblesse et de tous les aultres bons *subjets* » de Bourgogne, 11 juin 1568,

Page 501

Errata

Page 23, ligne 6, *au lieu* de lorsqu'il, *lire* lorsqu'ils.
118, — 12, — conforme — conformes.
130, — 20, — Mousieuz — monsieur.
202, — 19, — Brosseste — Brossette.
208, — 27, *supprimer le premier* de
209, — 29, — on eut put — on eut pu.
211, — 11, — Simonde — Sismonde.
216, — 23, — agissements, manœuvres.
229, dernière ligne 1568 1658.
243, avant dernière ligne, Don Planche, Dom Plancher.
244, — *avant* Tavannes, *lire* Monsieur de
256, — 17, *au lieu* de différentes, *lire* suffisantes
275, — 26, — délivrées — délivrée
298, — 3, posées — poésées, (*pesées*)
303, — 9, *commencer cette ligne par* la
329, — 1, *au lieu de* tumulet e, *lire* tumulte, et
368, — 2, *après* reçu, *ajouter* de Condé.
395, — 18, *au lieu* de prendre, *lire* surprendre
469, — 3, — pluseur — plus seure

www.ingramcontent.com/pod-product-compliance
Lightning Source LLC
Chambersburg PA
CBHW050605230426
43670CB00009B/1268